日本大学豊山中学校

所在地	〒112-0012 東京都文京区大塚5-40-10
電　話	03-3943-2161(代)
ホームページ	https://www.buzan.hs.nihon-u.ac.jp/
交通案内	東京メトロ有楽町線「護国寺駅」1番出口より徒歩1分

くわしい情報は
ホームページへ

トピックス

★2023年度卒業生の現役大学進学率は95.3%。
★2025年1月31日12時までに複数回出願し受験すると，優遇の対象になります。

創立年
昭和29年

男子校

高校募集
あり

▌応募状況

年度	募集数	応募数	受験数	合格数	倍率
2024	①100名	330名	311名	125名	2.5倍
	② 50名	607名	430名	111名	3.9倍
	③ 42名	486名	245名	75名	3.3倍
	④ 30名	599名	380名	81名	4.7倍
2023	①100名	408名	382名	119名	3.2倍
	② 50名	671名	517名	102名	5.1倍
	③ 42名	620名	375名	89名	4.2倍
	④ 30名	674名	464名	83名	5.6倍
2022	①100名	478名	446名	118名	3.8倍
	② 50名	804名	601名	104名	5.8倍
	③ 42名	660名	402名	68名	5.9倍
	④ 30名	736名	506名	76名	6.7倍

▌2025年度入試情報

〔第１回〕２月１日午前(４科)
〔第２回〕２月２日午後(２科)
〔第３回〕２月３日午前(４科)
〔第４回〕２月３日午後(２科)
＊合格発表は各回とも入試当日夜にWeb，翌日昼に校内掲示で行います。

▌説明会・公開行事等日程（※予定）

【学校説明会】
①８月24日　10:00～12:00
②９月14日　10:00～12:00
＊ライブ配信もあります。
【入試説明会】
①11月２日　10:00～12:00
②12月14日　10:00～12:00
＊ライブ配信もあります。
【授業参観Day＆ミニ説明会】
①６月22日／②11月16日
＊時間はいずれも８:30～12:30です。
【豊山祭】
10月26日　10:00～16:00
10月27日　９:00～16:00

▌日本大学への推薦

日本大学付属校の生徒を対象とした基礎学力到達度テストの成績によって選抜される「基礎学力選抜」，高校３年間の成績をもとに，各学部の示す基準を満たす者が出願できる「付属特別選抜」を導入しています。また，学部によっては，日本大学への推薦を有したまま国公立大学にチャレンジできる「国公立併願方式」もあります。

▌2024年春の主な他大学合格実績

北海道大，東京学芸大，防衛大，早稲田大，上智大，東京理科大，明治大，青山学院大，立教大，中央大，法政大，学習院大，東洋大，専修大，芝浦工業大

編集部注一
れている場合
で必ずご確認

JN048717

算数 出題傾向＆対策

◆基本データ（2024年度１回）

試験時間／満点	50分／100点
問題構成	・大問数…６題 計算１題（５問）／応用小問２題（８問）／応用問題３題 ・小問数…21問
解答形式	すべて解答のみを記入する形式になっている。必要な単位などは解答用紙にあらかじめ印刷されている。
実際の問題用紙	Ａ４サイズ，小冊子形式
実際の解答用紙	Ａ４サイズ

◆出題傾向と内容

▶過去３年の出題率トップ３
１位：四則計算・逆算24％　２位：角度・面積・長さ13％　３位：計算のくふう６％
▶今年の出題率トップ３
１位：四則計算・逆算16％　２位：角度・面積・長さ13％　３位：数の性質８％

各分野からはば広く出題されています。

計算問題には，四則混合の少し複雑なものや，逆算，数の性質を利用する式の計算などが常連として登場します。

数の性質についての問題でめだつのは，数列，約数・倍数，場合の数です。

図形は最も重視されている分野で，求積問題が毎年のように出されるほか，角度，長さ，平面図形の性質などもよく出題されます。

特殊算は，和差算，旅人算，流水算，周期算などがはば広く取り上げられていますが，それほど複雑なものはありません。

◆対策～合格点を取るには？～

本校の算数は，基礎が重視される問題構成です。対策としては，計算力を確実なものにすることと，応用小問の攻略法を身につけ，実戦力を高めることがあげられます。計算力は毎日の問題練習でしか身につきません。応用小問対策としては，類題研究が有効です。特に，式の計算，割合と比などは，たくさん問題にあたって完全に身につけておきましょう。なお，図形やグラフを使った複雑な構造をもつ問題に対しては，論理的に考える力,「題意」を明確につかむ力が特に必要です。多くの類題に取り組み，算数のセンスを身につけてください。

分野＼年度		2024			2023	
		1回	2回	3回	1回	3回
計算	四則計算・逆算	●	●	◎	●	●
	計算のくふう		◎	◎	○	○
	単位の計算	○	○	○		
和と差	和差算・分配算					
	消去算					
	つるかめ算					
	平均とのべ					
	過不足算・差集め算		○			
	集まり	○		○		
	年齢算					
割合と比	割合と比					
	正比例と反比例			○		
	還元算・相当算					
	比の性質	○				○
	倍数算					
	売買損益		○	○		○
	濃度					
	仕事算					
	ニュートン算	○				
速さ	速さ					○
	旅人算	○	○			
	通過算					
	流水算		○			
	時計算		○			
	速さと比		○			
図形	角度・面積・長さ	●	◎	●	◎	●
	辺の比と面積の比・相似	○	○	○		
	体積・表面積	◎	○	○	◎	
	水の深さと体積		○	◎	○	
	展開図					
	構成・分割				○	○
	図形・点の移動	◎				
表とグラフ		○	○	○	○	○
数の性質	約数と倍数					○
	N進数					
	約束記号・文字式					
	整数・小数・分数の性質	◎	○	◎		○
規則性	植木算					
	周期算					○
	数列	○	○			○
	方陣算					
	図形と規則			○	○	
場合の数						
調べ・推理・条件の整理			○	○		
その他						

※　○印はその分野の問題が１題，◎印は２題，●印は３題以上出題されたことをしめします。

●収録内容一覧

■2025年度中学受験用

日本大学豊山中学校

5年間(＋3年間HP掲載)スーパー過去問

入試問題と解説・解答の収録内容

2024年度　1回	算数・社会・理科・国語	実物解答用紙DL
2024年度　2回	算数・国語	実物解答用紙DL
2024年度　3回	算数・社会・理科・国語（解答のみ）	実物解答用紙DL
2023年度　1回	算数・社会・理科・国語	実物解答用紙DL
2023年度　3回	算数・社会・理科・国語（解答のみ）	実物解答用紙DL
2022年度　1回	算数・社会・理科・国語	実物解答用紙DL
2022年度　3回	算数・社会・理科・国語（解答のみ）	実物解答用紙DL
2021年度　1回	算数・社会・理科・国語	
2021年度　3回	算数・社会・理科・国語（解答のみ）	
2020年度　1回	算数・社会・理科・国語	

2019～2017年度（HP掲載）

「カコ過去問」
（ユーザー名）koe
（パスワード）w8ga5a1o

問題・解答用紙・解説解答DL

◇著作権の都合により国語と一部の問題を削除しております。
◇一部解答のみ（解説なし）となります。
◇９月下旬までに全校アップロード予定です。
◇掲載期限以降は予告なく削除される場合があります。

～本書ご利用上の注意～　以下の点について，あらかじめご了承ください。

★別冊解答用紙は巻末にございます。実物解答用紙は，弊社サイトの各校商品情報ページより，一部または全部をダウンロードできます。
★編集の都合上，学校実施のすべての試験を掲載していない場合がございます。
★当問題集のバックナンバーは，弊社には在庫がございません（ネット書店などに一部在庫あり）。

合格を勝ち取るための
『スーパー過去問』の使い方

本書に掲載されている過去問をご覧になって，「難しそう」と感じたかもしれません。でも，多くの受験生が同じように感じているはずです。なぜなら，中学入試で出題される問題は，小学校で習う内容よりも高度なものが多く，たくさんの知識や解き方のコツを身につけることも必要だからです。ですから，初めて本書に取り組むさいには，点数を気にしすぎないようにしましょう。本番でしっかり点数を取れることが大事なのです。

過去問で重要なのは「まちがえること」です。自分の弱点を知るために，過去問に取り組むのです。当然，まちがえた問題をそのままにしておいては意味がありません。

本書には，長年にわたって中学入試にたずさわっているスタッフによるていねいな解説がついています。まちがえた問題はしっかりと解説を読み，できるようになるまで何度も解き直しをしてください。理解できていないと感じた分野については，参考書や資料集などを活用し，改めて整理しておきましょう。

このページも参考にしてみましょう！

◆どの年度から解こうかな　「入試問題と解説・解答の収録内容一覧」

本書のはじめには収録内容が掲載されていますので，収録年度や収録されている入試回などを確認できます。

※著作権上の都合によって掲載できない問題が収録されている場合は，最新年度の問題の前に，ピンク色の紙を差しこんでご案内しています。

◆学校の情報を知ろう!!「学校紹介ページ」

このページのあとに，各学校の基本情報などを掲載しています。問題を解くのに疲れたら息ぬきに読んで，志望校合格への気持ちを新たにし，再び過去問に挑戦してみるのもよいでしょう。なお，最新の情報につきましては，学校のホームページなどでご確認ください。

◆入試に向けてどんな対策をしよう？「出題傾向＆対策」

「学校紹介ページ」に続いて，「出題傾向＆対策」ページがあります。過去にどのような分野の問題が出題され，どのように対策すればよいかをアドバイスしていますので，参考にしてください。

◇別冊「入試問題解答用紙編」

本書の巻末には，ぬき取って使える別冊の解答用紙が収録してあります。解答用紙が非公表の場合などを除き，（注）が記載されたページの指定倍率にしたがって拡大コピーをとれば，実際の入試問題とほぼ同じ解答欄の大きさで，何度でも過去問に取り組むことができます。このように，入試本番に近い条件で練習できるのも，本書の強みです。また，データが公表されている学校は別冊の１ページ目に過去の「入試結果表」を掲載しています。合格に必要な得点の目安として活用してください。

本書がみなさんの志望校合格の助けとなることを，心より願っています。

株式会社　声の教育社　編集部

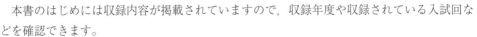

社会　出題傾向＆対策

◆基本データ(2024年度１回)

試験時間／満点	理科と合わせて60分／50点
問題構成	・大問数…３題 ・小問数…25問
解答形式	記号選択と適語の記入が中心となっており，記述問題も出題されている。
実際の問題用紙	Ａ４サイズ，小冊子形式
実際の解答用紙	Ａ４サイズ

分野 ＼ 年度		2024		2023		2022	
		1回	3回	1回	3回	1回	3回
日本の地理	地図の見方						
	国土・自然・気候	○	○	★	○	○	○
	資源		○				○
	農林水産業	○	○	○	○	○	○
	工業		○			○	
	交通・通信・貿易	○			○		
	人口・生活・文化	○		○	○	○	
	各地方の特色					○	
	地理総合	★	★		★		★
世界の地理			○		○	○	
日本の歴史	時代　原始～古代	○	○	○	○	○	○
	時代　中世～近世	○	○	○	○	○	○
	時代　近代～現代	○	○	○	○	○	○
	テーマ　政治・法律史						
	テーマ　産業・経済史						
	テーマ　文化・宗教史						
	テーマ　外交・戦争史						
	歴史総合	★	★	★	★	★	★
世界の歴史							
政治	憲法	○		○			
	国会・内閣・裁判所	○		○			★
	地方自治						
	経済	○	○				
	生活と福祉	○	○	○			
	国際関係・国際政治				★	○	○
	政治総合	★	★	★			
環境問題				○			
時事問題					○	★	
世界遺産							
複数分野総合						★	

※　原始～古代…平安時代以前，中世～近世…鎌倉時代～江戸時代，近代～現代…明治時代以降
※　★印は大問の中心となる分野をしめします。

◆出題傾向と内容

各分野とも，基本的な知識や理解力を重視する出題傾向は今後も続くと考えてよいでしょう。また，各分野のことがらを単純に覚えるだけでなく，ほかの分野とのかかわりや時事問題をふまえたうえでないと答えられない問題も多く出題されますから，注意が必要です。

●地理…国土，雨温図の読み取り，農林水産業，交通，各地の産業などが出題されています。また，資料やグラフを読み取る問題もよく出されています。

●歴史…弥生時代，飛鳥～平安時代，鎌倉～室町時代，安土桃山～江戸時代，明治～大正時代など各時代ごとに大問を設けた構成になっていたり，鉄道の歴史をテーマにした問題が出されたりしています。また，年表や地図を使った問題もよく見られます。

●政治…政治分野では，日本国憲法と基本的人権，三権(国会，内閣，裁判所)や選挙のしくみ，民法改正による成年年齢の引き下げ，地方自治，国際的組織などが取り上げられています。

◆対策～合格点を取るには？～

まず，基礎を固めることを心がけてください。そのためには，教科書と参考書(説明がやさしくていねいなもの)を選び，基本事項をしっかりと身につけるのがよいでしょう。基本的な語句については，漢字で書かせる場合もあるので，できるだけ漢字で書けるようにしておくことが大切です。

地理分野では，地図とグラフが欠かせません。つねにこれらを参照しながら，白地図作業帳を利用して地形と気候といった基本事項をまとめ，そこから産業のようすへと広げていってください。また，日本と貿易などでかかわりの深い国やニュースでよく取り上げられる地域については，自分で参考書などを使ってまとめておきましょう。

歴史分野では，自分で年表をつくると，各時代・各分野のまとめに活用できます。本校の歴史の問題はさまざまな時代や分野が取り上げられていますから，この作業はおおいに威力を発揮するはずです。また，歴史資料集などで，史料や歴史地図に親しんでおくとよいでしょう。

政治分野では，日本国憲法の基本的な内容を中心に勉強してください。さらに，新聞やテレビのニュースを見て，最近の政治の動きや時事問題に関心をもつことも大切です。

理科　出題傾向＆対策

◆基本データ（2024年度１回）

試験時間／満点	社会と合わせて60分／50点
問題構成	・大問数…４題 ・小問数…24問
解答形式	記号選択と数値・用語の記入になっている。記号選択は複数選ぶものもある。
実際の問題用紙	Ａ４サイズ，小冊子形式
実際の解答用紙	Ａ４サイズ

分野 ＼ 年度		2024		2023		2022	
		1回	3回	1回	3回	1回	3回
生命	植物	★		★		★	○
	動物				★		
	人体		★				
	生物と環境						
	季節と生物						
	生命総合						
物質	物質のすがた						
	気体の性質		★		○		
	水溶液の性質					★	
	ものの溶け方	★					★
	金属の性質						
	ものの燃え方				★		
	物質総合						
エネルギー	てこ・滑車・輪軸				★		
	ばねののび方		○				
	ふりこ・物体の運動	★					
	浮力と密度・圧力						
	光の進み方			★			
	ものの温まり方						
	音の伝わり方						★
	電気回路					★	
	磁石・電磁石		★				
	エネルギー総合						
地球	地球・月・太陽系					★	
	星と星座						
	風・雲と天候		★		★		★
	気温・地温・湿度		○		○		
	流水のはたらき・地層と岩石	★					
	火山・地震			★			
	地球総合						
実験器具				★			
観察							
環境問題							○
時事問題					○		○
複数分野総合							★

※　★印は大問の中心となる分野をしめします。

◆出題傾向と内容

一般的な中学入試の傾向としてもいえることですが，各分野からバランスよく出題されています。

●生命…植物のつくりと成長，動物とヒトのからだのつくりとはたらき，免疫のしくみ，動物の分類などが出されています。実験・観察での注意事項や実験器具のあつかい方に関する出題には注意が必要です。

●物質…燃焼，気体や水溶液の性質，物質と変化に関する総合的な問題などが取り上げられています。

●エネルギー…滑車と輪軸，てこなど，力のつり合いがたびたび出題されています。また，ふりこ，光の進み方，電気回路，電磁石，音なども出されています。

●地球…星座の動きと季節，地球の自転や公転，惑星，１日の太陽高度・気温・地温の変化，フェーン現象，月の動きと満ち欠け，台風，火成岩，地震，地層のでき方・化石などが取り上げられています。

◆対策〜合格点を取るには？〜

本校の理科は実験・観察・観測をもとに基本的なことがらを問うものが大部分をしめますから，日ごろの学習の中でそれらを着実におさえ，かたよりのない勉強を心がける必要があります。そのためには，参考書の内容をよく理解し，整理しておくのがいちばんです。そのさい，知識事項は正確に覚えるように心がけ，実験・観察・観測の方法や結果，実験器具などのあつかい方についてまとめておくことも忘れてはなりません。そして，基礎が固まったら，知識や理解の確認のために，あまり難しくない入試問題集を解いてみることです。80〜90％解けるようならば自信をもってよいでしょう。もし，解けないようなら，もう一度教科書を読みなおして，基本的なことがらをあらためて整理・確認することが大切です。

なお，問題は記号選択中心ですが，入試の全体的な流れからすると記述問題がふえることも予想されます。問題集などで，記述式の問題にあたって自分なりにまとめ，簡潔に書けるように練習をしておきましょう。また，環境問題や，科学・自然に関する時事的なできごとなどについても出題されますから，時事問題集などにも目を通しておきましょう。

国語　出題傾向＆対策

◆基本データ（2024年度１回）

試験時間／満点	50分／100点
問題構成	・大問数…３題 文章読解題２題／知識問題１題 ・小問数…20問
解答形式	記号選択と本文からのことばの書きぬきのほかに，字数制限のない記述問題も出題されている。
実際の問題用紙	Ａ４サイズ，小冊子形式
実際の解答用紙	Ｂ４サイズ

◆出題傾向と内容

▶近年の出典情報（著者名）
説明文：池上嘉彦　稲垣栄洋　市橋伯一
小　説：辻村深月　川端裕人　岩城けい

●読解問題…取り上げられる文章のジャンルは説明文と小説という組み合わせが多いようです。随筆や詩・短歌・俳句はほとんど出題されていません。説明文・論説文では，論旨の展開を正しく理解しているかどうかをためすもの，小説・物語文では，状況や動作・行動，登場人物の人物像などとからめて心情を問うものが中心となっています。さらに，接続語や副詞などの補充，語句の意味，指示語の内容などが出されています。

●知識問題…漢字の読みと書き取り，部首・画数，慣用句・ことわざ，熟語，助数詞の知識，文学作品と作者などが出題されています。

◆対策～合格点を取るには？～

本校の場合，読解力・表現力を問う設問を柱としながら，語句や漢字などの知識事項もおろそかにしない構成となっていますから，この点に注意して効率的な学習を進めましょう。

まず，読解力をつけるためにはやはり読書が大切ですが，どのような分野であれ，多くの文章を読むことが最良の方法です。あまり身がまえず，読みやすいものから始めていきましょう。

また，漢字や語句の対策については，ただ問題集や参考書で漢字や語句を暗記するだけではなく，漢字や語句の意味・使い方，類義語・対義語などをまとめ，多面的にとらえるように意識しながら学習しましょう。

分野＼年度			2024 1回	2024 2回	2024 3回	2023 1回	2023 3回
読	文章の種類	説明文・論説文	★	★	★	★	★
		小説・物語・伝記	★	★	★	★	★
		随筆・紀行・日記					
		会話・戯曲					
		詩					
		短歌・俳句					
解	内容の分類	主題・要旨	○	○	○	○	○
		内容理解	○	○	○	○	○
		文脈・段落構成	○				○
		指示語・接続語	○	○	○	○	○
		その他	○	○	○	○	○
知	漢字	漢字の読み	○	○	○	○	○
		漢字の書き取り	○	○	○	○	○
		部首・画数・筆順					
	語句	語句の意味	○	○		○	
		かなづかい					
		熟語	○			○	○
		慣用句・ことわざ		○	○	○	○
	文法	文の組み立て					
		品詞・用法		○		○	○
識		敬語					
	形式・技法						
	文学作品の知識					○	
	その他				○		○
	知識総合		★	★	★	★	★
表現	作文						
	短文記述						
	その他						
放送問題							

※　★印は大問の中心となる分野をしめします。

2024 年度　日本大学豊山中学校

【算　数】〈第１回試験〉（50分）〈満点：100点〉

（注意）１．定規，コンパス，分度器，計算機などを使用してはいけません。
　　　　２．答えが分数のときは，約分してもっとも簡単な形で求めなさい。

１　次の問いに答えなさい。

(1)　$19 + 2 \times (12 - 9 \div 3) - 18 \div 2 \times 3$ を計算しなさい。

(2)　$1\frac{2}{3} \times 0.25 + \frac{2}{7} \div \left(1.4 - \frac{5}{7}\right)$ を計算しなさい。

(3)　$98 \times 0.5 - 0.7 \times 56 + 4.9 \times 6 + 1.96 \times 30$ を計算しなさい。

(4)　$\left\{\left(\frac{3}{4} - \frac{1}{3}\right) \times 1\frac{1}{3}\right\} - 2 \div 6$ を計算しなさい。

(5)　$\left(\square - \frac{3}{4}\right) \times \frac{1}{4} - \left(0.125 - \frac{1}{16}\right) \times \frac{4}{7} = \frac{9}{14}$ の $\square$ にあてはまる数を答えなさい。

２　次の問いに答えなさい。

(1)　３つの容器Ａ，Ｂ，Ｃにそれぞれ，700 L の39 %，$0.8\,\mathrm{m}^3$ の 35 %，9000 dL の 32 % の水が入っている。水の量が多い順にＡ，Ｂ，Ｃを並べなさい。

(2)　連続した 21 個の整数があります。そのうちすべての奇数の和からすべての偶数の和をひくと41 になりました。連続した整数の最初の数を答えなさい。

(3) はじめに水そうに 300 L の水が入っており，毎分 5 L の水が水そうに注がれています。ポンプ 1 台を使って水そうから水をくみ出したところ，20 分で水そうの水がなくなりました。はじめの状態から 5 分以内に水そうの水をすべてくみ出すためには，最低何台のポンプが必要か答えなさい。

(4) A 君，B 君，C 君の 3 人がそれぞれいくらかのお金を持っています。A 君と B 君の所持金の比は 9：7 で，B 君と C 君の所持金の比は 6：5 です。その後，A 君が 200 円の買い物をしたところ，A 君と C 君の所持金の比は 10：7 になりました。このとき，3 人のはじめの所持金の合計はいくらだったか答えなさい。

(5) 284 個の分数 $\frac{1}{285}$, $\frac{2}{285}$, $\frac{3}{285}$, …, $\frac{283}{285}$, $\frac{284}{285}$ のうち，約分できない分数は何個あるか答えなさい。

3 次の問いに答えなさい。

(1) 正方形の紙を図 1 のように折り，次にこの折り目に垂直な折り目がつくように折って広げたのが図 2 です。このとき，㋐ の角度を答えなさい。

図 1

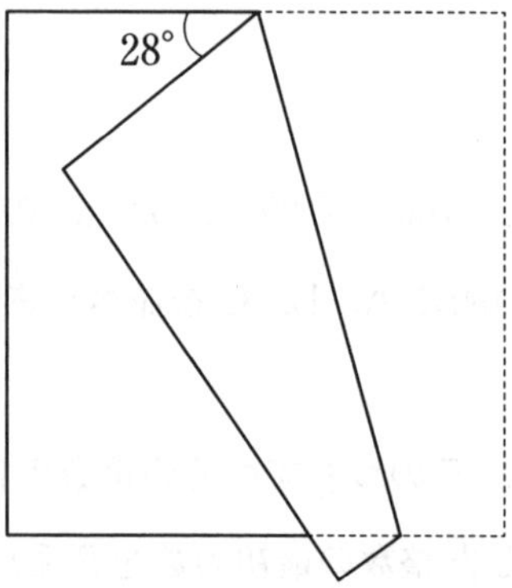

図 2

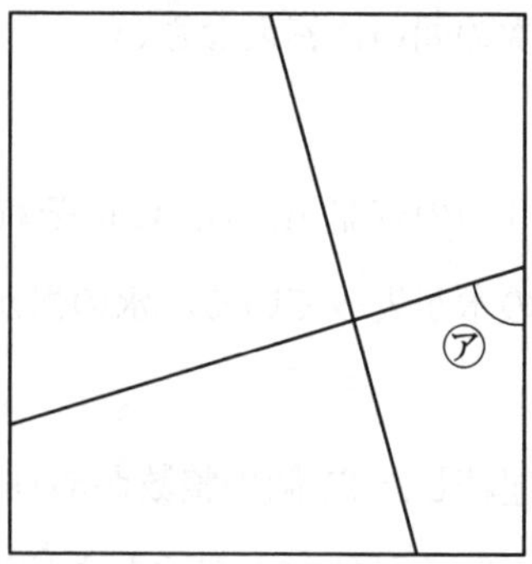

(2)　下の図は，半径 2 cm の円と半径 4 cm の円を重ならないように円周上でつなぎ合わせ，中心どうしを結んだものです。このとき，斜線《しゃせん》部分の周の長さを答えなさい。ただし，円周率は 3.14 とします。

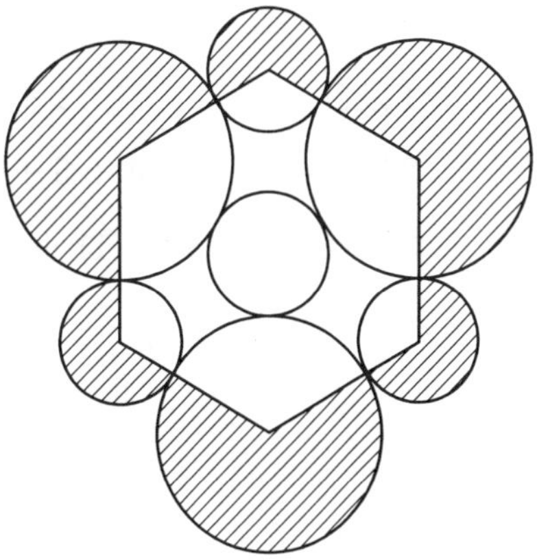

(3)　下の図のように，AB ＝ 3 cm，AD ＝ 4 cm，AC ＝ 5 cm，AE ＝ 10 cm の直方体 ABCD － EFGH を直線 BF を軸《じく》として 90° 回転させてできる立体（下の図の影《かげ》の部分の立体）の体積を答えなさい。ただし，円周率は 3.14 とします。

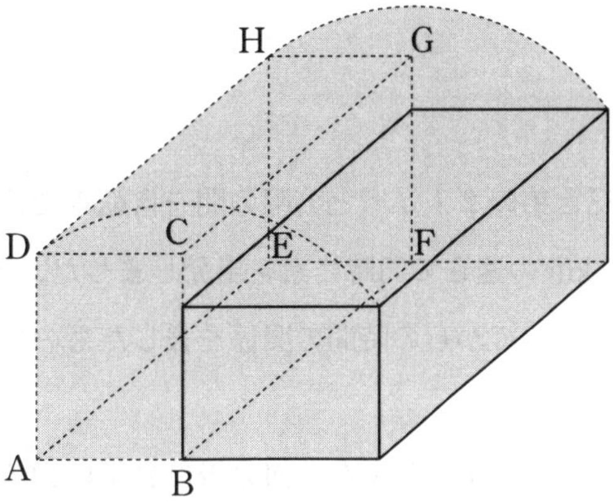

4 次のように，ある規則にしたがって式が並んでいます。このとき，次の問いに答えなさい。

１段目　　$1 + 2 = 3$

２段目　　$4 + 5 + 6 = 7 + 8$

３段目　　$9 + 10 + 11 + 12 = 13 + 14 + 15$

・　　・

・　　・

・　　・

(1)　５段目の式のうち，等号の右側の式を答えなさい。

(2)　124は［　］段目で，等号の［　］側の式にあり，その式の左から［　］番目の数です。［　］にあてはまる数や言葉を答えなさい。

5 兄と弟の２人が家と公園の間を自転車で往復しました。兄は時速 15 km，弟は時速 9 km の速さで同時に家を出発しました。下のグラフは２人の間の距離《きょり》と２人が家を出発してからの時間の関係を表したものです。このとき，次の問いに答えなさい。

(1)　兄は家を出発してから何分後に公園に到着《とうちゃく》したか答えなさい。

(2)　**ア** にあてはまる数を答えなさい。

(3)　**イ** にあてはまる数を答えなさい。

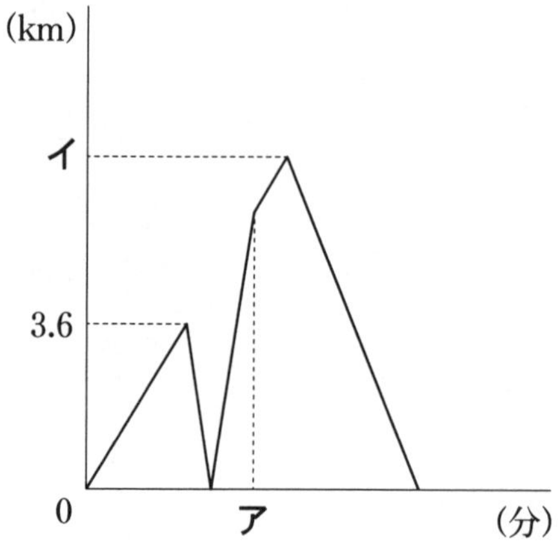

6 体積が $37.68\ \mathrm{cm}^3$ の円すいを図のように横にしてすべらないように転がしたところ，半径 5 cm の点線の円上を 1 周するのに，円すいは $1\frac{2}{3}$ 回転しました。このとき，次の問いに答えなさい。ただし，円周率は 3.14 とします。

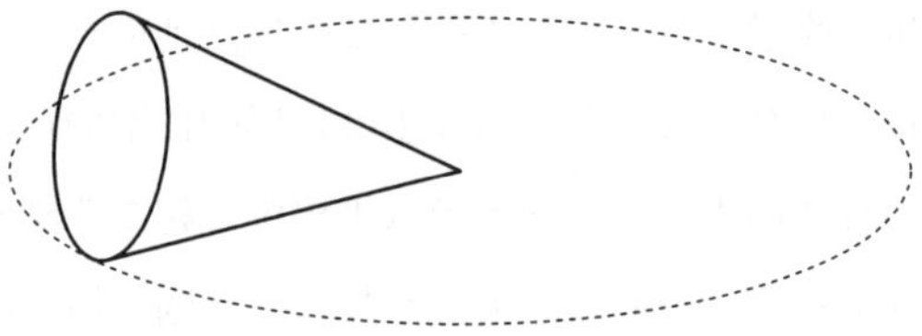

(1) 円すいの底面の半径を答えなさい。

(2) 円すいの高さを答えなさい。

(3) 下の図のように，この円すいを立てて，底面の円の中心が点線の円上を 1 周するように動かしてできる立体の体積を答えなさい。

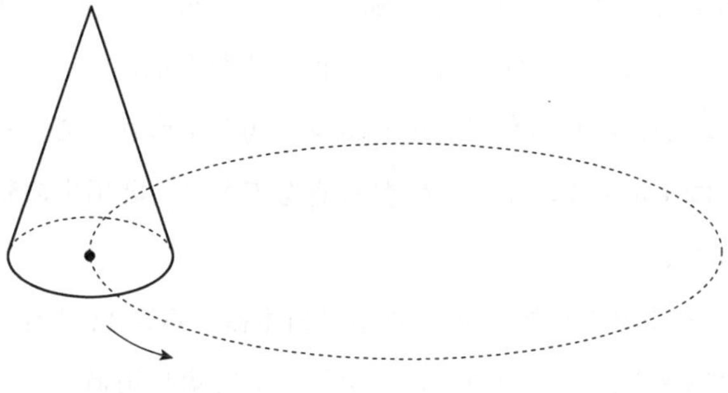

【社　会】〈第１回試験〉（理科と合わせて60分）〈満点：50点〉

（注意）定規，コンパス，分度器，計算機などを使用してはいけません。

1　次の文章を読んで，下の各問いに答えなさい。

①気候変動による環境《かんきょう》への大きな影響《えいきょう》が止まりません。2023年8月，ハワイ・マウイ島で起きた大規模な山火事は，古くから本校高校生の修学旅行先として来訪していた地域だったため，本校関係者も悲しみで胸が張り裂《さ》けそうな気持ちになりました。山火事は世界的に増加しており，気候変動がそれをさらに悪化させているといわれています。森林火災は世界中で起こる深刻な問題です。特に現在は大規模化や長期化が世界各地で相次いでおり，火災が起こった国や地域の住民を中心に，世界中の人々を悩ませています。今年は新たに森林環境税が課税されることで，温室効果ガスの削減や災害の防止への対応が期待されています。

②環境負荷を減らす目的から，都市部でも環境に負担にならないような暮らしが求められています。その中でも，都市のスポンジ化に関する解決策の１つに「コンパクトシティ」が注目されています。近年，「コンパクトシティ」を実践《じっせん》した富山市では，渋滞緩和《じゅうたいかんわ》の観点から市内のあらゆる場所にアクセスできるよう，【　X　】という次世代型路面電車を走らせています。【　X　】は主に低床式車両の活用や，定時性などの優れた特徴《とくちょう》を持つ路面電車を指します。近年，道路交通を補完するため，人と環境にやさしい公共交通として再評価されていました。その影響もあり，富山市は世界先進モデル都市に選出され話題となりました。

同調する動きは続いており，富山市を参考に2023年8月，宇都宮市でも宇都宮駅東口から芳賀・高根沢工業団地間で，宇都宮［　③　］が開業し，渋滞緩和や利便性の向上が期待されています。

栃木県は関東地方の北部に位置しており，新潟県や福島県との県境となっています。関東地方北部は群馬県と新潟県との県境に【　Y　】山脈，県南部に関東平野が広がる恵まれた環境から，群馬県下仁田町では［　④　］の栽培《さいばい》が行われるなど特色ある農産物が生産されています。栃木県で栽培される［　⑤　］は収穫量《しゅうかくりょう》で全国１位です。また，酪農《らくのう》も盛んであり，乳用牛の飼育頭数は北海道に次いで全国２位となっています。

県内には江戸時代の五街道の一つであった［　⑥　］街道が日本橋から約140 km伸びており，街道には幕府から許可を得た21の宿場が配置されました。宇都宮宿で奥州街道と合流することから，古くから人の往来が激しい地域でした。現在でも関東屈指の観光地として知られています。

問１　下線部①に関連して，台風などの影響で高潮などの被害を受けやすいにもかかわらず，国内では空港が海上に立地されています。その理由を**日本の地形条件を踏まえて**簡潔に説明しなさい。

問２　下線部②に関連して，環境負荷を軽くするために，トラックなどの負荷が大きい手段から，鉄道や船舶《せんぱく》に積み替《か》えて負荷が小さい手段に転換《てんかん》することを何といいますか。正しいものを次の中から一つ選び，記号で答えなさい。

（ア）　モーダルシフト　　　　（イ）　コールドチェーン

（ウ）　ポートアイランド　　　（エ）　モータリゼーション

問３　空欄【　Ｘ　】・【　Ｙ　】にあてはまる語句を答えなさい。【　Ｘ　】はアルファベット３文字で答えなさい。

問４　空欄 ③ にあてはまる語句として正しいものを次の中から一つ選び，記号で答えなさい。

（ア）　ライトレール　　（イ）　トラム　　（ウ）　スイッチバック　　（エ）　ループ

問５　空欄 ④ にあてはまる語句として正しいものを次の中から一つ選び，記号で答えなさい。

（ア）　りんご　　（イ）　ゆず　　（ウ）　ほうれんそう　　（エ）　こんにゃくいも

問６　空欄 ⑤ にあてはまる語句として正しいものを次の中から一つ選び，記号で答えなさい。

（ア）　いちご　　（イ）　日本なし　　（ウ）　おうとう　　（エ）　みかん

問７　空欄 ⑥ にあてはまる語句として正しいものを次の中から一つ選び，記号で答えなさい。

（ア）　川越　　（イ）　日光　　（ウ）　青梅　　（エ）　甲州

2　次の文章を読んで，下の各問いに答えなさい。

昨年，被爆《ひばく》地・広島においてウクライナ情勢や核《かく》軍縮を大きなテーマとする主要国首脳会議が開《かい》催《さい》されました。今回のサミットの開催地であった広島は長い日本の歴史の中で度々登場しています。

律令制の時代，全国は畿内《きない》・七道に行政区分され，現在の広島県は山陽道に位置する安芸国・備後国と呼ばれていました。安芸・備後を含む山陽道には都と大宰府を結ぶ大路が整備され，この陸上交通路によって地方官である国司が往復し，①<u>各地域からの税が都まで運ばれました</u>。また，山陽道の南側に広がる瀬戸内海は，九州と近畿地方とをつなぐ人・もの・情報の大動脈として，古くから日本列島の文化の形成に重要な役割を果たしてきました。平安時代には，当時安芸の国司であった［　②　］が瀬戸内海航路の安全をはかるため，厳島神社をうやまい保護したことが知られています。

鎌倉時代には③<u>全国に守護・地頭がおかれ，承久の乱後には安芸国内の地頭にも関東の御家人が任命されました</u>。その後，室町時代には守護が力をのばし守護大名と呼ばれましたが，④<u>応仁の乱</u>によってその多くはおとろえ，戦国大名が次第に勢力をのばします。特に，安芸国・備後国を含む中国地方では［　⑤　］が急速に勢力を拡大しました。

江戸時代，広島県には広島藩と福山藩がおかれていました。関ケ原の戦いの後，⑥<u>福島正則が広島藩主となりましたが，広島城を無断で修築した罪で改易されてしまいました</u>。一方，福山藩出身の人物として知られている阿部正弘は，幕末のペリー来航時に老中をつとめ，⑦<u>日米和親条約</u>を結びました。

明治以降，広島は軍都として発展していきます。明治の兵制改革で広島に鎮台《ちんだい》がおかれ，広島は中国・四国地方の軍事拠点《きょてん》として位置づけられました。⑧<u>日清戦争</u>では朝鮮半島・中国大陸への派兵基地となり，広島の宇品港《うじなこう》から多くの兵士や兵器，食糧《しょくりょう》が大陸へ送り出されました。その後，大本営が広島に移され，臨時帝国《ていこく》議会も開かれるなど，広島は臨時首都のような状況を見せるのでした。以後，⑨<u>相次ぐ戦争</u>により軍関係の施設《しせつ》が次々とおかれ，広島は軍事拠点としての性格を強めていくのです。それまで，日本軍は相次ぐ戦争を優勢に進めていましたが，太平洋戦争におけるミッドウェー海戦をきっかけに戦局は変化し，サイパン島を占領されて以降は日本の各都市への空襲《くうしゅう》が激しくなりました。そして，1945年［　⑩　］，広島に原子爆弾《ばくだん》が投下され，広島は壊滅的《かいめつてき》な被害を受けたのです。

このように人類史上最初の原子爆弾による被爆を経験した広島は，その経験をもとに核兵器廃絶《はいぜつ》と世界平和の実現を訴《うった》え続けています。その広島でサミットが開催されたことは，世界の平和を構築していく上で，大いに意味のあることだったといえるでしょう。

問１　下線部①に関連して，『日本書紀』などの内容をみると，安芸国や備後国から白絹や塩などの特産物が都に運ばれていたことが分かっています。このような税を何といいますか。正しいものを次の中から一つ選び，記号で答えなさい。

（ア）　租　　（イ）　調　　（ウ）　庸　　（エ）　雑徭

問２　空欄［　②　］にあてはまる人物名を漢字で答えなさい。

問３　下線部③に関する記述として**間違っているもの**を次の中から一つ選び，記号で答えなさい。

（ア）　源頼朝は自らと対立するようになった弟・義経をとらえるという理由で，全国に守護と地頭をおくことを朝廷に認めさせた。

（イ）　源氏の将軍がとだえると，かねてから幕府を倒そうと考えていた後白河上皇は，北条義時を討つ命令を出して承久の乱をおこした。

（ウ）　承久の乱では，北条政子が武士たちに頼朝の恩を説いて団結を訴《うった》えたことで，幕府軍は結集して戦いにのぞみ上皇方をやぶった。

（エ）　承久の乱に勝利した幕府は，その後京都に六波羅探題をおいて朝廷の監視《かんし》や西国の御家人の取りしまりにあたらせた。

問４　下線部④よりも後の時代の出来事として正しいものを次の中から一つ選び，記号で答えなさい。

（ア）　加賀国（石川県）で一向宗（浄土真宗）の信者が中心となって守護を滅《ほろ》ぼし，100年近くにわたって加賀国を支配した。

（イ）　御家人の生活を救うために，借金の取り消しを命じる徳政令を出したが，効果はあまりあがらず，幕府の信用を失った。

（ウ）　日本が明との国交を開き，貿易船と倭寇を区別するために合い札を用いた朝貢《ちょうこう》形式の勘合貿易を始めた。

（エ）　全国の武士をまきこみ，約60年間続いた吉野の南朝と京都の北朝との内乱が終わり，南北朝の合一が実現した。

問５　空欄［　⑤　］にあてはまる戦国大名として正しいものを次の中から一人選び，記号で答えなさい。

（ア）　島津貴久　　（イ）　大村純忠　　（ウ）　毛利元就　　（エ）　大友義鎮

問６　下線部⑥について，この処分は幕府が大名を統制するために定めた法令に違反《いはん》したことを理由としています。その法令名を答えなさい。

問７　下線部⑦に関連して，この条約で開港された港のうちアメリカの領事館がおかれ，総領事ハリスも来日した場所として正しいものを次の地図の（ア）～（オ）の中から一つ選び，記号で答えなさい。

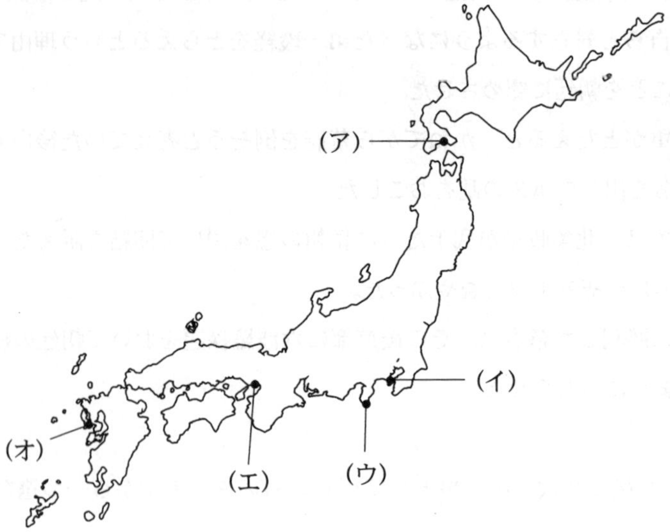

問８　下線部⑧に関する記述として**間違っているもの**を次の中から一つ選び，記号で答えなさい。

（ア）　日清戦争の直前には，外務大臣の陸奥宗光がロシアの東アジア進出を警戒《けいかい》するイギリスと交渉して，領事裁判権（治外法権）の廃止《はいし》を実現した。

（イ）　朝鮮でおこった甲午農民戦争をきっかけとして日清戦争が始まり，軍隊の近代化を進めていた日本が勝利し，下関条約が結ばれた。

（ウ）　日清戦争後，ロシアはフランスとドイツをさそい，日本に対して遼東半島と台湾を清に返すように求め，日本がこれを受け入れた。

（エ）　日清戦争後，官営の八幡製鉄所が設立され，中国から輸入した鉄鉱石と筑豊炭田などで産出した石炭を使って鉄鋼の生産が始まった。

問９　下線部⑨に関連して，次のＡ～Ｃの出来事を年代の古い順に並べたものとして正しいものを下の選択肢《せんたくし》から一つ選び，記号で答えなさい。

Ａ　関東軍は，奉天郊外《こうがい》の柳条湖で南満州鉄道を爆破《ばくは》した。関東軍はこれを中国軍のしわざとして攻撃を開始し，満州を占領《せんりょう》した。

Ｂ　北京近くの盧溝橋で日中両軍が衝突《しょうとつ》したことをきっかけに，日中の全面的な戦争となった。日本は多くの兵を投入したが中国の抵抗《ていこう》が強く，戦争は長期化していった。

Ｃ　日本は連合国側についてドイツに宣戦し，ドイツ領南洋諸島についで中国の青島を占領した。また，中国に二十一か条の要求をつきつけ，要求の大部分を認めさせた。

（ア）　Ａ→Ｂ→Ｃ　　（イ）　Ａ→Ｃ→Ｂ　　（ウ）　Ｂ→Ａ→Ｃ
（エ）　Ｂ→Ｃ→Ａ　　（オ）　Ｃ→Ａ→Ｂ　　（カ）　Ｃ→Ｂ→Ａ

問10　空欄［　⑩　］にあてはまる月日を答えなさい。

3　次の文章を読んで，下の各問いに答えなさい。

2023年8月31日，日本の百貨店である「そごう・西武」の労働組合がストライキを実施《じっし》しました。大手百貨店では，約60年ぶりです。日本でのストライキは，①高度経済成長期以降，一貫して減少し続けてきました。②厚生労働省によると，全体でのストライキの件数は，1974年の約5,000件をピークに減少傾向《けいこう》で，近年では二ケタの件数にとどまっています。そもそも，ストライキとは，どのようなものなのでしょうか。

ストライキとは，雇用《こよう》の維持《いじ》や③労働条件の改善などを会社側に認めさせることを目的に，労働者がまとまって労働を行わないで抗議《こうぎ》することです。④日本国憲法は，労働者に⑤労働三権を認めています。正当なストライキであれば，参加した労働者に不利益なあつかいをしてはならず，企業に損害があったとしても，労働組合に賠償請求《ばいしょうせいきゅう》できないことが⑥法律で定められています。

日本では大規模なストライキが減っている一方，欧米では現在も大規模なストライキが多く行われています。アメリカでは映画業界最大の労働組合によるストライキが実施され，ヨーロッパでも記録的な⑦物価高から賃金引き上げを求めるストライキが発生しています。欧米に比べ日本でストライキが少ない理由には，日本的な労使協調路線や，産業構造の変化など，様々なものが考えられます。現代の日本は，従来の日本型雇用慣行の変化や非正規労働者の増加など，⑧労働者を取り巻く環境も大きく変化してきています。そうした中で，労働者の権利についてもあらためて考えていく必要があるのではないでしょうか。

問１　下線部①に関連して，高度経済成長期におこった**出来事ではないもの**を次の中から一つ選び，記号で答えなさい。

(ア)　国民所得倍増計画の発表　　(イ)　東海道新幹線の開通

(ウ)　消費税３％の導入　　(エ)　沖縄の日本復帰

問２　下線部②の役割に関する次のＡ・Ｂの記述について，その正誤の組み合わせとして正しいものを下の選択肢から一つ選び，記号で答えなさい。

Ａ　国民の健康増進や病気の予防などに関する業務を行っており，新型コロナウイルス対策でも中心的な役割を果たした。

Ｂ　働く人の雇用安定や働く環境の整備に関する行政を担当しており，地方自治や地方公務員制度，選挙や消防など，国の基本的な諸制度を担っている。

(ア)　Ａ－正　Ｂ－正　　(イ)　Ａ－正　Ｂ－誤

(ウ)　Ａ－誤　Ｂ－正　　(エ)　Ａ－誤　Ｂ－誤

問３　下線部③に関連して，労働三法の中で，賃金，労働時間，休日などについて使用者が守るべき最低限のことを定めた法律名を答えなさい。

問４　下線部④に関連して，次の条文の空欄□にあてはまる語句を漢字四文字で答えなさい。

第22条　何人も，公共の福祉《ふくし》に反しない限り，居住，移転，及び□の自由を有する。

問５　下線部⑤に関連して，ストライキは労働三権のうち何という権利に基づいて行われるものか，答えなさい。

問６　下線部⑥の成立過程に関する記述として，**間違っているもの**を次の中から一つ選び，記号で答えなさい。

(ア)　衆議院と参議院で異なる議決をした場合，衆議院で出席議員の３分の２以上の賛成で再可決した場合，衆議院の議決が国会の議決となる。

(イ)　国会議員だけでなく，内閣も法律案を国会に提出することができる。

(ウ)　法律案は，本会議で審議《しんぎ》する前に各委員会で細かい審議を行うが，必要に応じて専門家などの意見を聞く公聴会を開くことができる。

(エ)　国会に提出された法律案は，必ず衆議院から先に審議しなければならない。

問７　下線部⑦に関連して，日本でも物価が上昇する原因の一つとして，「円安」の影響が考えられますが，「円安」が日本経済に与える一般的な影響についての記述として，**適切でないもの**を次の中から一つ選び，記号で答えなさい。

(ア)　日本からの輸出品の価格が下がるため，日本の輸出が増加する。

(イ)　海外旅行の費用が安くなるため，海外旅行に行く日本人が増える。

(ウ)　円の価値が下がることにより，海外から日本への投資が増える。

(エ)　外貨預金をしている人が円に換金《かんきん》すると為替差益《かわせさえき》（ドル預金では得）が発生する。

問８　下線部⑧に関連して，日本の労働者が，趣味《しゅみ》やレジャーなど自由に使う時間が少ないことを説明する資料の一つとして，最も適切なものを次の中から一つ選び，記号で答えなさい。

（ア）女性の年齢別労働力率

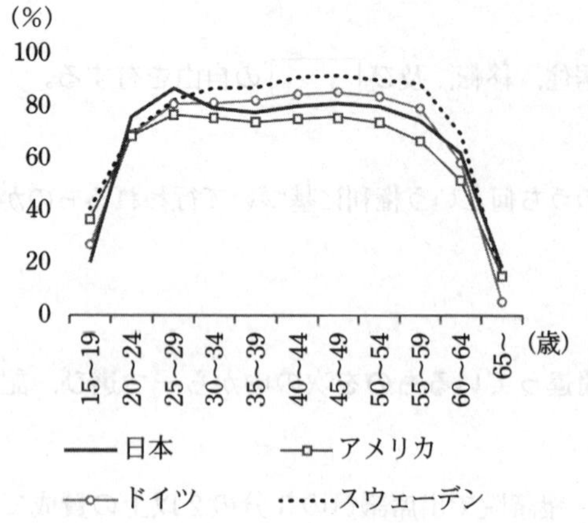

（「データブック国際労働比較」2023）

（イ）年次有給休暇《きゅうか》の消化率

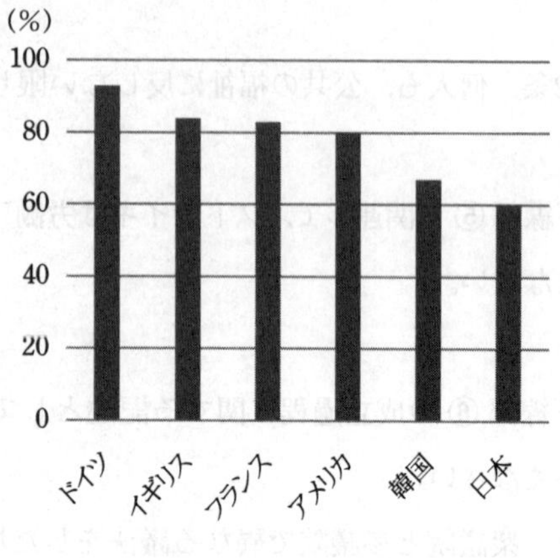

（「有給休暇・国際比較調査」2021）

（ウ）　労働組合の組織率の推移

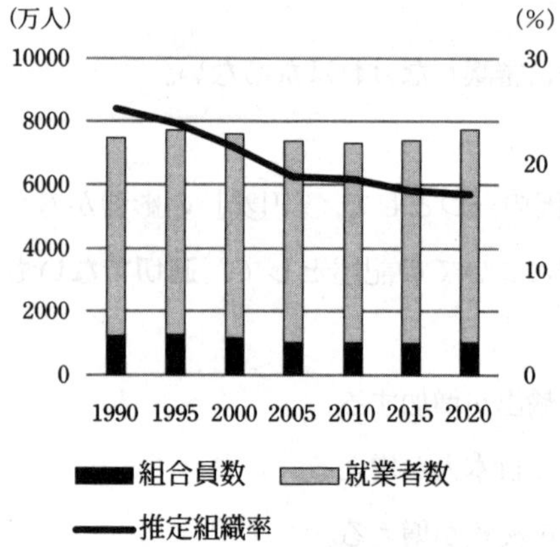

（厚生労働省資料より作成）

（エ）　有効求人倍率と完全失業率の推移

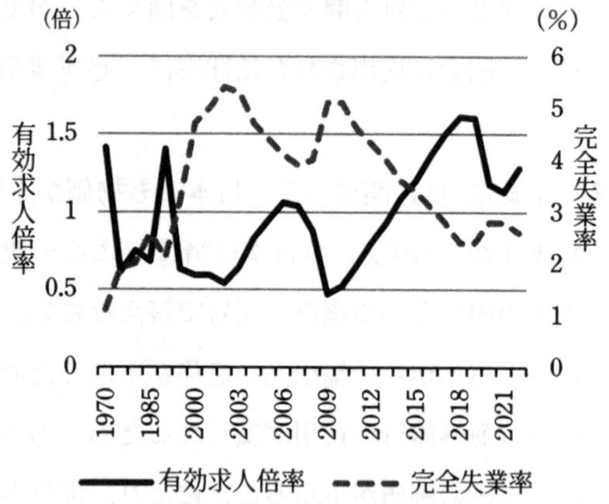

（総務省統計局・厚生労働省資料より作成）

【理　科】〈第１回試験〉（社会と合わせて60分）〈満点：50点〉

（注意）定規，コンパス，分度器，計算機などを使用してはいけません。

1　次の文を読んで，あとの各問いに答えなさい。

図１のように，天井からおもりをつるしてふりこをつくり，いろいろなふりこが１往復する時間（以降は周期と呼ぶ）を調べる実験を行いました。「おもりの重さ」「ふりこの長さ」「ふれはば」をそれぞれ変えながら周期を測ったところ，実験結果は**表１**のようになりました。ただし，空気抵抗《ていこう》やまさつ，糸の重さは考えないものとします。

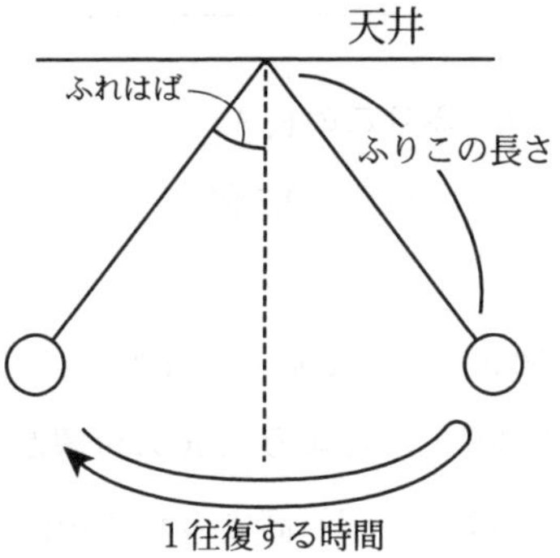

図１

表１

	A	B	C	D	E	F	G
おもりの重さ［g］	30	30	50	30	50	50	30
ふりこの長さ［cm］	20	45	180	80	45	80	20
ふれはば	30°	30°	30°	20°	20°	20°	20°
周期［秒］	0.90	1.35	2.70	1.80	1.35	1.80	0.90

問１　**表１**の実験結果から，ふりこの性質についてわかることを，次の（ア）～（ケ）から**3つ**選び，記号で答えなさい。

（ア）　周期は，おもりが重くなるほど長くなる。

（イ）　周期は，おもりが重くなるほど短くなる。

（ウ）　周期は，おもりの重さによらない。

（エ）　周期は，ふりこの長さが長くなるほど長くなる。

（オ）　周期は，ふりこの長さが長くなるほど短くなる。

（カ）　周期は，ふりこの長さによらない。

（キ）　周期は，ふれはばが大きくなるほど長くなる。

（ク）　周期は，ふれはばが大きくなるほど短くなる。

（ケ）　周期は，ふれはばによらない。

問２　おもりの重さを60g，ふりこの長さを720cm，ふれはばを15°にしたとき，ふりこの周期は何秒になりますか。

問３　次の文の，［X］，［Y］にあてはまる語句を（ア）～（キ）から１つずつ選び，記号で答えなさい。

> 周期が4.00秒のふりこがある。このふりこの周期を4.00秒から2.00秒にするためには，［X］を，［Y］にする必要がある。

（ア）　おもりの重さ　　（イ）　ふりこの長さ　　（ウ）　ふれはば

（エ）　２倍　　（オ）　４倍　　（カ）　0.5倍　　（キ）　0.25倍

問４　**図２**のように，おもりの重さ50g，ふりこの長さ180cmのふりこを用意し，Bの位置にくぎを打ち付けました。ふれはばが30°になるようにAの位置からおもりをしずかにはなすと，Bの位置で糸がひっかかり，おもりはAと同じ高さのCの位置まで上がってから，ふたたびAの位置にもどりました。このふりこの周期は何秒になりますか。ただし，実験中糸はたるまないものとします。

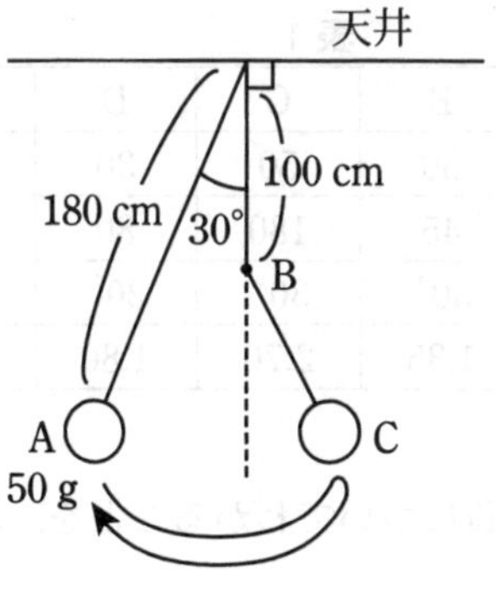

図２

問５　**図２**の状態から，Bの位置に打ち付けたくぎを外し，新しくDの位置にくぎを打ち付けてAの高さから**問４**と同じようにふりこをふったところ，周期は1.80秒となりました。Dの位置は，天井から何cmのところにありますか。ただし，Dの位置はBの位置の真上か真下にあり，横にはずれていないものとします。

2　次の文を読んで，あとの各問いに答えなさい。

多くの物質が混ざっている状態からある物質だけ取り出すことを「分離《ぶんり》」といいます。蒸留やろ過も分離《ぶんり》の操作の１つです。例えば，水にとけきれない量の食塩が食塩水の底に沈殿《ちんでん》していた場合は，ろ過をすることでとけきらなかった分の食塩のみを取り出すことができます。

このときの食塩水のように，物質が水にとける量には限界があります。限界まで物質がとけた状態の水よう液を［　A　］水よう液といい，水100ｇにとかすことができる物質の質量を［　B　］といいます。

［　B　］は温度によって異なり，食塩とホウ酸の［　B　］は次の**表１**のようになっています。

表１

水の温度［℃］	0	20	40	60	80	100
食塩［g］	35.6	35.8	36.3	37.1	38.0	39.3
ホウ酸［g］	2.8	4.9	8.9	14.9	23.5	38.0

問１　文中の［　A　］，［　B　］にあてはまる語句を答えなさい。

問２　次の（ア）～（オ）の物質のうち，ろ過によって水と分けることができるものを**すべて**選び，記号で答えなさい。

（ア）　炭酸水　　（イ）　水にとけた砂糖　　（ウ）　鉄粉

（エ）　エタノール　　（オ）　チョークの粉

問３　20℃の水に限界まで食塩がとけているとき，食塩水のこさは何％ですか。小数第１位を四捨五入して，**整数で**答えなさい。

問４　ある温度で限界までホウ酸がとけている水よう液344.7ｇを20℃まで冷やすと，30ｇのホウ酸がとけきれなくなって出てきました。最初の水よう液の温度は何℃でしたか。

問5　食塩，ホウ酸，砂が混ざった粉末Aが30gあります。次の実験Ⅰ～実験Ⅲの文を読んで，粉末Aには，食塩とホウ酸と砂がそれぞれ何gずつふくまれていたか**小数第1位まで**答えなさい。ただし，食塩とホウ酸は同時に水にとかすことができ，砂は一切水にとけないものとします。

実験Ⅰ：粉末Aをすべてビーカーに入れ，20℃の水150gを加えてよくかき混ぜたあとにろ過すると，固体と水よう液Bに分けることができました。

実験Ⅱ：水よう液Bの温度を0℃まで下げたところ，ホウ酸だけが沈殿《ちんでん》しました。この水よう液をろ過してろ紙に残ったホウ酸の重さをはかると，2.3gでした。このとき，ろ紙を通過した水よう液を水よう液Cとします。

実験Ⅲ：水よう液Cを蒸発皿に入れ加熱し，水をすべて蒸発させると，24.7gの固体が残りました。

3　植物のはたらきに関する次の文［Ⅰ］・［Ⅱ］を読み，あとの各問いに答えなさい。

［Ⅰ］

植物は，酸素や二酸化炭素を気こうから放出したり吸収したりしています。取りこんだ気体は，光のエネルギーを使って栄養分などをつくる[X]というはたらきと，動物も行う[Y]というはたらきに使われています。

光が届かず[X]ができないときは，[Y]のみを行うため，酸素を吸収し，二酸化炭素を放出します。ある程度の光があたると，植物は[X]と[Y]を同時に行います。

問１　文中の[X]，[Y]にあてはまる語句をそれぞれ**漢字で**答えなさい。

問２　[X]のはたらきが行われ，栄養分がつくられたことを確かめるときに使う指示薬があります。その指示薬としてもっとも適しているものはどれですか。次の（ア）～（エ）から１つ選び，記号で答えなさい。

（ア）　BTB よう液　　　　（イ）　メチレンブルー

（ウ）　フェノールフタレインよう液　　　　（エ）　ヨウ素よう液

［Ⅱ］

次の**図１**は，じゅうぶんな水と肥料があたえられている植物Ａと植物Ｂについて，光の強さと[X]の速度の関係を模式的に示したグラフです。このグラフでは，

◎二酸化炭素吸収速度がプラスの値のとき……全体として二酸化炭素を吸収している。

◎二酸化炭素吸収速度がマイナスの値のとき…全体として二酸化炭素を放出している。

ということを示しています。グラフから，光が弱いときには，植物Ａも植物Ｂも二酸化炭素を放出していることがわかります。これは，光が弱いときは[X]の速度よりも[Y]の速度が大きくなり，二酸化炭素を吸収する速度よりも放出する速度が大きくなるためです。

なお，二酸化炭素吸収速度がマイナスの値となる光の強さでは，植物は生存できないものとします。

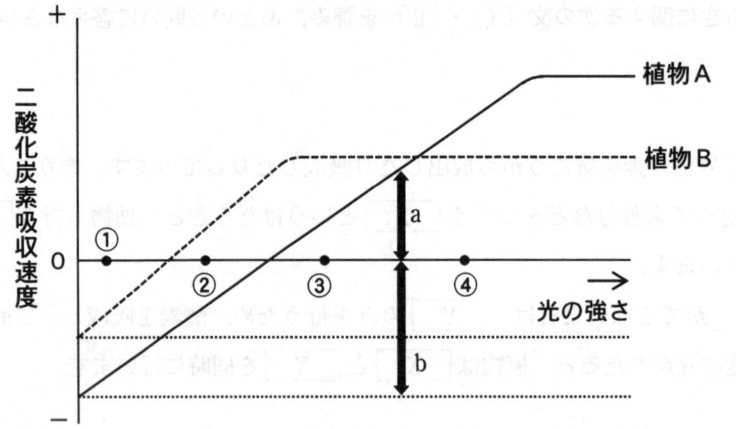

図1

問3　図1の植物Aについて，図中の矢印bは Y の速度をあらわしています。 X の速度を示すものとしてもっとも適しているものを，次の（ア）～（ウ）から1つ選び，記号で答えなさい。ただし，光の強さに関わらず， Y の速度は一定であるものとします。

（ア）　a　　　（イ）　a＋b　　　（ウ）　b－a

問4　植物Aがかれてしまう光の強さを，図1の①～④から<u>すべて</u>選び，番号で答えなさい。

問5　植物には，ひなたを好むものと，日かげでも生きられるものとがあります。図1の植物Aと植物Bのうち，より日かげでも生きられる方はどちらですか。1つ選び，<u>AかBで</u>答えなさい。

問6　 X の速度が Y の速度を上回り，二酸化炭素吸収速度がプラスの値になると，それだけ栄養分を多くたくわえられ，生存に有利になると考えることができます。図1の①～④の光の強さのうち，植物Aよりも植物Bの方が生存に有利となる光の強さはどれですか。<u>2つ</u>選び，番号で答えなさい。ただし，それぞれの植物のからだの大きさは考えず，二酸化炭素吸収速度が大きいほど，より多くの栄養分をたくわえられるものとします。

問7　2030年を目指した開発目標であるSDGsには，植物など陸上の生物を保護することをふくむ「陸の豊かさも守ろう」というゴールがあります。それに対し，生物多様性が失われつつある状態から2030年までにブレーキをかけ，プラスの方向に回復することを目指す考え方があります。その考え方は，2022年に行われた生物多様性条約第15回締結国会議《ていけつこくかいぎ》（COP15）で設定された行動目標（ターゲット）にふくまれています。この考え方を何といいますか。

次の（ア）～（エ）からもっとも適しているものを1つ選び，記号で答えなさい。

（ア）　Society 5.0（ソサイエティ 5.0）　　（イ）　30 by 30（サーティ バイ サーティ）

（ウ）　エコロジカルネットワーク　　（エ）　ネイチャー・ポジティブ

4　次の文を読み，あとの各問いに答えなさい。

次の**図１**は，ボーリング調査を行った標高の等しい地点Ａ～Ｃを示しています。**図２**は，それぞれの地点の地層の重なりを柱状に示した模式図（柱状図）です。**図２**の柱状図Ａ～Ｃに書かれている層①～⑤は，それぞれ同じ時代にたい積した層であることを示しており，柱状図の左側の数値は，地表からの深さを示しています。なお，この地域の地層は上下の逆転や断層はないものとし，ある一定の方向に同じ角度でかたむいているものとします。

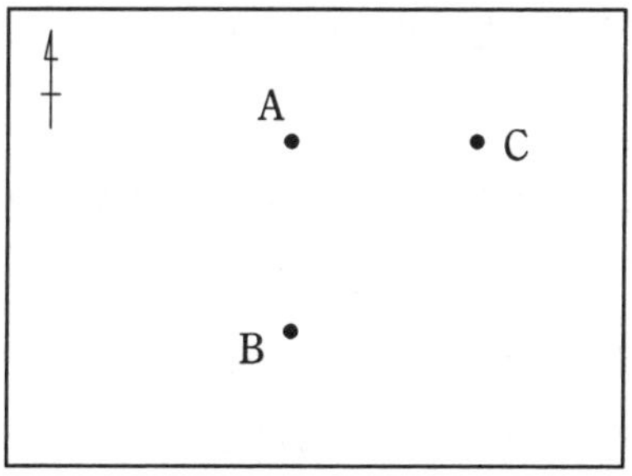

図１

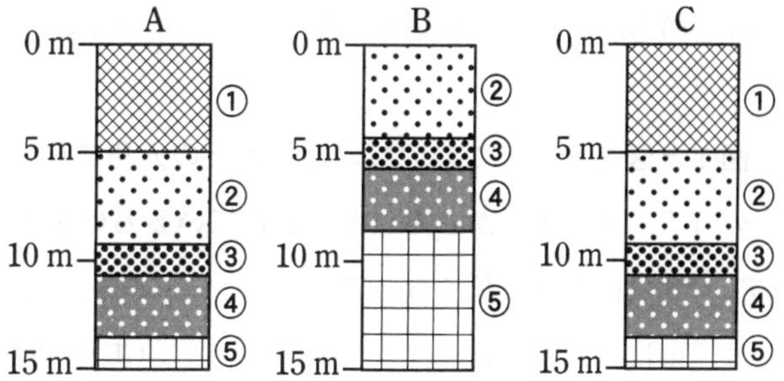

図２

問１　**図２**の柱状図Ａの層③は，火山灰などがもとになってできた赤かっ色の層でした。このように，関東平野には火山灰などがもとになっている層が広がっています。この層を何といいますか。

問２　**問１**の層を形成している火山灰などの由来となっている火山として適しているものを，次の（ア）～（エ）から１つ選び，記号で答えなさい。

（ア）　現在のエトナ山となった火山　　（イ）　現在のマウナロア山となった火山
（ウ）　現在の箱根山となった火山　　（エ）　現在の羅臼《らうす》山となった火山

問３　**図２**の柱状図Ａの層②は，比較的《ひかくてき》短い期間にたい積した層であることがわかりました。この層にはさまざまなれきがふくまれています。層②にたい積したれきのようすはどのようになっていると考えられますか。次の（ア）～（エ）からもっとも適しているものを１つ選び，記号で答えなさい。

（ア）　上から下まで，さまざまな大きさの丸いれきのみが不規則に存在している。
（イ）　下の方には大きくて丸いれきが多く存在し，上にいくにつれて粒《つぶ》が小さくなっている。
（ウ）　上の方には角ばったれきが多く存在し，下の方には丸いれきが多く存在している。大きさに規則性はない。
（エ）　上から下まで，丸いれきや角ばったれきなど，さまざまな形と大きさの粒が不規則に存在している。

問4　**図2**の柱状図Aの層①と層④を比べると，層④にふくまれるれきよりも，層①にふくまれるれきの方が小さいことがわかりました。このことから，層①と層④がたい積した当時のようすはどのようだったと推定できますか。次の（ア）～（エ）からもっとも適しているものを1つ選び，記号で答えなさい。

（ア）　層①よりも層④がたい積した時代の方が，地点Aの水の流れが速かったと考えられる。

（イ）　層①よりも層④がたい積した時代の方が，地点Aの水深が深かったと考えられる。

（ウ）　層①よりも層④がたい積した時代の方が，地点Aが河口から遠かったと考えられる。

（エ）　層①よりも層④がたい積した時代の方が，気温が高かったと考えられる。

問5　**図1**と**図2**から，この地域の地層はどの方角に向かってかたむいていると考えられますか。次の（ア）～（エ）からもっとも適しているものを1つ選び，記号で答えなさい。

（ア）　北に向かって低くなっている。　　（イ）　南に向かって低くなっている。

（ウ）　東に向かって低くなっている。　　（エ）　西に向かって低くなっている。

問6　**図2**の柱状図Aについて，層⑤からアンモナイトの化石が見つかり，層⑤は中生代にたい積したものだとわかりました。アンモナイトのように，地層がたい積した時期を知る手がかりとなる化石を示準化石といいます。示準化石として活用できるのは，どのような特ちょうのある生物の化石だと考えられますか。次の（ア）～（エ）からもっとも適しているものを1つ選び，記号で答えなさい。

（ア）　個体数が多く，限られた環境《かんきょう》でのみ生息できる生物の化石。

（イ）　長い年月の間にわたり個体数が多く，現在でも同じ仲間の生物が存在している生物の化石。

（ウ）　世界的に広く分布し，個体数が多く，ある期間にのみ存在した生物の化石。

（エ）　長い年月の間にわたり個体数が多く，世界的に広く分布した生物の化石。

問7　今から1000万年後の人類が，日本の地層を調べる研究を行っていると仮定します。発くつ調査を行った研究者が，その層から「あるもの」を数多く発見し，その結果その層が「日本で西れき2000年代以降にたい積した」と推定できたとします。発見された「あるもの」としてもっとも適したものを，次の（ア）～（オ）から1つ選び，記号で答えなさい。

（ア）　ヒトの骨　　（イ）　テレビ　　（ウ）　ガラスでできたコップ

（エ）　スマートフォン　　（オ）　スニーカー

問５　――線③「不思議そうな表情を浮かべた」とありますが、その理由として、最もふさわしいものを次から選び、記号で答えなさい。

ア　自分とは趣味が合わないこともあり、会話はお互いに買った雑誌を交換するときぐらいで、普段から生意気な態度を取らないように注意してくる「私」が珍《めずら》しく自分を頼ってきたから。

イ　『６年の科学』を買ってほしいと涙を浮かべてお願いしたが、自分のことを睨《にら》みつけて「いやだよ」と冷たく断った「私」が、都合よくピアニカを貸してほしいとお願いしてきたから。

ウ　血がつながっている姉妹ではあるものの、自分のピアニカが使われることによって、「私」と間接キスになることが嫌だったのだが、「私」は全く気にしていない様子だったから。

エ　自分自身も授業の中でピアニカを使うのだが、自分と同じ時間に音楽の授業がある「私」が、自分の教室にまで直接訪ねてきて、ピアニカを貸してくれるように頼んできたから。

問６　――線④「一緒に練習しよう」とありますが、このときの「私」の心情が表れている部分を、本文中から十五字以内で書きぬきなさい。

問７　――線⑤「もう一度、今度はそう言い直した」とありますが、なぜ言い直したのですか。説明しなさい。

問８　登場人物の説明として、ふさわしくないものを次から選び、記号で答えなさい。

ア　お母さんは二人の話を聞いた上で、うみかの足りない点を指摘し、苦手なものにもしっかりと取り組むよう、成長を促している。

イ　「私」は、ピアニカを借りたことや怪我の原因を作ってしまったことなど、うみかに謝りたくても素直に謝れないことがある。

ウ　お父さんは、うみかの怪我の原因は「私」にあると考えており、約束を破ったことを「私」に反省させようとして、厳しく接している。

エ　うみかは、望みをかなえるためならば、苦手なことにも熱心に取り組むことのできる強さを持つが、「私」には弱い一面も見せている。

問１　本文には、次の一文がぬけています。入る場所として、最もふさわしいものを、【1】～【4】から選び、数字で答えなさい。

【　うみかは捉《とら》えどころがない。　】

問２　――線①「来月から、『6年の科学』を買ってくれない？」とありますが、なぜですか。「よりも」という言葉を使って、六十字以内で具体的に説明しなさい。

問３　[A]に入る語として、最もふさわしいものを、本文中から書きぬきなさい。

問４　――線②「私は驚いていた」とありますが、その理由として、最もふさわしいものを次から選び、記号で答えなさい。

ア　うみかに『6年の科学』を買ってほしいと頼まれたが、断ったところ、すぐに諦めると思いきや、食い下がってきたから。

イ　うみかと二人で、両方買ってくれるように頼みに行ったにもかかわらず、お母さんは少しも取り合ってくれなかったから。

ウ　人の目なんて気にしない、風変わりで強いうみかが、みんなに笑われたことを気にして、泣いていたことが分かったから。

エ　得意だった「私」にとっては、うみかが居残りしても、逆上がりができなかったことが信じられなかったから。

私のせいだ。

　怪我をした時の詳しい状況はわからないけど、私が弾みをつけた方がいいって教えた。うみかはその勢いのまま、鉄棒の向こうに落ちたんじゃないのか。

　責められることを覚悟した。お母さんたちにも、きっと怒られる。だけど、うみかは何も言わなかった。ぼんやりと天井を見てる。
お母さんに言われて、私はうみかのすぐそばに座った。謝らなきゃ、と思うけど、ここまで来ても、言葉は口から出てこなかった。

　両親が二人とも、入院のことで先生と話すため病室を出て行ってしまう。私は下を向いて、沈黙の時間にただ耐えていた。

「九月までに、手、よくなるかな」

　うみかがぽつりと言った声に顔を上げる。うみかの唇が、かさかさに乾いて白くなっていた。「痛いなぁ」と呟《つぶや》いて、顔を歪《ゆが》める。

「エンデバーの打ち上げ、家で、見たい」

「……見ようよ、一緒に」

　一緒に、を言う声が震えた。

　一緒に練習しよう、の約束を破った私が口にしていい言葉じゃないのかもしれない。だけどうみかがゆっくりと私を見た。その口元が、なぜか笑った。

「私ね、お姉ちゃん」

「うん」

「宇宙飛行士になりたいんだ」

　どうして、この時を選んでうみかがそう言ったのかはわからなかった。だけど、大事な秘密を打ち明けるように、うみかが「ナイショだよ」と続ける。

「うん」

　私は頷いた。そして、唇を噛《か》んだ。そうしていないとまた涙が出てきそうだった。痛いのはうみかなのに、私が泣いちゃダメなのに。

　寝たままで言ううみかが怯《おび》えていることに、声の途中で気づいた。人の目なんて気にしない、『科学』を面白がるセンスのある、風変わりで強い、私の妹が弱気になっている。

「なれるよ」と私は答えた。水の中に放り込まれたように、鼻の奥がつんと痛んで、涙がこらえきれなくなる。

「なってよ」

⑤もう一度、今度はそう言い直した。

（『家族シアター』辻村深月）

黙って座る妹を想像する。六年の教室からも、きっと私たちのピアニカの音が聞こえてきたはずだ。その音を聞きながら、下の階で座り続ける気持ちはどんなものだっただろう。

唇《くちびる》を引き結ぶと同時に、胸の奥がきゅっと痛んだ。素直に言葉で謝ることができないほど、気まずかった。

「逆上がりの練習、してる？」

尋ねていた。うみかがぱちくりと目を瞬く。【 4 】

私は逆上がり、得意だった。

④「一緒に練習しよう」

罪滅ぼし、という意識はそれほどなかった。ただ、一人きりみんなのピアニカ練習を見つめる妹を想像したら、それが逆上がりの居残りをさせられる姿と重なって、私の胸を締めつけた。

うみかをバカになんかさせない、と強く感じたのだ。

【中略】

仕事から帰ってきたお父さんと一緒に病院に向かう時、私はずっと俯《うつむ》いていた。頭の奥でずっと、お前のせいだ、という誰のものかわからない声がしてる。

車の中、私の隣で、お母さんに持ってくるように言われたうみかの着替えが、半透明の袋の中から透けていた。灰色の、私のお下がりの下着。「はるか」と書かれた名前がマジックの線で消されて、下に、あの子の名前が「うみか」と書いてある。

うみかが怪我をしたと聞かされた時から、ずっと泣けたらいいのにと思いながら、出てこなかった涙が、その書き直しの名前を見たら、じわっと目の奥に滲《にじ》んだ。車の外で、国道の向こうの夜景が筋を引いて流れていく。

骨折したことがある子は、うちのクラスにも何人かいた。みんなギプスをしながら学校に来てた。だけど、入院したという話はあんまり聞かない。うみかはそんなにひどい怪我なのか。

あの子は、練習に来なかった私を怒ってるに違いない。きちんと謝ろうと思ってたのに、薬の匂いのする病室に一歩入った途端、口が利けなくなった。

うみかはとろんとしたいつもの二重瞼《ふたえまぶた》をさらに重そうにして、うっすらと目を開けて、ベッドに横になっていた。力と、光のない目で私たちの方を見る。朝までのうみかとまったく違った。顔を見たら、走っていって、抱きついて、謝りたい気持ちになったけど、私は足を開いて立ったまま、妹に近づくことさえできなかった。

「うみか、お姉ちゃんが来てくれたよ」

お母さんが励ますように言うのが苦しかった。私は約束を破った。何も言えずに、せめて目だけはそらさないようにしていると、うみかが「うん」と頷いた。右腕が白い包帯で何重にも固定されて、ベッドの上に吊られている。手がどんなふうになってるのかは、包帯に覆《おお》われてるせいでわからなかった。

号の予告ページに、ぽとっと涙の粒が落ちた。【　2　】

　二人してお母さんに、『A』『6年の学習』、両方を買ってくれるように頼みに行く。お母さんは「ふうん」と頷いた後で、うみかに「じゃあ、頑張らなきゃね」と告げた。

「うみか、逆上がりできるようになった?」

　うみかの全身にぴりっと電気が通ったように見えた。痛いところ突かれたっていう顔だ。

「うみかだけできなくて居残りになったって、この間泣いてたでしょう?みんなに笑われたって」

　うみかは答えなかった。②私は驚いていた。

　この子が悔しがるとか、人の目を気にするところなんて想像できない。何かの間違いなんじゃないかと思っていたら、お母さんが「好き嫌いが多いからよ」とうみかに言い、さっさと台所に戻ってしまう。

　結局、『6年の科学』の追加がオーケーになったのかどうかはわからないままだった。

　その日の夕食、うみかがナポリタンのピーマンを、時間をかけて丸呑《まるの》みする音が、横の私にまで聞こえた。顔色を悪くしながら、無理して片づけていた。【　3　】

　ピアニカを忘れた、その日もそうだった。五年の教室を訪ねて貸してくれるように頼むと、うみかが少しだけ③不思議そうな表情を浮かべた。きょとんとしたような、息を呑むような。

だけどすぐに「わかった」と頷いて、水色のピアニカケースを持ってきてくれる。

　ひょっとして、ピアニカのホースで間接キスになるのが嫌なのかもしれない。だけど、別にいいじゃないか、姉妹なんだから。他の学年にどれだけ仲がいい友達がいたって、さすがにピアニカは借りられないだろうけど、姉妹だったらそれができる。私は得した気分だった。

　びっくりしたのは、授業の後、借りたピアニカを返しに行った時だった。うみかの近くにいた五年生が「あれ、うみかちゃん、ピアニカあったの?」と私たちに声をかけてきた。

「忘れたんだと思ってた。お姉ちゃんが持ってきてくれたのに、間に合わなかったの?」

「うん」

　頷くうみかは落ち着いていた。ピアニカの側面に書かれた平仮名のうみかの名前が、私たちの間で間抜けに浮き上がって見えた。私は自分のミスを悟《さと》る。あの不思議そうな表情の意味はこれか。

「――同じ時間だったの?」

「そう」

「言ってくれればよかったのに」

「だって」

　短く答えるうみかの口調に怒っている様子はなかったけど、それがよりいっそう私にはこたえた。ピアニカを忘れてみんなの間に

三 次の文章を読んで、後の問いに答えなさい。（出題の都合上、本文の一部を変えています。）

『科学』と『学習』に限らず、私たちはお互いの買ったものを交換して読み合う。趣味が合わない時もあるけど、少なくとも、学研の雑誌は、お互いに黙って読む。

うみかの『科学』は、やはり『学習』に比べて漫画が少ない分薄くて、文章も説明文みたいに淡々としてる記事が多かった。あるいは、この勉強っぽいページも、うみかにとっては遊びに見えてるのかもしれない。だけど、私には違う。

「お姉ちゃん」

話しかけられて「ん?」と『5年の科学』から顔を上げると、うみかが「お願いがあるんだけど」と真剣な顔で言う。【　1　】

①「来月から、『6年の科学』を買ってくれない?」

「え」

うみかが「お願い」と頭を下げた。この子にこんなふうにされたことは、これまで一度もなかった。うみかが開いた『6年の学習』の裏表紙の最後のページに、来月の『科学』と『学習』両方の予告が出ていた。見て、あっと思う。『科学』の方に、『特集・宇宙はついにすぐそこに』の文字が見えた。

気持ちがざわっとした。

クラスの子の中には、『科学』と『学習』両方を買っている子もいる。だけど、うちはそういう家じゃなかった。まだ一年生の頃、お母さんから、片方だけだと釘《くぎ》を刺された。

「いやだよ」と、反射的に声が出た。

あんまりなんじゃないか。うみかがどれだけ宇宙のことを好きか知らないけど、だからってそのために私から楽しみを奪う権利なんかない。だいたい、普段あんなに生意気な態度を取ってるくせに、こんな時だけ調子いい。

「私だって、『学習』が楽しみなんだもん。いいじゃん、五年の読んでれば。来年になれば、嫌でもあんた六年になるでしょ」

「今年じゃなきゃ、ダメだと思う。お願い、お姉ちゃん」

すぐに折れると思ったのに、食い下がったのがさらに生意気に思えた。私だって、『5年の学習』を読む我慢して、一度だってうみかに頼んだことなんかなかったのに。睨《にら》みつけると、うみかが思いがけず、必死な声で続けた。

「今年の『科学』は、特別なの」

「どうして?」

「毛利さんが、九月に、宇宙に行くから」

私は呆気《あっけ》に取られた。うみかの目は真剣だった。「お願い」とまた、くり返す。

「五年のより詳しく、そのことが載るかもしれない。今年じゃなきゃ、ダメなの」

「……そんなに好きなの?」

毛利さんや宇宙への情熱のせいなのか、それとも私とケンカして興奮してるだけなのか、わからないけど、うみかの目が赤くなっていた。こくん、と無言で頷《うなず》いて顔を伏《ふ》せる。開きっぱなしの来月

問７　――線⑥「たとえば、…一つの『遊び』でした」とありますが、筆者の考える「遊び」の例として、ふさわしくないものを次から選び、記号で答えなさい。

ア　着物を重ね着して色合いを工夫する

イ　庭に出て四季折々の自然をめでる

ウ　鞠《まり》を交互《こうご》に蹴《け》り上げて楽しむ

エ　愛情を伝える和歌を恋人《こいびと》に贈《おく》る

問８　筆者の意見として、最もふさわしいものを次から選び、記号で答えなさい。

ア　私たちの日常生活では、ことばのきまりというものが習慣的に決まっていて、その範囲内でことばを使うことに満足している。ことばは「実用的」な働きにかたよって用いられ、「美的」な働きに目が向けられる機会はあまり多くない。

イ　内容を伝達する手段として用いられている日常のことばと、語形や語源を意識して作られる詩のことばでは、その性質が大きく異なる。私たちは詩を読む経験を通じて、ことばそのものをより深く味わうことができるようになる。

ウ　「かっぱ」という詩の二行目は、「かっぱ、らっぱ、かっぱ、らった」と区切って読む。日常のことばである「かっぱらった」は、「かっぱ、らった」と読むことで「詩的」なことばに生まれ変わり、新しい印象を与えることができる。

エ　詩のことばは、古い時代に始まった「ことば遊び」以来、実用的な目的に結びつかない「遊び」であるととらえられてきた。詩のことばには、日常生活に埋没しないで何かを追い求める気持ちをかりたて、はずみをつけてくれる力がある。

問１　――線①「私たちはことば――大人のふつうの日常のことば――をどういうふうにとらえているでしょうか」とありますが、「私たち」はことばをどのようなものとしてとらえていますか。三十字以内で答えなさい。

問２　――線②「私たちの前に立ちふさがっているという感じがします」とありますが、それはなぜですか。その理由として、最もふさわしいものを次から選び、記号で答えなさい。

ア　ことばに対する私たちの関心は、内容を伝達する仲介役としての役割に対して向けられがちであるから。

イ　詩のことばは日常のことばとは性質が異なることが多く、読み手が一度立ち止まって考えることが必要となるから。

ウ　詩のことばは不透明であり、語形が似ていると語の意味も似ているのではないかという疑問が生じてくるから。

エ　ことばが新しい経験や内容を生み出すものとして働く機会が、日常生活においてはあまりないから。

問３　――線③「日常、あまり意識していないことばそのものの存在」とありますが、「あまり意識していない」様子を比喩《ひゆ》（たとえ）を用いて表現した箇所を四〇字以内で探し、その最初の五字を書きぬきなさい。

問４　[A]～[C]に入る語の組み合わせとして、最もふさわしいものを次から選び、記号で答えなさい。

ア　A　あるいは　B　そのうえ　C　もっとも

イ　A　むしろ　B　ひいては　C　とはいえ

ウ　A　すなわち　B　もしくは　C　ともかく

エ　A　つまり　B　たとえば　C　もちろん

問５　――線④「詩のことばに典型的に見られる」とありますが、それはなぜですか。解答欄に合うように「日常」という言葉を用いて、その理由を五十字以内で説明しなさい。

問６　――線⑤「もたらそうとします」の意味として最もふさわしいものを、次から選び、記号で答えなさい。

ア　増やそうとします　　イ　得ようとします

ウ　生じさせようとします　　エ　育てようとします

これはちょうど詩人の場合と同じことになるのではないでしょうか。

ふつうの人が、日常的な経験を日常的なことばで表現して満足しているのに対して、「詩人」と呼ばれるような人たちは、日常的な経験を超える経験をもつでしょう。そして、それを表わそうとすると、もはや日常のことばの使い方では不十分なはずです。そこで、どうしても、日常のことばの枠を超えるということが必要になってくるでしょう。

このように考えますと、詩人の場合と子どもの場合はある意味で非常によく似た状況にあるということになります。

しかし、詩人の場合はそこにとどまらないでしょう。新しいことば遣いで新しい経験が表わされるということは、新しいことばの使い方で新しい経験を創り出すことができるということでもあります。ことばが先行して新しい意味を創り出すという働きが浮かび上がってきます。詩、とりわけそれが「ことば遊び」とか「＊ナンセンス詩」とかいわれるような場合のものでは、そのようなことばの働きがいちばん純粋《じゅんすい》な形で出てきます。「ナンセンス詩」とか「ことば遊び」というのは決してつまらないものではなく、むしろそれは私たちが日常のことばについては経験していないことばのもう一つの重要な側面、つまり創造的な面、があるのだということ——それをはっきりと教えてくれるからです。

実用的なことならば日常のことばで足りるわけですから、実用を超えたことば遣いをするということは、ある意味で「遊び」であるということになります。しかし、遊びというのは考えてみますと、私たちにとっては非常に必要なものでもあります。「遊び」を通じて私たちは日常生活の＊惰性《だせい》を抜《ぬ》け出《だ》して、そこに活性を⑤もたらそうとします。「遊び」は決してつまらないものではなくて、私たちが日常生活に慣れきってしまわないように、そしてそれを超えた何かを追い求める気持ちを失わないように、はずみをつけてくれるものとして、人間にとってたいへん重要な意味合いを持っているといえるでしょう。

日本でも古い時代には「遊び」ということばはしばしば芸術や美ということと結びついて使われていました。⑥たとえば、音楽を奏《かな》でるのも一つの「遊び」でした。何かある特定の実用的な目的に結びつかない、何かの単なる手段ではないということ——それが「遊び」の本質にもあるわけで、ことばが、創造的な意味を生みだすという方向でもてあそばれるということも、美的とか、芸術的ということと深い関係があるわけです。日常の中に埋没《まいぼつ》していない子どものことばは、そういう創造面が非常に強く出てくる場なのです。

（『ふしぎなことば　ことばのふしぎ』池上嘉彦）

＊ナンセンス…無意味であるさまやくだらないこと。
＊惰性…これまでの習慣や慣れのこと。

いかと考えたくなるわけです。私の場合ですと、かっぱの口の先の方がらっぱの口の先の逆みたいな形をしている——そんな類似点を連想します。あるいはまた、かっぱが鳴くとするとらっぱのような音を出すのではないか——そんなことを思ったりもします。

ところで、これは一つの新しい経験です。このような経験は、日常「かっぱ」とか「らっぱ」とかバラバラに使われていたときには、出てこなかったことです。日常のことばですと、私たちがまず何かを経験して、それをことばで表わすということをします。ところが今の場合は、ことばが先行して新しい経験を生み出すということが起こっています。そこでは、日常の世界の中では私たちがしなかったような経験、つまり、ことばが新しい経験を生み出すということが起こっています。ことばが新しい経験とか内容を生み出す創造の力を持つものとして働く、ということになるわけです。このようなことばの働きは、日常生活の段階では、ふつうあまりないことでしょう。

私たちの日常の生活では、ことばのきまりというものが習慣的に決まっています。そして、私たちはいちおうきまりの範囲内《はんいない》でことばを使うことで満足していて、それを超えるというようなことは比《ひ》較的《かくてき》まれです。二つのことばの違いかた——経験が先行してそれをことばで表わすことと、ことばが先行してそれが新しい経験を生み出すこと——これは「伝達」と「創造」ということでとらえることもできますし、あるいはことばの「実用的」な働きと、ことばの「美的」な働きと言われることもあります。④この後者のほうは詩のことばに典型的に見られるということで、ことばの「詩的」な働きという言い方をすることもあります。

私たちのことばについての認識は、ふつうその「実用的」な働きのほうに大変かたよっていて、もう一つの「詩的」な働きのほうは忘れられがちです。それは、この「詩的」な働きがよく現われるのは、詩のことばであるとか、子どものことばであるとか、どちらかといいますと、ことばの「中心」ではない部分だからでしょう。そういうことばの「詩的」な働きというものが日常のことばにおいてよりも重要な役割を果たすという意味で、子どものことばと詩のことばとは似ているということができます。どうしてそうなるのでしょうか。

大人の場合ですと日常的な生活に関する限りは、経験の範囲と、ことばでもって表わせる範囲がだいたい一致《いっち》していると考えてよいでしょう。ところが子どもの場合は、その経験の範囲を表わせるだけのことばの能力がまだ十分に発達していない。その一方では子どもにとっては毎日が新しい経験の連続です。自分がすでに身につけていることばだけではとても新しい経験を十分に表現することができない。そうしますと、どうしてもことばの枠《わく》を破るということが起こるでしょう。子どものことばは、常に何かきまった範囲だけにとどまっているのではなくて、その枠を破って広がっていくという傾向《けいこう》を示すわけです。

だろうというような連想を持つことでしょう。

　こうしてこういうものを読んでいるときの印象を分析《ぶんせき》してみますと、何か私たちが日常その存在をあまり意識していない②「ことば」というものがまるで壁《かべ》か何かのように私たちの前に立ちふさがっているという感じがします。

　私たちが日常、ことばを使っているときは、ふつう表わされる内容がまずあって、それを盛って運ぶ手段としてことばがあるというふうに考えています。私たちの関心はもっぱらこの内容のほうにあるわけで、それを運ぶ仲介役《ちゅうかいやく》としてことばが入っていても、ことばそのものにはあまり注意を払《はら》いません。ことばというのはあるようでないようなもの、存在しながら、存在していないような、何か透《とう》明《めい》になってしまっているような感じがするのではないでしょうか。

　ところが、「かっぱ」のような詩を読みますと、俄然《がぜん》ことばが、私たちの前に立ちふさがって、それに私たちが頭をぶつけている――そんな印象を持つのではないかと思います。ことばがそこでは不透明になって、私たちの意識が素通《すどお》りすることを許してくれないわけです。③日常、あまり意識していないことばそのものの存在ということを、否応《いやおう》なしに意識させられてしまいます。こういう状況は、詩によく出てきます。詩のことばは日常のことばと同じではありません。そのため私たちはそこで一度立ち止まって、考えなくてはいけないということが起こってきます。つまりことばが不透明なものになってしまい、私たちがことばというものを改めて認識することになるのです。

　そういう意味でもう一度「かっぱ」の詩に戻ってみましょう。

　使われている単語はそんなに多くも難しくもありません。「かっぱ」が出て、それから「かっぱらった」が出てきます。たとえばこの「かっぱ」と「かっぱらった」ということばは、日常のことばとして考えている場合は、私たちはこの両方がよく似た形をしたことばであるという意識を持つようなことはないでしょう。ところが、ことばが不透明になって私たちの前に立ち現われますと、「かっぱ」と「かっぱらった」は形が非常によく似ているという意識を否応なしに持たされます。そうしますと、ことばについての非常に素朴《そぼく》な感覚として、語形が似ていると語の意味も似ているのではないかというふうな発想が働きはじめます。A、「かっぱ」と「かっぱらった」とでは「かっぱ」という所が共通である。そうすると意味のほうでも関係があるのではないか。B「かっぱ」というのはいたずら好きな生物だから、「かっぱらう」という行為《こうい》も、何かもともと「かっぱ」のするようなことをいうのではなかったのか。C語源的にはそういうことはないでしょうけれども、そんな印象をきっと持つでしょう。

　日常のことば遣いですと、「かっぱ」と「かっぱらう」は私たちの頭の中の全然違《ちが》う所にしまい込まれていて、相互《そうご》に連想するなどということもないでしょう。しかし、二つ並べられてみますと、語形が互《たが》いによく似ている、そうすると語の意味も似ているのではな

二　次の文章を読んで、後の問いに答えなさい。（出題の都合上、本文の一部を変えています。）

①私たちはことば――大人のふつうの日常のことば――をどういうふうにとらえているでしょうか。よく「ことばは伝達の手段である」と言います。このとらえ方ですと、私たちはことばを使おうとするとき、まず何か表わしたい内容がある、しかしこの内容は頭の中で考えていることですから外からは見えない、だから、それを伝えようとするならば、何らかの形でそれを表現――つまり表に現わすということ――をしなくてはならない、表に現わすためにことばを使うのである――ふつう私たちは、ことばというものをこのように位置づけていると思います。

　ところが場合によっては、これが逆になるような場合もあるのではないか――つまり、ことばのほうが先行して、ことばがある内容を生み出すということです。そういう状況《じょうきょう》は、日常的なことば遣《づか》いではあまりふつうでないかもしれないけれども、たとえば子どものことばとか、詩のことばではかなり典型的に起こっているのです。

　具体的に実感を持っていただくために、谷川俊太郎の「かっぱ」という詩をみてみましょう。

かっぱかっぱらった
かっぱらっぱかっぱらった
とってちってた

かっぱなっぱかった
かっぱなっぱいっぱかった
かってきってくった

私たちは、この作品に最初に接したとき、どのように感じるでしょうか。

　多分、まず、どこでことばを切って読めばよいのかちょっととまどいますね。最初にタイトルが「かっぱ」となって出ていますから「かっぱ」ということばが使われているはずということがまず頭に浮《う》かぶでしょう。そして最初の行を読み始めるとまず、「かっぱ」と読めます。それから次にまた「かっぱ」と出てきますから「かっぱ、かっぱ」と読みたくなりますが、そうしますと「らった」というのが残ってしまって何のことかわからなくなってしまいます。これでは駄目《だめ》だと思って元へ戻《もど》って考え直す。今度は「かっぱらった」と読めそうだということがわかって、一行目は「かっぱ、かっぱらった」と読むのだということがわかります。そして次に二行目へ行きますと、また「かっぱらった」と読めそうだから「かっぱらった」と読んでみようとしますとそうはいかない。「かっぱらった」と読んでは駄目だということになってしまう。そこでもう一度考え直して「かっぱ、らっぱ」と読まなくてはいけないということがわかります。そして次にまた「かっぱらった」というのが出てきて、三行目の「とってちってた」というのは、多分このラッパの音

2024年度

日本大学豊山中学校

【国語】〈第一回試験〉（五〇分）〈満点：一〇〇点〉

（注意）答えを書くときには、「、」や「。」やかぎかっこなども一字と数えます。

一 **次の問いに答えなさい。**

問１ ――線を漢字に直しなさい。ただし、送りがなの必要なものは、それもふくめて書きなさい。

① だれにでも伝わりやすいようにヘイイな文章で書く。

② 貴重品のカンリに気をつける。

③ チームとしてのケッソクを強める。

④ この川は大きな川がワカレてできたものである。

問２ ――線の読みを、ひらがなで答えなさい。

① 校長先生が優しい口調で話す。

② その道は茨の道といわれた。

③ 周囲がすごい形相で問題を解いている。

④ 敬老の日は高齢者の方を敬う日だ。

問３ 次の四つの空欄に入る数字を全て足した数を、漢数字で書きなさい。

（例） □発□中→百発百中のため、「二百」もしくは「二〇〇」と解答。

海□山□　世の中でいろいろな経験を積み、物事の表裏を知り尽くして、したたかなこと。

□人□色　人によって、それぞれに考え方や感じ方や好みがちがうこと。

問４ それぞれの□には同じ漢字が入ります。その漢字を答えなさい。

□準　　□識　　目□　　□的

2024年度

日本大学豊山中学校　▶解説と解答

算　数　＜第１回試験＞（50分）＜満点：100点＞

解　答

1 (1) 10　(2) $\frac{5}{6}$　(3) 98　(4) $\frac{2}{9}$　(5) $3\frac{13}{28}$　**2** (1) C→B→A　(2) 31　(3) 4台　(4) 6550円　(5) 144個　**3** (1) 76度　(2) 111.36cm　(3) 316.25cm^3　**4** (1) 31＋32＋33＋34＋35　(2) 11段目，左側，４番目　**5** (1) 36分後　(2) 60　(3) 7.2　**6** (1) 3 cm　(2) 4 cm　(3) 376.8cm^3

解　説

1 **四則計算，逆算**

(1) $19+2\times(12-9\div3)-18\div2\times3=19+2\times(12-3)-9\times3=19+2\times9-27=19+18-27=10$

(2) $1\frac{2}{3}\times0.25+\frac{2}{7}\div\left(1.4-\frac{5}{7}\right)=\frac{5}{3}\times\frac{1}{4}+\frac{2}{7}\div\left(\frac{7}{5}-\frac{5}{7}\right)=\frac{5}{12}+\frac{2}{7}\div\left(\frac{49}{35}-\frac{25}{35}\right)=\frac{5}{12}+\frac{2}{7}\div\frac{24}{35}=\frac{5}{12}+\frac{2}{7}\times\frac{35}{24}=\frac{5}{12}+\frac{5}{12}=\frac{10}{12}=\frac{5}{6}$

(3) $98\times0.5-0.7\times56+4.9\times6+1.96\times30=49-39.2+29.4+58.8=9.8+29.4+58.8=39.2+58.8=98$

(4) $\left\{\left(\frac{3}{4}-\frac{1}{3}\right)\times1\frac{1}{3}\right\}-2\div6=\left\{\left(\frac{9}{12}-\frac{4}{12}\right)\times\frac{4}{3}\right\}-\frac{2}{6}=\frac{5}{12}\times\frac{4}{3}-\frac{1}{3}=\frac{5}{9}-\frac{3}{9}=\frac{2}{9}$

(5) $\left(0.125-\frac{1}{16}\right)\times\frac{4}{7}=\left(\frac{1}{8}-\frac{1}{16}\right)\times\frac{4}{7}=\left(\frac{2}{16}-\frac{1}{16}\right)\times\frac{4}{7}=\frac{1}{16}\times\frac{4}{7}=\frac{1}{28}$より，$\left(\square-\frac{3}{4}\right)\times\frac{1}{4}-\frac{1}{28}=\frac{9}{14}$，$\left(\square-\frac{3}{4}\right)\times\frac{1}{4}=\frac{9}{14}+\frac{1}{28}=\frac{18}{28}+\frac{1}{28}=\frac{19}{28}$，$\square-\frac{3}{4}=\frac{19}{28}\div\frac{1}{4}=\frac{19}{28}\times\frac{4}{1}=\frac{19}{7}$　よって，$\square=\frac{19}{7}+\frac{3}{4}=\frac{76}{28}+\frac{21}{28}=\frac{97}{28}=3\frac{13}{28}$

2 **単位の計算，整数の性質，ニュートン算，比の性質，集まり**

(1) 単位をＬにそろえて計算する。Ａに入っている水の量は，700×0.39＝273（Ｌ）である。また，１m^{3}は１辺の長さが１ｍ（＝100cm）の立方体の体積であり，１Ｌ＝1000cm^{3}だから，１m^3＝１ｍ×１ｍ×１ｍ＝100cm×100cm×100cm＝1000000cm^3＝1000Ｌとなる。よって，0.8m^{3}は800Ｌなので，Ｂに入っている水の量は，800×0.35＝280（Ｌ）と求められる。さらに，１Ｌは10dLだから，9000dLは900Ｌとなり，Ｃに入っている水の量は，900×0.32＝288（Ｌ）とわかる。よって，多い順に並べると，Ｃ→Ｂ→Ａとなる。

(2) 奇数《きすう》の和の方が大きいから，最初の数と最後の数は奇数であり，右の図１のように表すことができる。となり合う奇数と偶数《ぐうすう》の差は１となり，この組が，(21－１)÷２＝10(組)あるので，最初の奇数を除くと奇数の和の方が，１×10＝10大きいことになる。よって，最初の奇数は，41－10＝31とわかる。

図１

(3) 20分で，５×20＝100（Ｌ）の水が注がれるから，はじめに入っていた分も含《ふく》めると，20分で，300＋100＝400（Ｌ）の水をくみ出したことになる。よって，１台のポンプが１分間にくみ出す水の

量は，400÷20＝20（Ｌ）とわかる。また，５分で注がれる水の量は，５×５＝25（Ｌ）なので，５分以内にすべてくみ出すためには，５分間で，300＋25＝325（Ｌ）以上くみ出す必要がある。したがって，１分間に，325÷５＝65（Ｌ）以上くみ出す必要があるから，65÷20＝３余り５より，３＋１＝４（台）のポンプが必要になる。

(4)　右の図２のように，Ａ君とＢ君の比を６倍，Ｂ君とＣ君の比を７倍してＢ君の比の数をそろえると，はじめのＡ君とＣ君の所持金の比は54：35とわかる。また，Ａ君が買い物をしてもＣ君の所持金は変わらないので，Ｃ君の比の数を35とすると，Ａ君が買い物をした後のＡ君とＣ君の所持金の比は，10：７＝50：35となる。よって，この比の，54－50＝４にあたる金額が200円だから，１にあたる金額は，200÷４＝50(円)とわかる。さらに，３人のはじめの所持金の比の合計は，54＋42＋35＝131にあたるので，その金額は，50×131＝6550(円)と求められる。

図２

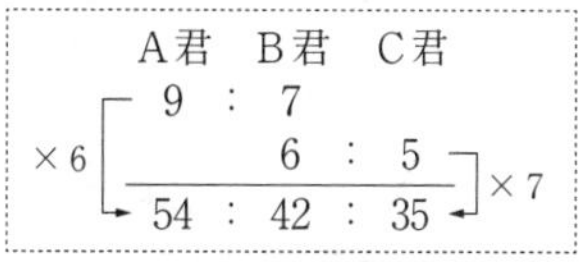

(5)　285を素数の積で表すと，285＝３×５×19となるから，約分できるのは分子が３，５，19の倍数のときである。そこで，はじめに分子を１から285までにして，３と５の倍数の個数を求める。３の倍数は，285÷３＝95(個)，５の倍数は，285÷５＝57(個)あり，３と５の公倍数(15の倍数)は，285÷15＝19(個)あるので，右の図３のようになり，３または５の倍数は，95＋57－19＝133(個)あることがわかる。次に，19の倍数の個数を求める。19の倍数は(19×□)と表すことができ，１から285までに19の倍数は，285÷19＝15(個)あるから，□にあてはまる整数は15以下である。ただし，３の倍数と５の倍数はすでにかぞえているので，□にあてはまる整数は{1，2，4，7，8，11，13，14}の８個である。よって，１から285までに３，５，19の倍数は，133＋８＝141(個)あるから，$\frac{1}{285}$から$\frac{285}{285}$までで約分できる分数は141個ある。ここで，最後の$\frac{285}{285}$は約分できるから，$\frac{1}{285}$から$\frac{284}{285}$までで約分できる分数の個数は，141－１＝140(個)となる。したがって，$\frac{1}{285}$から$\frac{284}{285}$までで約分できない分数の個数は，284－140＝144(個)と求められる。

図３

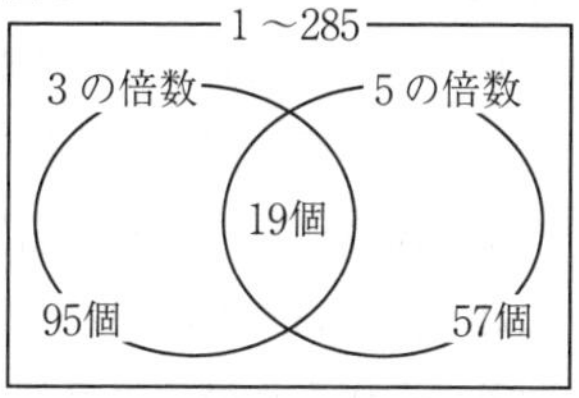

3　角度，面積，図形の移動，体積

(1)　下の図①で，●印をつけた角の大きさは等しく，(180－28)÷２＝76(度)である。また，かげをつけた四角形の内角の和は360度だから，○印をつけた角の大きさは，360－(90＋90＋76)＝104(度)となる。よって，㋐の角の大きさは，180－104＝76(度)と求められる。

(2)　下の図②の図形は，120度ずつ回転させると同じ形になるから，太線部分は正六角形である。ここで，N角形の内角の和は，180×(N－２)で求められるので，六角形の内角の和は，180×(６－２)＝720(度)であり，正六角形の１つの内角は，720÷６＝120(度)とわかる。よって，斜線《しゃせん》部分のおうぎ形の中心角はすべて，360－120＝240(度)である。また，斜線部分には半径２cmのおうぎ形と半径４cmのおうぎ形が３個ずつあるから，弧《こ》の長さの合計は，$2\times2\times3.14\times\frac{240}{360}\times3+4\times2\times3.14\times\frac{240}{360}\times3=8\times3.14+16\times3.14=(8+16)\times3.14=24\times3.14=75.36$(cm)と求められる。また，半径の合計は，２×２×３＋４×２×３＝36(cm)なので，斜線部分の周の長さは，75.36＋36＝111.36(cm)となる。

(3)　正面から見ると下の図③のようになる。かげをつけたおうぎ形の面積は，$5\times5\times3.14\times\frac{90}{360}$

$=6.25\times3.14=19.625$(cm^2)である。また，斜線部分を合わせると長方形ABCDになるから，その面積は，$4\times3=12$(cm^2)とわかる。よって，図③の図形全体の面積は，$19.625+12=31.625$(cm^2)なので，直方体を回転させてできる立体の体積は，$31.625\times10=316.25$(cm^3)と求められる。

図①

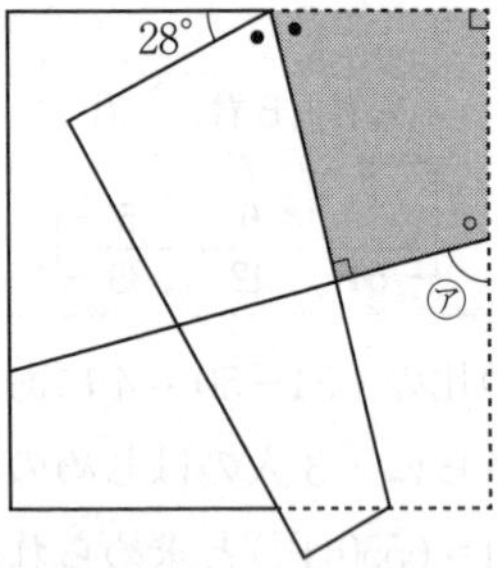

図②

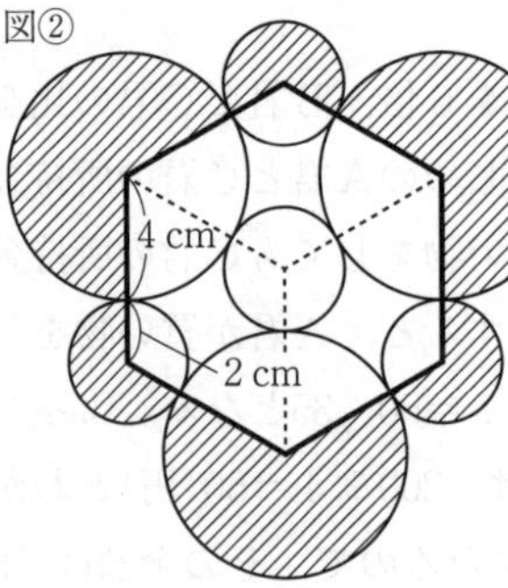

図③

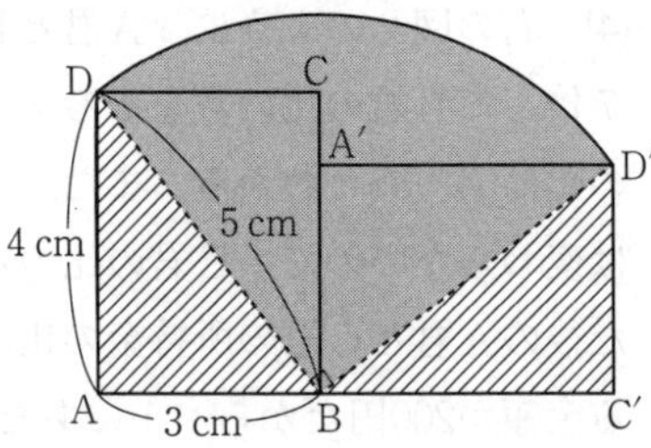

4 数列

(1) 等号の左側も右側も個数が１個ずつ増えていくので，右のようになる。よって，５段目の式のうち，等号の右側の式は，$31+32+33+34+35$である。

1段目	$1+2=3$
2段目	$4+5+6=7+8$
3段目	$9+10+11+12=13+14+15$
4段目	$16+17+18+19+20=21+22+23+24$
5段目	$25+26+27+28+29+30=31+32+33+34+35$

(2) それぞれの段の最初の数は，１段目では，$1\times1=1$，２段目では，$2\times2=4$，３段目では，$3\times3=9$，…のようになるので，11段目の最初の数は，$11\times11=121$となる。よって，124は11段目で，等号の左側の式にあり，その式の左から４番目の数である。

5 グラフ―旅人算

(1) ２人の進行のようすをグラフに表すと，右のようになる。２人の速さの差は時速，$15-9=6$(km)だから，２人の間の距離《きょり》が3.6kmになったのは出発してから，$3.6\div6=0.6$(時間後)，$60\times0.6=36$(分後)とわかる。よって，兄が公園に着いたのも出発してから36分後である。

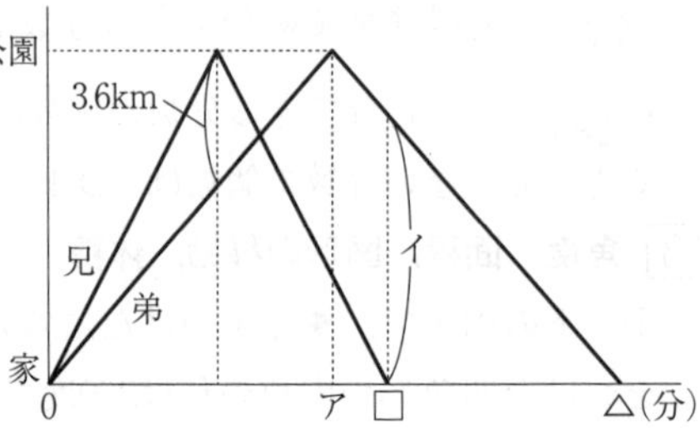

(2) (1)より，家から公園までの距離は，$15\times0.6=9$(km)とわかる。よって，弟が家から公園まで行くのにかかった時間は，$9\div9=1$(時間)，つまり，60分なので，アにあてはまる数は60である。

(3) (1)，(2)より，$\square=36\times2=72$(分)，$\triangle=60\times2=120$(分)とわかる。よって，イは弟が，$120-72=48$(分)で進んだ距離だから，$9\times\frac{48}{60}=7.2$(km)と求められる。

6 立体図形―図形の移動，長さ，相似，体積

(1) 半径５cmの円周の長さは，$5\times2\times3.14=10\times3.14$(cm)である。これが円すいの底面の円周の長さの$1\frac{2}{3}$倍にあたるから，円すいの底面の円周の長さは，$10\times3.14\div1\frac{2}{3}=6\times3.14$(cm)とわかる。よって，円すいの底面の円の半径を□cmとすると，$\square\times2\times3.14=6\times3.14$と表すことができるので，$\square=6\div2=3$(cm)と求められる。

(2) 円すいの高さを△cmとすると，円すいの体積が37.68cm^{3}だから，$3\times3\times3.14\times\triangle\div3=9.42$

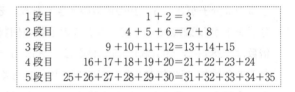

×△＝37.68(cm^3)と表すことができる。よって，△＝37.68÷9.42＝４(cm)とわかる。

(3)　正面から見た図で考える。右の図で，円すいを動かしたときにできる立体は，OGを軸《じく》として，三角形OCDを１回転させてできる円すい㋐から，三角形OABを１回転させてできる円すい㋑と，台形AEFBを１回転させてできる円すい台㋒を取り除いたものである。さらに，円すい台㋒は，三角形GABを１回転させてできる円すい㋓から，三角形GEFを１回転させてできる円すい㋔を取り除いたものである。ここで，○印をつけた角の大きさはすべて等しいから，三角形OABと三角形GABは合同である。また，

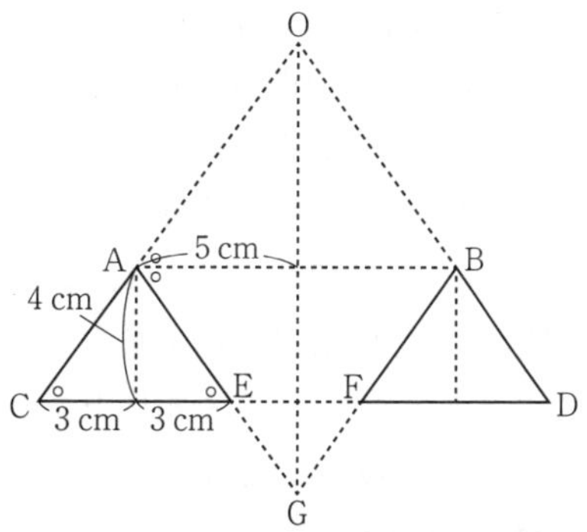

３つの三角形OCD，OAB，GEFは相似であり，相似比は，（３＋５）：５：（５－３）＝８：５：２なので，円すい㋐，㋑，㋔の体積の比は，（８×８×８）：（５×５×５）：（２×２×２）＝512：125：８とわかる。よって，円すい㋔の体積を８とすると，円すい台㋒の体積は，125－８＝117となるから，円すいを動かしたときにできる立体の体積は，512－125－117＝270となる。つまり，求める体積は円すい㋔の体積の$\frac{270}{8}$倍になる。次に，円すい㋔の底面の円の半径は，５－３＝２(cm)であり，底面の円の半径と高さの比は３：４なので，高さは，$2\times\frac{4}{3}=\frac{8}{3}$(cm)となる。したがって，円すい㋔の体積は，$2\times2\times3.14\times\frac{8}{3}\div3=\frac{32}{9}\times3.14$(cm^3)だから，円すいを動かしたときにできる立体の体積は，$\frac{32}{9}\times3.14\times\frac{270}{8}=120\times3.14=376.8$(cm^3)と求められる。

社　会　＜第１回試験＞（理科と合わせて60分）＜満点：50点＞

解　答

1 **問１**　(例)　平地が少なく，山がちな地形が多いため，国内の空港は沿岸部に立地している。 **問２**　(ア)　**問３**　**X**　LRT　**Y**　越後　**問４**　(ア)　**問５**　(エ)　**問６**　(ア)　**問７**　(イ)　**2** **問１**　(イ)　**問２**　平清盛　**問３**　(イ)　**問４**　(ア)　**問５**　(ウ)　**問６**　武家諸法度　**問７**　(ウ)　**問８**　(ウ)　**問９**　(オ)　**問10**　８月６日　**3** **問１**　(ウ)　**問２**　(イ)　**問３**　労働基準法　**問４**　職業選択　**問５**　団体行動権(争議権)　**問６**　(エ)　**問７**　(イ)　**問８**　(イ)

解　説

1 **環境《かんきょう》への影響《えいきょう》についての問題**

問１　空港を設置するには一定の広大な敷地《しきち》が必要であるが，日本の国土は約４分の３が山地という山がちな地形であるため，日本の空港は沿岸部や海上の埋《う》め立て地に多く立地している。

問２　トラックなどの自動車から鉄道や船に輸送手段を切りかえる動きをモーダルシフトという。近年，二酸化炭素を多く排出《はいしゅつ》する自動車での輸送量が増加しているため，自動車での輸送量をおさえ，自動車に比べて二酸化炭素の排出量が少ない鉄道や船による輸送量を増やし，環境の保全を図《はか》ることが目指されている((ア)…○)。

問3　**X**　LRT(ライト・レール・トランジット)は，バリアフリーの低床《ていしょう》式車両を導入し，快適で環境にやさしいなどの特徴《とくちょう》を持つ次世代型路面電車である。富山ライトレールは，2006年4月に開業し，富山市内で運行を開始した。富山市ではこの交通システムを軸《じく》にした「コンパクトなまちづくり」が目指されている。　**Y**　越後《えちご》山脈は，新潟県と福島県・群馬県の県境一帯を北東から南西に走り，朝日岳《だけ》(1871m)，飯豊《いいで》山(2105m)，八海山(1778m)など1500～2000m級の山々が連なる険しい山脈で，多くは国有林でおおわれている。

問4　2023年8月，栃木県宇都宮市と芳賀《はが》町で宇都宮ライトレールが開業した。JR宇都宮駅と工業団地を結び，大学や市民センター付近も通ることで，周辺道路の渋滞緩和《じゅうたいかんわ》や住民の利便性の向上が期待されている((ア)…○)。

問5　群馬県の下仁田《しもにた》町は，強い日差しを嫌《きら》い排水のよいところを好むこんにゃくいもの栽培《さいばい》に適していることから，こんにゃくいもの栽培がさかんである。群馬県のこんにゃくいもの収穫《しゅうかく》量は全国収穫量の90%を超《こ》えている((エ)…○)。

問6　栃木県はいちごの収穫量が1968年から，作付面積が2001年から連続日本一である。「とちおとめ」や「スカイベリー」という品種が有名であるが，病気に強いことが特徴で2019年から出荷の始まった「とちあいか」を新たな主力品種と位置づけている((ア)…○)。

問7　日光街道は，江戸時代に江戸日本橋と栃木県日光を結んだ街道で，道中には21の宿場が置かれている。現在の東京都，埼玉県，茨城県，栃木県を通り，途中の宇都宮で奥州街道と分かれている((イ)…○)。なお，東海道，中山道，甲州街道，奥州街道，日光街道を五街道という。

2　**瀬戸内海沿岸の歴史についての問題**

問1　調は，律令制度のもとで男子に課せられた税の1つで，白絹や塩などその地方の特産物を自ら都まで運んで納めた((イ)…○)。

問2　平清盛は，それまで日本と宋《そう》(中国)との間で行われていた民間貿易をさかんにするため，平安時代の末期に瀬戸内海に新しい航路を開き，一族の繁栄《はんえい》と海上交通の安全を願って厳島《いつくしま》神社をうやまった。

問3　1221年，後鳥羽上皇は鎌倉幕府を倒《たお》して朝廷《ちょうてい》に政権を取りもどすため，全国の武士に第2代執権北条義時を討《う》つ命令を出して承久の乱を起こした。しかし，朝廷側に集まる武士は少なく，北条政子の演説で結束を固めた幕府の大軍にわずか1か月で敗れ，上皇は隠岐《おき》(島根県)に流された((イ)…×)。

問4　応仁の乱は，室町幕府の第8代将軍足利義政のあと継《つ》ぎをめぐる争いに，細川勝元と山名持豊の勢力争いや，管領の畠山《はたけやま》家内部や斯波《しば》家内部の相続争いが結びついて起こった戦乱で，諸国の有力大名が両軍に分かれ，1467年から1477年まで続いた。(ア)は1488～1580年(加賀《かが》の一向一揆《いっき》)，(イ)は1297年(永仁の徳政令)，(ウ)は1404年(勘合貿易の開始)，(エ)は1392年(南北朝の統一)のことであるので，応仁の乱よりも後の出来事は(ア)となる。

問5　毛利元就《もとなり》は，三男の隆景《たかかげ》を小早川家に，次男の元春《もとはる》を吉川家に養子として送ってそれぞれの家を継がせ，大内氏・尼子《あまご》氏を滅《ほろ》ぼして中国地方を治める戦国大名となり，九州地方北部にも領地を広げる時期があるほど勢力を拡大した((ウ)…○)。なお，(ア)の島津貴久は薩摩(鹿児島県)，(イ)の大村純忠は現在の長崎県の一部，(エ)の大友義鎮《よししげ》は九州地方北部を治めた戦国大名である。

問6　武家諸法度は，江戸幕府が大名を統制するために定めた法令で，これに違反した大名に対して，領地を減らしたり(減封《げんぽう》)，遠隔《えんかく》地に移動させたり(転封)，取りあげてその大名を取りつぶしたり(改易)した。

問７　1854年に日米和親条約が結ばれたことにより，(ウ)の下田(静岡県)と，(ア)の函館《はこだて》(北海道)の２港を開くことが約束された。下田港はすぐに開港され，1856年にアメリカ総領事としてハリスが来日したが，1858年に結ばれた日米修好通商条約での取り決めによって横浜港(神奈川県)が開かれると，下田港はその役目を終え，閉鎖《へいさ》された。なお，(イ)は浦賀(神奈川県)，(エ)は神戸(兵庫県)，(オ)は長崎の周辺を示している。

問８　日本は日清戦争の講和条約である下関条約で清から遼東《りょうとう》半島や台湾《たいわん》を手に入れたが，中国・朝鮮に勢力をのばそうとしていたロシアは，フランスとドイツをさそって日本に遼東半島を返すよう強く要求した。日本はこの三国干渉《かんしょう》を受け入れ，賠償《ばいしょう》金の追加と引き換《か》えに，遼東半島を清に返した((ウ)…×)。

問９　Ａは1931年(満州事変の開始)，Ｂは1937年(日中戦争の開始)，Ｃは1915年(第一次世界大戦，二十一か条の要求)のことなので，年代の古い順に，Ｃ→Ａ→Ｂとなる。

問10　1945年８月６日，ソ連の対日参戦前に戦争を終わらせようとしたアメリカは，広島に人類史上初の原子爆弾《ばくだん》を投下した。

3　労働者の権利についての問題

問１　高度経済成長期は，1950年代半ばから1973年までにあたるので，1989年に実施《じっし》された(ウ)の消費税３％の導入がこの時期の出来事ではない。なお，(ア)の国民所得倍増計画の発表は1960年，(イ)の東海道新幹線の開通は1964年，(エ)の沖縄の日本復帰は1972年の出来事である。

問２　厚生労働省は，医療《いりょう》や年金の仕組みを整え，国民の健康増進，病気の予防，食品の安全の確保などの仕事を行い，2020年に新型コロナウイルス感染症《かんせんしょう》が流行したときには，その対策に中心的な役割を果たした(Ａ…正)。厚生労働省は，雇用《こよう》の安定や働く環境の整備に関する行政を担当しているが，地方自治や地方公務員制度，選挙や消防などを担《にな》っているのは総務省である(Ｂ…誤)。

問３　労働基準法は，１日８時間，週40時間を超えて働かせてはいけないこと，毎週少なくとも１日の休日を与《あた》えなくてはならないこと，男性と女性は同じ賃金でなくてはならないことなど，労働条件の基準を定めた法律で，1947年に制定された。

問４　日本国憲法第22条では，「何人も，公共の福祉《ふくし》に反しない限り，居住，移転及《およ》び職業選択の自由を有する」と定められている。

問５　ストライキは，日本国憲法第28条で保障された団体行動権(争議権)にもとづいて行われるもので，労働者の要求を雇用者(企業)に認めさせるために，労働者が仕事をしないことによって抗議《こうぎ》の意を示す。

問６　法律案は，内閣または国会議員から提出され，最初に提出された議院の議長の判断によって適当な委員会で審議《しんぎ》されるが，最初に提出される議院は衆議院でも参議院でもよいことになっている((エ)…×)。

問７　円安のときは，日本人が手持ちの円をドルに換えるときにより多くの円が必要となるため，海外旅行の費用が高くなり，海外旅行に行く日本人が減る((イ)…×)。一方，外国人にとっては日本への旅行の費用が割安となるため，訪日外国人が増える。

問８　資料(イ)の「年次有給休暇《きゅうか》の消化率」を見ると，ドイツ，イギリス，フランス，アメリカの欧米《おうべい》諸国は80％前後であるのに対し，日本の消化率は約60％である。よって，諸外国に比べ，日本の労働者が有給休暇を趣味《しゅみ》やレジャーなどにあてる時間が少ないといえる。

理　科　＜第１回試験＞（社会と合わせて60分）＜満点：50点＞

解　答

１　問１　(ウ)，(エ)，(ケ)　**問２**　5.40秒　**問３**　**X**　(イ)　**Y**　(キ)　**問４**　2.25秒　**問５**　160cm　**２　問１**　**A**　ほう和　**B**　よう解度　**問２**　(ウ)，(オ)　**問３**　26％　**問４**　60℃　**問５**　**食塩**…20.5ｇ　**ホウ酸**…6.5ｇ　**砂**…3.0ｇ　**３　問１**　**X**　光合成　**Y**　呼吸　**問２**　(エ)　**問３**　(イ)　**問４**　①，②　**問５**　B　**問６**　②，③　**問７**　(エ)　**４　問１**　関東ローム層　**問２**　(ウ)　**問３**　(イ)　**問４**　(ア)　**問５**　(ア)　**問６**　(ウ)　**問７**　(エ)

解　説

１　ふりこについての問題

問１　(ア)～(ウ)　表１のＤとＦを比べると，ふりこの長さとふれはばの条件が同じで，おもりの重さの条件のみ違《ちが》っているが，周期は同じになっている。よって，おもりの重さと周期には関係がない。　(エ)～(カ)　ＡとＢ，ＤとＧ，ＥとＦでは，おもりの重さとふれはばの条件が同じだが，ふりこの長さは異なっている。いずれの組み合わせでも，周期はふりこの長さが長い方が長い。　(キ)～(ケ)　ＡとＧでは，おもりの重さとふりこの長さの条件が同じで，ふれはばの条件のみ違っているが，周期は同じになっている。よって，ふれはばと周期には関係がないといえる。

問２　問１より，ふりこの周期はふりこの長さだけで決まる。また，ＤとＧを比べると，ふりこの長さが，80÷20＝４（倍）になると，周期は，1.80÷0.90＝２（倍）になっている。よって，720cmのふりこは，180cmのふりこの，720÷180＝４（倍）の長さだから，周期は２倍の，2.70×２＝5.40（秒）になる。

問３　**X**　ふりこの周期を変えるときは，ふりこの長さを変える。おもりの重さとふれはばは関係しない。　**Y**　ふりこの周期を，2.00÷4.00＝$\frac{1}{2}$（倍）にするためには，ふりこの長さを，$\frac{1}{4}$（倍），つまり，0.25倍にすればよい。

問４　図２の左側では，ふりこは180cmの長さでふれ，右側では，180－100＝80（cm）の長さでふれる。よって，その周期は，2.70×$\frac{1}{2}$＋1.80×$\frac{1}{2}$＝1.35＋0.9＝2.25（秒）となる。

問５　ふりこの左側では180cmの長さでふれるので，ふりこが0.5往復するのに1.35秒かかる。このとき，全体の周期が1.80秒なので，右側の部分をふれるのにかかる時間は，1.80－1.35＝0.45（秒）とわかる。つまり，右側では，ふりこの周期が，0.45×２＝0.90（秒）である。表１で，周期が0.90秒のふりこの長さは20cmなので，Ｄの位置は天井から，180－20＝160（cm）となる。

２　もののとけ方についての問題

問１　**A**　限界まで物質がとけた状態の水よう液をほう和水よう液という。　**B**　水100ｇにとかすことができる物質の質量をよう解度という。

問２　ろ過は，液体中にある固体（とけ残りなど）と液体を分離《ぶんり》する操作である。よって，水にとけない鉄粉やチョークの粉を入れた液体から，それらの固体をろ過によって取り除くことができる。なお，二酸化炭素(炭酸水)，砂糖，エタノールは完全に水にとけているので，ろ過では分離することができない。

問３　表１から，20℃の水100ｇには食塩が35.8ｇとけるので，20℃のほう和食塩水のこさは，35.8÷(100＋35.8)×100＝26.3…より，26％となる。

問４　この水よう液は20℃でほう和していて，とけ残りを除いた水よう液全体の重さは，344.7－30＝314.7(ｇ)である。また，20℃の水100ｇにはホウ酸が4.9ｇまでとける。よって，この水よう液中の水の重さは，$100\times\frac{314.7}{100+4.9}=300$(ｇ)になる。したがって，はじめの水よう液にとけていたホウ酸の重さは，344.7－300＝44.7(ｇ)であり，これは水100ｇあたり，$44.7\times\frac{100}{300}=14.9$(ｇ)だから，表１より，はじめの温度は60℃だったとわかる。

問５　砂は水にとけないので，水よう液Ｂにとけているのは食塩とホウ酸のみになる。実験Ⅱで，水よう液Ｂを０℃にするとホウ酸のみが2.3ｇ沈殿《ちんでん》したのだから，水よう液Ｃではホウ酸はほう和していて，$2.8\times\frac{150}{100}=4.2$(ｇ)とけていることがわかる。よって，実験Ⅲより，水よう液Ｃ(水よう液Ｂ)にふくまれる食塩の重さは，24.7－4.2＝20.5(ｇ)，水よう液Ｂにとけていたホウ酸の重さは，4.2＋2.3＝6.5(ｇ)とわかる。ここで，20℃の水150ｇに食塩は，$35.8\times\frac{150}{100}=53.7$(ｇ)，ホウ酸は，$4.9\times\frac{150}{100}=7.35$(ｇ)までとけるから，実験Ⅰで分けられた固体は砂のみとわかり，その重さは，30－(20.5＋6.5)＝3.0(ｇ)と求められる。以上より，粉末Ａには，食塩が20.5ｇ，ホウ酸が6.5ｇ，砂が3.0ｇふくまれていたことがわかる。

３　植物のはたらきについての問題

問１　**Ｘ**　植物が太陽の光を利用して栄養分をつくるはたらきを光合成という。光合成では，光のエネルギーを使って，二酸化炭素と水からデンプンをつくり，このとき酸素も放出している。

Ｙ　植物も動物も生きるために呼吸を行っている。呼吸では，酸素を吸収して二酸化炭素を放出している。

問２　光合成でつくられる栄養分はデンプンで，デンプンがあるかどうかはヨウ素よう液を使って調べることができる。このときデンプンはヨウ素よう液と反応して青むらさき色になる。なお，BTBよう液とフェノールフタレインよう液は水よう液の性質を調べる指示薬，メチレンブルーは水よう液の性質のほか，細胞《さいぼう》の観察などにも用いられる。

問３　図１の二酸化炭素吸収速度(a)は，光合成で吸収した二酸化炭素速度から，呼吸での二酸化炭素放出速度(b)を引いたものになる。よって，光合成による二酸化炭素吸収速度は，($a+b$)と表せる。

問４　二酸化炭素吸収速度がマイナスの値となる光の強さでは植物は生存できないので，植物Ａがかれてしまう光の強さは，①と②となる。

問５　図１より，弱い光でも二酸化炭素吸収速度がプラスの値になる植物Ｂが，より日かげでも生きられる植物だとわかる。植物Ｂのように弱い光でも生きられる植物を陰生《いんせい》植物，植物Ａのように生きるのに強い光が必要な植物を陽生植物という。

問６　植物Ｂの二酸化炭素吸収速度がプラスの値で，植物Ａより大きい場合が，植物Ｂの方が生存に有利な光の強さだといえる。よって，②と③が選べる。

問７　生物多様性が失われつつある状態から2030年までにブレーキをかけ，プラスの方向に回復することを目指す考え方はネイチャー・ポジティブ(自然再こう)とよばれる。ネイチャー・ポジティブを達成するための目標として，海と陸のそれぞれの30％以上の面積で健全な生態系を保全すること(30by30)などが掲《かか》げられている。

4　地層のようすやでき方についての問題

問１　関東平野に広がっている，火山灰などがもとになった地層は関東ローム層とよばれている。

問２　関東ローム層は，富士山，箱根山，浅間山などのふん火による火山灰などが降り積もってできた地層とされている。なお，エトナ山はイタリア，マウナロア山はハワイ島(アメリカ)，羅臼《らうす》山は国後島にある火山である。

問３　れきは小石のことで，川で流されていくうちに角がけずられ，丸みをおびる。また，一つの層の中では，粒《つぶ》が大きく重いものほど下にたまりやすいので，層の下の方に大きいものが見られることが多い。

問４　流れが速い場所では，粒の小さいれきは流されてしまい，大きなれきが残りやすい。よって，地層①がたい積したときよりも，地層④がたい積したときの方が流れが速かったと考えられる。なお，一般《いっぱん》に，河口から遠く，水深が深い場所ほど，水の流れは遅くなるため，その場所でできた地層にふくまれる岩石の粒は小さくなる。

問５　図２で，地点Ａと地点Ｃの柱状図は同じなので，図１より，この地域では東西方向に地層がかたむいていないことがわかる。また，地点Ａと地点Ｂで火山灰の層③の高さを比べると，地点Ａより地点Ｂの方が５ｍ高いので，地層は南から北に向かって低くなるようにかたむいているとわかる。

問６　示準化石として活用できるのは，生存期間が短く，広い地域に分布し，個体数が多い生物の化石である。なお，限られた環境《かんきょう》の中でのみ生息でき，現在もその生物やその仲間が存在している生き物の化石は，地層がたい積した当時の環境を知る手がかりとなる示相化石として活用できる。

問７　地層が「日本で西れき2000年代以降にたい積した」と推定できるためには，その層から発見されるものが，2000年代以降にはあったが，それ以前にはなかったものでないといけない。よって，2010年前後から世界的に広く普及《ふきゅう》したスマートフォンがあてはまる。なお，ヒト(の骨)，テレビ，ガラスでできたコップ，スニーカーは2000年代以前にもあったものなので適さない。

国語　＜第１回試験＞（50分）＜満点：100点＞

解答

一　**問１**　下記を参照のこと。　**問２**　①　くちょう　②　いばら　③　ぎょうそう　④　うやま(う)　**問３**　二千二十(二〇二〇)　**問４**　標　二　**問１**　(例)　表わしたい内容を何らかの形で表に現わすために使うもの。　**問２**　イ　**問３**　存在しなが　**問４**　エ　**問５**　(例)　(詩人は)新しいことば遣いにより，日常的な経験を超える経験を表現し，新しい経験を創り出すことができる(から。)　**問６**　ウ　**問７**　エ　**問８**　ア　三　**問１**　3　**問２**　(例)　『５年の科学』よりも『６年の科学』のほうが，毛利さんが，九月に宇宙に行くことについて詳しく載るかもしれないから。　**問３**　６年の科学　**問４**　ウ　**問５**　エ　**問６**　うみかをバカになんかさせない　**問７**　（例）弱気になっているうみかを励ましたいという気持ちから，うみかに夢を叶えてほしいという願いに変わったから。　**問８**　ウ

●漢字の書き取り

一　問１　①　平易　②　管理　③　結束　④　分かれ

解説

一　漢字の読みと書き取り，四字熟語の完成，熟語の完成

問１　①　たやすく理解できること。　②　全体を把握《はあく》して統制すること。　③　同じ志の者が強く結びつくこと。　④　音読みは「ブン」「フン」「ブ」で，「分解」「分別」「一分銀」などの熟語がある。

問２　①　口に出したときの言葉の調子。　②「いばら」は，とげのある低木の総称《そうしょう》。　③　怒《いか》りなどの激しい感情があらわれた顔つき。　④　音読みは「ケイ」で，「尊敬」などの熟語がある。

問３　「海千山千」「十人十色」となるので，千＋千＋十＋十で，二千二十(二〇二〇)となる。

問４　「標」を入れると，「標準」「標識」「目標」「標的」という熟語ができる。

二　出典：池上嘉彦《いけがみよしひこ》『ふしぎなことば　ことばのふしぎ』。ことばの持っている性質や，日常のことばと詩に用いられることばの違《ちが》いなどについて説明されている。

問１　私たちは，「頭の中で考えていること」を，「何らかの形」で「表現」するためのものとして，「ことば」をとらえている。

問２　日常において，私たちは「ことばそのものにはあまり注意」を払《はら》わないが，「かっぱ」の詩をすんなりと読めないことからもわかるように，「詩のことばは日常のことばと同じ」ではない。だから，私たちは詩を読むとき，「一度立ち止まって，考えなくて」はならなくなるのである。よって，イが合う。

問３　私たちは，表そうとする「内容」を「運ぶ仲介役《ちゅうかいやく》」としてしか「ことば」を考えておらず，「ことばそのもの」にはあまり注意を払わない。つまり，「ことば」は「存在しながら，存在していないような，何か透明《とうめい》になってしまっているような感じ」になっているといえる。

問４　A　「語形が似ていると語の意味も似ているのではないか」という「発想」が働き始める，ということを言いかえると，「かっぱ」と「かっぱらった」は共通しているところがあるので「意味のほうでも関係があるのではないか」，ということになる。よって，前に述べた内容を“要するに”とまとめて言いかえるときに用いる「つまり」が入る。　B　共通しているところがある「かっぱ」と「かっぱらった」に意味上の関係があるかもしれない，と考えられる理由をこの後で具体的に説明している。よって，具体的な例をあげるときに用いる「たとえば」が入る。　C　「かっぱ」はいたずら好きだから「かっぱらう」という行為《こうい》もするのではないかという印象は持つかもしれないが，当然のことながら「語源的」にそのようなことはない，という文脈になるので，「もちろん」が合う。

問５　ことばには，表したい「内容」を伝えるという性質だけではなく，「ことばが先行してそれ

が新しい経験を生み出す」という性質もある。詩人は，この性質を利用し，新しいことば遣《づか》いで新しい経験を表している。つまり，「日常的な経験を超《こ》える経験」を，「新しいことばの使い方」で「新しい経験」としてつくり出しているのである。

問６　「もたらす」には，“実現させたり生じさせたりする”という意味がある。私たちは，「遊び」を通じて，「活性」を生じさせようとしている。

問７　「遊び」には，「何かある特定の実用的な目的に結びつかない」「何かの単なる手段ではない」などの「本質」がある。よって，「愛情を伝える」ために和歌を贈《おく》る，という内容のエは合わない。

問８　「私たちの日常の生活」では，「ことばのきまりというものが習慣的に決まって」おり，私たちは，その「範囲内《はんいない》でことばを使う」という「実用的」な働きだけで「満足」してしまう。だから，それを超える「ことば」の「美的」な働きに関心を向けることは「比較的《ひかくてき》まれ」なのだと筆者は述べている。よって，アが選べる。

三　**出典：辻村深月《つじむらみづき》「1992年の秋空」（『家族シアター』所収）**。小学校六年生の「私」は，強いと思っていた妹のうみかに，自分の知らなかった一面があることを知る。

問１　もどす文の「捉《とら》えどころがない」は，“理解したり判断したりすることが難しい”という意味。夕食のとき，うみかは「顔色を悪くしながら，無理」をしてピーマンを「丸呑《まるの》み」していた。また，ピアニカを借りに五年生の教室に行ったとき，うみかは「きょとん」とした「不思議そうな表情」を浮《う》かべていた。この二つが「捉えどころがない」内容と考えられるので，【３】に入れると文脈に合う。

問２　この後，「どうして？」という「私」の問いに，うみかは「毛利さんが，九月に，宇宙に行くから」と答えている。『６年の科学』には，『５年の科学』よりも「詳《くわ》しく，そのことが載《の》るかもしれない」と，うみかは思ったのである。

問３　「私」の家では，『科学』と『学習』の両方を買ってもらえなかったので，「私」が『６年の学習』，うみかが『５年の科学』を買ってもらい，交換《こうかん》して読み合っていた。しかし，次の『６年の科学』は，うみかにとっては「特別」なものだったので，『６年の科学』と『６年の学習』の両方を買ってもらうように，お母さんに頼《たの》みにいったと考えられる。

問４　「私」は，うみかのことを，「人の目」など気にすることのない，「風変わりで強い」妹だと思っていた。だから，うみかが，逆上がりで「居残り」になり，泣いたと聞いて驚《おどろ》いたのである。

問５　後でピアニカを返しに行ったとき，「私」は，うみかも同じ時間にピアニカの授業があったと知った。うみかは，自分も今からピアニカを使うのに，「私」が借りにきてしまったので，「きょとんとしたような，息を呑むような」表情を見せたと考えられる。よって，エが選べる。

問６　自分がピアニカを借りてしまったために，うみかが忘れ物をしたことになり，「私」の心は痛んだ。言い訳をせず「一人きりみんなのピアニカ練習を見つめる」うみかのようすが，「逆上がりの居残りをさせられる姿」と重なり，「私」は，誰《だれ》にも「うみかをバカになんかさせない」という強い気持ちになったのである。

問７　いつもは「強い」うみかが，「弱気」になって「怯《おび》えていること」に気づいた「私」は，「なれるよ」と言って，妹を励《はげ》ました。その気持ちが高ぶり，涙《なみだ》がこらえられなくなった「私」は，「宇宙飛行士になりたい」という夢を絶対に実現させてほしいという思いになり，「なってよ」と言い直したと考えられる。

問８　お母さんは，『６年の科学』を追加してほしいというみかに対し，逆上がりを「頑張《がんば》らなきゃね」と言い，さらに「好き嫌《きら》いが多い」ことも指摘《してき》しているので，アは正しい。イは，うみかのピアニカを借りてしまったことに胸を痛めている「私」が，「素直《すなお》に言葉で謝《あやま》ることができない」と思ったことや，うみかが「怪我《けが》をした」のは「私のせいだ」と思いつつも，謝る言葉が「口から出てこなかった」というところから，正しいと判断できる。また，うみかは，ピーマンを食べたり，逆上がりの練習をしたりするなど，苦手なことにも取り組まなければいけないと思っている反面，「私」の前では「怯えている」ようすを見せているので，エも正しいと考えられる。これに対して，「怪我をした」ことについて，お母さんやお父さんに「うみかは何も言わなかった」と書いてあるので，ウは正しくないと考えられる。

2024 年度　日本大学豊山中学校

【算　数】〈第２回試験〉（50分）〈満点：100点〉

（注意）１．定規，コンパス，分度器，計算機などを使用してはいけません。
２．答えが分数のときは，約分してもっとも簡単な形で求めなさい。

1　次の問いに答えなさい。

(1)　$(253-88)\div(4+7)\times6$　を計算しなさい。

(2)　$1\dfrac{13}{15}\times3\dfrac{3}{14}-6\dfrac{2}{9}\div4\dfrac{2}{3}$　を計算しなさい。

(3)　$3.59\times71.4+35.9\times2.86$　を計算しなさい。

(4)　$\dfrac{2}{3\times5}+\dfrac{3}{5\times8}+\dfrac{5}{8\times13}+\dfrac{8}{13\times21}$　を計算しなさい。

(5)　$(1\div\square)\div\left(\dfrac{21}{231}-\dfrac{19}{437}\right)=\dfrac{1}{96}$ の $\square$ にあてはまる数を答えなさい。

2 次の □ にあてはまる数や言葉を答えなさい。ただし，(2)と(3)については，消費税は考えないものとします。

(1) $222\,a + 3.3\,\mathrm{h}a - 0.044\,\mathrm{km}^2 = \square\,\mathrm{m}^2$

(2) 原価100円の商品を１個につき原価の６割の利益を見《み》込《こ》んで定価をつけていましたが，来年からこの商品の原価が２割値上げされることになりました。来年もこの商品の利益額を変えないためには，定価を □ ％値上げする必要があります。

(3) １枚が63円と84円の２種類の切手を合わせて □ 枚買い，代金が2625円になる予定でしたが，実際にはこの２種類の切手の枚数を逆にして買ったため，代金が予定より24％多くなりました。

(4) あるクラスの児童28人が，出席番号順に毎日６人ずつ交替《こうたい》で掃除《そうじ》をします。５月７日の火曜日に出席番号１番から６番までの６人が掃除をし，続いて５月８日に７番から12番までの６人，…のように，毎週土曜日と日曜日を除いた５日間掃除を続け，５月13日の月曜日には，25番から28番までの４人と１番と２番の２人を合わせた６人が掃除をし，その後も交替をして掃除を続けます。次に１番から６番までの６人が掃除をするのは， □ 月 □ 日の □ 曜日です。

(5) 右の時計は４時15分を示しています。
このあと長針と短針がはじめて重なるのは， □ 分後です。

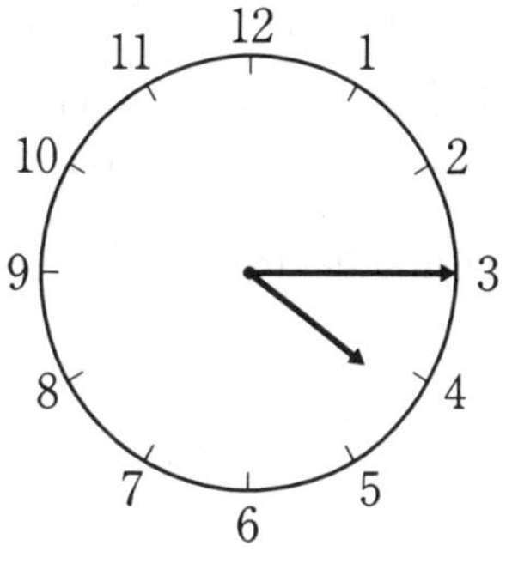

3 次の問いに答えなさい。

(1) 右の図で，八角形ＡＢＣＤＥＦＧＨ，
五角形ＡＩＪＫＨ，三角形ＡＬＨは，
すべて正多角形です。
このとき，角㋐の大きさは何度ですか。

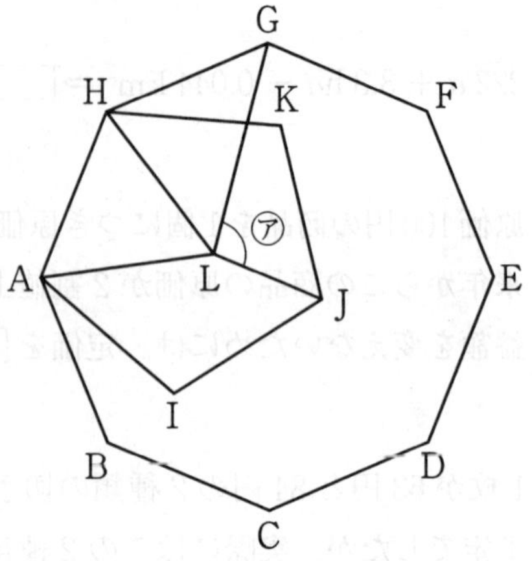

(2) 右の図のような直角三角形ＡＢＣを，辺ＡＢを軸《じく》にして
120 度回転させたときにできる立体の表面積は何 cm^2 で
すか。ただし，円周率は 3.14 とします。

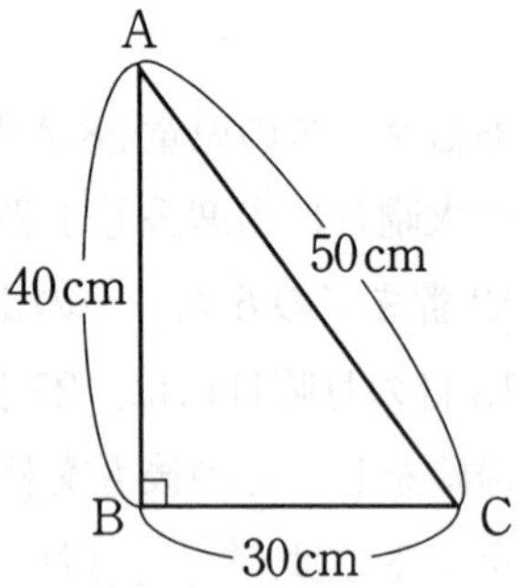

(3) 正方形ＡＢＣＤを，右の図のように直線
ＥＦを折り目として折り曲げました。
このとき，図形が重なっている斜線《しゃせん》部分の
面積は何 cm^2 ですか。

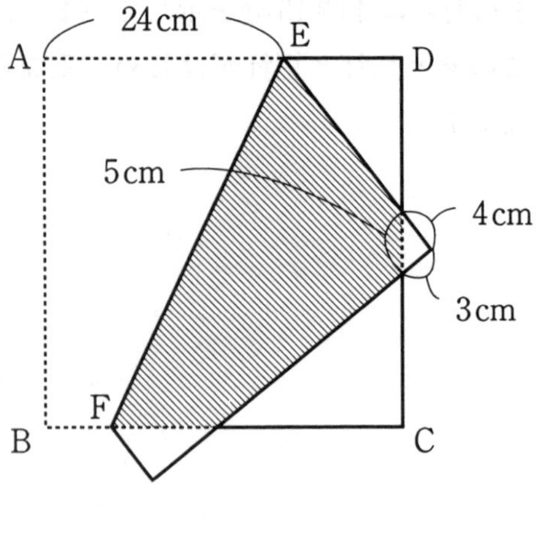

4 図１のように，水平な台の上に置かれた深さ 58 cm の円柱の形をした容器の中に，円柱の形をしたおもりを置きます。さらに容器の中に毎分 6.3 L ずつ水を入れ，そのときの，水を入れ始めてからの時間と容器の水の深さの関係を表したものが図２です。このとき，次の問いに答えなさい。

【図１】

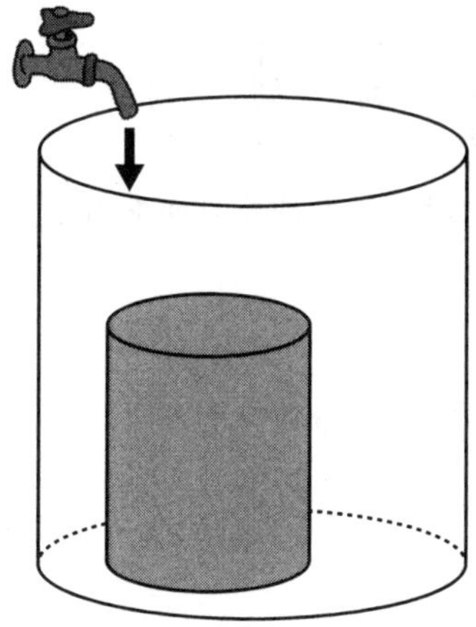

【図２】

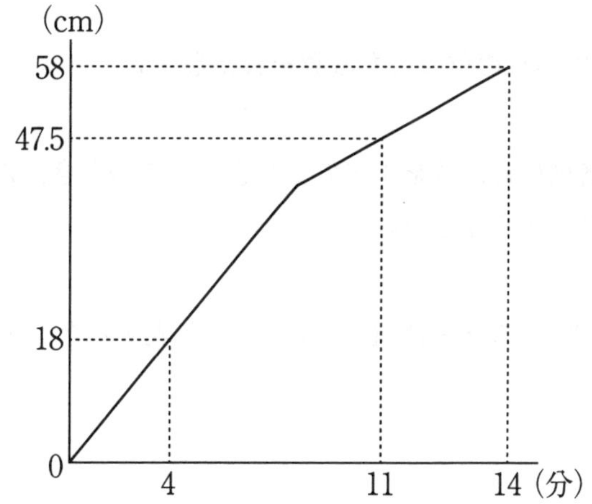

(1) おもりより上の部分では，水の深さが毎分何 cm ずつ増えますか。

(2) おもりの底面積は何 cm^2 ですか。

(3) おもりの高さは何 cm ですか。

5 右の図のように，奇数《きすう》を1から順に，1列目に1段，2列目に2段，…のように並べていきます。
例えば，図中の「15」は，左から4列目，上から2段目なので (4, 2) と表すことにします。
このとき，次の問いに答えなさい。

			13
		7	<u>15</u>
	3	9	17
1	5	11	19
1列目	2列目	3列目	4列目

(1) (9, 4) の位置にある数を答えなさい。

(2) 各列に並ぶ数をすべてたします。このとき，たした数にはどんな決まりがあるか，文章で答えなさい。

(3) 「365」のある位置を (㋐, ㋑) と表すとき，㋐と㋑にあてはまる数をそれぞれ答えなさい。

6 太郎《たろう》くんはいつも，分速60 mの流れがある川のA地点を午前8時に出発し，上流にあるB地点まで，静水時の速さが分速220 mのボートで進みます。
ある日太郎くんは，いつものように午前8時にA地点を出発し，ボートをこいでB地点に向かいましたが，途中《とちゅう》で川に荷物を落としてしまいました。太郎くんはそのことに気づかずにそのまましばらく進みましたが，荷物を落としたことに気づくと，すぐにボートの向きをA地点方向に変え，ボートで進みました。そして，午前8時54分に川に流された荷物に追いついて拾い上げ，再びボートの向きをB地点方向に変えて進みました。このため，B地点にはいつもより33分遅《おく》れて到着《とうちゃく》しました。
ボートの静水時や川の流れの速さはそれぞれ一定とし，ボートが向きを変えるときや荷物を落としたり拾い上げたりする時間は考えないものとして，次の問いに答えなさい。

(1) 太郎くんがA地点からB地点に向かって進むときの上りの速さと，荷物が川に流されるときの速さの比を最も簡単な整数の比で答えなさい。

(2) 川に落とした荷物は，太郎くんに拾われるまでに，何m流されましたか。

(3) 太郎くんが荷物を落としたことに気づき，ボートの向きをA地点方向に変えたのは，A地点から何mのところですか。

問５　――線⑤「エリカはガツンと頭を殴られたみたいな衝撃を受けた」とありますが、このときのエリカの様子として最もふさわしいものを次から選び、記号で答えなさい。

ア　ミサキさんにコーチになってほしいという強い願いをあっさり断られ、がっかりして立ち直れないでいる。

イ　自分の所属できるチームを見つけることばかり考えていたときに予想外の提案を示されて、心をゆさぶられている。

ウ　よいチームが見つからないというなやみに対し、有効な解決方法を教えてもらえて、強い喜びを感じている。

エ　チームがほしいという自分の思いがミサキさんにまったく伝わっていないように感じて、歯がゆさを感じている。

問６　［Ａ］にあてはまる言葉として最もふさわしいものを次から選び、記号で答えなさい。

ア　下手なりに、分かることってあるんだよね

イ　下手であっても、サッカーが好きなんだよね

ウ　下手だからこそ、相手の油断をさそえるんだよね

エ　下手なことが、ほこらしいとも思うんだよね

問７　玲華とミサキさんに対するエリカの様子で共通していることはなんですか。説明しなさい。

問８　本文の表現についての説明として最もふさわしいものを次から選び、記号で答えなさい。

ア　倒置《とうち》法を用いたり周囲の光景を細かく描いたりすることで、エリカとツバサ、ミサキさんのミニゲームの迫力を表現している。

イ　エリカとツバサ、玲華という複数の立場から出来事を描いていくことで、三人それぞれの性格や考え方の違いを多角的に表現している。

ウ　エリカの視点を通して、その心の内を描いていくことで、他の登場人物の行動や言葉に対してエリカが抱く印象をわかりやすく伝えている。

エ　語句の省略を多用し、短文を重ねる文体によって、ツバサへの親しみや、ミサキさんへのあこがれを深めていくエリカの姿を強調している。

問１　――線①「切羽詰まって」とありますが、「切羽詰まる」の意味として最もふさわしいものを次から選び、記号で答えなさい。

ア　つらいことや嫌なことがあって、失望する。

イ　状況がさしせまって、なすすべがなくなる。

ウ　かかえている問題を解決するために努力する。

エ　さまざまな困難にぶつかっていら立つ。

問２　――線②「『そんなことないよ。玲華もうちと――』と言いかけて、エリカは口を途中で閉じた」とありますが、このときのエリカの気持ちについて述べた次の文の［ａ］・［ｂ］にあてはまる言葉を、ａは三字、ｂは四字で書きぬきなさい。

家の［ａ］方針のせいで玲華がサッカーチームをやめたことを思い出し、玲華をサッカーにさそって［ｂ］ことになるのはさけたいと感じてためらう気持ち。

問３　――線③「エリカはふうっとため息をついた」とありますが、エリカがため息をついたのはなぜですか。その理由として最もふさわしいものを次から選び、記号で答えなさい。

ア　ミサキさんからせっかくサッカーについて助言してもらったのに、サッカーチームが見つからないせいで、その助言を生かせそうにないことを残念に思ったから。

イ　ミサキさんとのミニゲームを通じて自分の実力不足を思い知らされて、敗北感にとらわれるあまり、何も手につかなくなっていることを自覚したから。

ウ　ミサキさんの実力にかなわないくやしさや、サッカーチームを作る方法がわからずなやんでいる気持ちを、だれにも理解してもらえないことにがっかりしたから。

エ　ミサキさんとの出会いをきっかけにサッカーチームを作りたい思いや、玲華もチームにさそいたい思いが強まり、練習にもなかなか身が入らないから。

問４　――線④「トラップして、気づいた」とありますが、どのようなことに気づいたのですか。説明しなさい。

てさ。つきあってくれたのは感謝してる」
　ミサキさんは、そう言ってすぐに帰ってしまった。
「気が向いたら、いつでも連絡しなよ。一度、練習見に来るといいぞ」と携帯の番号まで教えてくれた後で。
　ミサキさんを見送ってから、エリカはツバサに聞いた。すごく不思議だったのだ。
「どうして、ミサキさんのボールを突っつけたわけ？　うちには、想像できなかった」
「ぼくさ、下手だけど――」
　ツバサは、自分が下手だと早々に認めた。
「［A］。すごくうまいやつらと練習してきたから。普通にやってたら絶対にかなわない相手がいたら、観察するといいって。ボールをどれだけ見てても置いて行かれるなら、もっとこう広く見るようにして――」
　ツバサは両手を左右に広げる仕草をした。
「――癖《くせ》を探す。ミサキさんは、たぶん無意識だけど、切り返す前に、逆方向に首を振ってた。それに気づいたら、突っつけた。でも、たぶん一回だけだよ。一度やられたら、すぐにパターンを変えてくる。うまいやつってそうなんだ。だから、次は通用しないし、結局自分がうまくなるしかないんだよね」
　へぇっ、と思った。ただの下手くそだと思っていたツバサの、技術ではない部分でのすごいところ発見。じゃあ、なぜ、あそこまで足下が弱いのかって不思議になるけど。
「ほんと、ぼくが一緒に練習してきた連中ってもうめちゃくちゃで……おかげで、ミサキさんの癖も目に付いたわけ」
　わけの分からないことを言って、ツバサも帰っていった。
　一人残されたエリカは、しばらくぼーっと立ち尽くしてから、時間に気づき、急いで自転車にまたがったのだった。

（『風のダンデライオン　銀河のワールドカップ　ガールズ』川端裕人）

＊ダンデライオン…たんぽぽのこと。
＊トラップ…ボールを受け止めること。
＊スクリーン…ボールと相手の間に体を入れて、自分が持っているボールを奪われないようにすること。

てミサキさんがフリーズし、はっと気づいたらボールはエリカの足下に転がっていた。
④トラップして、気づいた。
うちは、ストライカー。それで、スピードスター。
もっと言うと、野に咲く花に、ライオンの心、ダンデライオン・ハート。あきらめない心。
頭の中に思い浮かんだ瞬間には、もうとっくに体が反応していた。
ゴールへ一直線。
出だしの速さなら、誰にも負けない。
一瞬でもフリーズしたミサキさんには追いつけない！
ゴールに見立てた木と木の間に、アウトフロントで流し込んだ。
「へぇっ！」とミサキさんが大きな声を出した。
「あんたら、やるじゃない。なめたあたしの負けだ。で、なんなんだ、お願いってのは」
ツバサがすーっと息を吸い込んで、
「コーチになってください！」と大声を出した。
思わず耳をふさぎたくなるような大声だった。
ミサキさんは、もっと大きな声で笑い始めた。
「あはは、何言い出すかと思えば――」と腹をよじる。
「あたし、まだ現役だから。小学生のコーチは無理。でもさ、小学生サッカーの指導者は、たくさんいるんじゃないのか」

「ダメなんです。すごくうまい仲間がいるんですけど、普通のコーチじゃ嫌だって、チームがバラバラになっちゃって。ぼく、今、チームがないんです」
ツバサが言うのを聞いて、エリカの中で何かがぷちんと弾けた。
あたしだって、チームがほしい！
声の限りに叫びそうになって、それでも、何も言えなかった。
きっと断られると思ったからだ。エリカはやっぱり、こういう時、臆病なのだ。
口で言うかわりに、じっと見てしまった。
「おやおや、あんたら、二人ともか。じゃあ、二人が中心になって、自分たちでチームを作ればいいんじゃないの。最近のジュニアでは、十一人がだめでも八人揃《そろ》えば、公式戦に出られるだろ」
⑤エリカはガツンと頭を殴《なぐ》られたみたいな衝撃を受けた。
自分たちでチームを作ればいいって……。
そっか。仲間の数さえ揃えば、サッカーはできるんだ。ツバサと一緒かどうかは別にして。チームは「仲間」だから、ただの数合わせってわけにもいかないし。
「それはそうとして。あたしの負けなんだから、できることなら、願いはきく。別のこと言ってくれればいい。怪我《けが》のせいで、しばらくリハビリのトレーニングばっかりで、ボールは蹴ってなかったんだ。近々全体練習に復帰するから、軽く体を動かしたくなっ

「太田《おおた》翼《つばさ》くん」

玲華が言った。

「そうそう、太田とか、大川とか、大山とか、そういう名前！　ツバサのくせにサッカー下手くそで」

玲華は、エリカが言ったことをよく覚えていて、本人が忘れても教えてくれるのだ。

「その下手なツバサのおかげで、門限を守れずに家で叱られたんだけど、そうじゃなくて――」

「上手な女子選手の話？　ええっと、志水《しみず》さん」

「そう、上手な女子選手と一対二の対戦をして、それが本当にびっくりするくらいうまくて――」

結局、午前中の授業の合間、エリカは廊下《ろうか》で、玲華にだいたいのところは話してしまっていたのだった。

美咲公園でたまたま出会った女の人は、しみずみさき、と名乗った。こころざしに水、名前は公園と一緒。ということは、志水美咲。なんか聞いたことあると思ったけれど、とにかく、うまい女の人、という印象だった。

一対二のルールは簡単で、適当に設定したゴールに入れた点で競《きそ》う。

ミサキさんは、自分がボールを持つと、絶対に取られなかった。

エリカがツバサにやったような、わざとボールを晒《さら》して飛び込ませるようなこともせず、単に切り返しのタイミングだけで、するっと二人の間を抜いたり、時には二人同時にかわした。シュートは正確で、九割方は木と木の間に吸い込まれていった。

逆にエリカとツバサがボールを持っているとき、ミサキさんはきびきびと素早《すばや》かった。ボールを蹴る前の動作が大きいと、すかさず詰めてきてコースを消された。だからといって焦《あせ》ってしまうと、するりと体を入れられて、ボールを取られた。体が触れた瞬間には、車のタイヤのような固いゴムにぶつかったみたいだった。

何度か同じ方法でボールを奪取《だっしゅ》した後で、

「これ、ずるいかなあ。さすがに体を入れてのスクリーン*とかタックルは、不公平だよな。じゃ、やめとこうか」

と自分から言って、しなくなった。背丈《せたけ》はエリカやツバサより少し高いだけなのに、体のつくりがまったく違うのだ。

体を入れたり、当たりの強さの差でボールを奪うのを封印しても、ミサキさんの奪取力は変わらなかった。ドリブルで行こうとするとすぐにさらわれるし、パスをしようとすると読まれてカットされる。ツバサなんて、五秒とボールをキープできなかった。

結局、途中から点数を数えられなくなり〇対十くらいになって、そろそろおしまいかな、と思った頃に、ツバサがやった。

エリカの目には、完璧に見えたミサキさんのステップをまるで無視したみたいにボールをちょんとつま先で蹴った。びっくりし

しいのだ。

で、たしかに、玲華はふっくらしている。それでも、エリカがサッカーをやめて毎日、ケアをしたって無理なくらい色白で、きめの細かい肌をしている。英語や楽器も得意で、エリカはうらやましい。本人は、運動は苦手と言っているけど、一時、一緒にサッカーをしていたエリカはそうは思わない。まだほとんどの子がボールばかり追いかけて団子サッカーになってしまう年頃だったのに、いつも落ち着いて、ボールが出て行くところに先回りする選手だった。

②「そんなことないよ。玲華もうちと――」と言いかけて、エリカは口を途中で閉じた。

本当は、こう言いたかった。

また、うちとサッカーやろうよ。一緒にメンバーを探そうよ、って。

玲華がすごいのは、いつも落ち着いているから、エリカみたいに「口だけ」と思われないことだ。エリカ一人では信頼されなくても、玲華が一緒に言ってくれれば、とたんに説得力が上がると思う。

でも、言い出せない。玲華を困らせるに決まっているから。

エリカは、いつも言いたいことは言うやつだと思われているし、実際にそうだと自分でも思うけど、断られたり、困らせたりするのが怖くて、すごく臆病《おくびょう》になることがある。

「おおっ、白ピーと黒ピーがまたつるんでる」

男子が大声を出してから、逃げていった。

「うるさいっ！」とエリカは言い返した。

まったく、男子たちはひどい。幼稚《ようち》だ。

ピーというのは、ブタを意味するピッグという英語から来たらしく失礼もいいところだ。エリカは、言い返すだけでは物足りなくて、男子めがけてサッカーボールを投げた。

蹴らなかったのは、せめてもの情けだ。エリカは投げるより蹴る方が得意だから。

見事に後頭部で跳ね返り、足下《あしもと》に戻ってきたボールをトラップ*してから、③エリカはふうっとため息をついた。

きょうはどうも集中できない。

それも、すべてはきのうの夕方、公園での出来事のせいだ。

ほんのちょっとのつもりでミニゲームを始めたのに、つい夢中になって、気がついたら一時間が過ぎていた。

「美咲公園だっけ」

玲華はそう言いながら、近くにある平均台に腰掛けた。玲華は地べたとか、階段とかには、直接座らない。この時も、下にハンカチを敷《し》いた。一方、エリカはボールの上に直接腰を下ろした。

「なんてったかな、完全に名前に負けてるかんじの……いつもの、下手な子がいたのは予定通りなんだけど――」

三　次の文章を読んで、後の問いに答えなさい。

小学五年生のエリカは、所属していたサッカーチーム「恋窪《こいくぼ》*ダンデライオン」が解散してしまい、サッカーができる仲間を探していた。そして、サッカー好きの少年・ツバサと出会って、美咲《みさき》公園で一緒に練習するようになる。ある日の夕方、ツバサとの練習を終えて帰ろうとしたときに、サッカーボールを持った女の人から「二人で、相手して欲しいんだけど」と話しかけられた。

「え、あ、うちは……」

「はい、もちろん。すごくうまそうですよね、お姉さん」とあいつが言った。

なんて、調子のいいやつ！

「でも、ぼくたちが勝ったら、お願いがあるんですけど！」

調子がいいだけでなく、なにか①切羽詰《せっぱつ》まって思い詰めていた。

女の人はくすっと笑った。

「おかしなこと言う。いいよ、もちろん、あたしができる範囲内だけど。真剣勝負は望むところ。かかってきなさい、少年少女」

なんかこの人、とっつきにくそうだけど、本当はおもしろい人なのかも。

大人の女の人で、サッカーがうまそうで、おまけにおもしろい。なら、エリカにも、お願いしてみたいことがあった。

エリカは門限のことを忘れて、足を踏み出した。

昼休みの校庭はすごい人口密度だ。

エリカはサッカーをしたいけど、試合は禁止ということになっている。以前、低学年の子にボールが当たって問題になったのだ。だから、片隅でボールを蹴る程度。

右、左、ショートバウンド、と適当にまぜて、球出しをしてくれるのは、隣《となり》のクラスの西園寺玲華《さいおんじれいか》だ。

三、四年の時は同じクラスで、ほんの何ヵ月かの間、玲華もダンデライオンのメンバーだった。家の方針で、続けられなかったのだけれど、今でも「続けてたら、エリカみたいに痩《や》せていたかなあ」と言う。

実は、エリカの家でも、母さんが、エリカがサッカーをすることについてブツブツ言う。特に夏、日焼けで真っ黒になった時とか。

でも、エリカがぜんぜん気にしないので、いつの間にかあきらめてくれたみたい。父さんが「好きなことやればいいんじゃない」と言ってくれるのも大きい。それに比べて、玲華の家はすごく厳

問5　**A**・**B** にあてはまる語の組み合わせとして最もふさわしいものを次から選び、記号で答えなさい。

ア　A　だから　　B　ただし
イ　A　それでも　B　つまり
ウ　A　しかも　　B　もっとも
エ　A　ところで　B　そこで

問6　**X** にあてはまる言葉として最もふさわしいものを次から選び、記号で答えなさい。

ア　「こうすれば確実に助かる」という手本が提示
イ　「絶対に逃げ切ることができる」という能力が維持《いじ》
ウ　「敵に見つからないようにする」という前提が学習
エ　「失敗しても命に別状はない」という安全が保障

問7　人工知能（AI）と哺乳動物の知能は、どのような点が共通していますか。「判断」という言葉を使って、説明しなさい。

問8　本文の内容として最もふさわしいものを次から選び、記号で答えなさい。

ア　哺乳類の中でも特に知能を高度に発達させた人間は、生物としての本能にもとづく行動を取れないため、昆虫ほど的確に正しい行動を選ぶことはできない。
イ　哺乳類の知能は高度だが、知能によって合理的な行動を選ぶには的確な情報の認識や分析が必要なうえ、熟考の末に選んだ行動が正しいとはいえない場合もある。
ウ　哺乳類は生まれてすぐ自立することはできないが、幼いうちに知能によって思考をめぐらせ、ごく少ない情報からでも状況に合った行動を導き出せるようになる。
エ　哺乳類は本能が発達していないため、誤った行動を選んでしまいがちだが、知能によって状況を分析し、どのように行動を修正すればよいかを理解するのが早い。

問1　――線①「私たち哺乳動物はずいぶん面倒である」とありますが、どのような点が面倒なのですか。それについて述べた次の文の［a］・［b］にあてはまる言葉を、aは十二字、bは十三字で書きぬきなさい。

完璧にプログラムされた［a］がそなわっておらず、他者から［b］点。

問2　――線②「高度に発達した本能は、優れてはいるが欠点もある」とありますが、本能にはどのような欠点があるのですか。本文中の言葉を使って、説明しなさい。

問3　――線③「昆虫が高度な『本能』を発達させたのに対して、生きるための手段として高度な『知能』を発達させた」とありますが、昆虫が知能より本能を発達させたのはなぜだと述べられていますか。最もふさわしいものを次から選び、記号で答えなさい。

ア　知能の優れた哺乳類と本能の発達した昆虫が違う環境で生きることになり、生存競争を避《さ》けられるから。

イ　昆虫の体の構造は哺乳類ほど精密にできておらず、知能にもとづいた複雑な行動はできないから。

ウ　知能を自在に発揮できるようになるまでに必要な期間よりも、昆虫の寿命《じゅみょう》の方が短いから。

エ　昆虫の生きる厳しい環境では、知能で思考するより本能ですぐに行動できる方が有利だから。

問4　――線④「地球の歴史を考えれば、長い間、ブルーシートなどというものはこの地球に存在していなかった」とありますが、この具体例は、どのようなことを示していますか。最もふさわしいものを次から選び、記号で答えなさい。

ア　本能による行動は、特定の事物にさまたげられて失敗するよりも、生存や種の存続につながることの方が多いこと。

イ　本能のプログラムは複雑であり、本能による行動をさまたげる事物が現れたとしても書き換えは不可能であること。

ウ　本能は進化の過程で磨かれたもので、その働きをさまたげる事物があっても最終的に生物を正しい行動へ導くこと。

エ　本能は昆虫の重要な生存の手段だが、現代ではその働きをさまたげる事物が増え、知能も必要になっていること。

での人生の膨大なデータと経験から導かれている。

知能を正しく使うには、知識と経験が必要である。

そして、その知識と経験を誰よりも持っているのが、私たち哺乳類の年長者なのである。

「知能」は優れた能力だが、それを使いこなすには、それなりの手間を掛けなければならない。

一年に満たないうちに生涯を終えてしまうような昆虫は、知能を使いこなすことができない。そのため、昆虫は生まれてすぐに決められた行動をすることができる「本能」を高度に発達させるほうを選択したのである。

知能を利用するためには、「経験」が必要である。

そして、経験とは「成功」と「失敗」を繰り返すことである。

囲碁や将棋のＡＩは、「こうしたから勝った」「こうしたから負けた」という経験を蓄積していく。

知能を発達させた哺乳動物もまったく同じだ。

成功と失敗を繰り返すことで、どうすれば成功するのか、どうしたら失敗するのかを学んでいく。そして、判断に必要な経験を積み重ねていくのである。

しかし、問題がある。

たとえば、シマウマにとって、「ライオンに襲われたら死んでしまうから、ライオンに追われたら逃げなければならない」ということは、生存に必要な極めて重要な情報である。しかし、だからといって、その情報を得るために「ライオンに襲われる」という経験をすれば、そのシマウマは死んでしまう。

成功と失敗を繰り返して、経験を積み重ねるためには、［Ｘ］されなければならないのである。

（『生き物が老いるということ　死と長寿の進化論』稲垣栄洋）

ば良いのだろうか。

状況を正しく分析するためには、データが必要である。

たとえば、トンボにとっては同じに見えても、私たちにとって水面とブルーシートはまったく違う。

それでは、水面とブルーシートはどこが違うのだろう。

「表面がキラキラと輝いている」というだけの情報では、トンボと同じように、水面とブルーシートを区別することはできない。「ブルーシートは青い」と定義してみても、水面が青空を映していれば区別できない。もちろん、触ったり、めくったりすれば、簡単に区別することができる。それは私たちが、「水面はそこに手を入れることができるが、めくることはできない」という情報を持っているからである。

［Ｂ］、触らなくても水面とブルーシートは見た目がまったく違う。しかし、簡単に区別はつくが、どこが違うかと改めて問われてみると、説明することは意外と難しい。

説明することはできないが、違うものは違うのだ。

最近では、人工知能（ＡＩ）の発達がめざましい。ついには、人間に勝つことはありえないと言われた囲碁や将棋の世界でも、人間を打ち負かすほどになってしまった。

それを可能にしたのが、ＡＩの「ディープラーニング」である。

それまでは、人間がＡＩに将棋を教えていた。たとえば、人間が作り出した最高の囲碁や将棋の定石《じょうせき》をコンピューターにインプットしていくのである。

定石というのは、それまでの研究によって、「こういう場面では、これが最善手である」と定められた法則のようなものである。しかし、これでは、コンピューターが人間よりも強くなることはない。

現在では、コンピューターは、自分を相手に対局を繰り返していく。コンピューターの計算速度であれば、これまで人類が経験したことのないような数の膨大《ぼうだい》な対局が可能となる。そして、その経験の中から、その場面の最善手を導くのである。これが「ディープラーニング」である。

膨大な情報量と経験によって、ＡＩは力を発揮するようになったのだ。

哺乳動物の知能も同じである。

正しい答えを導くためには、膨大な「情報」が必要となる。そして、その情報を元に成功と失敗を繰り返す「経験」が必要である。

何もインプットされていないコンピューターが、ただの箱であるのと同じように、何の情報も持たない知能は、まったく機能しない。もし、知識も経験もない赤ん坊であれば、水面とブルーシートの区別ができずに、池に落ちてしまうかもしれない。

私たちが「水面とブルーシートはまったく違う」「説明できないが、違うものは違う」と正しく判断できるのは、じつはこれまに輝く電灯のまわりに集まってくる。

昆虫は、本能のプログラムに従って機械的に行動するために、誤った行動をしてしまうことがあるのである。

これが、本能の欠点である。

決まった環境であれば、プログラムに従って、正しく行動することができる。ところが、想定外のことが起こると、対応できないのである。

それでは、環境の変化に対応するためには、どのようにすれば良いのだろうか。

③昆虫が高度な「本能」を発達させたのに対して、生きるための手段として高度な「知能」を発達させたのが、私たち人間を含む哺乳類である。

「知能」を進化させた哺乳類は、自分の頭で考え、どんな環境に対しても臨機応変に行動することができる。どんなに環境が変化したとしても、情報を処理して、状況を分析し、最適な行動を導き出す。これこそが、「知能」のなせる業《わざ》である。

知能を持つ哺乳動物は、ブルーシートに卵を産んでいるトンボの行動が正しくないことをすぐに判断できるし、狩人バチのようにエサを落としてしまったら、すぐに捜して拾い上げる。太陽と電灯を間違えることもない。

このように、知能は極めて優れた能力を持つのである。

ところが、「知能」にも欠点がある。

長い進化の過程で磨《みが》かれてきた「本能」は、多くの場合、正しい行動を導くマニュアルである。本能には、解答が示されているのだ。

たとえば、④地球の歴史を考えれば、長い間、ブルーシートなどというものはこの地球に存在していなかった。ブルーシートさえなければ、トンボの行動がエラーを起こすことはありえないのだ。また狩人バチがエサを落とすというアクシデントが、いったいどれほどの頻度《ひんど》で起こるだろう。滅多《めった》に起こらないリスクのために、複雑なプログラムを書き換《か》えるほうが別のエラーを起こす原因となる。稀《まれ》にエサを落とした狩人バチがいたとしても、巣に帰ってから、もう一度、新たなエサを探しに行けばいいだけの話である。

一方の知能は、自分の頭で解答を導かなければならない。

たとえば、水面とブルーシートを識別するためには、水面とはどういうものなのか、ブルーシートとはどういうものなのかを認識し、水面とブルーシートの違いを自分の頭で理解しなければならない。

[A]、自分の頭で考えて導き出した解答が、正しいとは限らない。さんざん考え抜いた挙句《あげく》、誤った行動を選んでしまうということは、私たち人間でもよくあることだ。

それでは、知能が正しい判断をするためには、どのようにすれ

二　次の文章を読んで、後の問いに答えなさい。

虫たちは、「本能」という仕組みだけで、誰に教わらなくても生きていくために必要な行動を取ることができるのである。

それに比べると、①私たち哺乳《ほにゅう》動物はずいぶん面倒である。

何しろ、生まれたばかりの赤ちゃんは、一人では生きていくことができない。かろうじておっぱいを飲むことくらいは教わらなくてもできるが、人間が本能でできるのはこれくらいである。

ライオンやオオカミなどの肉食動物の子どもは、親から獲物《えもの》の捕り方を教わらなければ、狩りをすることさえできない。シマウマなどの草食動物も同じである。親が逃げれば、いっしょに逃げるが、そうでなければ、何が危険なのかさえわからない。

私たち哺乳動物にも本能はあるが、昆虫ほど完璧にプログラムされた本能は持ち合わせていない。教わらなければ何もできないのである。

どうして、私たち哺乳類は、昆虫のように本能で生きるような仕組みを発達させてこなかったのだろう。哺乳類は昆虫よりも、劣った存在なのだろうか？

②高度に発達した本能は、優れてはいるが欠点もある。

たとえば、今にも干上がりそうな道路の水たまりに、トンボが卵を産みつけていることがある。そんなところに卵を産めば、幼虫や卵が干上がってしまうのではないかと心配してしまうが、トンボは何食わぬ顔で平気で卵を産んでいく。

それどころか、地面に敷《し》かれたブルーシートの上に卵を産むことさえある。水面と間違えてしまっているのだろうか。

トンボは、遠くから小さな虫を獲物として捕らえるほどの視力を持っている。その目でよく見れば、そこが卵を産むべき場所でないことは、容易にわかりそうなものである。

おそらくは、「地上で陽の光を反射させているところに卵を産む」とでもプログラムされているのだろう。その本能に従って卵を産んでしまうのである。

アスファルトの道路やブルーシートがない時代には、そのプログラムで問題はなかったはずだ。しかし残念ながら、人工物の多い現代では、そのプログラムに適合しない場所も多い。それでもトンボたちは、生まれながらに持つ本能のプログラムに従って、正しくない場所に卵を産んでしまうのである。

あるいは、狩人バチは、他の昆虫などを獲物として捕らえると、巣に持ち帰って幼虫のエサにする。だが巣に持ち帰る途中でエサを落としても、捜《さが》そうともせずに、そのまま巣に飛んで帰る。

あるいは、太陽の光で自分の位置を判断する昆虫たちは、暗闇

2024年度

日本大学豊山中学校

【国語】〈第二回試験〉（五〇分）〈満点：一〇〇点〉

（注意）答えを書くときには、「、」や「。」やかぎかっこなども一字と数えます。

一　次の問いに答えなさい。

問１　――線を漢字に直しなさい。ただし、送りがなの必要なものは、それもふくめて書きなさい。

①　西洋のケンチク様式を取り入れた家。

②　国民にはノウゼイの義務がある。

③　リレーの選手がイキオイよく走りぬける。

④　荷物を部屋のすみにヨセル。

問２　――線の読みを、ひらがなで答えなさい。

①　未知の領域に足をふみ入れる。

②　世界の穀倉地帯について調べる。

③　教養のある年長者を敬う。

④　至る所で花がさいている。

問３　次の――線と同じ意味で使われているものをあとから選び、記号で答えなさい。

・夕飯前に宿題を済ませてしまおう。

ア　明日はきっと風が強かろう。

イ　くわしい事情は私から話そう。

ウ　彼はもうすぐ来るでしょう。

エ　みんなであの木まで競走しましょう。

問４　次の□にふさわしい言葉を――線のことわざをふまえて答えなさい。

・弘法《こうぼう》にも筆の誤りというけれど、算数の得意なあなたが□をするのはめずらしいね。

2024年度

日本大学豊山中学校　▶解説と解答

算　数　＜第２回試験＞（50分）＜満点：100点＞

解　答

[1] (1)　90　(2)　$4\frac{2}{3}$　(3)　359　(4)　$\frac{2}{7}$　(5)　2024　[2] (1)　11200m^2　(2)　12.5％　(3)　40枚　(4)　５月27日月曜日　(5)　$6\frac{9}{11}$分後　[3] (1)　97.5度　(2)　3712cm^2　(3)　510cm^2　[4] (1)　3.5cm　(2)　400cm^2　(3)　40.5cm　[5] (1)　79　(2)　（例）　たした数は，列の番号を３個かけた数になっている。　(3)　㋐　19　㋑　12　[6] (1)　８：３　(2)　1440m　(3)　6720m

解　説

[1] 四則計算，計算のくふう，逆算

(1)　$(253-88)\div(4+7)\times6=165\div11\times6=15\times6=90$

(2)　$1\frac{13}{15}\times3\frac{3}{14}-6\frac{2}{9}\div4\frac{2}{3}=\frac{28}{15}\times\frac{45}{14}-\frac{56}{9}\div\frac{14}{3}=6-\frac{56}{9}\times\frac{3}{14}=6-\frac{4}{3}=5\frac{3}{3}-1\frac{1}{3}=4\frac{2}{3}$

(3)　$A\times B+A\times C=A\times(B+C)$となることを利用すると，$3.59\times71.4+35.9\times2.86=3.59\times71.4+3.59\times10\times2.86=3.59\times71.4+3.59\times28.6=3.59\times(71.4+28.6)=3.59\times100=359$

(4)　$\frac{2}{3\times5}=\frac{1}{3}-\frac{1}{5}$，$\frac{3}{5\times8}=\frac{1}{5}-\frac{1}{8}$，$\frac{5}{8\times13}=\frac{1}{8}-\frac{1}{13}$，$\frac{8}{13\times21}=\frac{1}{13}-\frac{1}{21}$となるから，与《あた》えられた式は，$\frac{1}{3}\cancel{-\frac{1}{5}+\frac{1}{5}}\cancel{-\frac{1}{8}+\frac{1}{8}}\cancel{-\frac{1}{13}+\frac{1}{13}}-\frac{1}{21}=\frac{1}{3}-\frac{1}{21}=\frac{7}{21}-\frac{1}{21}=\frac{6}{21}=\frac{2}{7}$と求められる。

(5)　$\frac{21}{231}-\frac{19}{437}=\frac{1}{11}-\frac{1}{23}=\frac{23}{253}-\frac{11}{253}=\frac{12}{253}$より，$(1\div□)\div\frac{12}{253}=\frac{1}{96}$，$1\div□=\frac{1}{96}\times\frac{12}{253}=\frac{1}{2024}$　よって，$□=1\div\frac{1}{2024}=2024$

[2] 単位の計算，売買損益，差集め算，整数の性質，調べ，時計算

(1)　１aは１辺の長さが10mの正方形の面積，１haは１辺の長さが100mの正方形の面積，１km^2は１辺の長さが１km（＝1000m）の正方形の面積だから，$1a=10\times10=100(m^2)$，$1ha=100\times100=10000(m^2)$，$1km^2=1000\times1000=1000000(m^2)$となる。よって，$222a+3.3ha-0.044km^2=22200m^2+33000m^2-44000m^2=11200m^2$と求められる。

(2)　今年の１個あたりの利益額は，100×0.6＝60（円）である。また，来年の原価は，100×（１＋0.2）＝120（円）なので，利益額を変えないためには，来年の定価を，120＋60＝180（円）にする必要がある。また，今年の定価は，100＋60＝160（円）だから，値上げする金額は，180－160＝20（円）とわかる。これは今年の定価の，20÷160＝0.125，0.125×100＝12.5（％）にあたる。

(3)　枚数を逆にすると代金が多くなるので，安い方の切手を多く買う予定だったことになる。よって，右の図１のように表すことができる。図１で，┌┐部分の代金は変わらないから，アの部分とイの部分の代金の差が，2625×0.24＝630（円）とわかる。また，１枚あたりの値段の差は，84－63＝21

図１

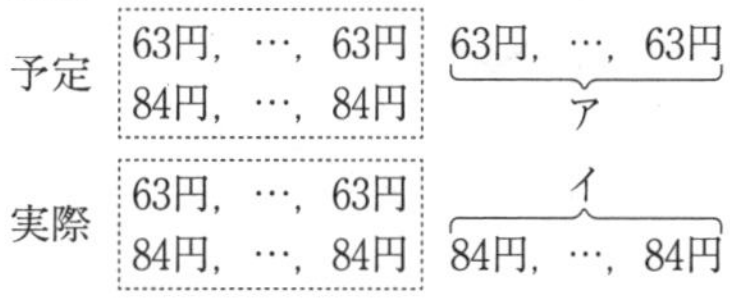

(円)なので，アとイの部分の枚数はそれぞれ，630÷21＝30(枚)と求められる。すると，アの部分の代金は，63×30＝1890(円)になるから，⬚部分の代金は，2625－1890＝735(円)とわかる。さらに，１枚あたりの値段の和は，63＋84＝147(円)なので，⬚部分の枚数はそれぞれ，735÷147＝５(枚)と求められる。したがって，２種類の切手の枚数の合計は，５×２＋30＝40(枚)である。

(4)　28と６の最小公倍数は84だから，のべ84人が掃除《そうじ》を終えると最初の状態にもどる。つまり，84÷６＝14(回)掃除を終えると最初の状態にもどる。これは右の図２の□で囲んだ14回なので，次に１番から６番までの６人が掃除をするのは，５月27日の月曜日である。

図２

月	火	水	木	金	土	日
	[7]	[8]	[9]	[10]	11	12
[13]	[14]	[15]	[16]	[17]	18	19
[20]	[21]	[22]	[23]	[24]	25	26
27						

(5)　４時ちょうどから考える。４時ちょうどに長針と短針が作る小さい方の角の大きさは，360÷12×４＝120(度)である。その後，長針は１分間に，360÷60＝６(度)，短針は１分間に，360÷12÷60＝0.5(度)の割合で動くから，長針は短針よりも１分間に，６－0.5＝5.5(度)多く動く。よって，長針と短針がはじめて重なるのは，120÷5.5＝$21\frac{9}{11}$(分)より，４時$21\frac{9}{11}$分と求められる。これは４時15分の，$21\frac{9}{11}-15=6\frac{9}{11}$(分後)である。

3　角度，表面積，相似，面積

(1)　N角形の内角の和は，180×(N－２)で求められるから，八角形の内角の和は，180×(８－２)＝1080(度)であり，正八角形の１つの内角は，1080÷８＝135(度)とわかる。下の図１で，三角形HLGは二等辺三角形であり，角LHGの大きさは，135－60＝75(度)なので，角HLGの大きさは，(180－75)÷２＝52.5(度)と求められる。また，太線部分は線対称《たいしょう》な図形だから，角HLJと角ALJの大きさは等しい。さらに，これらの和は，360－60＝300(度)だから，角HLJの大きさは，300÷２＝150(度)となる。よって，角㋐の大きさは，150－52.5＝97.5(度)とわかる。

(2)　下の図２のように，円すいの一部を切り取った形の立体になる。底面積は，30×30×3.14×$\frac{120}{360}$＝300×3.14(cm^2)である。また，円すいの側面積は，(母線)×(底面の円の半径)×(円周率)で求めることができるので，曲面の部分の面積は，50×30×3.14×$\frac{120}{360}$＝500×3.14(cm^2)と求められる。さらに，三角形の面の面積は，30×40÷２＝600(cm^2)であり，これが２か所あるから，この立体の表面積は，300×3.14＋500×3.14＋600×２＝800×3.14＋1200＝2512＋1200＝3712(cm^2)である。

(3)　下の図３で，同じ印をつけた角の大きさはそれぞれ等しい(角HGA′は●，角GHA′は○になる)ので，図３にあらわれる直角三角形はすべて相似であり，３つの辺の長さの比はすべて３：

図１

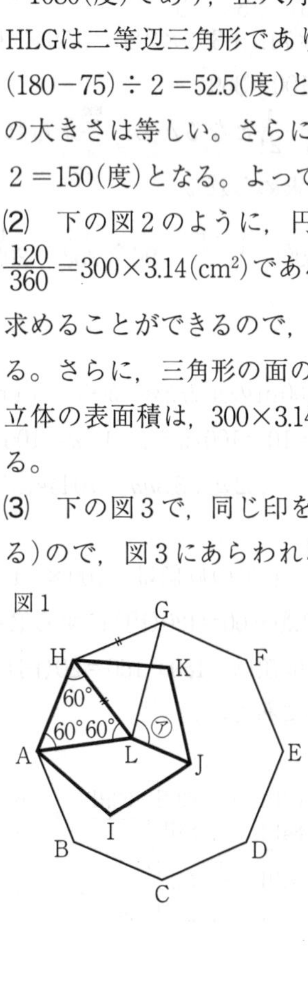

図２

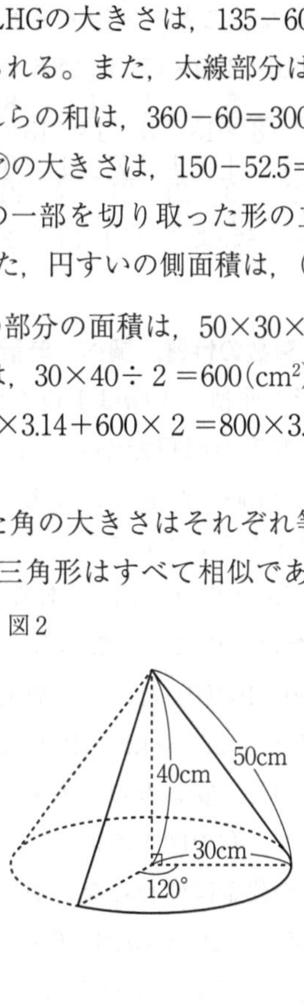

図３

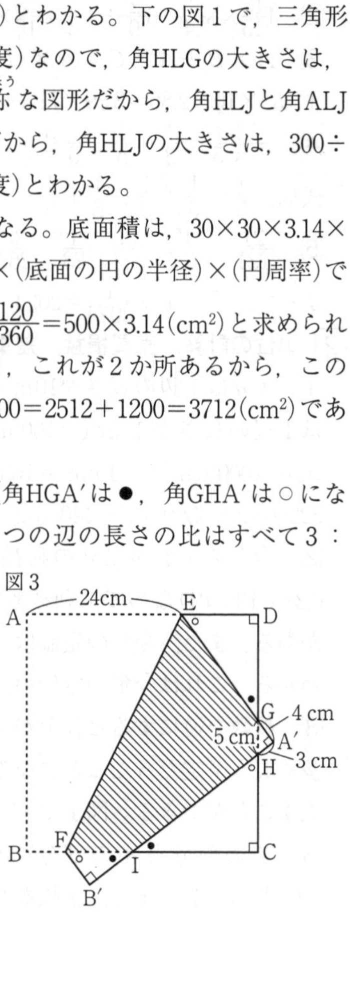

4：5になる。はじめに，EA′＝EA＝24cmより，EG＝24－4＝20(cm)となるから，ED＝20×$\frac{3}{5}$＝12(cm)より，正方形の１辺の長さは，24＋12＝36(cm)とわかる。次に，DG＝20×$\frac{4}{5}$＝16(cm)より，HC＝36－(16＋5)＝15(cm)となり，HI＝15×$\frac{5}{3}$＝25(cm)，IB′＝36－(3＋25)＝8(cm)，FB′＝8×$\frac{3}{4}$＝6(cm)と求められる。よって，台形FB′A′Eの面積は，(6＋24)×36÷2＝540(cm²)，三角形A′GHの面積は，3×4÷2＝6(cm²)，三角形FB′Iの面積は，6×8÷2＝24(cm²)なので，斜線《しゃせん》部分の面積は，540－(6＋24)＝510(cm²)とわかる。

4 グラフ─水の深さと体積

⑴　正面から見ると右の図１のようになる。③の部分では，14－11＝3(分)で水の深さが，58－47.5＝10.5(cm)増える。よって，おもりより上の部分では，水の深さは毎分，10.5÷3＝3.5(cm)ずつ増えることがわかる。

図１

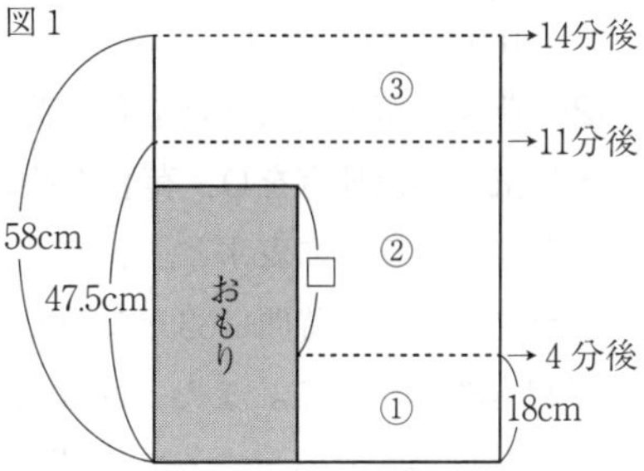

⑵　水を入れる割合は毎分6.3Ｌ(＝6300cm³)だから，③の部分の容積は，6300×3＝18900(cm³)となり，容器の底面積は，18900÷10.5＝1800(cm²)と求められる。また，①の部分の容積は，6300×4＝25200(cm³)なので，①の部分の底面積は，25200÷18＝1400(cm²)とわかる。よって，おもりの底面積は，1800－1400＝400(cm²)である。

⑶　おもりより下の部分では，水の深さは毎分，18÷4＝4.5(cm)ずつ増える。また，②の部分に水を入れた時間は，11－4＝7(分)であり，その７分で増えた水の深さは，47.5－18＝29.5(cm)だから，②の部分の増え方は右上の図２のようにまとめることができる。毎分3.5cmの割合で７分増えたとすると，3.5×7＝24.5(cm)しか増えないので，実際よりも，29.5－24.5＝5(cm)低くなる。毎分3.5cmのかわりに毎分4.5cmの割合で増えると１分あたり，4.5－3.5＝1(cm)高くなるから，毎分4.5cmの割合で増えた時間は，5÷1＝5(分)とわかる。よって，図１の□の部分の長さは，4.5×5＝22.5(cm)なので，おもりの高さは，18＋22.5＝40.5(cm)と求められる。

図２

下(毎分4.5cm)｝合わせて
上(毎分3.5cm)｝７分で29.5cm

〔ほかの解き方〕　容器の容積は，1800×58＝104400(cm³)で，満水になったときの水の体積は，6300×14＝88200(cm³)だから，おもりの体積は，104400－88200＝16200(cm³)とわかる。よって，おもりの高さは，16200÷400＝40.5(cm)と求めることもできる。

5 数列

⑴　左から９列目，上から４段目にある数を求める。１列目から８列目までに並んでいる奇数《きすう》の個数は，1＋2＋…＋8＝(1＋8)×8÷2＝36(個)だから，左から８列目の一番下の段に並んでいる数は36番目の奇数であり，36×2－1＝71とわかる。よって，左から９列目には上から順に，73，75，77，79，…と並ぶので，(9，4)＝79となる。

⑵　１列目の和は1，２列目の和は，3＋5＝8，３列目の和は，7＋9＋11＝27，４列目の和は，13＋15＋17＋19＝64である。これらは，1×1×1＝1，2×2×2＝8，3×3×3＝27，4×4×4＝64のように，その列の番号を３個かけた数になっている。

⑶　365は，(365＋1)÷2＝183(番目)の奇数である。また，１から20までの和は，1＋2＋…＋

20＝（１＋20）×20÷２＝210だから，１から19までの和は，210－20＝190，１から18までの和は，190－19＝171となり，18列目の一番下に並んでいる数は171番目の奇数とわかる。183番目の奇数はそれよりも，183－171＝12(個)あとにあらわれるので，183番目の奇数があるのは，19列目の上から12番目とわかる。よって，365＝(19，12)となる。

6 流水算，速さと比，旅人算

⑴　ボートの上りの速さは分速，220－60＝160(m)である。また，荷物は川の流れの速さで流されるから，上りの速さと荷物が流される速さの比は，160：60＝８：３となる。

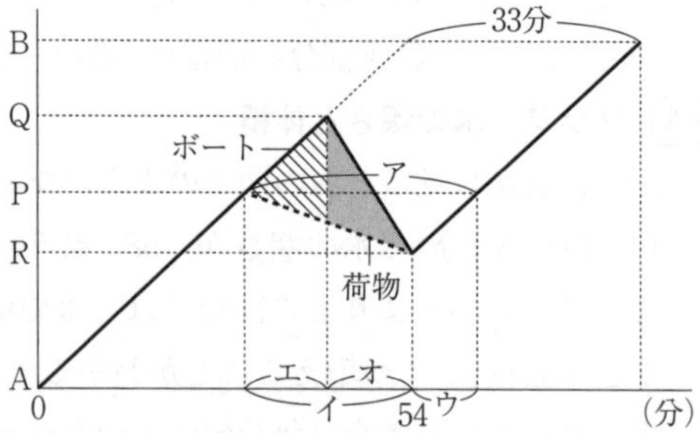

⑵　荷物を落とした地点をP，荷物を落としたことに気づいた地点をQ，荷物を拾い上げた地点をRとしてグラフに表すと，右のようになる。このグラフで，アの時間は33分なので，イとウの時間の和も33分である。また，⑴より，イ：ウ＝$\frac{1}{3}$：$\frac{1}{8}$＝８：３とわかるから，イ＝33×$\frac{8}{8+3}$＝24(分)と求められる。よって，荷物が拾われるまでに流された距離《きょり》(PR間の距離)は，60×24＝1440(m)である。

⑶　荷物を落としたのは出発してから，54－24＝30(分後)なので，AP間の距離は，160×30＝4800(m)である。ここで，斜線部分のボートと荷物の速さの和は分速，160＋60＝220(m)である。また，ボートの下りの速さは分速，220＋60＝280(m)だから，かげの部分のボートと荷物の速さの差は分速，280－60＝220(m)となる。よって，220×エ＝220×オより，エとオは等しいことがわかるので，エ＝24÷２＝12(分)と求められる。したがって，PQ間の距離は，160×12＝1920(m)だから，AQ間の距離は，4800＋1920＝6720(m)である。

国　語　＜第２回試験＞（50分）＜満点：100点＞

解　答

一　**問１**　下記を参照のこと。　**問２**　①　りょういき　②　こくそう　③　うやま(う)　④　いた(る)　**問３**　イ　**問４**　(例)　計算まちがい　二　**問１**　**a**　本能で生きるような仕組み　**b**　教わらなければ何もできない　**問２**　(例)　想定外のことが起こると，対応できなくなるという欠点。　**問３**　ウ　**問４**　ア　**問５**　ウ　**問６**　エ　**問７**　(例)　得た情報を元に成功と失敗を繰り返す経験をする中で，正しい判断のしかたを学んでいくという点。　**問８**　イ　三　**問１**　イ　**問２**　**a**　厳しい　**b**　困らせる　**問３**　エ　**問４**　(例)　ミサキさんの動きが止まった今，足の速さに自信のあるエリカがあきらめずに走ればゴールを奪えること。　**問５**　イ　**問６**　ア　**問７**　(例)　断られるのが怖くて臆病になってしまうこと。　**問８**　ウ

●漢字の書き取り

一　**問１**　①　建築　②　納税　③　勢い　④　寄せる

解　説

一　漢字の書き取りと読み，品詞の識別，ことわざの知識

問１　①「建築様式」は，ある一定の特徴《とくちょう》をもった建造物の型。　②　税金を納めること。　③　音読みは「セイ」で，「勢力」などの熟語がある。　④　音読みは「キ」で，「寄港」などの熟語がある。

問２　①　勢力や権限の及《およ》ぶ範囲《はんい》。または，“研究などの対象分野”という意味で用いられることもある。　②「穀倉地帯」は，多くの穀物を産出する地域。　③　音読みは「ケイ」で，「尊敬」などの熟語がある。　④　音読みは「シ」で，「至急」などの熟語がある。

問３「済ませてしまおう」と「私から話そう」の「う」は，意志の意味を表す助動詞。アとウは，推量の意味を表す助動詞。エは，勧誘《かんゆう》の意味を表す助動詞。

問４「弘法《こうぼう》にも筆の誤り」は，その道の名人でも失敗することがある，という意味のことわざ。よって，算数が得意な人でも計算などを間違《まちが》えることはある，という意味の文にする。

二　出典：稲垣栄洋《いながきひでひろ》『生き物が老いるということ　死と長寿《ちょうじゅ》の進化論』。昆虫《こんちゅう》の持っている「本能」と，哺乳《ほにゅう》動物の持っている「知能」について，それぞれの利点や欠点などが説明されている。

問１　**a，b**　昆虫のように「本能で生きるような仕組みを発達させ」てこなかった「私たち哺乳動物」は，他者に「教わらなければ何もできない」ので，「面倒《めんどう》」といえる。

問２　昆虫の本能は「完璧《かんぺき》にプログラムされ」ているようにも思われるが，ブルーシートやアスファルトの道路の水たまりに卵を産んでしまったり，電灯を太陽の光と間違えたりする。このように昆虫は，「本能のプログラムに従って機械的に行動するため」に，想定外のできごとには「誤った行動をしてしまうこと」がある。

問３「知能」を進化させるためには，「膨大《ぼうだい》なデータと経験」が必要となるが，昆虫は「一年に満たないうちに生涯《しょうがい》を終えてしまう」ので，「生まれてすぐに決められた行動をすること」ができる「本能」を「高度に発達させるほうを選択《せんたく》」したと述べられている。よって，ウが選べる。

問４　地球の歴史の長さからすれば，ブルーシートの存在している期間は非常に短いということになるし，「狩人《かりゅうど》バチがエサを落とすというアクシデント」もめったには起こらない。つまり，特別な事情によって失敗するよりも，「本能」によって生存する可能性を高めたほうが，昆虫にとっては利点が大きいのである。よって，アが合う。

問５　A　知能は「水面とブルーシートの違いを自分の頭で理解しなければならない」し，そのうえ「自分の頭で考えて導き出した解答が，正しいとは限らない」，という文脈になる。よって，前のことがらを受けて，さらに別のことをつけ加えるときに使う「しかも」が入る。　B　人間が，「水面」と「ブルーシート」を区別できるのは，触《ふ》れたりめくったりすることで「情報」を得られるからだが，そうはいうものの，「触《さわ》らなくても水面とブルーシートは見た目がまったく違う」という文脈になる。よって，前のことがらを受けて，一部相反する内容をつけ加えるときに使う「もっとも」が合う。

問６　シマウマにとって「ライオンに追われたら逃《に》げなければならない」という「情報」は「極《きわ》めて重要」ではあるが，「ライオンに襲《おそ》われる」という「経験」を積み重ねるわけにはいかない。つまり，「経験を積み重ねる」という過程においては，命の安全が保障されているということが前提となる。よって，エがふさわしい。

問７　将棋《しょうぎ》において，現在のコンピューターは「自分を相手」に膨大な数の対局を繰《く》り返し，集めたデータをもとに「その場面の最善手」を導く。哺乳動物の知能も，このようなAIの「ディープラーニング」と同じで，正しい「判断」を導くためには，膨大な「情報」と，その情報をもとに，成功と失敗を繰り返す「経験」が必要となる。

問８　「知能」は「優れた能力」ではあるが，使いこなすには，得た情報をもとに「経験」を繰り返し，「自分の頭で解答」を導かなければならない。ただし，「自分の頭で考えて導き出した解答が，正しいとは限ら」ず，「誤った行動を選んでしまう」こともあると述べられているので，イがよい。

三　**出典：川端裕人《かわばたひろと》『風のダンデライオン　銀河のワールドカップ　ガールズ』**。所属チームが解散してしまい，サッカーができる仲間を探していたエリカとツバサは，夕方の公園で，サッカーがうまそうな女の人に声をかけられ，一対二の対戦をする。

問１　「切羽詰《せっぱつ》まる」は，“追いつめられてどうにもならなくなる”という意味なので，イがよい。

問２　**a，b**　エリカは，玲華《れいか》の家が「すごく厳しい」ことを知っており，玲華がサッカーを続けられなくなったのは，「家の方針」によるものだということもわかっていた。だから，「また，うちとサッカーやろうよ」と誘《さそ》うと，「玲華を困らせるに決まっている」と思ったので，エリカは口に出せなかったのである。

問３　ミサキさんと話したことで，「自分たちでチームを作ればいい」ということに気づいたエリカは，かつて同じサッカーチームのメンバーだった玲華を誘いたいと思ったが，結局は口に出せなかった。チームをつくりたいという思いが高まる反面，事態が少しも進展しないので，エリカは練習に「集中できない」でいると考えられる。よって，エが合う。

問４　トラップした瞬間《しゅんかん》，エリカは，自分が「あきらめない心」を持つ「スピード」のある「ストライカー」だということに気づいている。そして，ミサキさんが「フリーズ」した今なら，自分はゴールを奪《うば》えると思ったのである。

問５　ダンデライオンが解散し，「チームがほしい！」と思っていたエリカは，ミサキさんの「二人が中心になって，自分たちでチームを作ればいいんじゃないの」という思いもよらない提案に衝撃《しょうげき》を受けている。よって，イが選べる。

問６　ツバサは，ミサキさんの「癖《くせ》」を見抜《みぬ》いたことをエリカに説明している。ツバサは，下手な自分でも「観察する」ことで相手の「癖」がわかる，と言っていると考えられる。よって，アが合う。

問７　エリカは，玲華をサッカーチームに誘うことを口に出せなかったとき，「断られたり，困らせたりするのが怖《こわ》くて，すごく臆病《おくびょう》になることがある」と自分の性格を顧《かえり》みている。また，ミサキさんに対しても，「きっと断られる」と思い，何も言えなかった自分を「臆病」だと思っている。

問８　エリカの視点から，ツバサや玲華やミサキさんの人物像が語られており，それに対するエリカの印象や，サッカーをやりたいという自分の率直な思いが描《えが》かれている。よって，ウが合う。

2024年度

日本大学豊山中学校

【算　数】〈第３回試験〉（50分）〈満点：100点〉

（注意）１．定規，コンパス，分度器，計算機などを使用してはいけません。
　　　　２．答えが分数のときは，約分してもっとも簡単な形で求めなさい。

1 次の問いに答えなさい。

(1) $665 \div \left\{221 \div 17 + (73 - 55) \div 3\right\}$ を計算しなさい。

(2) $0.125 \times \left(\dfrac{5}{6} \times 1.8 - \dfrac{8}{15} \div 0.4\right) \div \dfrac{1}{4} + \dfrac{1}{7}$ を計算しなさい。

(3) $1.75 \times 4.14 + 17.5 \times 0.186 - 3.5 \times 0.5$ を計算しなさい。

(4) $8 \times 7 \times 6 \times 5 \times 4 - 7 \times 6 \times 5 \times 4 \times 3 - 6 \times 5 \times 4 \times 3 \times 2 - 5 \times 4 \times 3 \times 2$
を計算しなさい。

(5) 次の３つの □ の中に，＋，－，×，÷ のいずれかの記号を入れて，計算が成り立つようにしなさい。ただし，同じ記号を何度使ってもかまいません。

$1 \square 2 \square 3 \square 4 = \dfrac{2}{3}$

2 次の問いに答えなさい。

(1) $0.022\,\text{ha} \times 0.2 + 150\,\text{a} - 350\,\text{m}^2 = \square\,\text{m}^2$ の □ にあてはまる数を答えなさい。

(2) 歯数が 25 である歯車Ａと歯数が 18 である歯車Ｂと歯数が 15 である歯車Ｃがあり，歯車Ａと歯車Ｂ，歯車Ｂと歯車Ｃがそれぞれかみ合っています。歯車Ａを 30 回転させると，その間に歯車Ｃは何回転するか答えなさい。

(3) ある商品を 400 個仕入れて，原価の 30％の利益を見《み》込《こ》んで定価をつけたところ仕入れた商品の７割が売れました。残りの商品を定価の半額で売り切ったところ，21000 円の利益が出ました。このとき，原価を答えなさい。

(4)　1 から 200 までの整数で，3 または 4 または 5 で割り切れる数は全部でいくつあるか答えなさい。

(5)　$\frac{1}{\square} + \frac{1}{\triangle} = \frac{1}{3}$ を成り立たせる □ と △ があります。このとき，□ と △ の和を答えなさい。ただし，□ と △ には異なる整数が入るものとします。

3　次の問いに答えなさい。

(1)　下の図は，正五角形 ABCDE を対角線 BE を折り目として三角形 ABE を折り返し，さらに，二等辺三角形 PCD を重ねたものです。このとき，㋐ の角度を答えなさい。

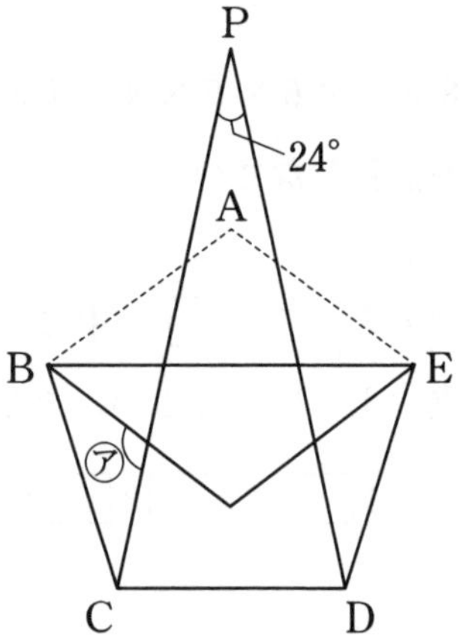

(2)　下の図は，1 辺の長さが 12 cm の正八角形と円の一部を組み合わせたものです。斜線《しゃせん》部分の周の長さは何 cm か答えなさい。ただし，円周率は 3.14 とします。

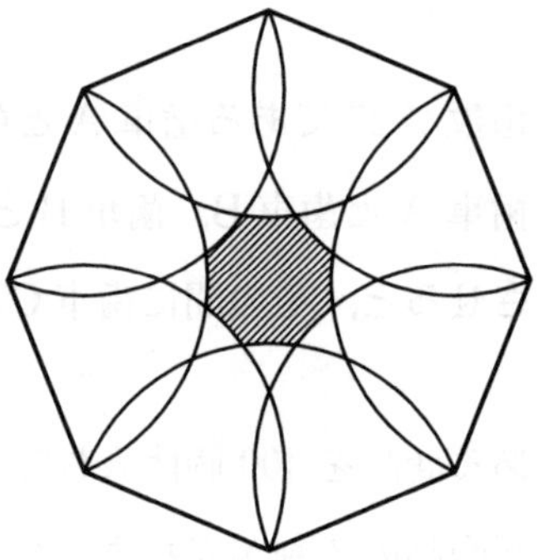

(3) 下の図は，面積が 18 cm^2 の正三角形 6 つを並べて作った平行四辺形 ABCD です。対角線 BD と正三角形 PQR の各辺との交点を E，F とするとき，三角形 PEF の面積は何 cm^2 か答えなさい。

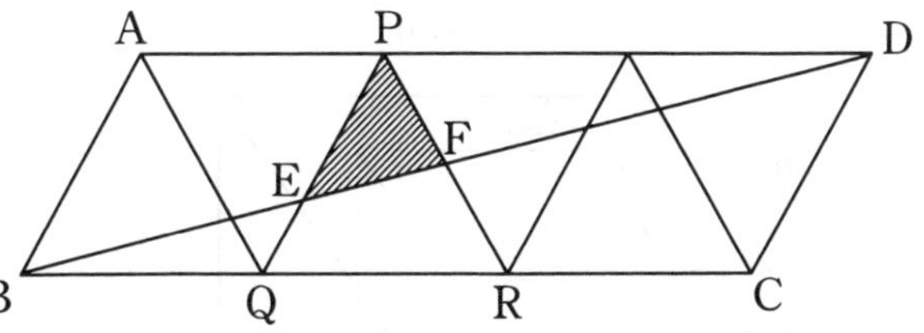

4 下の図のように，たて 10 cm，横 60 cm，高さ 25 cm の水そうがあり，水そうの中に AB：AC ＝ 5：11 である位置 B，C に仕切り板が立てられています。BC 間には排《はい》水口があります。この水そうの AB 間に毎秒 30 cm^3 の水を入れ始めました。BC 間の水面の高さが 7 cm になったとき，排水口のふたを閉めましたが，その何秒後かにふたが外れました。グラフは水を入れ始めてからの時間と水そうの水面の高さを表しています。このとき，次の問いに答えなさい。

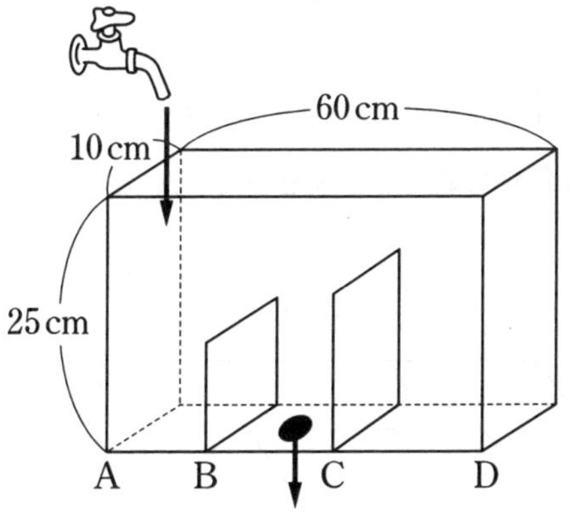

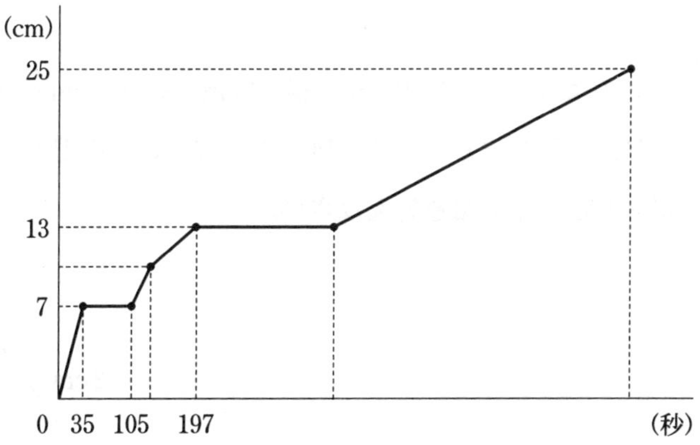

(1) 水そうに入れる水の量と排水口から出る水の量を最も簡単な整数の比で答えなさい。

(2) 排水口のふたを閉めてから何秒後にふたが外れたか答えなさい。

(3) この水そうが満水となるのは水を入れ始めてから何分何秒後か答えなさい。

5 厚さ２cm の板を使って，図１のように，たて10cm，横12cm，高さ８cm の容器を作りました。また，この容器とは別に，図２のような，五角柱があります。このとき，次の問いに答えなさい。

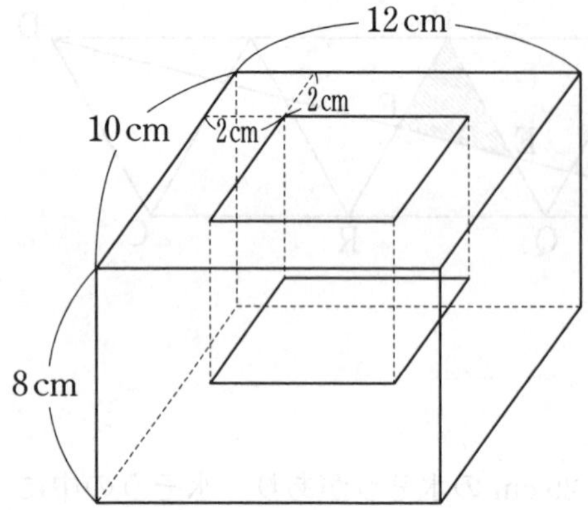

図１

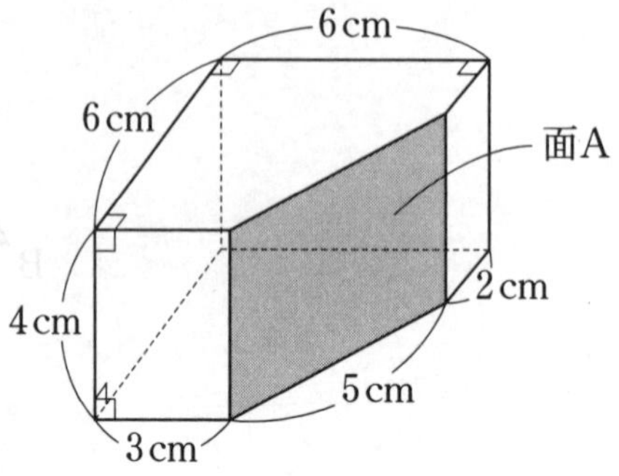

図２

(1) 容器の表面積を答えなさい。

(2) 容器と五角柱を張り合わせて１つの立体を作ります。表面積ができるだけ小さくなるようにするとき，その表面積を答えなさい。

(3) 図３のように，たて12cm，横14cm，高さ７cm の容器を作り直し，その容器いっぱいに水を注ぎました。その後，この容器の底面Ｂに五角柱の面Ａを接着させたとき，あふれ出る水の量を答えなさい。

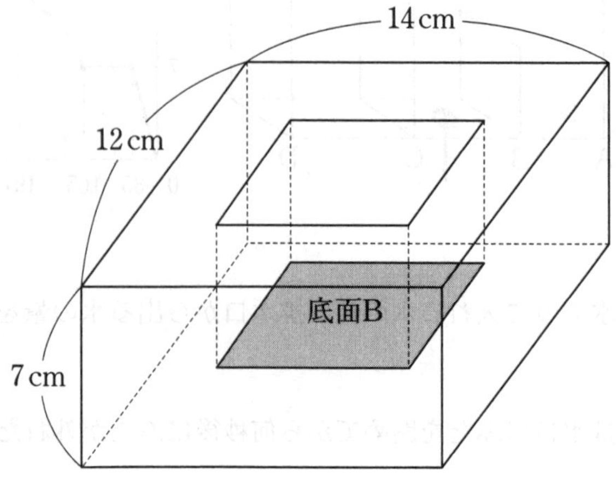

図３

6 次の図のように，ある四角形に１本直線をひくと２つの部分に分けられ，もう１本直線をひくと４つの部分に分けられ，さらにもう１本直線をひくと７つの部分に分けられます。このように今までひいたすべての直線と交わるように直線をひいていきます。ただし，どの３本の直線も同じところで交わらないものとします。このとき，次の問いに答えなさい。

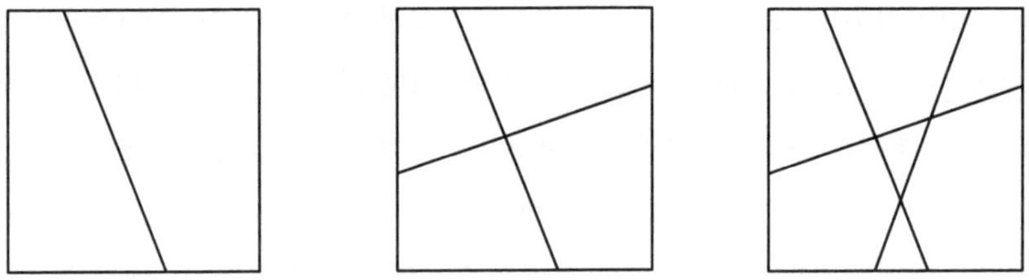

(1) １本の直線をひくことで分けられる部分が10か所増えるのは，初めから数えて何本目の直線をひいたときか答えなさい。

(2) 全部で直線を20本ひいたとき，四角形はいくつの部分に分けられるか答えなさい。

【社　会】〈第３回試験〉（理科と合わせて60分）〈満点：50点〉

（注意）定規，コンパス，分度器，計算機などを使用してはいけません。

1　次の文章を読んで，下の各問いに答えなさい。

日本は島国であるため，古くから日本人の食生活は魚が中心でした。しかし，食の欧米化が進んだことで，日本人の魚の消費量はかなり減ってしまいました。それでも，世界と比べてみると，日本人の魚の消費量は現在でもかなり多くなっています。

第二次世界大戦後，国内経済の発展と併《あわ》せるように，日本の漁獲量《ぎょかくりょう》は増加していきました。しかし，［　①　］漁業は②1970年代に入ると，減少していきました。1973年に［　③　］が起こったため，船の燃料費が上がりました。また，1977年に欧米・ソ連各国が「200カイリ漁業水域」を設定したのを受けて，世界各国で経済水域を設定することが国際的に一般化したことも原因だと考えられます。

一方で，［　④　］漁業の漁獲量が増えてきたことなどから，1984年には全体の漁獲量がピークを迎えました。その後，急速に［　④　］漁業の漁獲量は減り続けています。近年では，外国から魚を輸入したり，魚を増やす工夫が求められています。魚を増やす漁業には，［　⑤　］漁業と⑥養殖《ようしょく》業があげられます。近年，⑦海水温の上昇や日本近海で潮の流れが変化するなど，日本の漁業も転機を迎えています。

問１　空欄［　①　］にあてはまる語句として正しいものを次の中から一つ選び，記号で答えなさい。

（ア）　遠洋　　（イ）　沖合　　（ウ）　沿岸　　（エ）　内水面

問２　下線部②に関連して，1970年代以降，国内では特に自動車工業が日本経済を引っ張ってきました。自動車工業に関連する以下の問いに答えなさい。

（１）　日本で最大の自動車工業都市を答えなさい。

（２）　近年，急速に電気自動車などエコカーの普及が見られます。エコカーの中でガソリンと電気を使い分けて走る車を何といいますか。

問３　空欄［　③　］にあてはまる出来事を答えなさい。

問４　空欄［　④　］にあてはまる語句として正しいものを次の中から一つ選び，記号で答えなさい。

（ア）　遠洋　　（イ）　沖合　　（ウ）　沿岸　　（エ）　内水面

問５　空欄［　⑤　］にあてはまる語句を答えなさい。［　⑤　］漁業は稚魚《ちぎょ》を海に放流し，成長したものをとります。

問６　下線部⑥に関連して，世界でも水産物の養殖業の生産量は上昇しています。その割合として最も近いものを次の中から一つ選び，記号で答えなさい。

（ア）　約15％　（イ）　約30％　（ウ）　約45％　（エ）　約60％　（オ）　約75％

問７　下線部⑦に関して，エルニーニョ現象が発生すると，日本では長雨になったり日照不足が起こります。このエルニーニョ現象は，カタクチイワシを中心とする水産物が多く捕れるペルー太平洋岸の海水温が高くなり，世界中に異常気象をもたらすものとして知られています。ペルーの位置を次の地図の（ア）～（オ）の中から一つ選び，記号で答えなさい。

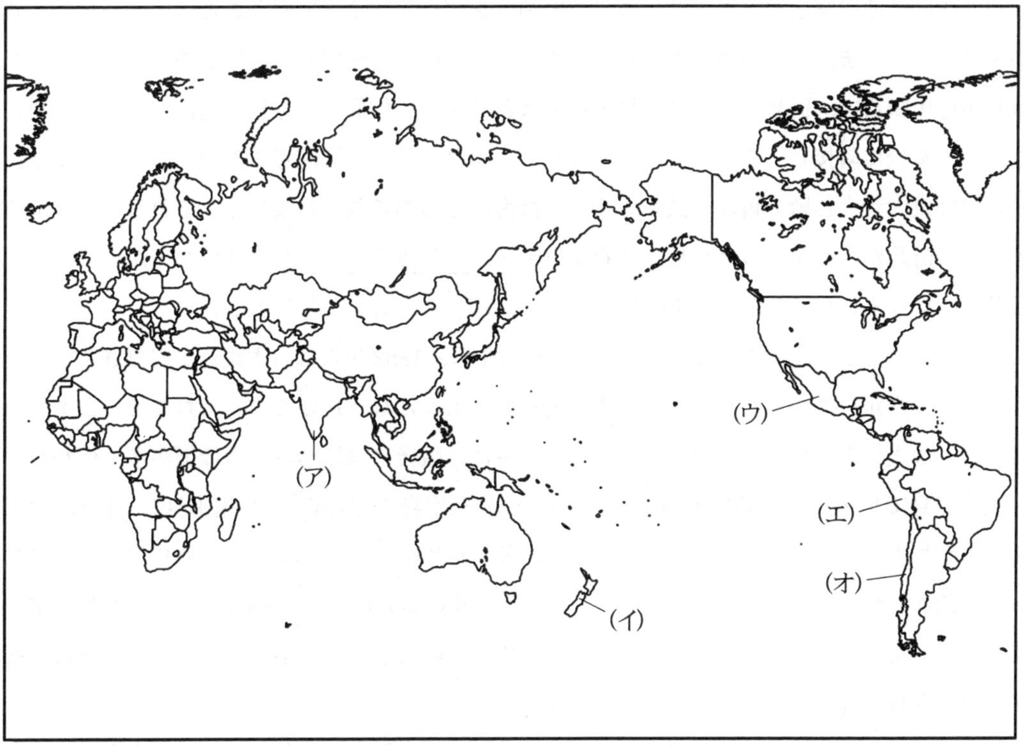

2　次の文章を読んで，下の各問いに答えなさい。

日本では古くから数々の貨幣《かへい》が使われてきました。日本で最古とされる貨幣は［　①　］天皇のころにつくられた富本銭です。708年には武蔵国秩父で銅が発見されたことをきっかけに［　②　］がつくられました。その後の250年間に皇朝十二銭と呼ばれる貨幣がつくられましたが，③それ以降，約600年間日本で貨幣がつくられることはなく，中国から輸入した貨幣が使われていました。

16世紀の中ごろになると金銀の採掘《さいくつ》がさかんになり，金山や銀山を手に入れた戦国大名は金貨や銀貨をつくりました。中でも有名なのは［　④　］がつくった甲州金です。さらに，全国統一を成しとげた⑤豊臣秀吉も天正大判と呼ばれる貨幣をつくりました。

江戸時代には徳川家康が日本ではじめて貨幣制度を統一し，全国で使うことのできる金貨や銀貨をつくりました。また，徳川家光は銭座を設置し，寛永通宝と呼ばれる銭貨をつくり始めました。５代将軍徳川綱吉は，儒教《じゅきょう》のほかに仏教・神道などをあつく信仰し，寺社の造営もさかんにおこないました。本校に隣接《りんせつ》し，真言宗豊山派の大本山ともなっている護国寺もその一つです。また，この時代には東大寺大仏殿の再建や法隆寺諸堂の修復などもおこなわれました。それらによって支出が増加して財政が苦しくなったため，⑥幕府は貨幣をつくり改めましたが，物価が上がって人々の生活は苦しくなりました。その後も江戸時代には度々《たびたび》貨幣がつくり改められました。

明治時代に入ると，現在の通貨である「円」が誕生し，1882年には日本銀行が設立されました。そうして，日本銀行券が私たちの生活の中で使われるようになったのです。これまでに日本銀行券には，様々な人物の肖像画《しょうぞうが》が使われてきました。特に，戦後には政治家の肖像画が多く使われており，土佐出身で自由民権運動を主導した［⑦-A］や公家出身の［⑦-B］，長州出身の［⑦-C］などが紙面に描《えが》かれました。その後は文化人の肖像画が多く使われるようになり，2000年に九州・沖縄サミットが開催《かいさい》されたことを記念して発行された２千円札の紫式部など，2000年代には女性も描かれるようになります。そのような歴代の日本銀行券で肖像画として最も多くつかわれた人物は，聖徳太子とも称される⑧厩戸皇子でした。

そして，今年は2004年以来20年ぶりにデザインが刷新された新紙幣《しへい》の発行が予定されており，財務省と日本銀行は７月前半を目途《めど》に発行を開始することを発表しています。今回，新１万円札には「日本の資本主義の父」などと呼ばれる⑨渋沢栄一が，新５千円札には女子英学塾を設立し，日本の女子教育に尽力《じんりょく》した［　⑩　］が，新千円札には「近代日本医学の父」とも呼ばれる⑪北里柴三郎の肖像画が起用される予定となっています。

問１　空欄［　①　］にあてはまる天皇の名前を答えなさい。

問２　空欄［　②　］にあてはまる語句を答えなさい。

問３　下線部③に関連して，次の文はこの期間の出来事を表しています。その内容が**間違っているもの**を次の中から一つ選び，記号で答えなさい。

（ア）　二度にわたる元寇（蒙古襲来）において，元軍の集団戦法や火薬をつかった兵器に苦戦した日本は，弘安の役の後に博多湾沿岸に石塁を築いた。

（イ）　団結を強めた農民たちが一揆をおこすようになると，近江国の馬借や農民たちが，徳政令を求める正長の土一揆（徳政一揆）をおこした。

（ウ）　後醍醐天皇の建武の新政は，それまでの武家社会のならわしを無視したため武士の不満が次第に高まり，足利尊氏が兵をあげたことで，わずか２年あまりでくずれた。

（エ）　摂政や関白として政治の実権を握った藤原氏は，道長とその子の頼通のころに最盛期をむかえ，朝廷の重要な役職は藤原氏一族によって独占された。

問４　空欄［　④　］にあてはまる人物として正しいものを次の中から一人選び，記号で答えなさい。

（ア）　上杉謙信　　（イ）　織田信長　　（ウ）　武田信玄　　（エ）　今川義元

問５　下線部⑤の人物に関する記述として**間違っているもの**を次の中から一つ選び，記号で答えなさい。

（ア）　金山や銀山を開発して支配下におき，京都・大坂・堺・博多などの都市も直接支配した。

（イ）　仏教勢力が全国統一のさまたげになると考え，延暦寺を焼き討ちし，石山本願寺を攻めた。

（ウ）　太閤検地や刀狩におこなったことで，武士と百姓《ひゃくしょう》の身分がはっきり区別された。これを兵農分離という。

（エ）　朝廷の権威《けんい》をかりて全国を支配しようとして，1585年に関白となり，翌年には太政大臣になった。

問６　下線部⑥について，この時幕府はどのような貨幣を発行することで収入を増やそうとしたのでしょうか。その貨幣の特徴《とくちょう》を簡潔に説明しなさい。

問７　空欄［⑦-A］～［⑦-C］にあてはまる人物名の組み合わせとして正しいものを次の中から一つ選び，記号で答えなさい。

（ア）　A － 板垣退助　　B － 岩倉具視　　C － 伊藤博文

（イ）　A － 大隈重信　　B － 高橋是清　　C － 木戸孝允

（ウ）　A － 板垣退助　　B － 高橋是清　　C － 木戸孝允

（エ）　A － 大隈重信　　B － 岩倉具視　　C － 伊藤博文

問８　下線部⑧の人物に関する記述として正しいものを次の中から一つ選び，記号で答えなさい。

（ア）　厩戸皇子は蘇我蝦夷・入鹿と協力して推古天皇の政治を助け，天皇を中心とした政治のしくみを整えようとした。

（イ）　厩戸皇子らは冠位十二階を定めて，豪族たちに対して役人としての心がまえを示した。

（ウ）　中国と国交を開き，そのすぐれた制度や文化を取り入れようとして，小野妹子らを遣唐使としてつかわした。

（エ）　飛鳥文化が栄えたころ，厩戸皇子が建てた代表的な寺院には，世界最古の木造建築として知られる法隆寺がある。

問９　下線部⑨の人物は，フランスの技術を導入して1872年に群馬県に建設された官営工場の設立にも尽力したことで知られています。その官営工場の名称《めいしょう》を漢字で答えなさい。

問10　空欄［　⑩　］にあてはまる人物名を答えなさい。

問11　下線部⑪の人物が残した功績として正しいものを次の中から一つ選び，記号で答えなさい。

（ア）　赤痢菌の発見　　　　（イ）　黄熱病の研究

（ウ）　アドレナリンの抽出《ちゅうしゅつ》　　　　（エ）　ペスト菌の発見

3

次の文章を読んで，下の各問いに答えなさい。

2023年１月，岸田首相は年頭会見で「異次元の少子化対策」をかかげ，少子化対策は待ったなしの課題であり，子ども政策を取りまとめたうえで，将来的な子ども予算倍増にむけた大枠《おおわく》を提示していく考えを示しました。2022年の日本の合計特殊出生率は，統計を取り始めて以降，過去最低だった2005年と同じ［　①　］を記録し，小数点以下の詳細な数値では2005年を下回っていたとのことです。少子化は，経済の成長力の低下をもたらすとともに，②社会保障制度の安定性を揺《ゆ》るがすものです。特に，2030年代に入ると，日本の若い世代の人口はさらに急激に減少するといわれており，それまでにいかに少子化傾向《けいこう》を改善できるかが重要になってきます。

政府は，子ども・子育て政策の基本理念として，若い世代の③所得を増やす，社会全体の意識・構造を変える，すべての子育て世帯を切れ目なく支援《しえん》するという３つをかかげ，今後３年間で取り組む「こども・子育て支援加速化プラン」を示しています。このプランは，④経済的支援の強化と若い世代の所得向上，子育て世帯への支援拡充《かくじゅう》，共働き・共育ての推進，⑤社会全体の意識改革という４つの柱で構成されています。

一方で，このプランの実施《じっし》には，あらたに数兆円規模の⑥財源が必要になるといわれています。政府は，社会保障の⑦歳出改革や，社会保険料の増額なども検討しているようですが，財源の確保は簡単ではありません。少子化対策を社会全体で支えるためには，中・長期的な視点に立って様々な財源を組み合わせ，社会全体で負担していく必要があります。

問１　空欄[　①　]にあてはまる数字として最も適当なものを次の中から一つ選び，記号で答えなさい。

（ア）　1.04　　（イ）　1.26　　（ウ）　2.07　　（エ）　4.54

問２　下線部②に関する記述として**間違っているもの**を次の中から一つ選び，記号で答えなさい。

（ア）　生活困窮者《こんきゅうしゃ》に対する生活保護は，公的扶助《ふじょ》の制度といえる。

（イ）　公衆衛生には，上下水道の整備や公害対策などがふくまれる。

（ウ）　医療《いりょう》保険や年金保険などの社会保険の財源は，すべて税金でまかなわれている。

（エ）　社会福祉《ふくし》は，児童・高齢者《こうれいしゃ》・障害者などに対して，施設《しせつ》やサービスを提供するものである。

問３　下線部③に関連して，所得税などに適用されている，税金の負担を公平にするため，所得や財産が大きいほど税率が高くなる課税方法を何というか。

問４　下線部④に関連して，日本の児童手当に関する説明として正しいものを次の中から一つ選び，記号で答えなさい。

（ア）　児童を育てる保護者に対して，児童が一定の年齢に達するまで給付金を支給するものである。

（イ）　児童が病気になったり，けがをした場合に医療費を支給するものである。

（ウ）　児童の健康の維持《いじ》・増進を図るために，予防接種や健康診断《しんだん》にかかわる費用を支給するものである。

（エ）　児童を育てる保護者が幼稚園《ようちえん》や保育所を利用する場合に，費用を補助するものである。

問５　下線部⑤に関連して，仕事と，家庭や地域での生活をバランスよく調和させようという考えが増えてきています。このような「仕事と生活の調和」を意味する次の語句の空欄[　　]にあてはまる言葉をカタカナで答えなさい。

「ワーク・[　　]・バランス」

問６　下線部⑥に関連して，日本の租税《そぜい》制度に関する次のＡ・Ｂの記述について，その正誤の組み合わせとして正しいものを下の選択肢《せんたくし》から一つ選び，記号で答えなさい。

Ａ　消費税は，税金を負担する人と税金を納付する人が同じである。

Ｂ　所得税と法人税はともに直接税に分類されるが，前者は国税で，後者は地方税である。

(ア)　Ａ－正　Ｂ－正　　(イ)　Ａ－正　Ｂ－誤

(ウ)　Ａ－誤　Ｂ－正　　(エ)　Ａ－誤　Ｂ－誤

問７　下線部⑦に関連して，次のグラフは，各年度の予算の歳出総額とその支出の割合（%）を示したものです。図中の（ア）～（エ）は，公共事業関係費，社会保障関係費，地方財政関係費，防衛関係費のいずれかを示しています。そのうち，社会保障関係費にあたるものを一つ選び，記号で答えなさい。

一般会計予算歳出項目別割合

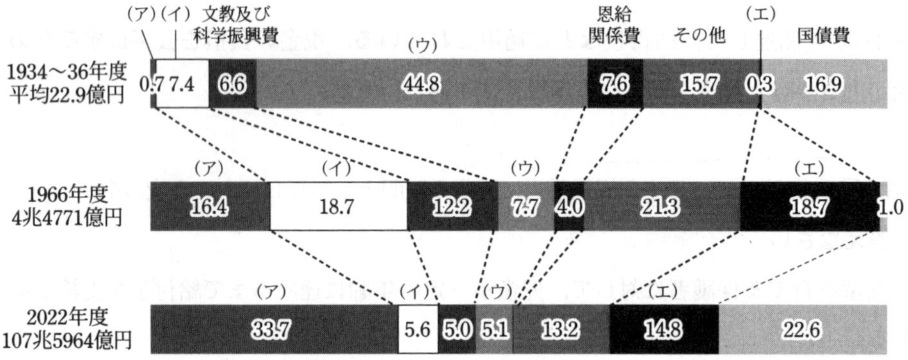

（財務省資料より作成）

【理　科】〈第３回試験〉（社会と合わせて60分）〈満点：50点〉

（注意）定規，コンパス，分度器，計算機などを使用してはいけません。

1　次の２人の会話文を読んで，あとの各問いに答えなさい。

たかし君とまなぶ君は，太さや長さが同じエナメル線を使いコイルをつくり，**図１**のＡ～Ｄのように電池をつないで電流を流し，電流のはたらきを確かめました。**図１**中のＥ～Ｈは，磁界のようすを調べるための方位磁針です。ただし，エナメル線には電気抵抗《ていこう》（電流の流れにくさ）がありますが，他の金属類の電気抵抗《ていこう》はないものとします。

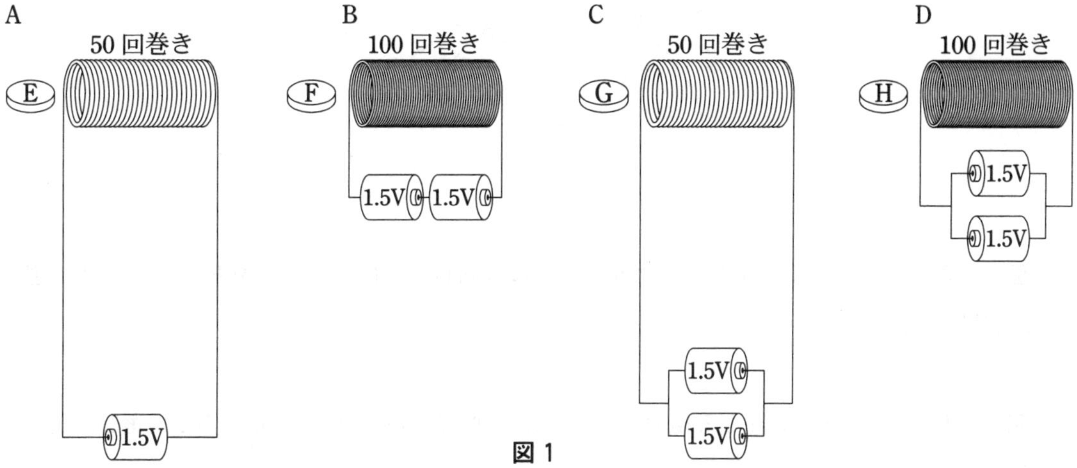

図１

たかし君：電流が流れているエナメル線のまわりに方位磁針を置くとどうなると思う？

まなぶ君：電流が流れているエナメル線のまわりに磁界がうまれるから，①方位磁針が決まった向きにふれるね。

たかし君：そうだね。磁界の強さは，流れる電流の大きさにおよそ比例していて，エナメル線を巻いてコイルをつくると，コイルの巻き数にもおよそ比例しているんだ。コイルの中に鉄しんを入れて電流を流すと，磁界が強くなり，コイルのまわりには棒磁石と同じような磁界ができるよ。このような装置を，電磁石というんだ。

まなぶ君：電流には，磁石と同じような性質をもたせるはたらきがあるんだね。

たかし君：その通りだよ。電磁石が利用されているものには，家電製品などに付いているモーターが有名だよ。モーターは，電気のエネルギーを回転やしん動する力に変えることができる装置なんだ。

まなぶ君：電磁石を使うと，どんな良いことがあるのかな？

たかし君：電磁石は，同じサイズの磁石よりも強力な磁力をつくることができるんだ。他にも，電流の向きやコイルを巻く向きを反対にすることで，磁界の向きを反対にできるし，電気を流さなければ磁力をはたらかせないこともできるよ。だから電磁石は，②いろいろなものに利用されているよ。

まなぶ君：電磁石は，日常生活に必要不可欠なものなんだね！

問1　会話文の下線部①について，**図2**のように磁石のまわりにできる，磁力をうけた方位磁針のN極がさす向きにそってかいた曲線を何といいますか。**漢字3文字で**答えなさい。

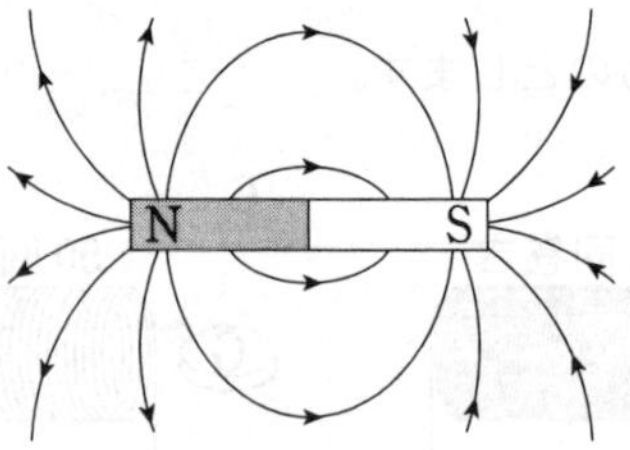

図2

問2　**図1**において，コイルに生じる磁力が，Aとほぼ同じ強さになるものをB～Dから1つ選び，記号で答えなさい。

問3　**図1**において，コイルに生じる磁力が，もっとも強くなるものをA～Dから1つ選び，記号で答えなさい。

問4　方位磁針を上から見たとき，N極が示す向きが**図3**のようになるものを，**図1**のE～Hから**すべて**選び，記号で答えなさい。

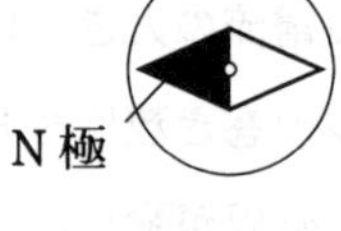

図3

問5　会話文の下線部②について，日常生活において電磁石が**利用されていないもの**を次の（ア）～（エ）から1つ選び，記号で答えなさい。

（ア）　LEDライト　　（イ）　ドライヤー　　（ウ）　せん風機　　（エ）　洗たく機

問６　次の実験Ⅰ～実験Ⅲの文を読んで，[X] にあてはまる数値を**整数で**答えなさい。ただし，このばねの長さとおもりの重さの関係は**図４**に示します。また，コイルに使用するエナメル線の長さは100回巻きでも200回巻きでも同じであるとします。

実験Ⅰ：天井からつるした20 cmのばねに10 gの鉄のおもりをつるし，**図５**のように鉄のおもりに100回巻きのコイルを使った電磁石をつけ，手で支えておきます。

実験Ⅱ：この電磁石を下に向かって引っ張っていくと，ばねの長さが24 cmになったところで鉄のおもりと電磁石がはなれました。

実験Ⅲ：この電磁石のコイルを200回巻きのものに変えて下に向かって引っ張っていくと，ばねの長さが [X] cmになったところで鉄のおもりと電磁石がはなれました。

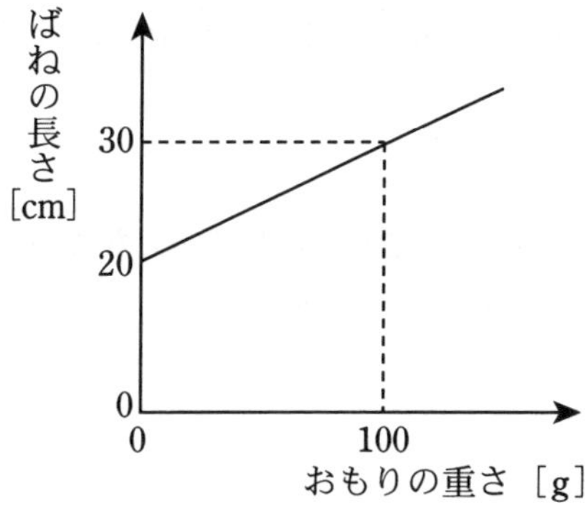

図４

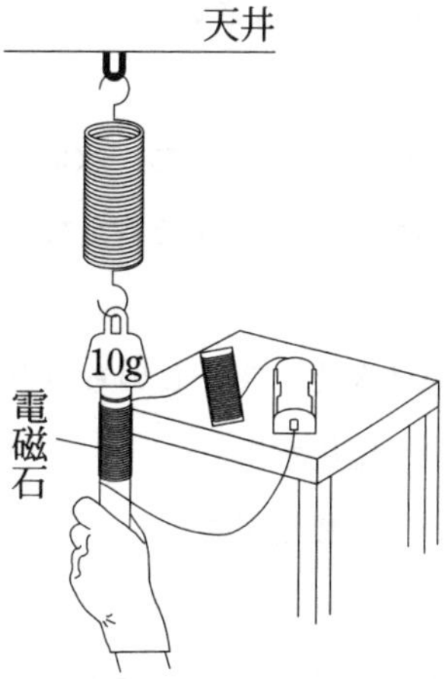

図５

2　気体Ａ～Ｄと気体Ｘ，Ｙに関する次の文を読み，あとの各問いに答えなさい。

○気体Ａは，他の物質と反応しにくく，おかしなどのふくろにつめられている。空気の成分の約 78 ％をしめ，水上置換法《ちかんほう》で集めることができる。

○気体Ｂは，塩化アンモニウムと水酸化カルシウムを混ぜて加熱すると発生する。

○気体Ｃは，二酸化マンガンにうすい過酸化水素水を加えると発生する。

○気体Ｄは，気体の中でもっとも軽く，マッチの火を近づけるとポンと音を立てて燃える。

○気体Ｘは，殺きん作用があり，空気よりも重く，黄緑色をしている。

○気体Ｙは，光合成に使われる気体であり，ヒトのはく息にふくまれる。

問１　**気体Ｂ～Ｄ**のうち，気体Ａのように集めるときに水上置換法《ちかんほう》を用いるものを**すべて**選び，**Ｂ～Ｄ**で答えなさい。

問２　気体Ａ～Ｄおよび気体Ｘ，Ｙの中で，においのしないものを**すべて**選び，**Ａ～Ｄおよび Ｘ，Ｙ**で答えなさい。

問３　気体Ａ～Ｄのうち，水にとけやすく，とかしたときにアルカリ性を示すものはどれですか。１つ選び，**Ａ～Ｄ**で答えなさい。

問４　気体Ｘとして正しいものを，次の（ア）～（オ）から１つ選び，記号で答えなさい。

（ア）　塩化水素　　（イ）　塩素　　（ウ）　ヘリウム

（エ）　一酸化炭素　　（オ）　二酸化硫黄《いおう》

問５　すりつぶしたチョーク３ｇを三角フラスコに入れ，じゅうぶんな量のうすい塩酸を加えると，気体Ｙが 660 cm^3発生しました。チョークの主成分は「炭酸カルシウム」ですが，炭酸カルシウム 100 ％の物質３ｇをこさが同じじゅうぶんな量のうすい塩酸と反応させると，750 cm^3の気体Ｙが発生しました。このとき用いたチョークには，炭酸カルシウムは何％ふくまれているか，**整数で**答えなさい。

問６　近年，環境《かんきょう》に優しい次世代エネルギーとして気体Ｄが注目されています。その例として知られている燃料電池自動車（FCV）は，走行時に大気汚染物質《たいきおせんぶっしつ》をふくむガスが排出《はいしゅつ》されないことが大きな利点です。この燃料電池自動車を走行させたときに発生する主な物質は何ですか。

3 次の説明文を読み，あとの各問いに答えなさい。

体内に細きんなどの異物が入ることを防いだり，侵入《しんにゅう》した異物を排除《はいじょ》したりするしくみを①生体防御《ぼうぎょ》といいます。生体防御の中でも，血液中の [X] という成分がはたらいて，異物を排除するはたらきを特に免疫《めんえき》といいます。

免疫は大きく分けて2つあり，1つは，「自然免疫」というものです。これは，これまでにその異物に接触《せっしょく》した経験があるかどうかに関わらず，体内に侵入《しんにゅう》した異物を排除します。このしくみで，[X] の一部は変形して異物を取りこみ，分解するはたらきをします。

もう1つの免疫は「獲得《かくとく》免疫」です。これは，一度侵入したことのある異物に対して，それを「記憶《きおく》」する [X] ができ，素早く強力にはたらくことができるという特徴《とくちょう》があります。「おたふくかぜに一度かかると二度目にかかることはない」と言われるのはこのためです。獲得免疫の1つでは，②病原体を排除する成分である「抗体《こうたい》」がつくられます。このとき病原体を「抗原《こうげん》」といいます。なお，実際にはおたふくかぜに二度かかる人がいるように，異物の侵入を記憶する [X] は一生のあいだ体内に残るわけではなく，一定期間をすぎるとなくなる場合があります。

インフルエンザやコロナウイルスなどの病気の発しょうや重しょう化を防ぐために，[Y] を注射するのも，この獲得免疫があるためです。[Y] には弱毒化・無毒化した病原体，または病原体の成分がふくまれており，これを事前に注射することで，体内にその病原体を記憶する [X] がつくられます。このようにして病気の感染や重しょう化を防ぐ方法を予防接種といいます。予防接種を受けると，実際にその病原体が侵入してきても，その病原体の情報を記憶した [X] が素早く強力にはたらくため，病気を発しょうしないか，発しょうしても重しょう化しないのです。

問1 文中の [X] にあてはまる血液の成分を**漢字で**答えなさい。

問2 下線部①について，けがをして出血したときに，やがて血液が固まる現象も生体防御のしくみの一つです。どのような点で生体防御のしくみと言えると考えられますか。説明文を参考に，次の（ア）～（エ）からもっとも適しているものを1つ選び，記号で答えなさい。

（ア） 血液が固まることで，体内の血液が余分に失われることを防ぐことができる。

（イ） 血液が固まることで，皮ふの表面についた病原体を取りのぞくことができる。

（ウ） 血液が固まることで傷口がふさがるので，新たな病原体の侵入を防ぐことができる。

（エ） 血液が固まることで [X] が活発に動けるようになり，免疫が活発になる。

問３　次の（ア）～（エ）のうち，生体防御に関わることとして**適していないもの**はどれですか。説明文を参考に１つ選び，記号で答えなさい。

（ア）　胃液が酸性である。

（イ）　風でちりが目に入るとなみだが出る。

（ウ）　鼻に小さなほこりが入り，くしゃみが出る。

（エ）　運動したあとにあせをかく。

問４　下線部②に「抗体」「抗原」とありますが，新型コロナウイルス感染症《かんせんしょう》に感染したかどうかを調べるときには「抗体検査」や「抗原検査」を行います。これは抗体または抗原の有無を調べる検査です。最近では，抗体検査はあまり行われず，抗原検査がPCR検査同様に多く利用されています。それはなぜだと考えられますか。次の（ア）～（エ）からもっとも適しているものを１つ選び，記号で答えなさい。

（ア）　抗原よりも抗体の方が数が少ないため，有無を調べやすいから。

（イ）　抗体よりも抗原の方が大きいため，有無を調べやすいから。

（ウ）　抗原の有無は病原体の有無を意味しているから。

（エ）　抗体の有無はいつ感染したかがわかるだけだから。

問５　文中の　Y　にあてはまる言葉を**カタカナで**答えなさい。

問６　次の（ア）～（エ）のうち，免疫に関する記述として正しいものはどれですか。説明文を参考に１つ選び，記号で答えなさい。

（ア）　一度も感染したことがない病気にかかると，免疫ははたらかない。

（イ）　予防接種をすることで，すべての病気にかかりにくくなる。

（ウ）　獲得免疫は，過去に侵入した異物に関する「記憶」をもつ　X　ができる。

（エ）　はしかの予防接種をすると，一生はしかに感染することはない。

4 次の文を読んで，あとの各問いに答えなさい。

次に示す写真Ａ～Ｃは，2023 年 8 月 15 日，8 月 16 日，8 月 17 日の 15 時における日本付近の雲の様子を表したいずれかのものです。

A

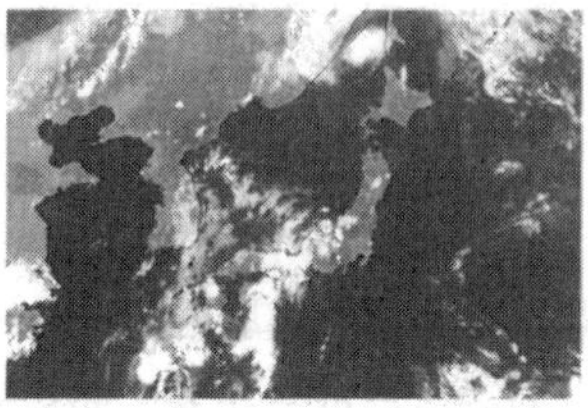

B

C

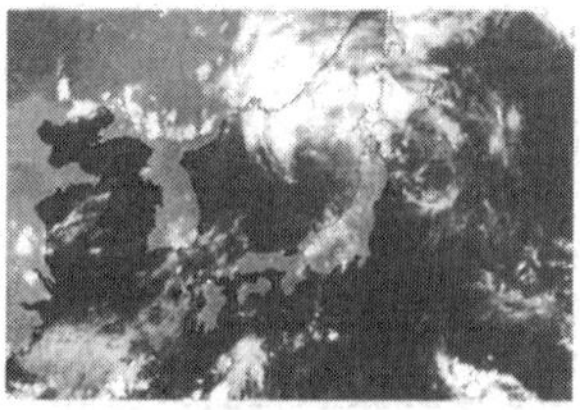

問 1 2023 年 8 月 15 日に，台風 7 号が近畿《きんき》地方を縦断し，各種交通機関に大きな影響《えいきょう》をあたえたり，土砂災害や浸水《しんすい》が起きたりするなど，甚大《じんだい》な被害《ひがい》をおよぼしました。Ａ～Ｃの写真のうち，8 月 15 日のものはどれですか。1 つ選び，記号で答えなさい。

問 2 台風は低気圧が発達したものですが，その地上付近での風向きはどのようなものですか。次の（ア）～（エ）のうち，正しいものを 1 つ選び，記号で答えなさい。

（ア）

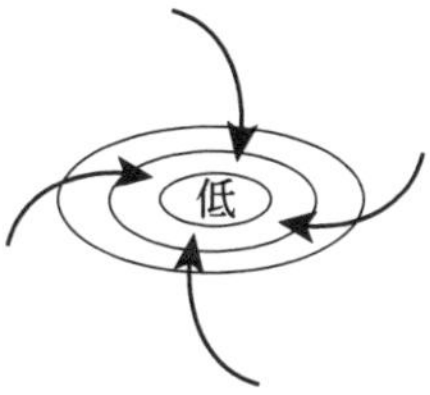

（イ）

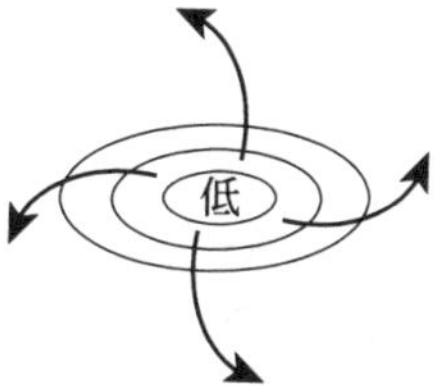

（ウ）

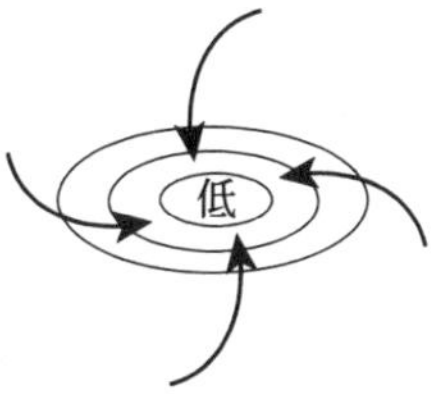

（エ）

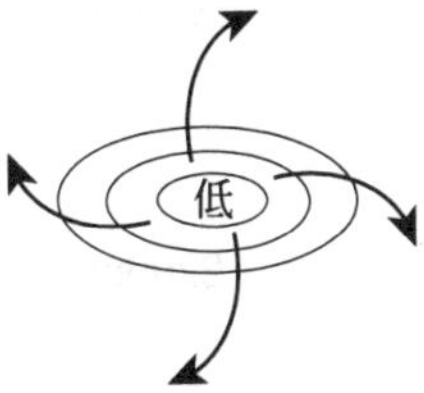

問 3 日本付近には，4 つの気団がありますが，夏ごろに発達し，台風の進路に影響をおよぼす気団としてもっとも適しているものを次の（ア）～（エ）から 1 つ選び，記号で答えなさい。

（ア） オホーツク海気団

（イ） シベリア気団

（ウ） 揚子江《ようすこう》気団

（エ） 小笠原《おがさわら》気団

問4　次の（ア）～（エ）の文のうち，雲に関する説明として正しいものを**2つ**選び，記号で答えなさい。

（ア）　雲は，空気にふくまれていた水蒸気が上空で細かい水てきになったものである。

（イ）　低気圧付近より，高気圧付近のほうが雲ができやすい。

（ウ）　上昇《じょうしょう》した空気のかたまりは上空で大きくふくらみ雲になる。

（エ）　雲は海水がふくまれた空気のかたまりからできることが多く，塩分を多くふくむ雲ほど色が白くなる。

問5　夏のある日に，25℃の空気を体積の変わらない容器に密閉し，温度を下げる実験を行ったところ，15℃になった時点で水てきが生じました。25℃のこの空気の湿度《しつど》は何％ですか。四捨五入し，**整数で**答えなさい。ただし，15℃と25℃の空気はそれぞれ1 m^3 あたり12.8 g，23.0 gの水蒸気をふくむことができるものとします。

問6　次の**図1**は，ある山の模式図を示しています。標高0 mのA地点で25℃の空気が斜面《しゃめん》にそってふき上がると，標高600 mのB地点で雲ができ始め，2200 mの山頂までできていました。その後，空気のかたまりは山頂をこえ，標高0 mのC地点まで降りてきましたが，この間は雲はできませんでした。このとき，C地点の気温は何℃になりますか。ただし，気温は標高が100 m上がるにつれ，雲がないときには1℃下がり，雲があるときには0.5℃下がることがわかっています。

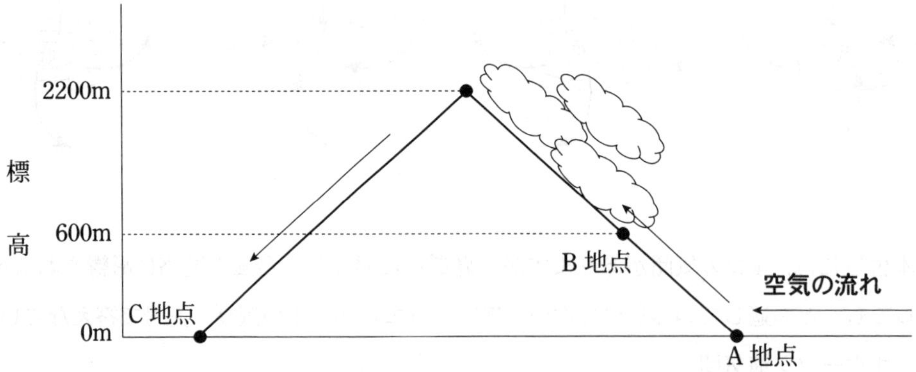

図1

問7　近年，夏になると全国各地で猛暑日《もうしょび》が記録されるなど，夏の気温が高くなってきています。中でも，東北地方や北陸地方など，比較的《ひかくてき》緯度《いど》の高い地域でも猛暑日《もうしょび》を記録することが多くなりました。その原因の1つとして，**問6**のような空気の流れによるものが考えられています。このように，しめった空気のかたまりが山をこえて反対側にふき下りたときに気温が上昇《じょうしょう》する現象を何といいますか。

問４　［A］に入る語として、ふさわしいものを本文中から二字で書きぬきなさい。

問５　――線④「バスのなかにいた全員が、一瞬手を振るのをやめて、おれのことをじっと見てる」とありますが、この時の「バスのなかにいた全員」の心情を「日ごろの」という言葉を使って具体的に説明しなさい。

問６　――線⑤「でも……おれ……！」に続くセリフとして、最もふさわしいものを次から選び、記号で答えなさい。

ア「やっぱりこういうことが気に食わない！」
イ「こいつのこと、今は気に入ってるんだ！」
ウ「結局はこいつと同じガキだった！」
エ「もうそんなことは気にならない！」

問７　――線⑥「小さな手が二つ」とありますが、何のことですか。具体的に説明しなさい。

問８　この作品の表現を説明したものとして、最もふさわしいものを次から選び、記号で答えなさい。

ア　主人公の視点を通して多くの人物の様子が説明され、主人公の心情よりも、他の登場人物の心情がはっきりと読み取れるような表現を多く用いている。
イ　英語を母国語としている子供たちの発言も日本語で表現することで、日本語が上達したことだけでなく、日本での生活が充実していたことも表現している。
ウ　主人公視点で物語が展開されているが、直接的に現在の心情を説明する言葉は少なく、行動や言動で間接的に心情を読み取らせるような表現を多用している。
エ　ぎこちない日本語での会話と母国語である英語での会話が混ざることで、見知らぬ日本での生活がいかに厳しく、混乱したものであったかを表現している。

ジョジーナがティッシュを出してくれて、それをとろうとして彼女の指にちょっと触れた。ピンク色のツメが驚いて、しゅっと引っ込んだ。ショーン、雪、ほんとうにきれいだったよ、持って帰れたらいいのに……でも溶けちゃうよね。ハイリーがおれの顔をわざと見ないようにして、となりに座り直した。おれは、「ああ」ってハイリーに返事したつもりだったけど、全部しゃっくりになった。イータンがit's all good《気にすんな》, mate《*マイト》.って小さな声でつぶやきながら、おれの背中をさすってくれた。バスが曲がり角を曲がる。

おれたちの視界の片隅で⑥小さな手が二つ、くるりと金色の木の葉のように揺れて、消えた。

(『ジャパン・トリップ』岩城けい)

＊綾青…綾青小学校。ショーンたちが留学した小学校のこと。
＊スカイプ…音声・ビデオ通話などを行うことのできるソフトウェア。
＊ナン…ショーンの祖母。
＊ペーパー・プレイン…紙飛行機。
＊ハイファイブ…ハイタッチ。
＊カンガルー・ポウ…カンガルーの前足のような形の花を咲かせる多年草。
＊I'll see you then!…じゃあまたね！
＊マイト…仲間。ここでは「わが仲間」というような意味。

問1　——線①「こんなにいたのか」とありますが、なぜこのように感じたのですか。その理由を説明したものとして、最もふさわしいものを次から選び、記号で答えなさい。

ア　はじめは日本人の顔がみな同じように見えていたが、多くの日本人と過ごしたことによって、それぞれの特徴をしっかりと覚えることができたから。

イ　はじめは見知らぬ日本人の集団としてしか意識していなかったが、同じ環境で過ごしたため、今では子供たちをみんな知り合いのように思っているから。

ウ　はじめは日本について何も知らなかったが、しばらく暮らしたことで生活リズムに慣れ、日本人を理解することができたという自覚が芽生えてきたから。

エ　はじめは知らない日本人の集まりとしか感じられなかったが、綾青にいる全員と会話を交わしたことで、今では全員が友人のように感じられるから。

問2　——線②「なるべくゆっくり歩いた」とありますが、なぜですか。その理由を説明しなさい。

問3　——線③「自分が溢れ出してしまいそうだった」とありますが、具体的にはどういうことですか。「してしまいそうだった」に続くように本文中から八字で書きぬきなさい。

だ。炎のように激しく伸び縮みしながら、大きい泣き声をあげたりひっこめたり……、ユウ……、もう泣くなよ……、おまえに泣かれると、おれまで、泣きたくなるんだよ。おまえときたら、いつもメソメソと……メソメソ……

　メソメソ……じゃない……！

「……カズ！」

　おれはバスの中からそう呼んだ。すると、カズはおれにむかって片手を伸ばして、いまにもちぎれてしまいそうなくらい、こちらにむかって必死に手を振った。バスに近づこうとして、車道に入ってきた。

「ショーン！　ショーン！　ショーン！」

　並木のある通りにバスが入る。並木を一本越えるたび、カズの泣き声は朝陽にあぶられて、だんだんと悲鳴に変わっていった。まわりのみんなもおれのまわりに集まって、カズを見た。歩道を歩いている人たちも、みんなカズを見ていた。あれ、あんたのホストブラザー？　って、面食らった顔のキーラに返事もできないで、カズ！　カズ！　カズ！　とおれは叫んだ。ショーンのブラザーだってさ！　ニックがみんなにむかって怒鳴った。シャンテルがマスクを外した。わたし、あの子知ってる、タコヤキ一緒に焼いたんだ！　おれのうしろから、みんながカズを呼ぶ。首に巻いたマフラーのビラビラがおれのほっぺたのベトベトをくすぐった。

「カズ！」

「カズ！」

「カズ！」

　カズが転ぶのが見えた。カズの後ろからきた車が急ブレーキをかけて停まった。見ているだけで、冷や汗がどっと噴き出た。ふたたび、小さな人影が並木のあいだにちらつくのが見えた。ユウ！　おれはバスの一番後ろの席に飛んでいって、今度はユウを呼んだ。みんなもおれのところに走ってきて、後ろの座席に横一列に積み重なって、バスの後ろを見た。

「ユウ！」

「ユウ！」

「ユウ！」

　ユウが道路にうずくまっているカズのところに着いて、カズを抱き起こすのが見えた。おれは自分がぜんぶ溢れ出してしまって、力が抜けて、ハズカシイやつ、ナサケナイやつをとうに通り越して、しゃっくりが出てきた。

「ショーン、大丈夫？」

　ローガンがおれの後ろから声をかけてくるのが聞こえた。ローガンのくせに、人の心配なんかしてる。こいつ、いまだに忘れ物するたびにお母さんが持ってくるし、誕生日にはホームメイドのバースデーケーキを教室に持ってきた、何考えてんだか、もう六年だっつーのに！　こいつ見るたびイライラしてた、なんてガキなんだろうって。⑤でも……おれ……！　しゃっくりが止まらなくなった。

でよかった。正直、助かった。だって、おれも、一歩でも動いたら、また③自分が溢《あふ》れ出してしまいそうだったから。

「カズ」

さっきからカズはおれをじっと見つめたまま、黙っている。体を硬くして、両方の手は握り拳を作っていた。おれに呼ばれて、口元がちょっと震《ふる》えた。そこから小さな白い息があがっている。この三日間、ユウと違って、カズの泣いた顔は見たことがない。おれは片手を上げると、カズとハイファイブ*した。

「アリガトウ、カズ」

ギリギリまでがんばったけど、最後はそれを言うのが精一杯で、おれはその場を駆け出すと、バスに飛び乗った。

バスの中では、女子の泣き声がそこらじゅうでしていた。男子も窓の外を見たまま、黙《だま》り込んでいる。ローガンだけが窓から手を振って、大声でホストファミリーの名前を叫んでいた。こういうハズカシイやつだけには、絶対なりたくない。ローガンの目と鼻はぐしゃぐしゃに濡れている。こういうナサケナイのも、いやだ。ローガンのそばを通り過ぎ、窓際の席に座って、ミヤモト・ファミリーを探す。窓の下を見下ろすと、朝陽《あさひ》の海のなかで、手という手がカンガルー・ポウ*のように幾重《いくえ》にも揺れていた。それぞれの指先からは朝陽のしぶきが飛んで来た。バスが動き出した。サヨウナラ！　マタネ！　みんな立ち上がって、ホストファミリーに手を振り返す。ジョジーナが、マタ、キマス！　I'll see you then!* って窓の外に向かって叫《さけ》ぶのが聞こえた。イータンも、アリガトウ！　って必死に手を振っていた。自分がこぼれはじめた。おれは座席に座り込んだまま、下を向いた。おれは、さっきちゃんと挨拶したんだ、A も言ったんだ……！

「ショーン！」

とつぜん、窓の外からおれを呼ぶオトーチャンの声が聞こえた。窓の外を覗《のぞ》いてみると、さっきと同じ場所で、おれにむかって手を振っている。オトーチャンの大声に、みんなビックリして振り返っている……Ｍｙオトーチャン！

「オトーチャン！」

おれは思わず立ち上がって、窓の外に向かって返事した。着いた日もそうだった。オトーチャンが大声でおれの名前を呼んでくれた。オトーチャンの傍《そば》にはオカーチャンもいた。手を振るたび、立ててあったコートの襟がペラペラ倒れて、寒そうな首元が見えた。

「オカーチャン！」

Ｍｙオカーチャン……！　溢れだした自分を捕《つか》まえておくために、おれは大声で叫ぶしかなかった。④バスのなかにいた全員が、一瞬手を振るのをやめて、おれのことをじっと見てるのがわかったけど、あのローガンまでがぽかんとした顔をしておれを見ているのがわかったけど、もう、だれにどう思われようがかまわなかった。双子のひとりがバスを追いかけてくるのが見えた。バスに追いついて、おれの席の真横まできた。泣き虫の片割れはいつになく大泣きリー、ニック、イータン。みんな小走りに、まっすぐに散って行った。おれだけ、動けない。これが終わったら、シンカンセンに乗ってエイガムラで遊んで、また飛行機に乗って、家に帰れるんだ。ジャケットのポケットに両手を突っ込んだまま、ゆっくりミヤモト・ファミリーに近づいていった。お礼を言わなくっちゃならない。*ナンにいつも言われている。つまらないことはべらべら喋らないでいいから、お礼はちゃんと言うこと。ポケットの中のＨｏｋａ・Ｈｏｋａは、今朝、新しいのをもらったところで、まだまだあったかい。日本の冬ってこんなに寒いのに、あの家はずっとあったかかったな。昨日の夜だってそうだ。

*ペーパー・プレインを飛ばしたあと、リビングにフトンをセットしてもらって、家族全員で一緒に寝た。小さな部屋で五人もぎゅう詰めになって寝たせいか、ヒーターなしでも、ものすごくあったかかった。フトンのなかで、オトーチャンもオカーチャンもカズもユウも、それからおれも、クスクス笑いが止まらなくって、一体いつ眠ったのか覚えていない。②なるべくゆっくり歩いたつもりが、もう目の前にミヤモト・ファミリーがいた。

ユウ。この三日間だけでも、こいつの泣いた顔、いったい何回見たか、もうわかんね。でも、おっちょこちょいのカズのめんどうを見られるのは、こいつしかいない。ユウ、ジャ、マタ、っておれが声をかけると、イエス、オーケー、ショーン、って、片手で涙をぬぐったあと、ちゃんとこたえが返ってきた。

「ショーン、カム・バック、ジャパン」オトーチャンが手を差し出した。

「アリガトウ、ゴザイマス」

おれも自分の手を差し出した。年上の人には丁寧な言葉を使うようにヤマナカ・センセイに言われてたし、何回も練習させられてたのに、できなかった。この三日間、アリガトウって言うだけで精一杯だった。でも、このときは、ちゃんとゴザイマスをつけた。

オトーチャンの手をしっかり握ると、オトーチャンはそのままおれをがっちりと胸に抱き寄せて、もう片方の手でおれの肩をポン、と叩《たた》いてくれた。でっかくて、あったかい手だった。

「ショーン、ＯＫ？」

オカーチャンが、昨日と同じように自分の赤いマフラーを首からはずして、おれの首にかけてくれる。I'm fine, this is yours.《おれ大丈夫、これオカーチャンの》って言って返そうとすると、オカーチャン、ＯＫってオカーチャンはコートの襟《えり》を立てた。

「アリガトウ、ゴザイマス」

おれがそう言うなり、オカーチャンが昨日と同じようにポロポロ涙をこぼしたので、あ、おれ、また余計なことした、ってどうしたらいいのかわかんなくなった。ショーン、ＯＫ。ＯＫ、ショーン。オカーチャンは繰り返している。おれはオカーチャンの前で立ち尽くした。オカーチャンにキスとかハグをしたいなあって思ったけど、どうやら、キスもハグも日本の人はしないらしい。でも、それ問8　本文の内容の説明として、ふさわしいものを次から選び、記号で答えなさい。

ア　他者の気持ちを察することのできる共感能力を身につけた人間は、地球上の他のどんな生物とも協力して暮らすことができるやさしい生物である。

イ　現代の人間は高度な社会を保つためにたくさんの役割をつくり、一方的ではない関係性を重視するので、個性を主張しない生き方が求められている。

ウ　人間がほかの生物よりも、人口を増やし活動領域を大きく広げることができたのは、群れの力に頼らない個々の圧倒的な学習能力のおかげである。

エ　人類にとって定住生活はまだ歴史が浅いので、現代を生きる人間のからだの構造は狩猟採集生活のころからほとんど変わっていないと考えられている。

三　次の文章を読んで、後の問いに答えなさい。

本文は、日本の学校と家庭に数日間滞在したショーンたちオーストラリアの小学生が帰国する場面である。

バスが正門の前に着いた。ヤマナカ・センセイがおれたちに整列するように指示したあと、ホストファミリーに向かって日本語で挨《あい》拶《さつ》した。次にミズ・オキャラハンが英語で挨拶して、それをヤマナカ・センセイが日本語に直していた。*綾青《りょうせい》の校長先生もいた。ミス・ウォーターハウスが、おれたちに、また会いましょう、と声をかけてくれた。気がついたら、たくさんの人が正門前に集まっていた。①こんなにいたのか。みんな、おれたちをじっと見ている。こっちに来るまでは、日本人の子どもって一体どんなだろうって思ってた。でも、いまは日本の子たちっていうより、綾青の子たち、っていうか。このなかには、喋《しゃべ》ったり遊んだりしなかった子たちもいたけど、向こうに帰ったら、今度は*スカイプとかで気軽に喋れると思う。だって、もうこうやって、会ってるんだし。どんな学校行って、どんな教室で勉強して、どんなランチ食べてるのかも知ってるし。バスのドライバーのおじさんは運転席を降りて、並べてあったスーツケースをひとつずつバスに載せはじめた。ヤマナカ・センセイは挨拶をおえると、おれたちに向かって言った。

「じゃあ、みんな、出発だ。その前に、きみたちの日本の家族にさよならを言っておいで。」

リヴァイ、ローカン、キーラ、ジョジーナ、シャンテル、ハイ

問4 [A]・[B]に入る語の組み合わせとして、最もふさわしいものを次から選び、記号で答えなさい。

ア　A　つまり　　B　ところが
イ　A　しかし　　B　むしろ
ウ　A　しかも　　B　したがって
エ　A　たとえば　B　たしかに

問5 ――線④「他者との協力には弊害もあります」とありますが、ここでいう「弊害」として、ふさわしくないものを次から選び、記号で答えなさい。

ア　人間には快適で効率的な暮らしが必要不可欠となり、無人島で生活できるような能力がなくなってしまったこと。
イ　生存戦略が成功し人口が増え過ぎたことで、今の人口を維持することが難しくなっているということ。
ウ　協力が美徳とされることで、他人にもそれを強いる性質が世代を超えて受け継がれるようになったこと。
エ　他人との協力を良いものとする思想を強めることで、他者との関わりの悩みを抱くようになったこと。

問6 ――線⑤「私たちのからだには狩猟採集社会のこころが詰まっている」とありますが、それは現代社会のどのような様子に現れていますか。その説明として、最もふさわしいものを次から選び、記号で答えなさい。

ア　おごり高ぶらずに謙虚な姿勢をとることが、尊敬を集めている。
イ　他人との衝突を避けようとして、自分から行動をしない。
ウ　狩猟本能から競争心が強くなり、他人に打ち勝つことを重視する。
エ　気を使うことが礼儀となり、おきてを守ることが尊ばれる。

問7 ――線⑥「多くの狩猟採集社会で共通しているのは『平等性』です」とありますが、なぜ、「平等性」は必要なのですか。三十字以内で書きなさい。

いると考えられています。みんなに協力的で、偉ぶらず、自慢しないのが尊ばれます。これは現代社会でも同じではないでしょうか。たとえ本当に偉かったり自慢するだけの成果を残していたとしても、それを偉そうに自慢をする人は嫌われ、偉ぶらず謙遜《けんそん》している人の方が人格者として評価されます。それも私たちが狩猟採集生活の心を未だに有していることを示しているのかもしれません。

（『増えるものたちの進化生物学』市橋伯一）

＊アイデンティティ……自分が自分であること。他人や社会からそう認められている感覚のこと。

＊倫理観……人間として守るべき善悪などの判断基準。

問１　――線①「現在の人間たちの協力の最たるものは『職業』です」とありますが、ここでいう「職業」とはどのようなことですか。説明している部分を本文中から二十五字以内で探し、最初の五字を書きぬきなさい。

問２　――線②「少なくとも狩猟採集社会よりは、今の社会の方が自分に合った役割（歯車）が見つかる可能性が高い」とありますが、それはなぜですか。その理由を「協力関係」という言葉を使って、説明しなさい。

問３　――線③「人間という生物が増える単位も変わってきます」とありますが、なぜ「増える単位も変わっ」たのですか。その理由として、最もふさわしいものを次から選び、記号で答えなさい。

ア　血統をとだえさせずに生殖できるかできないかは、それぞれの種族や個体が持っている能力や運で決まっているから。

イ　自分の能力が自分や自分の家族だけではなく、他人も生かし、子孫を増やすことに役立つようになったから。

ウ　血縁関係を単位とした部族を形成して協力関係を形成することで、より強い血統を持つ個体が産まれるから。

エ　人間以外の動物とは違い、他人の血統を残すために、自分を犠牲にすることができるようになったから。

私たちの考え方の由来

私たち人類が今のように農耕を行い定住し始めたのは1万年ほど前だと言われています。それまでの１００万年ほどは、少人数のグループで移動しながら狩りや採集で食べ物を集める狩猟採集生活を送っていたと考えられています。１万年という時間は、長いようですが生物の体のつくりを変えるには短すぎます。したがって、私たちの身体や脳は未だ約１００万年続いた狩猟採集社会に適応していると言われています。これが⑤「私たちのからだには狩猟採集社会のこころが詰まっている」と言われる理由です。

狩猟採集生活がどんなものだったかは、近年まで狩猟採集生活をおくっていたナミビアのクン族などの研究からおおまかな様子がわかっています。狩りや採集や調理、育児を集団で協力して行なっていたと想像されています。

⑥多くの狩猟採集社会で共通しているのは「平等性」です。群れのメンバーは公平に扱われます。獲物を多くしとめたからといって、分け前が多くなるわけではありません。この平等性は群れのメンバーが安定して生き残るために合理的なしくみです。もし、獲物をしとめた人だけが食べ物にありつけるようにしたらどうなるでしょうか。元気なときにはそれでいいでしょうが、ひとたび怪我や病気をしてしまえば、その時点で食べ物が手に入らなくなって餓えてしまいます。怪我や病気はどんなに気を付けていても避けがたいことです。そんな社会ではとても安定的に子孫を残していくことはできないでしょう。狩猟採集社会の平等性は、集団のメンバーが安定して子孫を残す（つまり増えていく）ための重要なしくみです。

この平等性を維持するために、クン族は並々ならぬ努力をしています。なによりも大事なことは協力的で偉《えら》ぶらないことです。クン族の逸話《いつわ》でこんな話があります。もし狩りに行って大きな獲物をしとめることができた場合、その人は決して大喜びで帰ってきたり、自ら手柄を宣伝するようなことはしません。普段と同じように帰ってきて、仲間のところに加わります。自分からは言い出さず、仲間が狩りの成果を聞いてくれるまで待ちます。聞いてくれたとしても、「なんにも見つけられなかったよ……まあほんのちっぽけなものならあったかな」と、できるだけ大したことではないふうを装いながら、自慢《じまん》にならないように気を付けて成果を報告するそうです。

私たちの目から見ると、そこまで気を使わなくても……と思わなくはないですが、そうしてしまう気持ちはわかるのではないでしょうか。もし、偉ぶってしまって嫌われてしまったら、次に自分が獲物を捕れなかったときには助けてもらえないかもしれません。そうなれば、自分も自分の家族もみんな餓えてしまいます。狩猟採集生活者にとって、仲間から嫌われないこと、仲間外れにされないことは生きていくうえで何よりも大切なことだったのでしょう。

人間はこのような社会で１００万年を過ごしてきました。したがって、人間の考え方も倫理観も未だこの狩猟採集生活に適応してように思えます。

協力は義務となる

現在の人間は他人と協力することでより生き残りやすく増えやすくなっています。この他者と協力をする効果は圧倒的です。地球上の人口が２０２２年現在約80億人に達し、このまま進めば１１０億人くらいに落ち着くと予想されています。

同じくらいのサイズの類人猿であるチンパンジーは17～30万頭、ニシローランドゴリラは32万頭しかいないことを考えると、これはこのサイズの大型生物としては破格の数に達しています。生息域も広がり、地球上のすべての場所を踏破《とうは》し、宇宙にまで進出するようになりました。それもすべて、多くの人間が協力したからこそなしえた成果です。人間が衣食住をすべて個人で賄っていたら、決して宇宙には到達できなかったことでしょう。

ただ、④この他者との協力には弊害《へいがい》もあります。協力関係が増えることに対してきわめて有効であったために、人間はもはや他者の協力なしでは生きていけなくなってしまっています。もし、１人で無人島に流れ着いたとしたら生きていけるでしょうか。衣食住をすべて自分で賄わなければなりません。毎日、水と食べ物を心配しないとならず、おなか一杯になることはなく、トイレもなく、寝るときは虫に悩まされ、病気や怪我をしても誰も助けてくれないそんな生活です。頑張ったらしばらくは生きていけるかもしれませんが、そんな生活だったら死んだ方がましな気がしてきます。

私たちは自分を含《ふく》む多くの人との共同作業によって、効率的で快適な社会に住むことができています。ほとんどの人はこの社会を捨てて自給自足の生活に戻ることは望んでいないでしょう。そもそも、自給自足の生活にもどったら今の人口はもう維持《いじ》できません。たとえば、１万年前までの人類は狩猟採集生活を送っていましたが、この生活スタイルでは地球上でせいぜい５００万人程度しか維持できなかったようです。もし、今の社会を捨てて狩猟採集社会に戻るとすると、現在生きている約80億人のほとんどはすぐに死んでしまうことになります。多くの人にとってこれは耐《た》えられることではないでしょう。

［B］、私たちが現代の高度な協力関係で結ばれた社会を維持することは、もはや義務になっています。これは協力することで増えてきた人間という生物にとっては当然の結果です。私たちは協力しないと、今の人口も快適な生活も維持することはできません。協力することが増えることに貢献《こうけん》すればするほど、協力を善いものとみなし、他人《ひと》にもそれを強いる性質が子孫の中で強化されていきます。そして私たちはますます協力するような性質と＊倫理観《りんりかん》を持つようになってしまっています。人間が協力関係を増やすことによって大成功したことが、現代人の抱える他者との関わりの悩みを生み出しています。

【中略】

か、コミュニケーション能力が高いとか低いなどの個性が役に立つことはありません。なにより必要なのは、獲物をしとめたり、食料を確保する能力です。力や体力が何よりも重要です。強く丈夫で健康な人間だけが生き残る世界です。それ以外の個性には出番はありません。

一方で私たちの社会は違います。力や体力が必要な職業もあれば、勉強や絵を描くことやコミュニケーション能力が必要な職業もあります。どれか1つの能力が優れていれば、十分に活躍の場が見つかります。②少なくとも狩猟《しゅりょう》採集社会よりは、今の社会の方が自分に合った役割（歯車）が見つかる可能性が高いように思います。

やさしさの進化

こうした他人との協力からなる社会を形成するようになると、③人間という生物が増える単位も変わってきます。人間以前の生き物は自分の力で自分だけを増やしていました。細菌《さいきん》も線虫もカエルも虫もサルも、増えることができるかどうかは自分の能力や運によって決まっていました。優れた能力を持っていれば生殖に成功し、子孫を作ることができますし、そうでなければ血統は途絶えてしまいます。

ところが協力関係の網の目の中にいる人間は違います。自分が生き残って増えるためには他の人の能力も重要です。また自分の能力もほかの人が生き残って増えることに貢献《こうけん》しています。自分の命が大事なのと同じように、他の人の命も大事になっていきます。増える単位が自分の体を超えて広がっているといっても、いいかもしれません。

このような大規模な協力関係は人間ならではの特徴です。人間以外の生物が非血縁《けつえん》個体と協力することは、特殊なケースを除いてほとんどありません。なぜ人間のみでこのような特殊な能力が生まれたのかについてはいろいろな説があります。人間の持つ高度な言語能力や認知能力や寿命《じゅみょう》の長さが大事だったと言われています。また、それらの能力が生まれた背景には、狩猟採集生活の中で協力する必要性があったことや、子どもが成長するまでに時間がかかることから子育てに他の個体の協力が必要だったことなどが指摘されています。

このような性質のどれが直接的な原因だったのかはわかりませんが、いずれにせよ、このような他の個体との協力を可能とする人間の性質は、元をたどれば少産少死の戦略によってもたらされたものです。命を大事にして長く生きるようになり、他個体と付き合うことが可能になったために協力することが有利になりました。

[A]、人間には他者を認識する知能や、他者の気持ちを察することのできる共感能力も備わっています。結果として協力関係がどんどん発展していきました。私たち人間は地球上の他のどんな生物よりも協力的な、いわば「やさしい」生物です。このようなやさしさの進化は少産少死の戦略を極めてきた生物にとって必然だった

二　次の文章を読んで、後の問いに答えなさい。（出題の都合上、本文の一部を変えています。）

人間関係の協力関係

①現在の人間たちの協力の最たるものは「職業」です。多くの人は職を持っていて、特定の仕事をするだけで生きていけるようになっています。私の場合であれば大学教員ですので、大学で講義をしたり、研究をしているだけで給料をもらって、衣食住を賄《まかな》うことができます。私が身に着けている衣服も毎日食べている食料も、住んでいる家も、自分で作ったものではありません。作ろうと思っても質の高いものは作ることができません。その代わりに他のもっと技術のある人間が仕事として作ってくれたものを買っています。

　現代人には当たり前すぎて普段はあまり意識しないかもしれませんが、これは大きな協力関係です。皆が自分以外の誰かのために質の高い仕事をすることで、全員が安全で快適な生活を送ることができています。

　職業という協力関係の重要さは、誰かが仕事を辞めたらどうなるかを考えるとすぐにわかります。たとえば、衣服を作る仕事の人が全員辞めてしまったら、みんな自分の服は自分で作らないといけなくなります。きっと粗末《そまつ》な衣服しか作れないことでしょう。忙《いそが》しい人は全く作れないかもしれません。着替えを用意しておくのも大変ですし、洗っているうちにぼろになるでしょうから、洗濯もあまりしなくなるでしょう。衣服は汚れ、感染症も広まりやすくなるかもしれません。現代人が安く品質の高い衣服を手に入れることができているのは、作ることに特化した人が専門に作ってくれるおかげです。

　そしてそれは一方的な関係ではありません。衣服を作る人も食料や住居は別の専門家に作ってもらっています。私たち人間は、現在、社会という大きな協力関係の網《あみ》の目の中に組み込まれています。

　「社会の中に組み込まれる」ということは「社会の歯車になる」ということです。この言葉にはあまりいい印象はないかもしれません。自分の個性とか*アイデンティティがおびやかされていると感じるかもしれません。しかしそれは誤解だと私は思います。むしろ社会の歯車になることでほとんどの人は個性を発揮して、みんなの役に立てるのだと思います。

　たとえば社会が全く存在しない状況を考えてみましょう。父親、母親、小さい子どもの3人家族だけで無人島で暮らしているような状況です。この場合、生きていくために必要な仕事はすべて3人だけで分担しないといけません。狩りをするのは、生物的に力の強い大人の男性である父親になるでしょう。植物や果物を採集したり、調理したりするのは、狩りに不向きな女性や子どもの仕事になるでしょう。たとえ、狩りなんて荒っぽいことが嫌いな男性や、採集よりも狩りの方が好きな女性だったとしても、餓《う》えないためには身体的に向いている方をやらざるをえません。狩りに失敗したり、食べ物を見つけることに失敗したりすれば、すぐに命の危機が訪れます。また、この世界では、勉強が得意とか、絵をかくのが得意と

2024年度 日本大学豊山中学校

【国　語】〈第三回試験〉（五〇分）〈満点：一〇〇点〉

（注意）答えを書くときには、「、」や「。」やかぎかっこなども一字と数えます。

一 次の問いに答えなさい。

問1 ――線を漢字に直しなさい。ただし、送りがなの必要なものは、それもふくめて書きなさい。

① 旅行に出かけるためジョウシャケンを購入した。
② ホテルで優勝のシュクガ会が行われている。
③ 卒業生のプロ野球選手を講演会にマネク。
④ ホケン証を持参して病院へ行く。

問2 ――線の読みを、ひらがなで答えなさい。

① 食品を問屋から仕入れする。
② この選手はチームの要である。
③ ひいおじいさんは健在だ。
④ 文化祭は十月末です。奮ってご参加ください。

問3 次の文にまちがって使われている同じ読みの漢字が一字ある。上に誤字を、下に正しい漢字を記しなさい。

半形の長さを使って円の面積を求める。

問4 空欄に共通して入る字を漢字一字で書きなさい。

□中のくりを拾う　あえて困難なことに身を乗り出すこと
対岸の□事　自分にとって利害関係がないこと

2024年度

日本大学豊山中学校　▶解　答

※　編集上の都合により，第３回試験の解説は省略させていただきました。

算　数　＜第３回試験＞（50分）＜満点：100点＞

解　答

[1]　(1)　35　(2)　$\frac{19}{84}$　(3)　8.75　(4)　3360　(5)　1 ÷ 2 ÷ 3 × 4　[2]　(1)　14694　(2)　50回転　(3)　500円　(4)　120　(5)　16　[3]　(1)　114度　(2)　25.12cm　(3)　6 cm^2　[4]　(1)　5 ： 2　(2)　27秒後　(3)　13分12秒後　[5]　(1)　760cm^2　(2)　728cm^2　(3)　$115\frac{5}{6}cm^3$　[6]　(1)　10本目　(2)　211

社　会　＜第３回試験＞（理科と合わせて60分）＜満点：50点＞

解　答

[1]　**問１**　(ア)　**問２**　(1)　豊田　(2)　ハイブリッドカー　**問３**　石油危機　**問４**　(イ)　**問５**　栽培　**問６**　(エ)　**問７**　(エ)　[2]　**問１**　天武　**問２**　和同開珎　**問３**　(ア)　**問４**　(ウ)　**問５**　(イ)　**問６**　（例）　貨幣に含まれる金の量を減らして，質を落とした貨幣を発行した。　**問７**　(ア)　**問８**　(エ)　**問９**　富岡製糸場　**問10**　津田梅子　**問11**　(エ)　[3]　**問１**　(イ)　**問２**　(ウ)　**問３**　累進課税　**問４**　(ア)　**問５**　ライフ　**問６**　(エ)　**問７**　(ア)

理　科　＜第３回試験＞（社会と合わせて60分）＜満点：50点＞

解　答

[1]　**問１**　磁力線　**問２**　C　**問３**　B　**問４**　F，G　**問５**　(ア)　**問６**　27cm　[2]　**問１**　C，D　**問２**　A，C，D，Y　**問３**　B　**問４**　(イ)　**問５**　88%　**問６**　水　[3]　**問１**　白血球　**問２**　(ウ)　**問３**　(エ)　**問４**　(ウ)　**問５**　ワクチン　**問６**　(ウ)　[4]　**問１**　B　**問２**　(ウ)　**問３**　(エ)　**問４**　(ア)，(ウ)　**問５**　56%　**問６**　33℃　**問７**　フェーン現象

国　語　＜第３回試験＞（50分）＜満点：100点＞

解　答

一　**問１**　下記を参照のこと。　**問２**　①　とんや　②　かなめ　③　けんざい　④　ふる（って）　**問３**　**誤**…形　**正**…径　**問４**　火　二　**問１**　皆が自分以（自分以外の）　**問２**　（例）　協力関係がある今の社会では力や体力が重要な職業だけではなく，さまざまな職業の活躍の場があるから。　**問３**　イ　**問４**　ウ　**問５**　イ　**問６**　ア　**問７**　（例）　群れのメンバーが安定して生き残り，安定して子孫を残すため。　**問８**　エ　三　**問１**　イ　**問２**　（例）　ミヤモト・ファミリーと別れるのがさびしくて，先のばしにしたかったから。　**問３**　ポロポロ涙をこぼ　**問４**　お礼　**問５**　（例）　日ごろのショーンは感情を表に出すことはないのに，大声で返事をしたことにおどろいている。　**問６**　エ　**問７**　（例）　カズとユウの手（のこと。）　**問８**　ウ

●漢字の書き取り

一　**問１**　①　乗車券　②　祝賀　③　招く　④　保険

Dr.福井の
入試に勝つ！脳とからだのウルトラ科学

睡眠時間や休み時間も勉強!?

　みんなは寝不足になっていないかな？　もしそうなら大変だ。睡眠時間が少ないと，体にも悪いし，脳にも悪い。なぜなら，眠っている間に，脳は海馬《かいば》という部分に記憶をくっつけているんだから。つまり，自分が眠っている間も頭は勉強しているわけだ。それに，成長ホルモン（体内に出される背をのばす薬みたいなもの）も眠っている間に出されている。昔から言われている「寝る子は育つ」は，医学的にも正しいことなんだ。

　寝不足だと，勉強の成果も上がらないし，体も大きくなりにくく，いいことがない。だから，睡眠時間はちゃんと確保するように心がけよう。ただし，だからといって寝すぎるのもダメ。アメリカの学者タウブによると，10時間以上も眠ると，逆に能力や集中力がダウンしたという研究報告があるんだ。

　睡眠時間と同じくらい大切なのが，休み時間だ。適度に休憩するのが勉強をはかどらせるコツといえる。何時間もぶっ続けで勉強するよりも，50分勉強して10分休むことをくり返すようにしたほうがよい。休み時間は，散歩や体操などをして体を動かそう。かたまった体をほぐして，つかれた脳を休ませるためだ。マンガを読んだりテレビを見たりするのは，頭を休めたことにならないから要注意！

　頭の疲れに関連して，勉強の順序にもふれておこう。算数の応用問題や理科の計算問題，国語の読解問題などを勉強するときには，脳のおもに前頭葉という部分を使う。それに対して，国語の知識問題（漢字や語句など）や社会などの勉強では，おもに海馬《かいば》という部分を使う。したがって，それらを交互に勉強すると，１日中勉強しても疲れにくい。

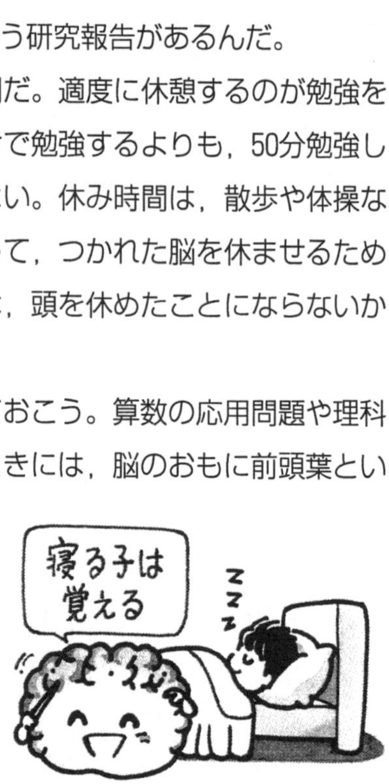

Dr.福井（福《ふく》井《い》一成《かずしげ》）…医学博士。開成中・高から東大・文Ⅱに入学後，再受験して翌年東大・理Ⅲに合格。同大医学部卒。さまざまな勉強法や脳科学に関する著書多数。

2023年度 日本大学豊山中学校

【算　数】〈第１回試験〉（50分）〈満点：100点〉

（注意）１．定規，コンパス，分度器，計算機などを使用してはいけません。
　　　　２．答えが分数のときは，約分してもっとも簡単な形で求めなさい。

1 次の問いに答えなさい。

(1) $117 - 2 \times 5 + (9 - 3 \times 2) \div 3 + 4 \div 2$ を計算しなさい。

(2) $1 - \frac{1}{2} - \frac{1}{4} - \frac{1}{8} - \frac{1}{16} - \frac{1}{32} - \frac{1}{64}$ を計算しなさい。

(3) $2\frac{1}{3} \times \left(2\frac{1}{2} - \frac{1}{4}\right) \div \frac{9}{16}$ を計算しなさい。

(4) $2.023 \times 23 + 20.23 \times 4.5 + 202.3 \times 0.32$ を計算しなさい。

(5) $45 \div 3 + 4 \times \left(5 - 4 \div \square\right) = 27$ の $\square$ にあてはまる数を答えなさい。

2 次の問いに答えなさい。

(1) $\frac{285}{435}$ を約分して，これ以上約分ができない分数で答えなさい。

(2) 父と息子の年れいの和は57才で差は39才です。このとき，息子の年れいを答えなさい。

(3) 縮尺５万分の１の地図上での2.4 cmは，実際には何kmか答えなさい。

(4) ６％の食塩水と11％の食塩水を３：２の比で混ぜると，何％の食塩水になるか答えなさい。

(5) ある年の４月６日が木曜日であるとき，その年の７月21日は何曜日か答えなさい。

3 次の問いに答えなさい。

(1) 正三角形の紙 ABC を下の図のように，頂点 A が辺 BC に重なるように DE を折り目として折り返しました。アの角度が 47°のとき，イの角の大きさを答えなさい。

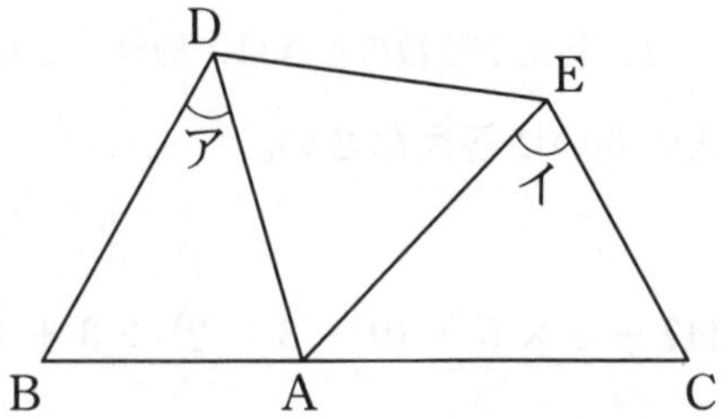

(2) 下の図のように，高さが 10 cm で底面の半径が 4 cm の円すいと直方体があります。直方体の底面 ABCD は正方形で，その 4 つの頂点は円すいの切り口の円周上にあります。OE の真ん中の点が A であるとき直方体の体積は何 cm^3 か答えなさい。

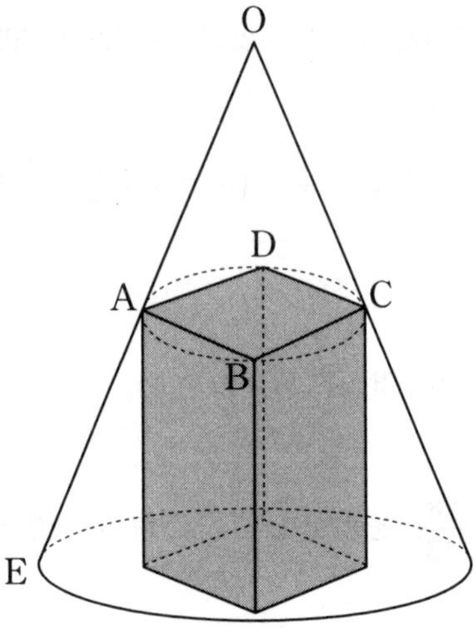

(3) 下の図は，１辺が８cmの正方形ABCDとその１辺CDを直径とする半円です。点Eが半円の周CDの真ん中の点であるとき，かげのついた部分の面積は何cm^2か答えなさい。ただし，円周率は3.14とします。

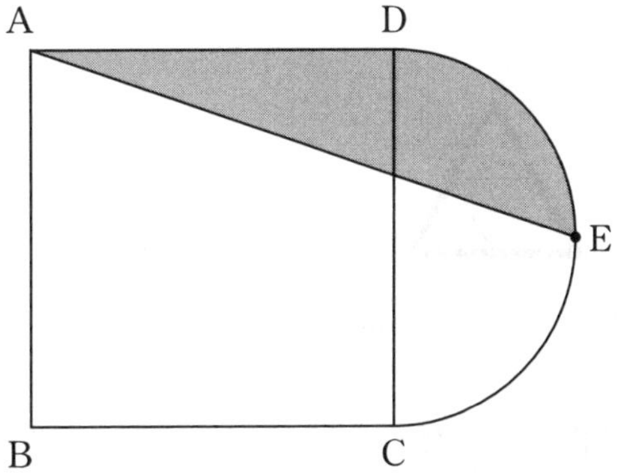

4 水が入っている水そうがあります。この水そうには，一定の量の水を入れるＡ管と，一定の量の水を出すＢ管，Ｃ管が取り付けられています。下のグラフは，はじめにＡ管を開き，30分後にＢ管を開き，さらにその25分後にＣ管を開いたときの，水そう内の水の量の変化を表したものです。このとき，次の問いに答えなさい。

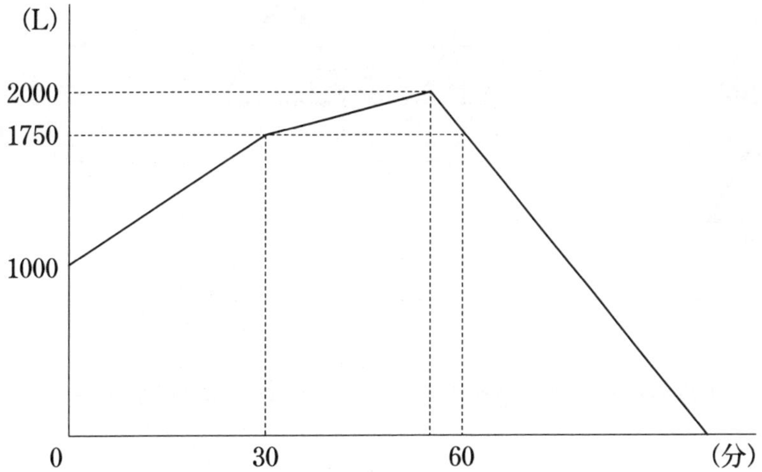

(1) Ａ管から入れる水の量は毎分何Ｌか答えなさい。

(2) 水そう内の水がなくなるのは，Ａ管を開いてから何分後か答えなさい。

(3) Ｃ管から出す水の量は毎分何Ｌか答えなさい。

5 図１のように，面積が１cm^2 の正三角形でつくった，面積が４cm^2 の正三角形があります。この図１と同じ正三角形を図２のように順に並べていき，重なった部分に色をぬります。このとき，次の問いに答えなさい。

図１

図２

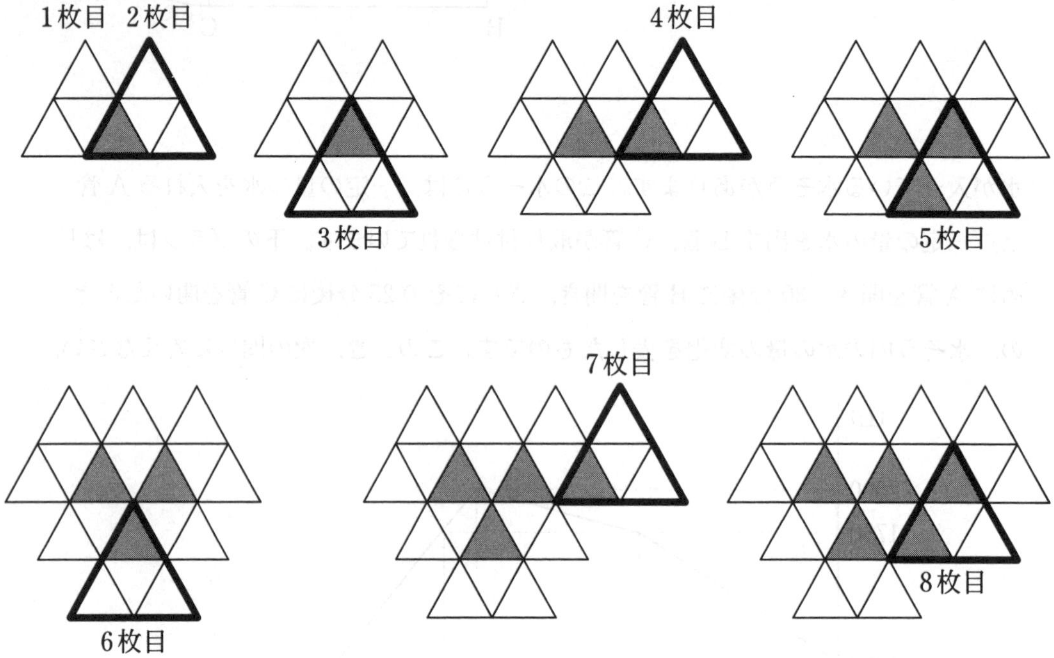

(1) 正三角形を11枚並べたとき，色がぬられている部分の面積は何 cm^2 か答えなさい。

(2) 正三角形を40枚並べたとき，色がぬられている部分の面積は何 cm^2 か答えなさい。

6 下の図のように，１辺が１cm の立方体をすき間なく積み重ねてつくった１辺が３cm の立方体があります。この立方体を３点 A，B，C を通る平面で切って，三角すいを取り除いたとき，次の問いに答えなさい。

(1) 残った立体の体積は何 cm^3 か答えなさい。

(2) 切り口の形を答えなさい。

(3) 残った立体のうち，切られなかった１辺が１cm の立方体の個数を答えなさい。

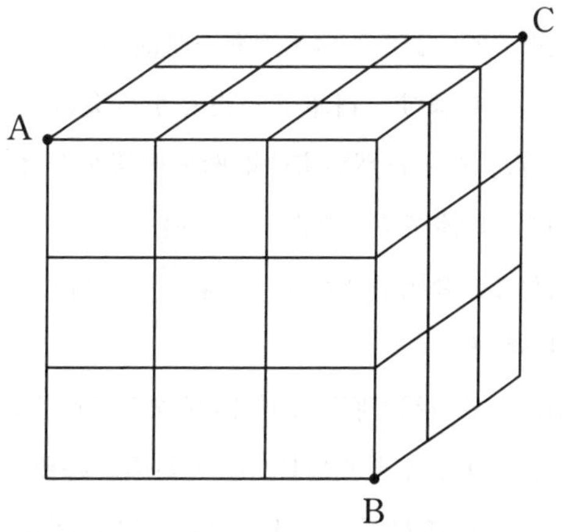

【社　会】〈第１回試験〉（理科と合わせて60分）〈満点：50点〉

（注意）定規，コンパス，分度器，計算機などを使用してはいけません。

1　次の文章を読んで，下の各問いに答えなさい。

近年，夏の暑さが長く続いたり，春に突然雪が降ったり，何十日も雨が降らなかったり，異常気象が当たり前のようになっています。季節の移りかわりや天気の変化が昔とは明らかに変わりました。これは「【①】」の影響が大きいといわれています。【①】は，二酸化炭素をはじめとした温室効果ガスが大きな要因と考えられ，大気中に温室効果ガスが増えると，地球の周りに温室効果ガスの膜ができ，熱を閉じこめてしまいます。その結果，地球が暖められて，気温が上昇し様々な問題を引き起こしています。なかでも，台風の大型化や大雨も強く影響を受けているといわれています。

日本は国土の【②】割が山地であるため，河川は急勾配《こうばい》で流れも速く，はんらんなどが起きやすい地形です。また，日本近海を暖流が流れており，③雨が多い気象条件から，土砂災害も起こりやすくなっています。日本でも古くから災害と向き合ってきており，例えば，水に関する「川」，「谷」，「沢」など自然災害や地形の形状から付けられた「地名」が多く残っています。日本は世界有数の災害国家です。なかでも，最も被害が大きいのは「水害」で，長良川，揖斐川《いびがわ》などの木曽三川が流れこむ濃尾平野では，【④】と呼ばれる水害から集落や耕地を守るための堤防で囲まれた地域が見られます。

面積が大きい都道府県上位10位までで国土の約【⑤】％を占めているため，林業の保護や地域経済の活性化などをあわせた防災対策が必要になっています。臨海部においても，⑥日本は6852の島々から構成されています。最近，特に問題となっているのが，海の【⑦】ごみの問題です。2015年の国連サミットで決まったのが「⑧SDGs」です。2016年から2030年の15年間で17の目標を達成すると決められました。

問１　空欄《くうらん》【①】にあてはまる語句を答えなさい。

問２　空欄【②】にあてはまる数字として最も適切なものを次の中から一つ選び，記号で答えなさい。

（ア）１　　（イ）３　　（ウ）５　　（エ）７

問３　下線部③に関して，次の中部地方の都市である，金沢，高山，浜松を年平均降水量の多い順に並べ替えなさい。

問４　空欄【④】にあてはまる語句を答えなさい。

問５　空欄［　⑤　］にあてはまる数字として最も適切なものを次の中から一つ選び，記号で答えなさい。

（ア）　10　　（イ）　30　　（ウ）　50　　（エ）　70

問６　下線部⑥に関して，島数の多い都道府県上位３県にあてはまる組み合わせを次の（ア）～（ク）から一つ選び，記号で答えなさい。

順位	（ア）	（イ）	（ウ）	（エ）	（オ）	（カ）	（キ）	（ク）
1	長崎	長崎	鹿児島	鹿児島	沖縄	沖縄	北海道	北海道
2	鹿児島	鹿児島	沖縄	長崎	北海道	長崎	鹿児島	鹿児島
3	北海道	沖縄	北海道	沖縄	長崎	北海道	沖縄	長崎

問７　空欄［　⑦　］にあてはまる語句をカタカナで答えなさい。

問８　下線部⑧を日本語で何といいますか。

2　次の文章を読んで，あとの各問いに答えなさい。

昨年は，①日本に鉄道が開通した年から150年目にあたる年でした。世界で最初に鉄道が本格的に開業したのはイギリスで，②1830年代のことでした。鉄道はその後各国にまたたく間に拡大していき，オランダを通じて幕府にも情報が伝えられていたことが知られています。明治維新後には，新政府の方針として鉄道開設が決定され，③東京と開港地であった横浜との間で，いちはやく開設されたのでした。その後東海道線が全通したことで，東京と京都・大阪は鉄道開通から［　④　］年もかからずに結ばれることになったのです。

江戸時代には東京（江戸）から東海道を通って京都までは，歩いた旅人は平均12日だったといわれ，参勤交代などの大名行列では大阪（坂）からは平均19日であったのが，鉄道によって東京・大阪間は約20時間で移動できることになったのです。また，江戸時代には⑤京都・大阪（坂）から江戸への商品の輸送が重要でしたが，船を使って10日あまり，天候によって20日はかかっていました。鳥羽・伏見の戦いに敗れた後に，将兵をおいて大阪（坂）城を脱出した⑥徳川慶喜は，軍艦で５日後に江戸に逃げ帰ったことと比較しても，鉄道の開通が非常に画期的であったことがわかります。

⑦政権の中心がずっと近畿地方にあったころには，各地から都へのルートが整備されました。古代には現在の東京都と埼玉県は［　⑧　］国と定められ，農民が都に税を納めるために運ぶ日数は29日

と定められていました。⑨平氏の滅亡後に奥州藤原氏を滅ぼした源頼朝は，後白河法皇からの再三の要請によりようやく都に上りましたが，その際にも大軍を率いていたとはいえ鎌倉を出発してから１カ月余りかけて入京した記録が残っています。国内の東と西の重要都市を結ぶ鉄道の開通が，大きな役割を果たしていくことは時間的な問題からも理解ができると思います。

東海道線の全通以降も鉄道は続々と延長されましたが，日本全国が結ばれたのではなかったのです。鉄道が開通しない地域は発展から取り残され，鉄道で結ばれたことで全国から大量の商品が流入し，伝統産業が衰《おとろ》えるという地域もありました。太平洋側が主に発展したことで，⑩「表日本」と「裏日本」といったような区別による地域格差も生まれてしまったのです。全国で整備されている新幹線網《しんかんせんもう》をみても，昨年に東北・上越新幹線は開業40周年を迎えましたが，⑪1964年の東海道新幹線に続けて1975年に山陽新幹線が開通していることも興味深い事実といえるでしょう。

問１　下線部①と同じ年の出来事を次の中から一つ選び，記号で答えなさい。

（ア）　岩倉使節団は，開通した鉄道に乗って横浜まで行きアメリカに出発した。

（イ）　留学から帰国した津田梅子は，横浜から鉄道を使って東京に戻った。

（ウ）　西南戦争が起こり，政府は兵士を鉄道で輸送して横浜から九州に送った。

（エ）　日本が西洋の暦《こよみ》（太陽暦《たいようれき》）を採用したことで，横浜の外国商人の不便も解消された。

問２　下線部②に起こった出来事として正しいものを次の中から一つ選び，記号で答えなさい。

（ア）　元幕府の役人であった大塩平八郎が，大阪（坂）で幕府に対して反乱を起こした。

（イ）　キリスト教への厳しい弾圧《だんあつ》から，島原・天草で大規模な反乱が起こった。

（ウ）　徳川吉宗が幕府の財政を立て直すために，改革をおこなった。

（エ）　水野忠邦が幕府の力を取り戻すために，改革をおこなった。

問３　下線部③の沿線にあったとされる，アメリカ人のモースによる考古学上の発見があった遺物を答えなさい。

問４　空欄［　④　］にあてはまる年数として正しいものを次の中から一つ選び，記号で答えなさい。

（ア）　5　　（イ）　10　　（ウ）　20　　（エ）　35

問５　下線部⑤に関連して，江戸時代の状況として**間違っているもの**を次の中から一つ選び，記号で答えなさい。

（ア）　参勤交代などにより江戸は人が集まり，人口が100万人に達した。

（イ）　全国の物資は大阪に集まったので，「天下の台所」と呼ばれた。

（ウ）　政治の中心が江戸に移ったが，京都は文化や宗教で中心的役割を果たした。

（エ）　幕府は朝廷を厳しく統制したため，京都はしだいに衰えていった。

問６　下線部⑥が深く関わった出来事を次の中から一つ選び，記号で答えなさい。

（ア）　日米和親条約　　（イ）　薩長同盟　　（ウ）　大政奉還　　（エ）　五稜郭の戦い

問７　下線部⑦に関連することとして正しいものを次の中から一つ選び，記号で答えなさい。

（ア）　３世紀に邪馬台国があったとも考えられており，勢力範囲《はんい》は朝鮮半島にも及《およ》んでいた。

（イ）　５世紀になると巨大な古墳がつくられ，ヤマト政権の支配が強まっていった。

（ウ）　７世紀に中国にならった本格的な都が建設され，律令にもとづく政治がおこなわれた。

（エ）　９世紀に仏教勢力の影響《えいきょう》を断ち切るために，平城京から平安京に都が移された。

問８　空欄［　⑧　］にあてはまる当時定められた国名を答えなさい。

問９　下線部⑨に関連することとして正しいものを次の中から一つ選び，記号で答えなさい。

（ア）　源頼朝は，平氏を追討するために守護・地頭の設置をおこなった。

（イ）　平氏は，伊豆で挙兵した源頼朝が攻め上ったために都落ちした。

（ウ）　奥州藤原氏は，平泉を中心に繁栄《はんえい》し約100年間東北地方を支配した。

（エ）　後白河法皇は，幕府を打倒《だとう》するために軍事力を強化していった。

問10　下線部⑩に関連して正しいものを次の中から一つ選び，記号で答えなさい。

（ア）　戊辰戦争で新政府側に敗れて荒廃《こうはい》した東北地方は，最優先に開発がおこなわれた。

（イ）　明治維新の中心となった薩長土肥４藩の城下町に，優先的に鉄道が開通した。

（ウ）　東北地方から九州に至る太平洋側の発展がめざましく，太平洋ベルト地帯と呼ばれた。

（エ）　高度経済成長の中では，農村部からの人口流出が労働力となり発展を支えた。

問11　下線部⑪の期間の出来事として正しいものを次の中から一つ選び，記号で答えなさい。

（ア）　はじめての大型間接税として，消費税３％が導入された。

（イ）　湯川秀樹が，日本人としてはじめてノーベル賞を受賞した。

（ウ）　１ドルが360円と設定され，日本は国際経済に復帰した。

（エ）　沖縄返還《へんかん》が実現し，沖縄県は27年ぶりに日本に復帰した。

3　次の文章を読んで，下の各問いに答えなさい。

2018年6月に，民法の定める成年年齢《ねんれい》を18歳《さい》に引き下げることなどを内容とする「民法の一部を改正する法律」が成立しました。

民法が定める成年年齢を18歳に引き下げると，18歳に達した者は，①一人で有効な契約《けいやく》をすることができ，父母の親権に服さなくなることになります。

日本における成年年齢は，②1876年以降，20歳とされていました。近年，③憲法改正国民投票の投票権年齢や④公職選挙法の選挙権年齢などが18歳と定められ，⑤18歳，19歳の人たちにも国政上の重要な判断に参加してもらうための政策がすすめられてきました。こうした流れもふまえ，今回，民法においても成年年齢が18歳に引き下げられることとなりました。

成年年齢の引き下げは，18歳，19歳の方の⑥自己決定権を尊重するものであり，今後の積極的な社会参加を促《うなが》すきっかけとなることが期待されています。

問１　下線部①について，成年年齢の引き下げによって可能となる契約の例として，**間違っているもの**を次の中から一つ選び，記号で答えなさい。

（ア）　クレジットカードを作成する。

（イ）　ローンを組んで自動車を購入《こうにゅう》する。

（ウ）　一人暮らしのためのアパートを借りる。

（エ）　国民年金に加入する。

問２　下線部②よりも前に起こった出来事として，正しいものを次の中から一つ選び，記号で答えなさい。

（ア）　板垣退助らが民撰議院設立の建白書を提出した。

（イ）　大隈重信によって立憲改進党が結成された。

（ウ）　大日本帝国憲法が発布された。

（エ）　教育に関する勅語が発布された。

問３　下線部③に関する次のＡ・Ｂの記述について，その正誤の組み合わせとして正しいものをあとの（ア）～（エ）から一つ選び，記号で答えなさい。

Ａ　憲法の改正は，衆議院の総議員の３分の２以上の賛成で発議することができ，参議院に憲法改正の発議権はない。

Ｂ　憲法改正の承認には，特別の国民投票又は国会の定める選挙の際に行われる投票において，その過半数の賛成が必要となる。

（ア）　Ａ－正　Ｂ－正　　（イ）　Ａ－正　Ｂ－誤

（ウ）　Ａ－誤　Ｂ－正　　（エ）　Ａ－誤　Ｂ－誤

問４　下線部④に関する記述として，**間違っているもの**を次の中から一つ選び，記号で答えなさい。

（ア）　候補者が選挙のために使用するはがきやビラについては，使用できる種類や枚数が決められている。

（イ）　候補者や政党に対する誹《ひ》謗《ぼう》中《ちゅう》傷《しょう》や「なりすまし」の危険性もあるため，インターネットを利用した選挙運動が，禁止されている。

（ウ）　候補者が各家庭を回って支持を訴える戸別訪問は，買収や利害誘導《ゆうどう》の危険性があるため禁止されている。

（エ）　選挙当日に仕事がある者や遠隔地《えんかくち》にいて投票日当日に投票ができない場合には，期日前投票を行うことができる。

問５　下線部⑤について，次の表は，選挙権年齢が18歳に引き下げられてから行われた５回の国政選挙における年代別投票率の推移を示したものです。この表から読み取れることとして，正しいものをあとの（ア）～（エ）から一つ選び，記号で答えなさい。

国政選挙における年代別投票率の推移

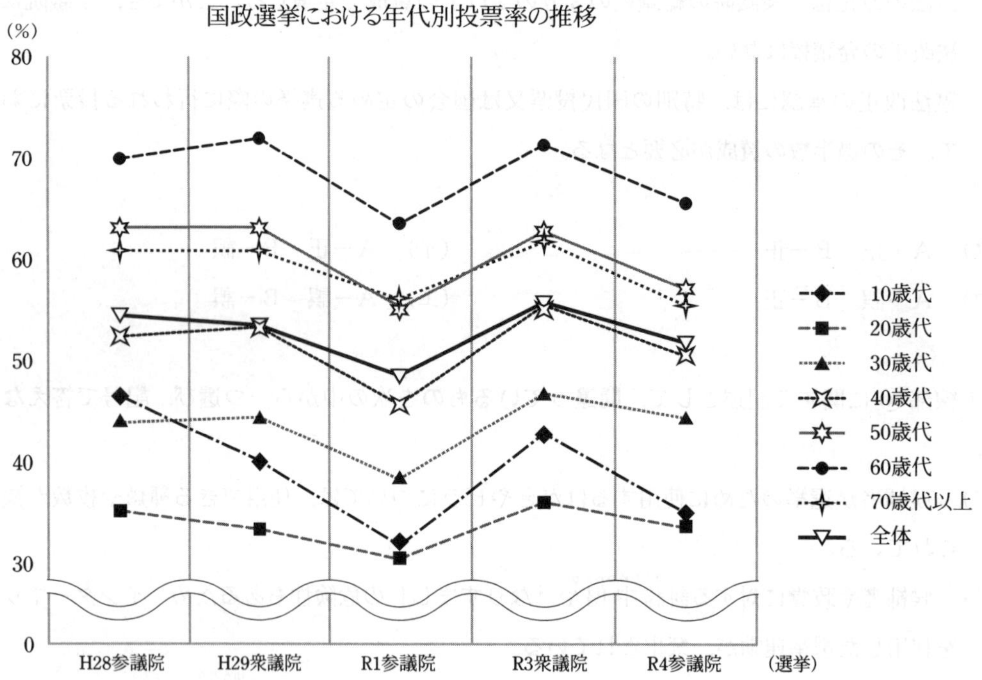

（総務省HPより作成）

（ア）　過去５回の国政選挙において，最も投票率が高かったのは50歳代である。

（イ）　最も有権者数の多い30歳代の投票率は常に全体の投票率を上回っている。

（ウ）　選挙権年齢引き下げ以降，10歳代の投票率が全体の投票率を上回ったことはない。

（エ）　選挙権年齢の引き下げにより20歳代の投票率も上昇傾向《じょうしょうけいこう》にあり，衆議院議員総選挙では40％を上回っている。

問6　下線部⑥などの，新しい人権の根拠と考えられる日本国憲法の条文について，空欄（　Ａ　）（　Ｂ　）にあてはまる語句を，それぞれ漢字四文字で答えなさい。

第13条　すべて国民は，個人として尊重される。生命，自由及び（　Ａ　）に対する国民の権利については，公共の福祉に反しない限り，立法その他国政の上で，最大の尊重を必要とする。

第25条　すべて国民は，健康で文化的な（　Ｂ　）の生活を営む権利を有する。

【理　科】〈第１回試験〉（社会と合わせて60分）〈満点：50点〉

（注意）定規，コンパス，分度器，計算機などを使用してはいけません。

1　次の２人の会話文を読んで，あとの各問いに答えなさい。

たかし君とまなぶ君は理科室で水の入った水そうと直方体《ちょくほうたい》のガラス，三角柱《さんかくちゅう》のガラス（以下，プリズムと呼ぶ）を用意しました。その後，２人は用意したものにレーザーポインターの光や白色光《はくしょくこう》をさまざまな方向から当てて，光がどのような性質をもつのか調べました。

まなぶ君：レーザーポインターから出た光を水そうの水面に対して垂直に当ててみたら，光はどのように進むのかな？

たかし君：光は，まっすぐ進むように見えるよ。

まなぶ君：じゃあ，水面に対して斜《なな》めに光を当てるとどうなるのかな？

たかし君：①光の一部ははね返るけど，一部は折れ曲がって水の中を進んでいくね。まなぶ君，実際にやってみなよ。

まなぶ君：本当だね！

たかし君：光がはね返ることは光の [A] ，折れ曲がることは光の [B] と呼ばれているね。ちなみに，逆に水の中から空気中へレーザーポインターの光を当てても同じことが起きるね。やってごらん。

まなぶ君：本当だ！でも，水の中から水面に当てる光の角度を変えていくと，空気中に折れ曲がって進む光がなくなるよね。これは何て呼ばれるの？

たかし君：それは，光の [C] と呼ばれるね。

まなぶ君：そうなんだ。じゃあ，同じように直方体のガラスにもレーザーポインターの光を当ててみよう。②光がガラスの中に入った後，また空気中へ出ていったね。

たかし君：そうだね。じゃあ，今度は白色光をプリズムにいれてみよう。

まなぶ君：すごい！光が分かれて虹《にじ》のようなものができたね！

たかし君：そうだね。光が７色（順に赤色・オレンジ色・黄色・緑色・青色・あい色・紫《むらさき》色）に分かれたね。このことから，白色光はさまざまな色の光が重なってできていることが分かるね。もちろん太陽の光も同じだね。ちなみに一番折れ曲がって進んでいる光の色は紫色で，一番折れ曲がっていない光の色は [D] 色になっているね。

まなぶ君：本当だ。つまり，光はその色によって折れ曲がる度合いが変わるということだよね。

たかし君：そういうことだね。光には，いろいろな性質があるね。もちろん，③虹も同じように考えれば理解できるよね。ただ，虹の場合には太陽を背にしていなければいけないから， [B] だけではなく， [A] も起きているんだけどね。

まなぶ君：うん。これで，だいぶ光について分かったよ。

問１　会話文の下線部①について，光の道すじが正しく描かれた図はどれか。次の（ア）～（エ）から１つ選び，記号で答えなさい。

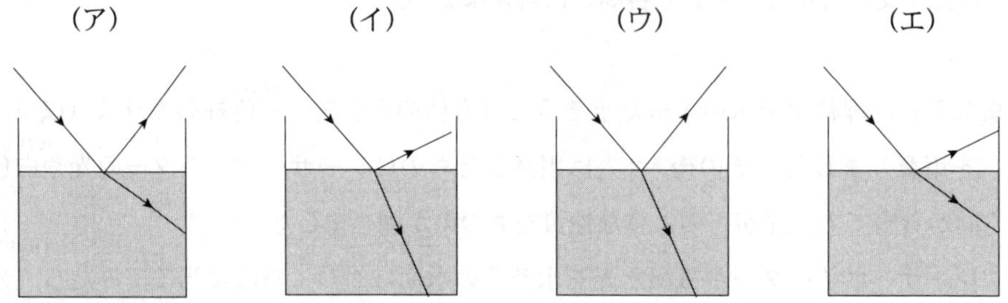

問２　会話文の空らん［　Ａ　］，［　Ｂ　］，［　Ｃ　］に入る語句を，それぞれ答えなさい。

問３　会話文の下線部②について，光の道すじが正しく描かれた図はどれですか。次の（ア）～（エ）から１つ選び，記号で答えなさい。

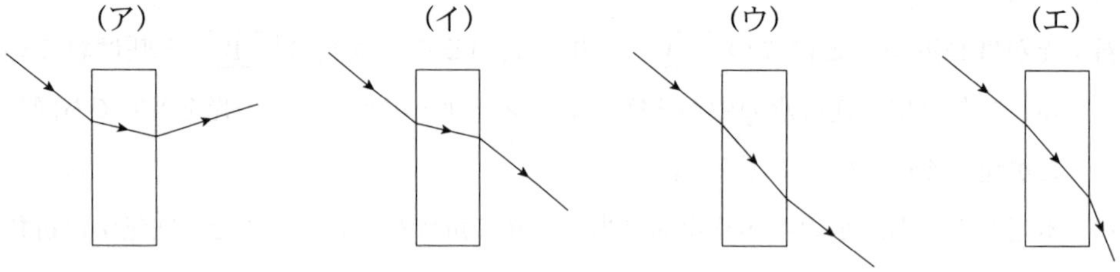

問４　会話文の空らん［　Ｄ　］に入る光の色を，次の（ア）～（エ）から１つ選び，記号で答えなさい。

（ア）　赤　　　（イ）　緑　　　（ウ）　青　　　（エ）　白

問５　会話文の下線部③について述べた文として，一番正しいと考えられるものを次の（ア）～（エ）から１つ選び，記号で答えなさい。

（ア）　空に浮かんでいる水滴《すいてき》の中に光が入り，その後水滴の中で光がはね返って，虹が見える。

（イ）　空に浮かんでいる水滴の中に光が入り，そのまま水滴の中を通り過ぎて地面にはね返ることで虹が見える。

（ウ）　空に浮かんでいる水滴の表面で光がはね返り，その後地面にはね返ることで虹が見える。

（エ）空に浮かんでいる水滴の表面で光がはね返り，その後ほかの水滴に当たりはね返ることで虹が見える。

2　次の文章を読んで，あとの各問いに答えなさい。

50 mL の水を①メスシリンダーではかりとって，②ビーカーにうつしました。その後，15 g の食塩をとかしたところ，食塩はすべて水にとけました。

問１　食塩水のように，物質が水にとけてすき通った液を何といいますか。4 文字以内で答えなさい。

問２　できた食塩水の重さは何 g ですか。ただし，水 1 mL を 1 g とします。

問３　下線部①と②の実験器具として正しいものを次の（ア）～（オ）からそれぞれ１つずつ選び，記号で答えなさい。

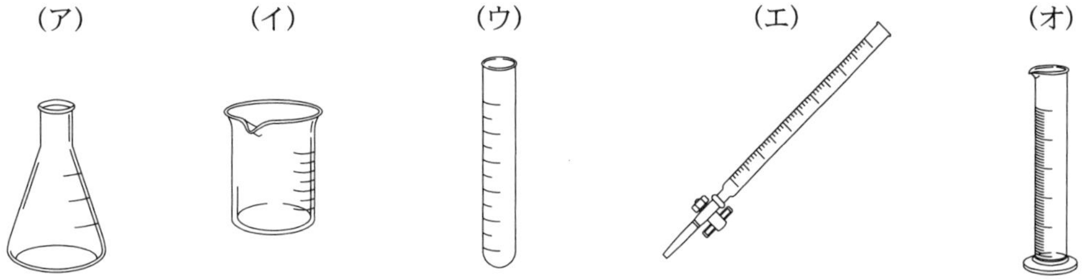

問４　水 50 mL をメスシリンダーではかりとるとき，読み取り方として適切《てきせつ》なものを下の図の（ア）～（カ）から１つ選び，記号で答えなさい。

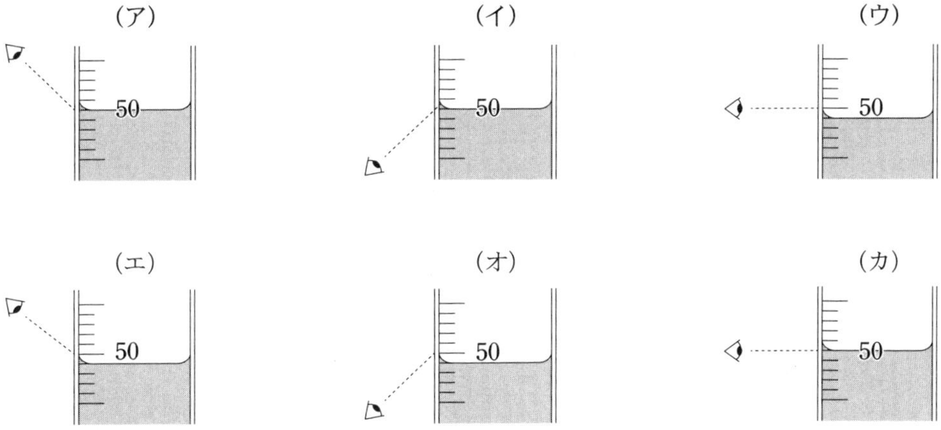

問５　実験室で実験を行うときの注意点として正しいものを，次の（ア）～（オ）から**すべて**選び，記号で答えなさい。

（ア）　エタノールなどのアルコール類は，引火するおそれがあるので，直接火にかけて加熱してはいけない。

（イ）　いつでも実験結果を書けるように，実験台の上は紙などが散らかっていてよい。

（ウ）　薬品などのにおいを確認するときは，手であおぐようにしてかぐ。

（エ）　試薬びんの栓《せん》は，顔の近くで開けない。

（オ）　薬品が手や目についたときは，必ず消毒用アルコールで洗う。

3　次のサクラについての文章を読んで，あとの各問いに答えなさい。

サクラは成長するために水・空気・［　A　］・温度・肥料《ひりょう》①が必要です。毎年春に咲くサクラ②は主《おも》に［　B　］を感じ取って花を咲かせます。サクラが同じ時期に咲く地方を線で結んだものを「サクラの開花《かいか》［　C　］」というように，南から北にかけて開花していきます。サクラは，花びらが散った後に［　D　］をつけて盛《さか》んに光合成を始めます。また，秋に葉の色を変え，冬に葉を落とすので「落葉樹《らくようじゅ》」③に仲間分けされています。

問１　下線部①の［　A　］に関して，植物が成長するのに必要なものを答えなさい。

問２　文章中の［　B　］に適する語句を次の（ア）～（オ）から１つ選び，記号で答えなさい。

（ア）温度　（イ）湿度　（ウ）気圧　（エ）におい　（オ）風向き

問３　文章中の［　C　］に適する語句を次の（ア）～（オ）から１つ選び，記号で答えなさい。

（ア）予報　（イ）予想　（ウ）前兆《ぜんちょう》　（エ）前線　（オ）曲線

問４　文章中の［　D　］に適する語句を次の（ア）～（オ）から１つ選び，記号で答えなさい。

（ア）枝　（イ）根　（ウ）実　（エ）種　（オ）葉

問５　下線部②に関して，サクラの花の図として正しいものを次の（ア）～（エ）から１つ選び，記号で答えなさい。

（ア）　（イ）　（ウ）　（エ）

問６　下線部③について，なぜ冬に葉を落とすのかを説明した文章として最も適切なものを次の（ア）～（エ）から１つ選び，記号で答えなさい。

（ア）光合成によって作られる栄養より，葉に必要な栄養の方が大きくなるから。

（イ）葉が凍《こお》ってしまい，葉の中に毒が合成されてしまうから。

（ウ）毎年新しい葉が出てくると，その重みで枝が折れてしまうから。

（エ）枝でも光合成を行っており，葉をつけておく必要がないから。

4 次の文章を読んで，あとの各問いに答えなさい。

地震《じしん》が発生すると，はやく伝わる弱いゆれ（初期微動《しょきびどう》）の地震波《じしんは》（P波）とおそく伝わる強いゆれ（主要動《しゅようどう》）の地震波（S波）が同時に発生します。この地震波は，各地に設置《せっち》された地震計《じしんけい》によって記録され，その記録から震源《しんげん》までの距離や震源の深さなどいろいろなことが分かります。次の表は，ある地震が発生したときの各地点（A地点，B地点，C地点）の地震計から読み取ったものをまとめたものです。

観測地点《かんそくちてん》	震源からの距離	初期微動が始まった時刻	主要動が始まった時刻
A地点	120 km	10時12分20秒	10時12分35秒
B地点	160 km	10時12分25秒	E
C地点	D	10時12分35秒	10時13分05秒

問1 P波の速さは毎秒何kmになるのかを次の（ア）～（オ）から1つ選び，記号で答えなさい。

（ア） 2 km　（イ） 4 km　（ウ） 6 km　（エ） 8 km　（オ） 10 km

問2 地震の発生時刻を，次の（ア）～（エ）から1つ選び，記号で答えなさい。

（ア） 10時11分20秒　（イ） 10時11分30秒

（ウ） 10時11分50秒　（エ） 10時12分05秒

問3 表の D に入る震源からの距離を次の（ア）～（エ）から1つ選び，記号で答えなさい。

（ア） 200 km　（イ） 220 km　（ウ） 240 km　（エ） 260 km

問4 S波の速さは毎秒何kmになるのかを次の（ア）～（オ）から1つ選び，記号で答えなさい。

（ア） 2 km　（イ） 4 km　（ウ） 6 km　（エ） 8 km　（オ） 10 km

問5 B地点で主要動が始まった時刻 E を次の（ア）～（エ）から1つ選び，記号で答えなさい。

（ア） 10時12分40秒　（イ） 10時12分45秒

（ウ） 10時12分50秒　（エ） 10時12分55秒

問6 初期微動が始まってから主要動が始まるまでの時間を初期微動継続時間《しょきびどうけいぞくじかん》といいます。

A地点での初期微動継続時間は何秒か，求めなさい。

問７　――線⑦「首をひねり」とありますが、どのようなことで悩《なや》んでいますか。その説明として、最もふさわしいものを次から選び、記号で答えなさい。

ア　慎一郎の考えに理解できる部分もあるが、亮平や自分をバカにしたような言動に怒りが収まらず、慎一郎との今後の付き合い方に悩んでいる。

イ　慎一郎に対して注意をすべきであると思っているが、チームの今後のことや亮平の現在の様子を考えると、どのように注意するか悩んでいる。

ウ　慎一郎や亮平はチームのことをしっかりと考えて行動しているのに、自分は自分自身の考えをまとめることさえもできず、悩んでいる。

エ　慎一郎の考えに賛成できるような部分もあるが、亮平の現在の様子も考えると、何が正しいのかわからなくなってしまい、悩んでいる。

問８　この作品の内容を説明したものとして、最もふさわしいものを次から選び、記号で答えなさい。

ア　慎一郎はコーチが自分に対して、怒ってばかりであることに不満を持っている。

イ　健太は努力している慎一郎に対して、厳しい言葉を言ってしまったことを後悔《こうかい》している。

ウ　亮平はチームをやめてしまったが、サッカーに対しての未練が残っている。

エ　亮平のお母さんは、亮平が勝手にチームをやめたことを不満に思っている。

問１　――線①「慎一郎だ」とありますが、「慎一郎」は何年生ですか。解答用紙に合うように答えなさい。なお、数字は漢数字で答えなさい。

問２　――線②「健太は黙って道の端によけた」とありますが、この時の心情を説明したものとして、最もふさわしいものを次から選び、記号で答えなさい。

ア　普段《ふだん》から何かと荒《あら》っぽい性格なので、なるべく関わりたくないと思っている。

イ　周りを気にせず集中して練習しているので、邪魔《じゃま》したくないと思っている。

ウ　あまり話したことがないので、関わり合いになりたくないと考えている。

エ　強引な性格なので、無理やりジョギングに付き合わされたくないと考えている。

問３　――線③「いっそう」の意味として、最もふさわしいものを次から選び、記号で答えなさい。

ア　残さずはらいのけること　　イ　前より程度が増すこと

ウ　ある一部分のこと　　エ　全く変わらないこと

問４　――線④「慎一郎に会わせた理由」とありますが、なぜ「ノア」は「健太」を「慎一郎」に会わせたのですか。その理由を説明しなさい。

問５　――線⑤「亮平みたいな弱虫のヘタくそとは違うんだから、オレは」とありますが、なぜ「慎一郎」は「亮平」を「弱虫」と考えているのですか。説明しなさい。

問６　――線⑥「言い返したかった言葉」とありますが、それはどのようなことですか。本文中から一文で探し、はじめの五字を書きぬきなさい。

していた。ちょうどいまは、ピンク色の花が満開だった。

道路に面した庭に、ひとの気配がする。はあはあ、と運動をしているような息づかいも聞こえる。

「一、二、三、四……あーっ、ダメだ、失敗……」

亮平の声だ。ボールが庭の地面にはずむ音も聞こえた。

健太はあわててサツキの隙間《すきま》から庭を覗《のぞ》き込んだ。

亮平はサッカーボールのリフティングをしていた。軽く蹴《け》り上げたボールが地面に落ちないよう、足の甲《こう》で受けてそのまま蹴り上げたり、頭や胸にいったん当ててから蹴り直したり……というのを何度も繰《く》り返すのだ。

テレビで見たＪリーグの選手たちは百回以上も軽々とこなしていたが、亮平がつづけられるのは、せいぜい五、六回だ。失敗するたびに「あーっ、もう、なんでだよぉ……」と悔《くや》しそうな声をあげて、庭を転がっていくボールを追いかける。

あまりうまくない。まっすぐに足を上げないから、蹴ったボールが曲がってしまう。蹴るときも、そんなに大きく足を振らなくても、軽く当てるだけでいいのに。

でも、亮平は何度しくじってもやめない。家の中からお母さんが「早くお風呂《ふろ》入りなさいっ」と怒った声で言っても、「はーい」と答えるだけで、また最初からリフティングを始める。

おまえってサッカーがほんとうに好きなんだなあ、と健太は心の中で声をかけた。そんなに大好きなサッカーをやめちゃったなんて、さびしくないのか？ 悔しくないのか？

悪いのは慎一郎だ。あいつがもっと優しく、はげますようにコーチをしていれば、亮平だって少しずつうまくなったかも……。

そう思いかけたとき、慎一郎の声がよみがえった。

亮平はがんばるのをあきらめたんだから、サイテーだよ――。

でも、亮平はいま、リフティングに何度も何度も挑戦《ちょうせん》している。がんばることをあきらめていない。

でも、亮平は『星ヶ丘スターズ』をやめて、勉強や遊びまでやる気をなくしてしまった。

慎一郎が悪いんだよ、絶対――。

でも、慎一郎はもっとうまくなるために、がんばっている。

でも、自分と同じぐらいうまくないと怒るなんて、やっぱりおかしい。

でも、みんながうまくならないと『星ヶ丘スターズ』は試合に勝てない。

でも、『星ヶ丘スターズ』に入ったときにはあんなに張り切っていた亮平が、いまは……。

頭の中に次から次へと「でも」がわきあがってくる。ワケがわからない。

⑦健太は首をひねり、ため息を飲み込んで、サツキの垣根《かきね》から離《はな》れた。ふと思いだして見回すと、ノアの姿はいつの間にか消えていた。

（『さすらい猫ノアの伝説』重松清）

でしぼんでいく。確かに、慎一郎の言うことは、正しい……ような気がする。

「亮平はがんばるのをあきらめたんだから、サイテーだよ」

わかったか、と念を押《お》して、慎一郎は走りだした。健太はなにも言えずに、その場に立ったままだった。

慎一郎の大きな体が目の前から消えたので視界が急に広がって、塀の上に座ったノアの姿もはっきりと見えた。こっちを向いている。うっすらと緑色のまじった目で、じっと健太を見つめている。なにを言いたいのか、もちろん言葉ではわからない。

でも、健太は小さくうなずいて、慎一郎を「ちょっと待てよ！」と呼び止めた。

「おまえの言ってること、正しいかもしれないけど……やっぱり違うと思う。オレは間違ってると思う」

慎一郎は、ワケわかんねえな、と肩《かた》をすくめるだけで、また走りだした。

慎一郎の背中が見えなくなると、健太は、ふうーっ、とため息をついた。

自分でも、なぜあんなことを言ったのか、よくわからない。耳に残ったままの慎一郎の言葉を思いだした。頭の中ではいまもまだ、慎一郎のほうが正しいのかもなあ、とは思っている。それでも言い返した。言い返さずにはいられなかった。

亮平をバカにしていた慎一郎の冷ややかな笑顔を見ていると、ユッコ先生の悪口を言うときのメグたちのふくれっつらを思いだした。表情は正反対でも、根っこにあるものは同じかもしれない、という気がする。

にゃあん、とノアが鳴いた。いつの間にか塀から下りていた。慎一郎がいなくなったあともそばにいるということは、まだ連れて行きたい場所があるんだろうか……。

これ以上寄り道をしていると、帰りがもっと遅《おそ》くなってしまう。お母さんに叱《しか》られるのは覚悟《かくご》していても、その前に、お母さんが心配するだろうと思うと、いますぐにでもダッシュでウチに帰りたくなってしまう。

でも、ノアが教えてくれるはずのものも気になる。

「明日にしてくれると、オレ、助かるんだけどなあ……」

ノアは答える代わりに、ぴょん、ぴょん、ぴょーん、と地面をはねるように走りだした。健太もしかたなく迷いを断ち切って、ノアのあとを追った。

表通りから住宅街に入って、小さな交差点をいくつも曲がった。途中《とちゅう》で「もしかしたら……」という予感が胸に広がった。

ここは亮平のウチのすぐ近所だ。次の角を右に曲がって二軒目《にけんめ》だよな、たしか……と確認する間もなく、ノアはその角を右折した。

健太が追いかけて角を曲がると、ノアは亮平のウチの前にいた。やっぱり、ここが目的地だったのだ。

亮平のウチはブロック塀の代わりにサツキの植え込《こ》みで目隠しを

慎一郎の態度は最初はいかにも不機嫌《ふきげん》そうだったが、まあいいや、とタオルで顔の汗を拭《ふ》くと、少し機嫌を直した声でつづけた。

「毎晩走ってる。おまえはスタミナ不足だ、ってコーチに言われたから」

「コーチって？」

「『星ヶ丘《ほしがおか》スターズ』のコーチ。Ａチームの六年生ってみんな足が速いし、スタミナがあって試合の後半になっても走るスピードが落ちないから、オレも同じぐらい走れないとダメだろ。だから、先週から特訓してるんだ」

「でも、夕方も練習してるんだろ？」

「そうだよ。今日も市営グラウンドでばっちりやってきた」

「それでウチに帰ってからも走ってるわけ？」

素直にびっくりした。でも、慎一郎は「そんなの当然だろ」とそっけなく言って、「オレ、もっとサッカーうまくなりたいもん」と付け加えた。

「でも、いまだって、五年生でＡチームなのは一人だけだろ？」

「Ａチームに入るだけじゃダメなんだよ。レギュラーになって試合に勝たなきゃぜんぜん意味ないじゃないか」

「それは……まあ、そうだけど」

「⑤亮平《りょうへい》みたいな弱虫のヘタくそとは違うんだから、オレは」

慎一郎は冷ややかに笑った。

健太は思わず「悪口言うなよ」と口をとがらせた。「おまえはサッカーうまいよ。それはわかるけど……亮平をバカにすることはないだろ」

「だって、ほんとのことだからな」

慎一郎はちっとも悪びれない。「亮平って、信じられないぐらいヘタだったよ。才能がないんだな」とつづけ、「あーあ、せっかくコーチしてやったのに、損しちゃったよなあ」と、意地悪そうに笑った。

逆だよ、おまえがコーチして怒《おこ》ってばかりだったから、亮平はサッカーが嫌《きら》いになっちゃったんだよ――。

言い返そうと思ったが、慎一郎に先手を打たれた。

「ちょっと厳しくやっちゃったけど、それくらいあたりまえだろ？うまくなりたいんだったら努力しなきゃダメなんだよ。怒られてもがんばるしかないし、がんばってるうちに、だんだんうまくなるんだよ。オレだって、Ａチームで練習してると、コーチや六年生にしょっちゅう怒られてるけど、悔《くや》しかったらうまくなるしかないんだ。だからオレ、コーチに言われたわけじゃなくても、自主的にランニングしてるんだよ」

慎一郎は胸を張って、「勉強だって、苦手な科目を得意にしようと思ったら宿題だけじゃたりないし、勉強をたくさんするんだったら、テレビやゲームだってがまんしなきゃいけないだろ。それと同じだよ」と言った。

健太はうつむいてしまった。⑥言い返したかった言葉が、のどの奥《おく》慎一郎が来る。走るスピードは落ちない。やっぱり、ノアにはまったく気づいていないようだ。

「危ない！」

健太は道の真ん中に飛び出した。両手を大きく広げて通せんぼをすると、慎一郎はあわててスピードをゆるめた。でも、すぐには止まらない。健太にぶつかりそうになりながら、なんとか、ぎりぎり、セーフ——。

「どけよ！　なにやってんだよ、じゃまだよ！」

慎一郎は息をはずませて怒鳴《どな》り、じゃまをしたのが健太だと気づくと、③顔はいっそう険しくなった。

「なにしてるんだよ、こんなところで。じゃまするなよ、バーカ」

声には早くも敵意がまじってきた。いきなり怒鳴られてムッとした健太も、負けじと「猫、踏みそうになってたんだよ」と言い返した。

「猫？　どこに？」

「ほら、あそこ……」

後ろを振《ふ》り向いて、塀の影を指差したが、そこにはノアの姿はなかった。「あれ？」と目をこらし、体をかがめて探しても、見つからない。

「なんだよ、どこにもいないじゃないかよ、そんなの」

「……さっきはいたんだよ」

気まずくなって目をそらした次の瞬間《しゅんかん》、健太は思わず声をあげそうになった。ノアがいた。いつの間にか慎一郎の後ろに回り、別の家の塀に上って、のんびり香箱座《こうばこずわ》りをしていたのだ。

「とにかくじゃまなんだよ、どけよ」

慎一郎は舌打ちまじりに言った。息はまだはずんでいるし、顔も汗《あせ》びっしょりだった。

健太が脇によけたら、すぐさま走りだすのだろう。でも、ノアは慎一郎の後ろで香箱座りをしたまま動かない。「あとはよろしく」と言うみたいにそっぽを向いて、ふわ〜っ、と大きなあくびまでした。

ノアがオレを団地から連れ出したのって、慎一郎に会わせるため——？

走っている慎一郎とどこで出くわすかわからなかったから、さっきしっぽを「？」の形に曲げてたわけ——？

「ほら、どけって言ってるだろ」

慎一郎は低い声で言った。そうでなくても大きな体は、まわりが暗いせいか、昼間よりさらに大きく、迫力《はくりょく》満点だった。でも、逃《に》げるわけにはいかないんだ、と健太は自分に言い聞かせた。ノアがここまで連れて来て、④慎一郎に会わせた理由がわからないうちは、やっぱり、逃げてはいけない……。

「よく走ってるの？　このあたり」

「悪いかよ」

「……そんなことないけど」

問５　――線④「そのようなこと」が指す内容を、本文中から六十字以内で探し、はじめと終わりの五字を書きぬきなさい。

問６　――線⑤「〈グリーンウォッシュ〉や〈ＳＤＧｓウォッシュ〉は一種の詐欺」とありますが、これらをなくしていくにはどうするべきであると筆者は考えていますか。説明しなさい。

問７　本文の内容を説明したものとして、最もふさわしいものを次から選び、記号で答えなさい。

ア　ＧＤＰは社会の人々が幸せかどうかの指標となりえるため、現在でも最も重視すべき指標としての位置づけが続いている。

イ　自分が重要であると考えていることを、周りは重要視していないにもかかわらず強制して取り組ませるのは無意味である。

ウ　長期的な持続性に目を向けるようになった台湾では〈ＳＤＧｓ〉が重視されているが、現在でも企業は手探りの状態である。

エ　現状を理解しているのが、少数の専門家だけであったとしても、その専門家同士が信頼し合えていることで十分である。

三　次の文章を読んで、後の問いに答えなさい。

ノアは学校を渡り歩くさすらい猫《ねこ》である。クラスが忘れてしまった大切なことをノアが思い出させてくれるといううわさがあった。ある夜、健太はノアを見つけ導かれるようについていく。

向こうから、ウインドブレーカーに半パン姿の男が、ジョギングしながらやってくる。最初は中学生だろうかと思ったが、そうではなかった。

①慎一郎《しんいちろう》だ――。

慎一郎の走るペースは意外と速かった。のんびりジョギングをしているのではなく、タイムでも計っているのか、脇目《わきめ》もふらずに走ることに集中している感じだった。

健太には気づいていない。塀《へい》の上にいるノアにも、もちろん。

②健太は黙《だま》って道の端《はし》によけた。声をかけなければ、そのまますれ違《ちが》ってしまうだろう。それでいいや、あんな乱暴なヤツと関わり合いになんかなりたくないや、と思っていた。

ところが、ノアは塀から飛び下りた。着地したのは慎一郎の行く手をさえぎる位置で、そこに降り立ったまま動かない。ちょうど路上に伸《の》びる塀の影《かげ》の真ん中あたりなので、慎一郎にも気づいた様子はなかった。

このままだと慎一郎に踏《ふ》まれてしまう。自分でもわかっているはずなのに、ノアは逃《に》げようとしない。それどころか、影の中にさらに深く隠《かく》れるように身を低くしてしまった。

問１　[Ａ]・[Ｂ]に入る語の組み合わせとして、最もふさわしいものを次から選び、記号で答えなさい。

ア　Ａ　また　　Ｂ　すなわち
イ　Ａ　そして　Ｂ　けれど
ウ　Ａ　そこで　Ｂ　つまり
エ　Ａ　しかし　Ｂ　たとえば

問２　――線①「『ソーシャルイノベーション』によって新たにつながることができる」とありますが、その例として、最もふさわしいものを次から選び、記号で答えなさい。

ア　キャンプ用品の売り上げを伸《の》ばすために、社内の営業担当と製造担当が何度も話し合いを重ね、消費者が求めている安い値段で頑丈《がんじょう》な新製品を開発し、売り出していく。
イ　校内の清掃《せいそう》が行き届いていないという問題に対して、学級委員長たちで話し合い、「校内ピカピカ月間」というスローガンを決めて、各クラスでの清掃に力を入れる。
ウ　元々は日本国内でサッカー選手になることを目標としていたが、厳しい環境で自分自身を高めるために、日本人選手が誰《だれ》も参戦したことのない国のサッカーリーグへ挑戦《ちょうせん》する。
エ　古くなった地下道の利用率を上げるために、役所が整備するだけでなく、その地下道を利用したことのある人々の想いを聞き集め、それをもとに画家が地下道の壁《かべ》に絵を描《えが》く。

問３　――線②「『ソーシャルイノベーション』を用いれば、『共通の価値観』を核にして広がっていくことができます」とありますが、それはなぜですか。その理由として、最もふさわしいものを次から選び、記号で答えなさい。

ア　「共通の価値観」の形成には長い時間を必要とするが、「ソーシャルイノベーション」を目指す各企業が報告書をインターネット上に公開することで、人々から自由に読まれ、それに共感した人が集まることができるから。
イ　〈ＳＤＧｓ〉のゴールを同時に達成することを目指すと難しいように感じられるが、「ソーシャルイノベーション」が浸透している現代では、簡単に「共通の価値観」の共有を実現することができるようになったから。
ウ　インターネットが世の中に定着したことによって、いつでも様々な情報にアクセスできるようになり、「ソーシャルイノベーション」や「共通の価値観」とはどういうものであるのか、誰もが理解しやすくなったから。
エ　「ソーシャルイノベーション」を起こすにはその報告書を作成・公開することが必要であり、はじめは手探りであっても作成・公開の方法に関する「共通の価値観」の形成を目指し、企業同士の討論が活発に行われるから。

問４　――線③「あたかも」の意味として、最もふさわしいものを次から選び、記号で答えなさい。

ア　まさに　　イ　とても　　ウ　まるで　　エ　すべて

の頃《ころ》は、それに対する「素養」を持ちづらいかもしれません。皆にその概念についての「素養」がない時、概念を広めようとする人たちは広く啓蒙《けいもう》活動や宣伝を行いますよね。その時が最も詐欺に遭いやすいのです。

[B]、少しずつ皆がその概念に詳《くわ》しくなり始めると、相手にどういった質問をすればよいのか、相手が負うべき責任にはどのようなものがあるのかもわかり始めます。

「なぜ、それが環境によいのか？」などといった、*エビデンスをもとに対話することができるようになってきます。

その頃には、〈グリーンウォッシュ〉や〈ＳＤＧｓウォッシュ〉をしている人々はうまく答えることができなくなりますから、私たちは彼《かれ》らを牽制《けんせい》することができます。「こういう理由があるから環境によいのです」「この事業はこんな環境汚染《おせん》の可能性があるので、その点はこのように処理しています」などと、きちんと答えられた人のみが事業を継続《けいぞく》できるわけです。

というわけで、もしあなたが〈グリーンウォッシュ〉や〈ＳＤＧｓウォッシュ〉を減らしたいと思うのなら、それらに関する知識を広く拡散することです。そうすればそれらを行う連中のもとには、顧客たちから問い合わせの電話が殺到《さっとう》するでしょうから。

これは第１章でお話しした、デジタル政策や防疫《ぼうえき》対策と同じです。そのために、疑問があれば絶え間なく質問を続け、正確な知識を得ることも大事です。少数の専門家たちだけが現況《げんきょう》を理解していて、社会はその専門家たちのことが信頼《しんらい》できていないという状況よりも、社会の一人ひとりが理解し信頼し合えているほうがずっとよい状態だといえるのです。

（『まだ誰《だれ》も見たことのない「未来」の話をしよう』オードリー・タン〔語り〕
近藤弥生子〔執筆《しっぴつ》〕）

*プラットフォーム〈Ｊｏｉｎ〉…選挙権の有無にかかわらず、メールアドレスと台湾《たいわん》の電話番号さえあれば政策に対する意見を投稿《とうこう》できるもの。
*アルゴリズム…計算や問題を解決するための手順・方式。
*ソーシャルイノベーション…従来とは異なる創造的な解決法によって社会問題や課題を解決する考え方。
*概念…共通する性質を一つにまとめたもの。
*ガバナンス…統治。
*前述したような「素養」…これ以前に「普段の生活の中で培《つちか》った教養やスキル、たしなみ」と説明されている。
*エビデンス…証拠《しょうこ》。

これまでの考え方の延長線上で〈ＳＤＧｓ〉の17のゴールを同時に達成しようとすると、難易度が高いと感じるかもしれません。ですがそこに「ソーシャルイノベーション」の＊概念《がいねん》が浸透《しんとう》するだけで、〈ＳＤＧｓ〉という世界共通の価値観を実現する可能性を無限に広げることができるのです。

ソーシャルイノベーションで広げる

②「ソーシャルイノベーション」を用いれば、「共通の価値観」を核《かく》にして広がっていくことができます。

台湾《たいわん》では２０１６年頃《ころ》から〈ＣＳＲ（Corporate Social Responsibility、企業《きぎょう》の社会的責任）〉活動が重視され始め、上場企業を筆頭に、数々の企業がＣＳＲ報告書を作成・公開するようになりました。その後、〈ＥＳＧ（Environmental：環境《かんきょう》、Social：社会、Governance：＊ガバナンス）〉といった概念が普及《ふきゅう》し、それらの観点から投資を行う〈ＥＳＧ投資〉も注目されるなど、投資家も長期的な持続可能性に目を向けるようになっています。さらに世界的に〈ＳＤＧｓ〉が重視されるようになったことで、報告書の内容もそれと関連づけるような流れができています。はじめは手探りだった企業も多いようですが、海外の例も参考にしながら定着してきました。

「共通の価値観」について討論するには非常に長い時間が必要になりますが、これら〈ＣＳＲ〉や〈ＳＤＧｓ〉の報告書を一目見るだけで、その企業が持つ価値観がどのようなものなのか、手にとるようにわかります。報告書はインターネット上で公開してありますから、時間や空間の制限なく、人々はそれらを読むことができます。「ソーシャルイノベーション」を起こしたい人同士がつながるチャンスがより広がっているといえるでしょう。

〈ＳＤＧｓ〉に必要な素養とは？

〈ＳＤＧｓ〉について話す時によく問題視されることの一つが、環境や〈ＳＤＧｓ〉に関して③あたかもうわべだけよくやっているかのように見せかける〈グリーンウォッシュ〉、〈ＳＤＧｓウォッシュ〉です。たとえば、実際には根拠《こんきょ》がないのに「環境にいい」と謳《うた》ったり、海や森林の写真を使って環境によさそうなイメージを与《あた》えるといったことがこれに当たります。

もし、社会がこれらの概念をあまり理解していないのなら効果があるのかもしれませんが、台湾の場合、市民や企業にとっての顧客《こきゃく》たちはすでに十分な判断力を持ち合わせているので、④企業がそのようなことをするのは自爆《じばく》するのと同じです。

ですから鍵《かぎ》はやはり、一人ひとりが〈ＳＤＧｓ〉の基本概念をよく理解することだと思います。⑤〈グリーンウォッシュ〉や〈ＳＤＧｓウォッシュ〉は一種の詐欺《さぎ》ですが、基本的な概念、つまり＊前述したような「素養」が備わってさえいれば、詐欺に遭《あ》うリスクは大幅《おおはば》に低下します。

確かに、〈ＳＤＧｓ〉などといった新しい概念が出てきたばかり

二　**次の文章を読んで、後の問いに答えなさい。**

〈ＳＤＧｓ〉は世界共通の価値観

〈ＧＤＰ〉は国内総生産を表す指標としてこれからも使い続けられていくでしょうが、社会には人が幸せであるかどうかとか、〈ＧＤＰ〉以外にもっと重要なことがありますよね。それらの指標はたとえば、きれいな水が飲めていること、よい教育を受けていること、自分の能力を発揮できていることなどの項目《こうもく》によって構成されているのかもしれません。測るものによって、指標やその測り方は異なりますよね。

　私にとっての指標とは、「共通の価値観」のように、皆《みな》で一緒《いっしょ》に創り出すものです。私個人が特定の議題を大事だと思うかどうかは重要ではなく、皆が討論を重ねる中で、「社会が『これが大事だ』と思える共通の価値観を見出《みいだ》していくこと」です。

　もし私が「これは大事なテーマだ」と思ったとしても、社会がそれを大して重要だと思わないのであれば、それはおそらく私自身の問題です。その場合、私はまず先に自分が重要だと思っているテーマを同じように重要だと思っている人々を探し出すべきですね。そして、そのコミュニティの中で、そのテーマの重要性や、伝え方について討論していくことが大切です。「皆がこのテーマを重要だと思っていなくても、私が重要だと思うから、皆にやれと命令する」ということでは、まったく意味がありません。

「共通の価値観」の形成には、これまでも*プラットフォーム〈Ｊｏｉｎ〉や、ＡＩによる合意形成*アルゴリズムシステム〈POl.is〉などを利用してきましたし、最近では若者間での討論会〈Let's TalK〉で心理カウンセリングや遠隔心理《えんかくしんり》医療《いりょう》について話し合っています。［Ａ］、こうした話し合いで出された結論は、現役の専門家たちにどう思うのかを聞いてみるようにしています。そこでさらに「共通の価値観」を見出すことができれば、次は「何か一緒にできることはないか？」といったように、対話を重ねていくことができますからね。

　そうした意味で、〈ＳＤＧｓ〉は世界共通の価値観だといえます。「共通の価値観」を見出し、それをより多くの人々に伝えたいと思った時、私はよく「*ソーシャルイノベーション」を用いることをおすすめしています。本来であればそのテーマについて討論するはずもなかった人々が①「ソーシャルイノベーション」によって新たにつながることができるからです。

　たとえば私が今着ているジャケットは、回収したデニム生地をアップサイクルすべく、デザイナーが現代にフィットするデザインを考え、出産や介護《かいご》などさまざまな理由で仕事から離《はな》れていた地元女性たちに裁縫《さいほう》を依頼《いらい》して作られたものです。そこに「ソーシャルイノベーション」があったからこそ、もともと一緒に仕事をしていたわけではなかった人々が「共通の価値観」を見出し、ともに能力を発揮することができています。

2023年度

日本大学豊山中学校

【国　語】〈第一回試験〉（五〇分）〈満点：一〇〇点〉

（注意）答えを書くときには、「、」や「。」やかぎかっこなども一字と数えます。

一　次の問いに答えなさい。

問1　――線を漢字に直しなさい。ただし、送りがなの必要なものは、それもふくめて書きなさい。

①　彼のゼンコウに表彰状がおくられた。

②　ウラニワで野菜を育てる。

③　月が水面にウツル。

問2　――線の読みを、ひらがなで答えなさい。

①　文章に読点をうつ。

②　この海域の潮流を調べる。

③　商品をお店に納める。

問3　それぞれの□には同じ漢字が入ります。その漢字を答えなさい。

□行　　□着　　真□　　□断

問4　それぞれの□に漢字を入れてことわざを完成させるとき、色を表す漢字が入らないものを次から選び、記号で答えなさい。

ア　朱《しゅ》に交われば□くなる　　イ　□羽の矢が立つ

ウ　□の祭り　　エ　□一点

問5　次の文に示した――線の語から、他と種類の異なるものを選び、数字で答えなさい。

①もっと②すらすらと文章が読めるようになれば、③とても④むずかしい問題もできるはずだ。

問6　次のうち、最も成立が古い作品としてふさわしいものを選び、記号で答えなさい。

ア　おくのほそ道　　イ　吾輩《わがはい》は猫《ねこ》である

ウ　学問のすすめ　　エ　竹取物語

2023年度

日本大学豊山中学校　▶解説と解答

算　数　＜第１回試験＞（50分）＜満点：100点＞

解　答

1 (1) 110　(2) $\frac{1}{64}$　(3) $9\frac{1}{3}$　(4) 202.3　(5) 2　2 (1) $\frac{19}{29}$　(2) 9才　(3) 1.2km　(4) 8％　(5) 金曜日　3 (1) 73度　(2) 40cm^3　(3) 20.56cm^2　4 (1) 毎分25Ｌ　(2) 95分後　(3) 毎分60Ｌ　5 (1) 7cm^2　(2) 32cm^2　6 (1) 22.5cm^3　(2) 正三角形　(3) 17個

解　説

1　四則計算，計算のくふう，逆算

(1) $117-2\times5+(9-3\times2)\div3+4\div2=117-10+(9-6)\div3+2=107+3\div3+2=107+1+2=110$

(2) $1-\frac{1}{2}-\frac{1}{4}-\frac{1}{8}-\frac{1}{16}-\frac{1}{32}-\frac{1}{64}=\frac{64}{64}-\frac{32}{64}-\frac{16}{64}-\frac{8}{64}-\frac{4}{64}-\frac{2}{64}-\frac{1}{64}=\frac{1}{64}$

(3) $2\frac{1}{3}\times\left(2\frac{1}{2}-\frac{1}{4}\right)\div\frac{9}{16}=\frac{7}{3}\times\left(2\frac{2}{4}-\frac{1}{4}\right)\times\frac{16}{9}=\frac{7}{3}\times2\frac{1}{4}\times\frac{16}{9}=\frac{7}{3}\times\frac{9}{4}\times\frac{16}{9}=\frac{28}{3}=9\frac{1}{3}$

(4) $2.023\times23+20.23\times4.5+202.3\times0.32=2.023\times23+2.023\times10\times4.5+2.023\times100\times0.32=2.023\times23+2.023\times45+2.023\times32=2.023\times(23+45+32)=2.023\times100=202.3$

(5) $45\div3+4\times(5-4\div\square)=27$より，$15+4\times(5-4\div\square)=27$，$4\times(5-4\div\square)=27-15=12$，$5-4\div\square=12\div4=3$，$4\div\square=5-3=2$　よって，$\square=4\div2=2$

2　分数の性質，和差算，相似，濃度《のうど》，周期算

(1) はじめに，$\frac{285}{435}$を５で約分すると，$\frac{285}{435}=\frac{57}{87}$となり，さらに３で約分すると，$\frac{57}{87}=\frac{19}{29}$となる。

(2) 右の図より，息子の年れいの２倍が，$57-39=18$（才）となるので，息子の年れいは，$18\div2=9$（才）とわかる。

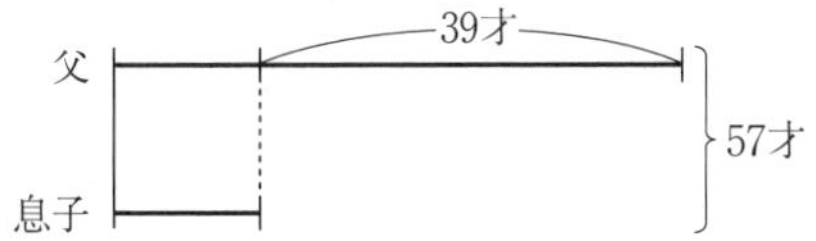

(3) 縮尺５万分の１の地図上での2.4cmは，実際には，$2.4\times50000=120000$(cm)である。100cm＝１m，1000m＝１kmだから，120000cmは，$120000\div100=1200$(m)，$1200\div1000=1.2$(km)となる。

(4) ６％の食塩水を300ｇ，11％の食塩水を200ｇ混ぜて，$300+200=500$(ｇ)の食塩水をつくったと考える。すると，６％の食塩水には食塩が，$300\times0.06=18$(ｇ)，11％の食塩水には食塩が，$200\times0.11=22$(ｇ)ふくまれるから，混ぜてできた食塩水には，$18+22=40$(ｇ)の食塩がふくまれる。よって，濃度は，$40\div500\times100=8$(％)とわかる。

(5) ４月は30日，５月は31日，６月は30日まであるから，７月21日は４月６日の，$(30-6)+31+30+21=106$(日後)である。$106\div7=15$あまり１より，これは15週間と１日後だから，７月21日は４月６日の曜日(木曜日)の１つ後の曜日になり，金曜日とわかる。

3 角度，体積，面積

⑴　正三角形の１つの内角の大きさは60度なので，下の図１のようになる。また，三角形ABDに注目すると，角ア＋角B＝角DACだから，角DACの大きさは，47＋60＝107（度）であり，角ウの大きさは，107－60＝47（度）とわかる。よって，三角形AECに注目すると，角イの大きさは，180－47－60＝73（度）と求められる。

図１

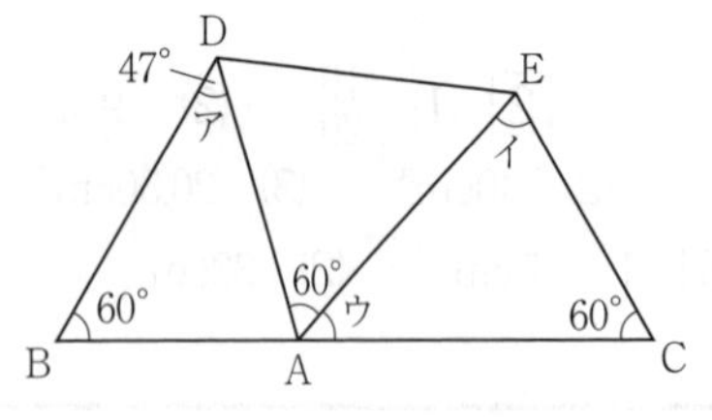

図２

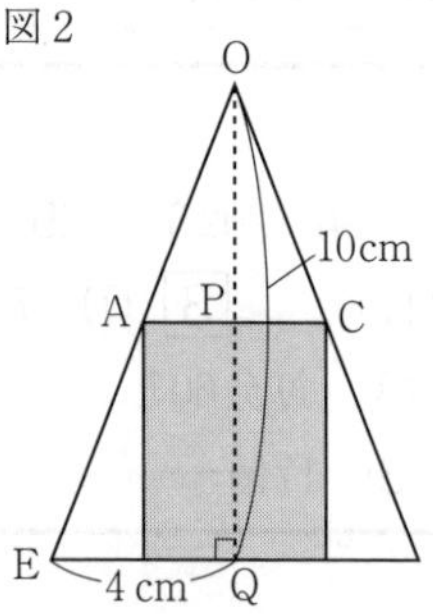

図３

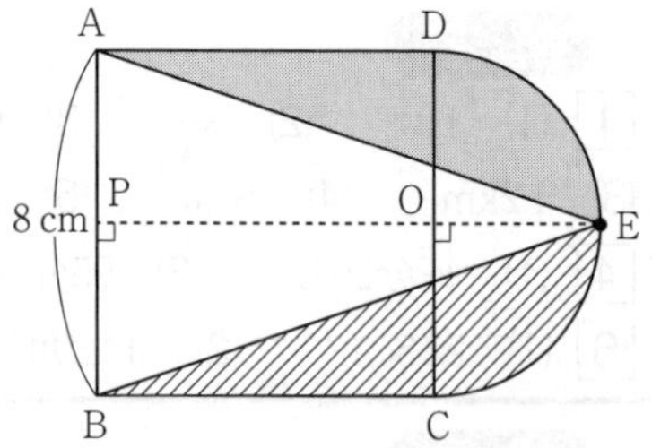

⑵　立体を正面からみると，上の図２のようになる。図２で，三角形OAPと三角形OEQは相似であり，AはOEの真ん中の点だから，三角形OAPと三角形OEQの相似比は１：２となる。すると，APの長さは，$4\times\frac{1}{2}=2$（cm），OPの長さは，$10\times\frac{1}{2}=5$（cm）とわかる。また，ACの長さは，$2\times2=4$（cm）で，ACは正方形ABCDの対角線なので，正方形ABCDの面積は，$4\times4\div2=8$（cm^2）である。よって，直方体の底面積は８cm^2で，高さは，10－５＝５（cm）だから，体積は，$8\times5=40$（cm^3）と求められる。

⑶　上の図３で，点Eが弧《こ》CDの真ん中の点だから，かげをつけた部分と斜線《しゃせん》部分は同じ面積になる。また，半円の半径は，８÷２＝４（cm）なので，図３の図形全体の面積は，$8\times8+4\times4\times3.14\div2=64+25.12=89.12$（$cm^2$）である。さらに，半円の中心をOとすると，OE＝４cm，PO＝８cmだから，PE＝４＋８＝12（cm）となる。よって，三角形ABEの面積は，$8\times12\div2=48$（cm^2）になり，かげをつけた部分の面積は，$(89.12-48)\div2=20.56$（cm^2）と求められる。

4 グラフ―水の深さと体積

⑴　問題文中のグラフより，水そうの水の量は，はじめの30分間で，1750－1000＝750（L）増えている。この30分間はA管だけを開いているので，A管から入れる水の量は毎分，750÷30＝25（L）とわかる。

⑵　C管を開くのは，A管を開いてから，30＋25＝55（分後）であり，そこから60分後までの５分間で水の量は，2000－1750＝250（L）減っている。よって，C管を開いてからは毎分，250÷５＝50（L）の割合で水が減るので，水がなくなるのはC管を開いてから，2000÷50＝40（分後）である。したがって，A管を開いてから，55＋40＝95（分後）と求められる。

⑶　30分後から55分後までの25分間は，A管とB管を開いており，このとき水の量は250L増えているから，毎分，250÷25＝10（L）の割合で増えている。また，55分後からは，A管とB管とC管を開いており，水の量は毎分50Lの割合で減っている。よって，C管から出す水の量は毎分，10＋50＝60（L）とわかる。

5 図形と規則

⑴　問題文中の図２の続きを考えると，９枚目，10枚目，11枚目を並べたときのようすは下の図の

ようになる。図より，11枚並べたときに色がぬられている部分は７か所あり，１か所あたりの面積は１cm^2だから，色がぬられている部分の面積は７cm^2である。

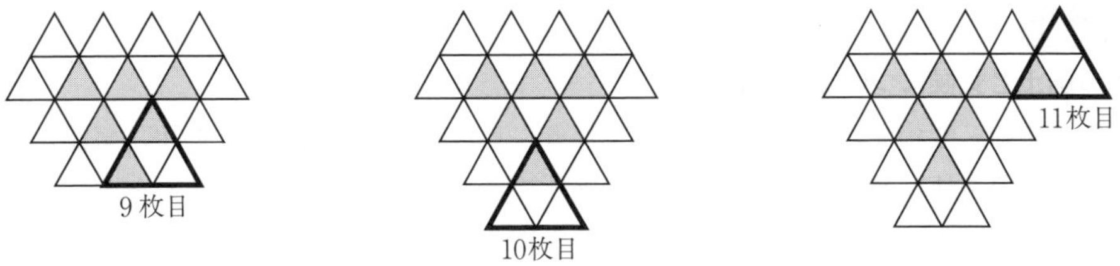

(2)　図より，太線で囲まれた正三角形が一番下の段にきたとき（１枚目，３枚目，６枚目，10枚目）には，色がぬられている部分が増えない。これは，１，１＋２＝３，１＋２＋３＝６，１＋２＋３＋４＝10のように増えていくから，10＋５＝15（枚目），15＋６＝21（枚目），21＋７＝28（枚目），28＋８＝36（枚目）を並べたときも，色がぬられている部分は増えないことがわかる。よって，40枚目まで並べたときには，色がぬられている部分が，40－８＝32（か所）あるから，その面積は32cm^2となる。

6　立体図形―分割，体積

(1)　下の図１で，１辺３cmの立方体の体積は，３×３×３＝27（cm^3）である。また，取り除いた三角すいの底面積は，３×３÷２＝4.5（cm^2）で，高さは３cmだから，三角すいの体積は，4.5×３÷３＝4.5（cm^3）になる。よって，残った立体の体積は，27－4.5＝22.5（cm^3）である。

(2)　切り口は三角形ABCになる。また，AB，BC，CAはすべて１辺３cmの正方形の対角線であり，長さが等しいから，切り口の形は正三角形とわかる。

図１

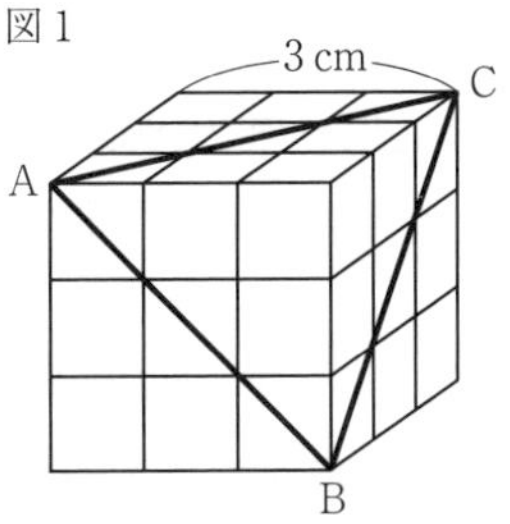

図２

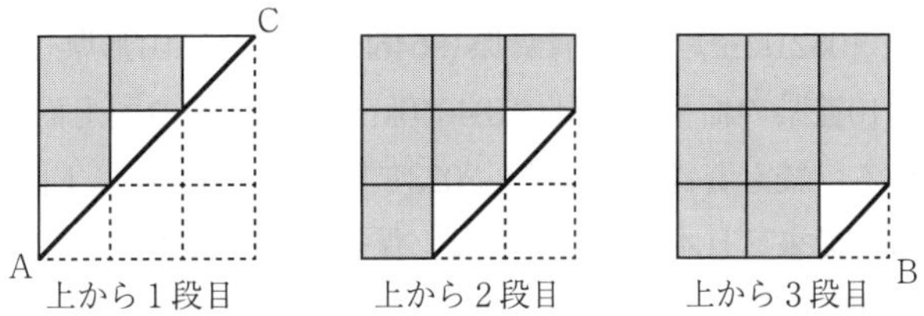

(3)　上の図２のように，１段ごとに分けて考える。それぞれの段で，上の面の切り口は太線のようになるから，残った立体のうち，切られなかった１辺１cmの立方体はかげの部分になる。よって，その数は全部で，３＋６＋８＝17（個）とわかる。

社　会　＜第１回試験＞（理科と合わせて60分）＜満点：50点＞

解　答

1　**問１**　地球温暖化　**問２**　(エ)　**問３**　浜松→金沢→高山（金沢→浜松→高山）　**問４**　輪中（集落）　**問５**　(ウ)　**問６**　(ア)　**問７**　プラスチック　**問８**　持続可能な開発目標

2　**問１**　(エ)　**問２**　(ア)　**問３**　大森貝塚　**問４**　(ウ)　**問５**　(エ)　**問６**　(ウ)　**問７**

(イ)　**問８**　武蔵　**問９**　(ウ)　**問10**　(エ)　**問11**　(エ)　**3**　**問１**　(エ)　**問２**　(ア)
問３　(ウ)　**問４**　(イ)　**問５**　(ウ)　**問６**　**A**　幸福追求　**B**　最低限度

解　説

1　日本の国土と気候についての問題

問１　大気中の二酸化炭素などの濃度が高くなり，地球表面の大気や海洋の平均気温が長期的に見て上昇する現象を地球温暖化という。地球温暖化にともなって海水温が高くなっているため，水の蒸発量が増えて上空に大量の雲ができ，台風が大型化したり記録的な大雨が降ったりし，各地に大きな被害をもたらしている。

問２　日本列島は標高の高い山々や火山が連なる山がちな地形で，国土の約７割を山地が占《し》める。北海道から九州にかけて，中央に背骨のような山脈が連なり，太平洋側と日本海側に分けている。

問３　一般的に，夏の南東季節風や台風などの影響《えいきょう》を受ける太平洋側では降水量が多くなり，日本海側では北西季節風の影響で冬の間は降水(雪)量が増える。また，内陸に位置する地域は季節風の影響を受けにくいので，降水量が比較的少ない。なお，気象庁の統計(1991～2020年)によると，各都市の年平均降水量は金沢(石川県)が2401.5mm，浜松(静岡県)が1843.2mm，高山(岐阜県)が1776.5mmとなっている。

問４　濃尾平野は，木曽三川(木曽川・長良川・揖斐《いび》川)が流れ込む低湿地帯となっているので，洪水から耕地や集落を守るために堤防《ていぼう》で囲まれた輪中とよばれる地域が発達している。輪中地帯では，周囲よりも高い場所に集落がつくられ，洪水時の避難場所や食料の貯蔵などのために，母屋より地盤を高くして竹やぶや石垣《いしがき》で頑丈《がんじょう》に固めた水屋がその一角に設けられていることが多い。

問５　面積が大きい道県上位10位は，１位北海道(78421km^2)，２位岩手県(15275km^2)，３位福島県(13784km^2)，４位長野県(13562km^2)，５位新潟県(12584km^2)，６位秋田県(11638km^2)，７位岐阜県(10621km^2)，８位青森県(9646km^2)，９位山形県(9323km^2)，10位鹿児島県(9186km^2)である。この10道県の面積の合計は184040km^2で，日本の国土面積は372971km^2であるので，約50％を占めている。統計資料は『県勢』2023年版などによる(以下同じ)。

問６　従来，日本の島の数は海上保安庁調べによる6852とされ，長崎県が971，鹿児島県が605，北海道が509となっていた。しかし，2023年２月28日に国土地理院が発表した最新の日本の島の数は14125で，長崎県が1479，北海道が1473，鹿児島県が1256である。

問７　近年，海洋ごみが増え続け，中でもその半分以上を占めるプラスチックごみは，使い捨てされ適正に処理されずに川などから海に大量に流れ込み，海の生態系に大きな影響を与えており，世界的な問題となっている。

問８　2015年に国連開発サミットで定められた持続可能な開発目標(SDGs)は，「貧困をなくそう」「すべての人に教育と福祉を」「人や国の不平等をなくそう」「平和と公正をすべての人に」など，2030年までに達成すべき17の目標と169の具体目標で構成されている。

2　鉄道開通を題材とした歴史の問題

問１　日本に鉄道が開通したのは1872年である。明治時代の初めに文明開化の風潮が広まった影響で，これまでの太陰暦を廃止し，西洋諸国にならって，地球が太陽の周りを一周する周期を基準とする太陽暦が1872年に採用された。なお，(ア)の岩倉使節団の出発は1871年であるので，このとき鉄道はまだ開通していない。(イ)の津田梅子の帰国は1882年，(ウ)の西南戦争は1877年のできごと。

問２　1837年，大阪(坂)町奉行所の元役人で陽明学者の大塩平八郎が，天保のききんのときの幕府の対応に不満を持ち，ききんで苦しんでいる人々を救おうと，仲間とともに大阪で反乱を起こしたが，半日でしずめられた。なお，(イ)は1637年，(ウ)は1716～45年，(エ)は1841～43年のできごと。

問３　大森貝塚は，アメリカの動物学者エドワード＝Ｓ＝モースが横浜から東京に向かう汽車の窓から，1877年に発見した縄文時代後期ごろの遺跡で，土器や魚・動物の骨などが発掘された。

問４　1889年，新橋～神戸間の東海道本線が全線開通した。これは新橋～横浜間に鉄道が開通した1872年から17年後のことであるので，「20年もかからずに結ばれる」となる。

問５　江戸時代には，政治の中心は幕府の置かれた江戸に移った。しかし，京都は天皇の住まいであった御所があり，交通の発達により人気の旅行先となったことから，大きく衰《おとろ》えることはなく，江戸時代前半の元禄期には商人を担い手とする元禄文化が栄えた。

問６　1867年，薩摩・長州両藩が武力によって倒幕を行うことを決意すると，江戸幕府の第15代将軍徳川慶喜は前土佐藩主山内豊信《とよしげ》のすすめを受け入れ，政権を幕府から朝廷に返した。これを大政奉還という。

問７　大和《やまと》地方(奈良県)を中心とする連合政権をヤマト政権といい，彼らは円墳・方墳・前方後円墳などの古墳を築いた。５世紀には，同様の形の古墳が関東から九州までの地域で見られたことから，ヤマト政権の支配もその広い範囲であったと考えられている。なお，(ア)について，邪馬台国の勢力範囲は朝鮮半島にまで及《およ》んでいない。(ウ)について，中国にならった本格的な都である平城京が建設されたのは710年，日本で最初につくられた律令である大宝律令は701年に完成した(８世紀)。(エ)について，平安京に都が移されたのは794年(８世紀)である。

問８　律令体制下では，現在の埼玉県，東京都，神奈川県川崎市と横浜市東部は武蔵《むさし》国とされた。

問９　後三年の役(1083～1087年)を平定した源義家が去った後の東北地方では，平泉(岩手県)を根拠地とした藤原清衡《きよひら》の支配が強大になった。奥州藤原氏は，産出する金の力を背景に東北を支配し，源頼朝に攻められ1189年に滅亡するまで，清衡・基衡《もとひら》・秀衡《ひでひら》の３代100年にわたって栄華を極めた。なお，(ア)は「平氏」ではなく「源義経」，(イ)は「伊豆で挙兵した源頼朝」ではなく「信濃《しなの》で挙兵した源義仲」である。(エ)について，後白河法皇は武士の協力を得ていたが，後白河法皇が中心となって軍事力を強化したとはいえない。

問10　1950年代半ばから1973年にかけ，日本は経済が右肩上がりに成長する高度経済成長期をむかえ，鉄鋼・自動車・石油化学工業などの重化学工業を中心に産業が著しく発展した。それを支えたのは，農村部から都市部へ出てきた若者の労働力であった。

問11　1945年に日本がポツダム宣言を受け入れて敗戦し，沖縄や小笠原諸島はアメリカの統治下に置かれたが，1971年に調印された沖縄返還協定が1972年５月15日に発効し，沖縄県は本土に復帰した。なお，(ア)は1989年，(イ)と(ウ)は1949年のできごと。

３　成年年齢についての問題

問１　2018年６月，成年年齢を20歳から18歳に引き下げる改正民法が成立した。これにともない，18歳の者が親の同意なくクレジットカードを作成したり，ローン契約や一人暮らし用の部屋の賃貸契約を結んだりすることが可能になった。しかし，国民年金に加入するのは20歳以上である。

問２　1874年，板垣退助や後藤象二郎らは，政権が長州藩や薩摩藩出身の役人に独占されていることの問題点を述べ，国会開設を求める民撰議院設立の建白書を政府に提出した。これは新聞に掲載されたために人々に大きな影響を与え，各地で自由民権運動がさかんになった。なお，(イ)は1882年，(ウ)は1889年，(エ)は1890年に起こったできごと。

問３　日本国憲法を改正するためには，国会で改正案を審議し，各議院の総議員の３分の２以上の賛成で，国会がこれを発議する(Ａ)。その後，国民の承認を得るための国民投票において過半数の賛成があれば憲法改正が決定し，天皇が公布する(Ｂ)。よって，Ａは誤りでＢは正しい。

問４　2013年４月に公職選挙法の一部を改正する法律が成立し，インターネット選挙が解禁された。これにより，候補者や政党はウェブサイト・ブログ・電子メールなどを利用して投票をよびかけることができるようになった。

問５　10歳代の投票率(‥◆‥)は常に全体の投票率(─▽─)を下回っているので，(ウ)が正しい。なお，(ア)について，最も投票率が高かったのは60歳代(‥●‥)である。(イ)について，30歳代は有権者数が最も多いわけではなく，常に全体の投票率を下回っている。(エ)について，20歳代の投票率(‥■‥)は常に40％を下回っている。

問６　**Ａ**　日本国憲法第13条では，「生命，自由及び幸福追求に対する国民の権利」について「最大の尊重を必要とする」と規定されており，この幸福追求権が新しい人権を保障する根拠とされている。実際にプライバシーの権利の一つである肖像権は，裁判所によって第13条を根拠に保護されるべき人権と位置づけられた。　**Ｂ**　日本国憲法第25条で定められた「健康で文化的な最低限度の生活を営む権利」を生存権といい，国にはこれを実現するために環境保全の政策を実施する責務があることから，環境権の根拠条文と解釈されている。

理　科　＜第１回試験＞（社会と合わせて60分）＜満点：50点＞

解　答

1　**問１**　(ウ)　**問２**　**Ａ**　反射　**Ｂ**　屈折　**Ｃ**　全反射　**問３**　(イ)　**問４**　(ア)　**問５**　(ア)　**2**　**問１**　水よう液　**問２**　65ｇ　**問３**　①　(オ)　②　(イ)　**問４**　(カ)　**問５**　(ア)，(ウ)，(エ)　**3**　**問１**　(日)光　**問２**　(ア)　**問３**　(エ)　**問４**　(オ)　**問５**　(イ)　**問６**　(ア)　**4**　**問１**　(エ)　**問２**　(エ)　**問３**　(ウ)　**問４**　(イ)　**問５**　(イ)　**問６**　15秒

解　説

1　**光の性質についての問題**

問１　水面に対して斜《なな》めに光を当てると，光の一部は水面ではね返り，一部は折れ曲がって水の中を進んでいく。このとき，入射する角度とはね返る角度は等しく，折れ曲がった光は水面から遠ざかるように進むので，(ウ)が選べる。

問２　光が鏡などのなめらかな面ではね返ることを光の反射という。また，光が空気中から水中へ進むときなどのように，異なる種類の物質の境目で折れ曲がって進むことを光の屈折《くっせつ》という。水の中から水面に光を当てるとき，入射角を一定以上大きくすると，屈折した光が空気中へ出ていかず，水面ですべて反射するようになる。このような現象を全反射という。

問３　光が空気中からガラスへ入るとき，入射角は屈折角よりも大きくなる。いっぽうで，光がガラスから空気中へ出るときは，入射角は屈折角よりも小さい。したがって，光は(イ)のように進む。

問４　光の色による屈折の度合いは，赤色，オレンジ色，黄色，緑色，青色，あい色，紫《むらさき》色の順に大きくなる。白色光はこれらの色の光すべてが重なっているので，プリズムに通すと，光が７色に分かれて進む。

問５　太陽の光は白色光と同じように，７色の光が重なってできている。虹《にじ》は，太陽の光が空に浮《う》かんでいる水滴《てき》の中へ入るときに屈折して７色に分かれ，水滴の中で反射したものが見える現象である。そのため，虹は太陽を背にしたときにしか見ることができない。

2 水よう液や実験器具についての問題

問１　物質を水にとかしてできた液を水よう液という。水よう液はとう明で，こさがどこでも同じになっている。

問２　水50mLの水の重さは50ｇなので，これに食塩15ｇをとかしてできた食塩水の重さは，50＋15＝65(ｇ)となる。

問３　メスシリンダーは(オ)のような形で，液体の体積をはかりとる器具である。ビーカーは実験台に安定して置ける(イ)のような円筒《とう》形の容器で，くちばしのような注ぎ口がある。液体をまぜ合わせたり，加熱したり冷やしたりするときなどに用いられる。

問４　メスシリンダーは水平な台の上に置き，目の位置を液面の低い位置と同じ高さにして，１目盛りの$\frac{1}{10}$まで目分量で読み取る。よって，(カ)が選べる。

問５　実験を行うときは，実験台の上に必要なもの以外は出ていないように，きれいに整とんしておく。また，薬品が手や目についたときは，すぐに多量の水でよく洗い，先生に知らせて指示に従う。したがって，(イ)と(オ)は誤りである。

3 サクラの成長についての問題

問１　サクラなどの植物は成長をするために，水，空気，適当な温度，光(日光)，肥料が必要である。植物は酸素を取り入れて呼吸を行い，二酸化炭素と水，光のエネルギーを使って光合成を行う。光合成によってつくりだした栄養分は成長のためのエネルギーとなる。また，肥料は，体をつくるために必要である。

問２　サクラは寒い冬の間には休眠《みん》しているが，春になり気温が高くなってくると冬芽が成長をはじめて花が咲《さ》く。

問３　サクラが開花した日が同じ地方を線で結んだものをサクラの開花前線という。サクラの開花は，ふつう，あたたかい九州からはじまり，じょじょに北上して北海道が最もおそくなる。

問４　サクラのなかまのソメイヨシノは，花が散ったあとに葉をつける。春から夏にかけて，葉の葉緑体ではさかんに光合成が行われる。

問５　サクラの花びらは５枚で，１枚１枚が離《はな》れる離弁《りべん》花である。また，めしべは１本，おしべが多数ある。

問６　冬は気温が低く日照時間が短いため，葉に必要な栄養を，光合成によってつくりだすことができなくなる。そのため，落葉樹は秋に葉を落とし，休眠することで冬をこす。

4 地震《しん》波の伝わり方についての問題

問１　表から，Ａ地点とＢ地点の震源からの距離《きょり》の差は，160－120＝40(km)である。また，初期微《び》動が始まった時刻は，10時12分25秒－10時12分20秒＝５秒の差がある。したがって，Ｐ波は５秒で40km進んでいるので，その速さは，40÷５＝８より，毎秒８kmと求められる。

問２　問１から，Ｐ波の速さは毎秒８kmなので，震源から120km離れたＡ地点にＰ波がとどくのは，地震が発生してから，120÷８＝15(秒後)である。したがって，地震が発生した時刻は，10時12分20秒－15秒＝10時12分05秒とわかる。

問３　Ｃ地点で初期微動が始まった時刻は10時12分35秒で，これは地震発生時刻の，10時12分35秒－10時12分05秒＝30(秒後)である。問１から，Ｐ波の速さは毎秒８kmだから，Ｃ地点の震源からの距離は，８×30＝240(km)と求められる。

問４　震源からの距離が120kmのＡ地点で主要動が始まった時刻は，地震発生時刻の，10時12分35秒－10時12分05秒＝30(秒後)なので，Ｓ波の速さは，120÷30＝４より，毎秒４kmとわかる。

問５　震源からの距離が160kmのＢ地点にＳ波がとどくのは，地震発生時刻の，160÷４＝40(秒後)である。したがって，Ｂ地点で主要動が始まった時刻は，10時12分05秒＋40秒＝10時12分45秒と求められる。

問６　Ａ地点で初期微動が始まった時刻は10時12分20秒，主要動が始まった時刻は10時12分35秒なので，Ａ地点での初期微動継《けい》続時間は，10時12分35秒－10時12分20秒＝15(秒)である。

国　語　＜第１回試験＞（50分）＜満点：100点＞

解　答

□一 **問１**　下記を参照のこと。　**問２**　①　とうてん　②　ちょうりゅう　③　おさ(める)　**問３**　横　**問４**　ウ　**問５**　④　**問６**　エ　□二 **問１**　イ　**問２**　エ　**問３**　ア　**問４**　ウ　**問５**　実際には根～いったこと　**問６**　(例)〈SDGs〉の基本概念を備え，〈グリーンウォッシュ〉や〈SDGsウォッシュ〉に関する知識を広く拡散すべきであると考えている。　**問７**　イ　□三 **問１**　(小学)五(年生)　**問２**　ア　**問３**　イ　**問４**　(例)慎一郎の考え方を聞き，その考え方に対して健太の考えていることを言い返してほしかったから。　**問５**　(例)(厳しい練習から逃げて，)がんばるのをあきらめてしまったから。　**問６**　逆だよ，お　**問７**　エ　**問８**　ウ

●漢字の書き取り

□一 **問１**　①　善行　②　裏庭　③　映る

解　説

□一 漢字の書き取りと読み，熟語の完成，ことわざの完成，品詞の識別，文学作品の知識

問１　①　道徳にかなったよい行い。　②　家の裏側にある庭。　③　音読みは「エイ」で，「映画」などの熟語がある。訓読みにはほかに「は(える)」がある。

問２　①　日本語の文中の切れ目につける記号。　②　潮の満ち引きによって生じる海水の流れ。③　音読みは「ノウ」「ナッ」「ナ」「ナン」「トウ」で，「納入」「納得」「納屋」「納戸」「出納」などの熟語がある。

問３　「横」を入れると，上から順に「横行」「横着」「真横」「横断」という熟語ができる。

問４　「後の祭り」は，手おくれになり取り返しがつかないこと。「朱《しゅ》に交われば赤くなる」は，つき合う相手によって善にもなるし悪にもなるということ。「白羽の矢が立つ」は，多くの中から特に選び出されること。「紅一点」は，多くの男性の中にただ一人いる女性のこと。

問５　「むずかしい」は，物ごとのようすや状態を表す言葉。「もっと」「すらすらと」「とても」は，主に物ごとの動作やようす・状態をくわしく説明する言葉である。

問６　『竹取物語』は，平安時代に成立した日本最古の物語で，作者は不明。『おくのほそ道』は，江戸時代に成立した俳かい紀行文で，作者は松尾《まつお》芭蕉《ばしょう》。『学問のすすめ』は，明治時代の初期に発表された論文書で，作者は福沢諭吉《ふくざわゆきち》。『吾輩《わがはい》は猫《ねこ》である』は，明治時代の後期に発表された小説で，作者は夏目漱石《なつめそうせき》。

二　**出典はオードリー・タン(語り)，近藤弥生子《こんどうやえこ》(執筆)の『まだ誰《だれ》も見たことのない「未来」の話をしよう』による。**世界共通の価値観である〈SDGs〉がどのようにすれば広がるのかといったことや，〈SDGs〉に必要な素養とは何かといったことなどについて説明されている。

問１　Ａ　「共通の価値観」の形成のために，「プラットフォーム」を利用したり，「若者間での討論会」でさまざまに話し合ったりした後，さらにそこで出された「結論」について「現役の専門家たち」に意見を聞いている，という文脈になる。よって，前のことがらを受けて，さらにつけ加える意味を表す「そして」が合う。　Ｂ　皆《みな》が〈SDGs〉という概念《がいねん》についての「素養」を持っていない時期が「最も詐欺《さぎ》に遭《あ》いやすい」が，「少しずつ皆がその概念に詳《くわ》しくなり始める」と，相手に対する質問や相手の責任がわかり始める，という文脈になる。よって，前のことがらを受けて，それに反する内容を述べるときに用いる「けれど」が入る。

問２　ぼう線①の次の段落には，回収したデニム生地に新しい価値を与《あた》える「アップサイクル」のために，「デザイナーが現代にフィットするデザイン」を考え，「さまざまな理由で仕事から離《はな》れていた地元女性たち」が裁縫《さいほう》を担当したという例が述べられている。つまり，「ソーシャルイノベーション」とは，「一緒《いっしょ》に仕事」をしていなかった人たちが「共通の価値観」によって，一連の作業を行うことといえる。これをふまえると，「地下道の利用率を上げる」という目的のために，「役所」や「利用したことのある人」や「画家」が力を合わせているという内容のエが合う。

問３　ぼう線②に続く部分に注目する。企業《きぎょう》のCSR報告書の内容が，世界的に重視される〈SDGs〉と関連づけられるようになった台湾《たいわん》の事例が紹介されている。〈SDGs〉という「共通の価値観」について討論するには「非常に長い時間が必要」になるが，「ソーシャルイノベーション」を目指す企業の報告書がインターネット上に公開されることによって，多くの人に「その企業が持つ価値観」が理解され，「共通の価値観」を持つ人がつながることができるとされている。

問４　「あたかも」は，“まるで”という意味。

問５　「そのようなこと」は，環境《かんきょう》に関して「よくやっているかのように見せかける」ため，「実際には根拠《こんきょ》がない」のに「環境にいい」と言いたてたり，「海や森林の写真を使って環境によさそうなイメージ」を与《あた》えたりするような〈グリーンウォッシュ〉や〈SDGsウォッシュ〉を指している。

問６　同じ段落に，一人ひとりが〈SDGs〉の「素養」である「基本概念《がいねん》」をよく理解していれば，〈グリーンウォッシュ〉や〈SDGsウォッシュ〉のような詐欺に遭う「リスクは大幅《おおはば》に低下」すると述べられている。つまり，〈SDGs〉の「素養」を身につけ，〈グリーンウォッシュ〉や〈SDGsウォッシュ〉に関する知識を広めていくことが大切なのだといえる。

問7　第二，第三段落に注目する。筆者は「社会が『これが大事だ』と思える共通の価値観を見出《みいだ》していくこと」が重要だと考えており，「皆がこのテーマを重要だと思っていなくても，私が重要だと思うから，皆にやれと命令する」ことでは意味がない，と述べている。この内容がイに合う。

三　**出典は重松清《しげまつきよし》の『さすらい猫《ねこ》ノアの伝説』による。**忘れてしまった大切なことを思い出させてくれるといわれている猫のノアについていった健太《けんた》は，走ることに集中している慎一郎《しんいちろう》に出会う。

問1　ぼう線⑤の前で，健太は，慎一郎に向かって「いまだって，五年生でAチームなのは一人だけだろ？」と言っている。慎一郎は，『星ヶ丘《ほしがおか》スターズ』のAチームに入っているただ一人の五年生なのだとわかる。

問2　健太は，慎一郎を見て「あんな乱暴なヤツと関わり合いになんかなりたくないや」と思っているので，アの内容が合う。

問3　「いっそう」は，前よりも程度が一段と進むさま。

問4　健太はノアに導かれ，慎一郎から「逃《に》げるわけにはいかない」と思うような場面に追いこまれた。そして，慎一郎の「亮平《りょうへい》みたいな弱虫のヘタくそ」という言葉に反発を覚え，亮平がサッカーを嫌《きら》いになったのは慎一郎のせいだと言い返したいと思った。その二人のやり取りをじっと「見つめている」ことから，ノアは，健太に慎一郎と話す機会を持たせ，自分の思いを言わせるために，この場所に連れてきたのだと考えられる。

問5　慎一郎は，「コーチや六年生にしょっちゅう怒《おこ》られて」いるが，「がんばってるうちに，だんだんうまくなる」と信じて，努力を続けている。一方亮平は「ヘタ」で「才能がない」のに，厳《きび》しくされたくらいで「がんばるのをあきらめた」ため，慎一郎は亮平を「弱虫」と考えているのだとわかる。

問6　慎一郎は「せっかくコーチしてやったのに，損しちゃったよなあ」と，亮平がサッカーをやめたことについて責任を全く感じていないようだった。それに対して健太は，「逆だよ，おまえがコーチして怒ってばかりだったから，亮平はサッカーが嫌いになっちゃったんだよ」と慎一郎に言い返したいと思ったのである。

問7　リフティングの練習を続ける亮平を見て，健太は「悪いのは慎一郎だ」と思ったが，慎一郎が「もっとうまくなるために，がんばっている」ことも思い出され，慎一郎の考えも正しいように思えてきた。健太は，「頭の中に次から次へ」といろいろな考えがわきあがってきて，ワケがわからなくなってしまったのだとわかる。

問8　『星ヶ丘スターズ』をやめた亮平が，自宅で「リフティングに何度も何度も挑戦《ちょうせん》している」のを健太は見ている。ここからは，亮平にサッカーを続ける気持ちがあることが読み取れるので，ウが合う。

2023年度 日本大学豊山中学校

【算　数】〈第３回試験〉(50分)〈満点：100点〉

(注意) 1．定規，コンパス，分度器，計算機などを使用してはいけません。
2．答えが分数のときは，約分してもっとも簡単な形で求めなさい。

1 次の □ にあてはまる数を答えなさい。

(1) $2023 - \left\{22 - (20 + 13 \times 4) \div 6\right\} \times 6 \div 5 = \square$

(2) $4 \div 0.01 \times 0.005 \div 0.2 = \square$

(3) $6.12 \times 3.14 + 3.55 \times 3.14 - 4.67 \times 3.14 = \square$

(4) $\dfrac{5}{4} + 1\dfrac{3}{4} \times \dfrac{2}{7} - \left(\dfrac{3}{7} + \dfrac{1}{4}\right) = \square$

(5) $7\dfrac{1}{3} - \left(\square \div \dfrac{3}{4} + \dfrac{5}{3}\right) = \dfrac{7}{6}$

2 次の問いに答えなさい。

(1) ある商品に仕入れ値の４割の利益が出るように定価をつけましたが，売れなかったので定価の４割引きで売ったところ，400円の損失になりました。この商品の仕入れ値を答えなさい。

(2) Ａ君，Ｂ君，Ｃ君の３人の所持金を比べると，Ａ君とＢ君の所持金の比は３：４，Ｂ君とＣ君の所持金の比は６：７です。３人の所持金の合計が2100円であるとき，Ａ君の所持金を答えなさい。

(3) ２けたの整数のうち，６または９で割り切れる整数は何個あるか答えなさい。

(4) 96を$1 \times 2 \times 48$のように異なる3個の整数のかけ算で表すと，全部で何通りの表し方があるか答えなさい。ただし，かけ算の順番を入れかえたものは同じ表し方とします。

(5) ある年の8月5日が月曜日ならば，その年の12月25日は何曜日か答えなさい。

3 次の問いに答えなさい。

(1) 下の図は，中心が点Oの円の一部を，点Oが円周に重なるようにABで折り返した図です。アの角の大きさを答えなさい。

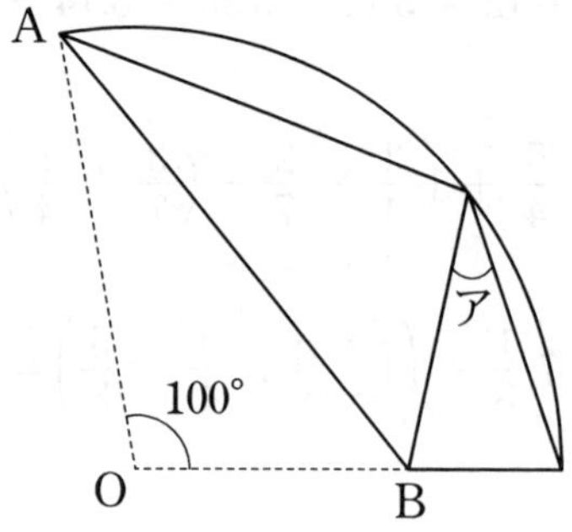

(2) 下の図のように，正六角形の全ての辺とぴったり重なるような円があり，その円周上に頂点がある正三角形をかきました。この正三角形の面積が$3\,\text{cm}^2$であるとき，正六角形の面積は何cm^2か答えなさい。なお，点線は正六角形の向かい合う頂点を結んだ線です。

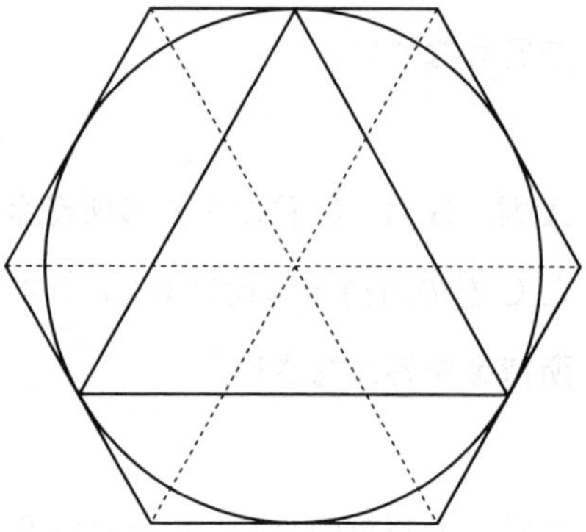

(3)　下の図は，中心が点Oで直径が6 cmの半円です。このとき，かげのついた部分の面積は何cm^2か答えなさい。ただし，円周率は3.14とします。

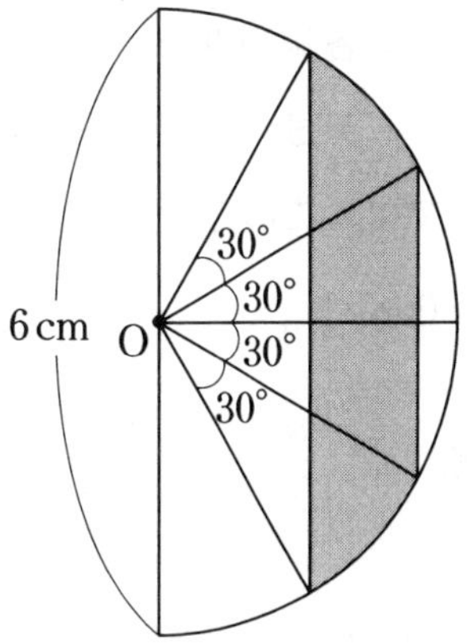

4　下の図のように，ある規則にしたがって整数が並んでいます。このとき，次の問いに答えなさい。

1　　　　　1段目
2　3　　　　2段目
4　5　6　　　3段目
7　8　9　10　　4段目
11　…………　・　　・
・　…………　　　・
　　　　　　　　・

(1)　6段目のもっとも大きい整数を求める式をかきなさい。

(2)　59は上から何段目の左から何番目か答えなさい。

(3)　12段目のすべての整数の和を答えなさい。

5 10時ちょうどに発車する各駅列車と，その後に発車する急行列車があります。下のグラフは各駅列車と急行列車の運行のようすを表したものです。急行列車はB駅で停車中の各駅列車を追い抜き，C駅では各駅列車が到着すると同時に発車します。A駅からC駅までの距離は13.5 kmで，どちらの列車もそれぞれの駅での停車時間は3分間です。このとき，次の問いに答えなさい。

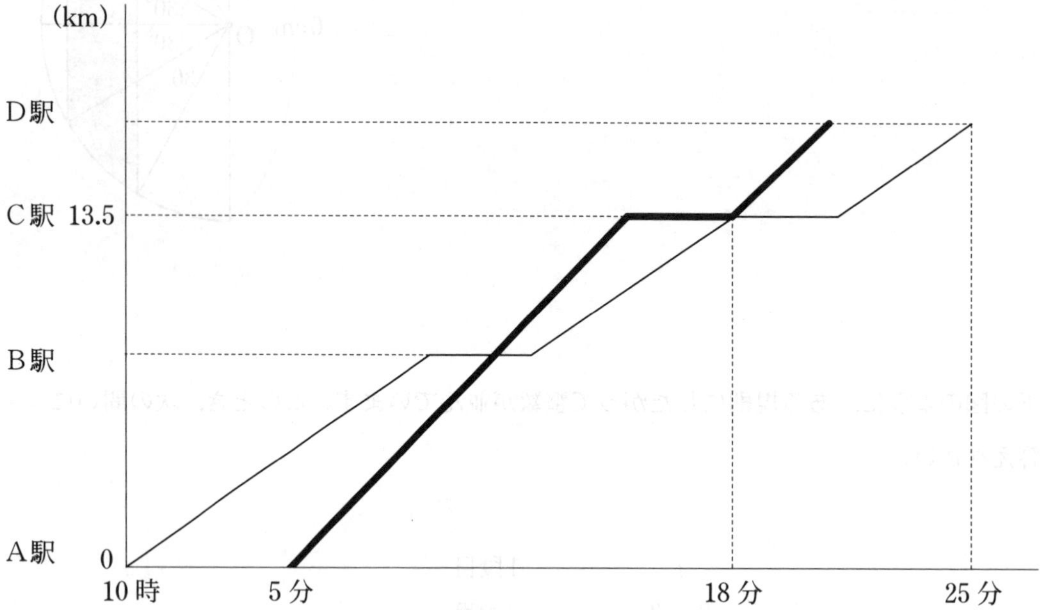

(1) 急行列車の速さは時速何kmか答えなさい。

(2) A駅からD駅までの距離は何kmか答えなさい。

(3) 各駅列車がB駅に到着して2分後に急行列車に追い抜かれるとき，A駅からB駅までの距離は何kmか答えなさい。

6 右の図のように，縦 4 cm，横 33 cm の長方形 ABCDの紙テープを正五角柱に巻きつけたところ，AC が底面に垂直になりました。また，AC にそって紙テープを 2 か所切断したところ，周の長さが 70 cm の平行四辺形 AECF になり，切り取った 2 つの直角三角形 AEB，CFD の面積はいずれも 6 cm^2 になりました。
このとき，次の問いに答えなさい。

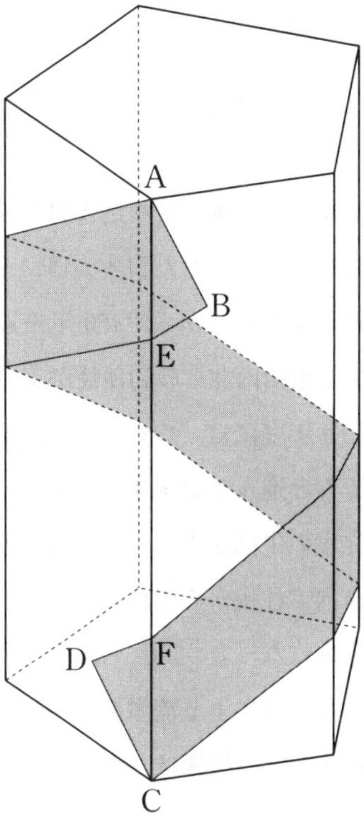

(1) 直角三角形 ABE の辺 BE，辺 AE の長さを答えなさい。

(2) 平行四辺形 AECF のテープの辺 AE と辺 FC をくっつけて輪をつくります。この輪は半径何 cm の円になりますか。
円周率を 3.14 とし，小数第 2 位を四捨五入して小数第 1 位まで答えなさい。
ただし，のりしろは考えないものとします。

(3) 正五角柱の高さは何 cm か答えなさい。

【社　会】〈第３回試験〉（理科と合わせて60分）〈満点：50点〉

（注意）定規，コンパス，分度器，計算機などを使用してはいけません。

1　次の文章を読んで，下の各問いに答えなさい。

鉄道技術が日本に持ち込まれたのは，1853年です。長崎に来航した船上でロシアの蒸気機関車の鉄道模型を見せられた日本人は，その技術力の高さに驚きました。令和４年，新橋から横浜間を結ぶ鉄道が開業してから，150年を迎えました。長崎から武雄《たけお》温泉間で①西九州新幹線が開業し，九州地方でも東西南北への利便性がより一層高まることが期待されています。

令和９年度には，ついに［　②　］中央新幹線が部分開業予定であり，通過する各都道府県では工事が着々と進んでいます。しかし，走行実験を行っていた実験線が通過する③山梨県や静岡県では，地域住民の生活を支える水資源にかかわる問題も起こりました。山梨県ではトンネル工事に伴《ともな》い，笛吹《ふえふき》市内で住民から水枯《みずが》れの訴《うった》えが相次ぎました。また，静岡県でも，日本一の茶どころを象徴《しょうちょう》する生産地になった［　④　］台地では，かんがい事業がダム建設と併《あわ》せて計画されており，［　②　］のトンネル工事による流量減少や地下水位の低下が問題視されています。今後も人々の移動時間を短縮するインフラ技術は，海外への輸出を目標とした「インフラシステム海外展開戦略2025」によって，ますます貿易が活性化されていくことが期待されています。

問１　下線部①に関して，以下の問いに答えなさい。

（１）　西九州新幹線の列車名として，正しいものを次の中から一つ選び，記号で答えなさい。

（ア）　かもめ　　（イ）のぞみ　　（ウ）やまびこ　　（エ）つばめ

（２）　西九州新幹線の開通区間に位置する地域の盛んな伝統工芸品として，正しいものを次の中から一つ選び，記号で答えなさい。

（ア）　肥前びーどろ　　（イ）備前焼　　（ウ）小千谷ちぢみ　　（エ）大館曲げわっぱ

問２　空欄《くうらん》［　②　］にあてはまる語句を答えなさい。

問３　下線部③に関して，以下の問いに答えなさい。

（１）　下線部③でぶどうやももの栽培《さいばい》が盛んに行われている盆地名を答えなさい。

（２）（１）の盆地周辺では，写真のような地形を用いて果樹栽培が盛んに行われています。この地形の名称《めいしょう》を答えなさい。

（地理院地図より作成）

（３）　なぜ，（２）の地形は果樹栽培に適しているのか説明しなさい。

問４　空欄［④］にあてはまる地名を答えなさい。

2　次の文章を読んで，下の各問いに答えなさい。

昨年の参議院議員の選挙中に発生した，安倍晋三元首相が銃撃《じゅうげき》された事件は，大きな衝撃《しょうげき》を与えました。①1963 年には太平洋をはさんで日米間ではじめて宇宙中継がおこなわれましたが，その歴史的な電波が報じたのは，ケネディ大統領暗殺のニュースだったのです。歴史をさかのぼっても政権担当者や要人の襲撃《しゅうげき》や暗殺など多くの事件が起こっており，深刻な事態を招いたり大きな変革がもたらされたりが繰り返されてきました。

6 世紀から 7 世紀にかけて中国では強大な国家が出現して，当時の日本でも危機意識の中で強力な国家を建設しようとする機運が高まりました。その頃に実権を握《にぎ》っていたのが，蘇我氏でした。その蘇我氏を宮殿《きゅうでん》での儀式《ぎしき》の最中に暗殺し，一族を滅《ほろ》ぼしておこなわれたのが②大化の改新でした。

鎌倉時代になると 2 代将軍源頼家が，幕府内で実権を握っていく③北条氏との対立によって暗殺されました。

室町幕府が開かれると④3 代将軍足利義満は有力な守護大名を力で抑《おさ》え込み，朝廷をも圧倒《あっとう》して全国的な支配を確立しましたが，義満の子である 6 代将軍は反発した守護大名によって暗殺されてしまいます。室町幕府を滅ぼした⑤織田信長は，家臣の明智光秀に本能寺を襲撃され天下統一事業の途《と》中《ちゅう》で倒れています。

江戸時代は幕末に向けて，幕府が鎖国政策から開国へと転換《てんかん》すると大混乱となりました。幕府を批判する勢力を弾圧《だんあつ》する安政の大獄が起こると，その反発から大老［　⑥　］が暗殺される事件が起こりました。このことが拍車をかけることになり，幕府は急速に衰《おとろ》えをみせ滅亡《めつぼう》に至るのでした。

近代に入っても，要人が襲撃される事件は後を絶ちませんでした。明治維新の最大の功労者の一人であった［　⑦　］が暗殺されてしまったことで，政府は大黒柱を失ってしまいました。［　⑦　］のあとを継いだリーダーの中では，大隈重信も外務大臣在職中に爆弾《ばくだん》テロにあっています。薩長藩閥勢力の中心として近代国家建設の中心に位置していた伊藤博文は，韓国の民族運動家［　⑧　］にハルビン駅で狙撃《そげき》され命を落としました。

内閣制度が確立され，憲法でも内閣が政治を担当することが規定されるようになると，現職の総理大臣が襲撃される事件が起こります。⑨原敬と⑩浜口雄幸は，東京駅で襲《おそ》われてしまいます。また，五・一五事件では海軍の将校に［　⑪　］首相が撃《う》たれるという悲劇が起こったのです。

問 1　下線部 ① の出来事の年より後に起こった出来事を次の中から一つ選び，記号で答えなさい。

（ア）　朝鮮戦争が起こったことで，日本も参戦するために自衛隊が組織された。

（イ）　日米安全保障条約が改定され，安保反対のデモが国会を取り囲んだ。

（ウ）　池田勇人内閣のもとで高度経済成長が推進され，全国が高速道路網《こうそくどうろもう》で結ばれた。

（エ）　田中角栄首相が日中共同声明に調印して，中国との国交が正常化された。

問2　下線部②の中心的役割を果たした人物は，後に天皇の位についています。その天皇名を次の中から一つ選び，記号で答えなさい。

（ア）　推古天皇　　（イ）　天智天皇　　（ウ）　天武天皇　　（エ）　持統天皇

問3　下線部③に関連して**間違っているもの**を次の中から一つ選び，記号で答えなさい。

（ア）　北条時政は，承久の乱に勝利して執権の地位に就任した。

（イ）　北条義時は，和田義盛を滅ぼして執権の地位を確立した。

（ウ）　北条泰時は，武士のために御成敗式目を制定した。

（エ）　北条時宗は，モンゴルの服属要求を拒否《きょひ》して戦った。

問4　下線部④がおこなった事柄《ことがら》として**間違っているもの**を次の中から一つ選び，記号で答えなさい。

（ア）　南北朝を合体させた。

（イ）　勘合貿易を開始した。

（ウ）　明に対して対等な立場を主張した。

（エ）　北山に壮麗《そうれい》な金閣を建立した。

問5　下線部⑤に関連して正しいものを次の中から一つ選び，記号で答えなさい。

（ア）　足利義昭を追放すると，京都の郊外に巨大な安土城を築いた。

（イ）　一向一揆と全面対決をした結果，比叡山を焼き討ちにした。

（ウ）　桶狭間の戦いでは，鉄砲を大量に活用して勝利した。

（エ）　商業の発展をはかるため，楽市・楽座令を発した。

問6　空欄 ⑥ にあてはまる人物名を答えなさい。

問7　空欄 ⑦ にあてはまる人物として正しいものを次の中から一人選び，記号で答えなさい。

（ア）　岩倉具視　　（イ）　西郷隆盛　　（ウ）　木戸孝允　　（エ）　大久保利通

問8　空欄 ⑧ にあてはまる人物名を答えなさい。

問９　下線部 ⑨ が総理大臣であった頃の状況として正しいものを次の中から一つ選び，記号で答えなさい。

（ア）　政党内閣の成立により普通選挙への期待が高まり，女性の選挙権も認められた。

（イ）　大正デモクラシーの広がりの中で，吉野作造は民本主義を主張した。

（ウ）　第一次世界大戦がはじまった影響が日本にも及《およ》び，深刻な不況《ふきょう》にみまわれた。

（エ）　第一次世界大戦の講和会議がワシントンで開かれ，日本は戦勝国として出席した。

問10　下線部 ⑩ の内閣のもとでの出来事として正しいものを次の中から一つ選び，記号で答えなさい。

（ア）　満州事変が引き起こされ，日本は占領地に満州国をうちたてた。

（イ）　満州を勢力下におくために，張作霖《ちょうさくりん》を爆殺《ばくさつ》した。

（ウ）　盧溝橋《ろこうきょう》で日中両国軍が衝突《しょうとつ》し，全面戦争へと発展した。

（エ）　アメリカで発生した世界恐慌の波が，日本にも及んできた。

問11　空欄［　⑪　］にあてはまる人物名を答えなさい。

3　次の文章を読んで，下の各問いに答えなさい。

第二次世界大戦後，政治体制の違いからアメリカ合衆国を中心とする資本主義諸国（西側）と，ソ連を中心とする社会主義諸国（東側）の対立が深まりました。核兵器をかかえる両陣営の対立は，お互いに直接戦火を交えることがなく，①「冷たい戦争（冷戦）」と呼ばれました。この間，東西両陣営は軍事力を強化し，各国と地域的な集団防衛条約を結んでいきました。西側の②NATOや東側のWTOはその代表例です。

1980年代半ばにソ連の指導者となった ③ が，資本主義の制度をとり入れる改革や情報公開を行った結果，両陣営の対立はやわらぎ，④1989年，両国の首脳会談で東西対立の終結が宣言されました。1991年には⑤ソ連を構成していた国々が独立国家共同体をつくり，ソ連は解体しました。

冷戦の終結で大国同士の戦争の危機はやわらぎましたが，近年では新たに宗教や民族の違いを背景とした⑥地域紛争やテロリズムといった「新しい戦争」が起こっています。

こうした地域紛争やテロに対しては，⑦国際連合を中心として様々な取り組みが行われていますが，その解決は容易ではありません。日本も安全保障理事会の⑧非常任理事国として，国際平和の実現に向けて積極的な活動が求められます。また，軍事的な対応だけでなく，貧富の差の改善などの，より根本的な対策も求められます。

問１　下線部①について，冷戦期に起こった次の出来事を年代順に並べ替えた時に，２番目に来るものはどれですか。次の中から一つ選び，記号で答えなさい。

（ア）　鉄のカーテン演説　　　（イ）　キューバ危機

（ウ）　朝鮮戦争　　　（エ）　ベルリンの壁崩壊《ほうかい》

問２　下線部②の正式名称を日本語で答えなさい。

問３　空欄 ③ にあてはまる人物として正しいものを次の中から一人選び，記号で答えなさい。

（ア）ゴルバチョフ　（イ）スターリン　（ウ）レーニン　（エ）エリツィン

問４　下線部④の会談が行われた地名を答えなさい。

問５　下線部⑤について，旧ソ連を構成していた国として，**間違っているもの**を次の中から一つ選び，記号で答えなさい。

（ア）カザフスタン　（イ）ベラルーシ　（ウ）ウクライナ　（エ）クロアチア

問６　下線部⑥について，パレスチナ紛争が起きている場所を地図中の（ア）～（エ）から一つ選び，記号で答えなさい。

問７　下線部⑦について，「教育や文化の振興《しんこう》を通じて，戦争の悲劇を繰り返さない」との理念のもとに設立され，識字率の向上や義務教育の普《ふ》及《きゅう》，世界遺産の登録と保護などを行っている国際連合の専門機関は何か。次の中から一つ選び，記号で答えなさい。

（ア）UNESCO　　（イ）UNICEF　　（ウ）UNHCR　　（エ）UNCTAD

問８　下線部⑧に関する記述として，**間違っているもの**を次の中から一つ選び，記号で答えなさい。

（ア）日本はこれまでに 12 回非常任理事国に選ばれており，国連加盟国中最多となっている。

（イ）非常任理事国は 10 か国で構成されており，半数の 5 か国ずつ改選される。

（ウ）非常任理事国は世界の各地域から候補が選ばれ，国連総会で承認される。

（エ）非常任理事国の任期は 4 年で，連続して務めることはできず，任期が来れば必ず退任しなければならない。

【理　科】〈第３回試験〉（社会と合わせて60分）〈満点：50点〉

（注意）定規，コンパス，分度器，計算機などを使用してはいけません。

1　次の〔Ⅰ〕～〔Ⅲ〕の各問いに答えなさい。ただし，円板と糸の重さは考えないものとします。

〔Ⅰ〕 たかし君は，中心が同じで半径の異なる3枚の円板を組み合わせ，同時に回転するかっ車を作りました。3枚の円板の半径は，それぞれ3 cm，6 cm，9 cmです。

問1　**図1**のように，半径3 cmの円板の右側に20 gのおもりをつけ，半径が6 cmの円板の左側のひもを手で引いて，おもりを静止させました。このとき，ひもを引く力は何gか答えなさい。

問2　**図2**のように，半径3 cmの円板の右側に30 gのおもりをつけ，半径が9 cmの円板の左側のひもを手で引き，おもりを2 cmだけゆっくりと引き上げました。このとき，ひもは何cm引けばよいのか答えなさい。

図1

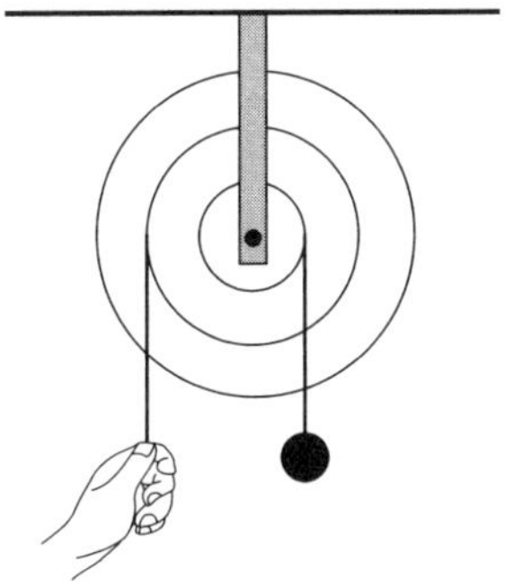

図2

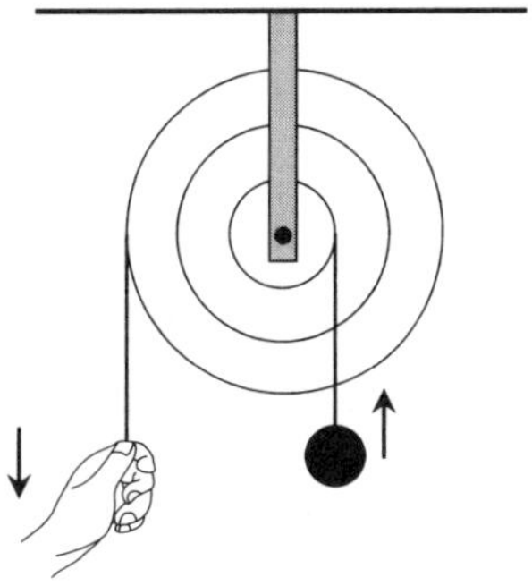

〔Ⅱ〕 次に，たかし君は同じ半径の3つの円板A，B，Cと100 gのおもりを用いて，**図3**のようなかっ車を作り，手で円板Cの左側のひもを下に引き，おもりを静止させました。

問3　おもりを静止させておくためには，何gの力で引かなければならないのか答えなさい。

問4　このおもりをゆっくりと10 cm持ち上げるためには，ひもは何cm引けばよいのか答えなさい。

図3

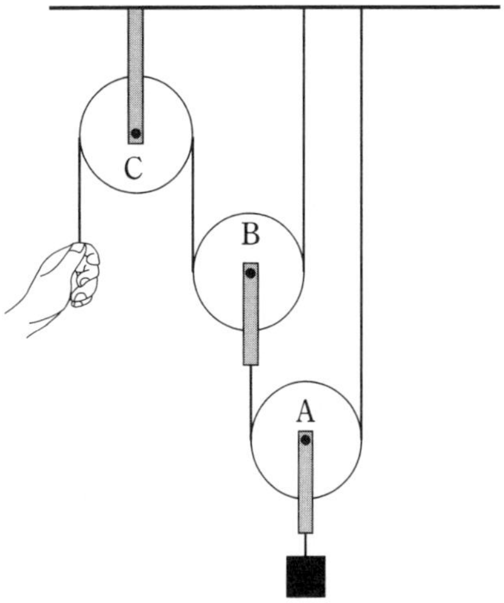

〔Ⅲ〕 さらに，たかし君は半径の異なる４つの円板D，E，F，Gと260ｇのおもりを用いて，**図４**のような，かっ車を作り，手で円板Gの左側のひもを上に引き，おもりを静止させました。

図４

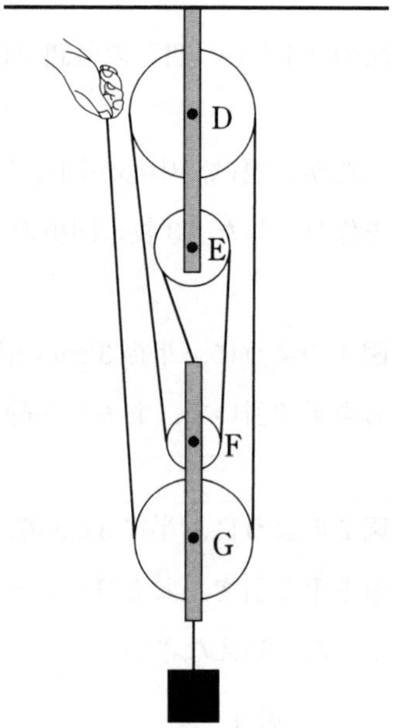

問５ おもりを静止させておくためには，何ｇの力で引かなければならないのか答えなさい。

問６ このおもりをゆっくりと2.5 cm持ち上げるためには，ひもは何cm引けばよいのか答えなさい。

2　次の文章を読んで，下の各問いに答えなさい。

次の図のように，ふたをしたＡのびんの中でろうそくを燃やし，火が消えてからろうそくをとり出しました。Ｂのびんは，何も入れずにふたをしておきました。

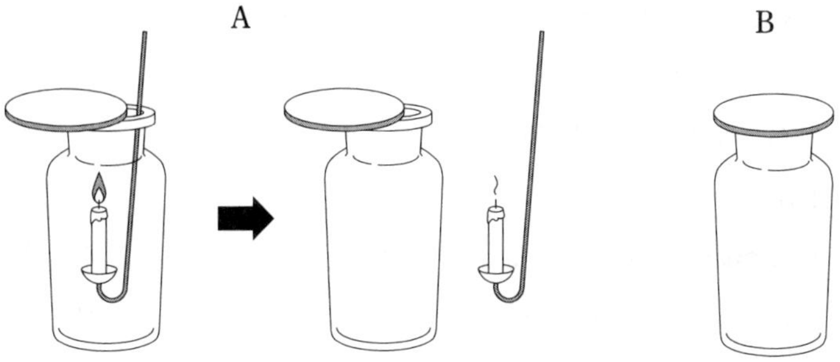

問１　ＡとＢの中に石灰水を入れてふると，石灰水はどうなりますか。もっとも適切《てきせつ》なものを次の（ア）～（オ）からそれぞれ１つずつ選び，記号で答えなさい。

（ア）　赤くなる　（イ）　青くなる　（ウ）　白くなる　（エ）　黒くなる

（オ）　色の変化はなく，透明のままである

問２　問１の結果から，ろうそくが燃えると，何という気体ができることがわかりますか。気体の名前を答えなさい。

問３　次のグラフは，ＡとＢのびんの中の空気の体積の割合を表しています。Ａのびんの中の空気の体積の割合は，（ア）と（イ）のどちらですか。記号で答えなさい。

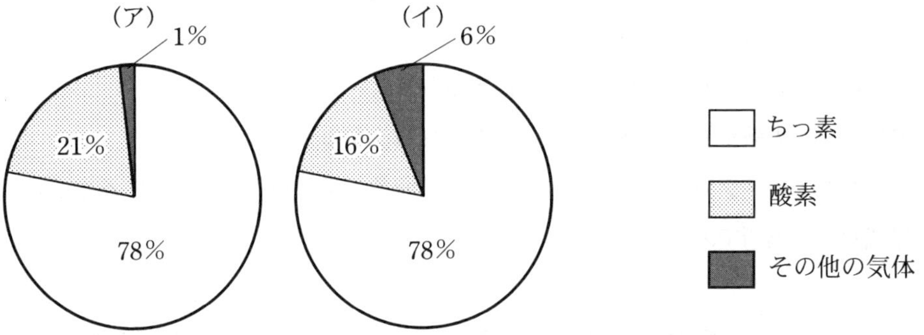

問４　問２の気体を実験室で発生させる方法として正しいものを，次の（ア）～（オ）から２つ選び，それぞれ記号で答えなさい。

（ア）　二酸化マンガンにオキシドールを加える。

（イ）　石灰石にうすい塩酸を加える。

（ウ）　アルミニウムにうすい塩酸を加える。

（エ）　水酸化カルシウムと塩化アンモニウムを混ぜて試験管に入れ，加熱する。

（オ）　貝がらにうすい塩酸を加える。

3　次のメダカについての文章を読んで，あとの各問いに答えなさい。

ゆたか君は，①メダカを飼育《しいく》している親せきからメダカの卵をゆずってもらい，家で育てることにしました。卵は水草についていて，透明《とうめい》です。飼育を始めた時期はちょうど暖かい日が続いたので，10日でふ化しました。ふ化した稚魚《ちぎょ》（魚の赤ちゃん）にさっそくエサをあげましたが，②２，３日エサを食べませんでした。エサを食べるようになって２か月ほどで成長は止まりました。大人のメダカを観察していると，ひれの形が違う２種類のメダカがいることに気がつきました。調べてみると，③オスとメスでひれの形が違うようです。

長く飼育していると，いくつかのメダカの習性《しゅうせい》に気がつきました。はじめは，水を入れ替《か》えるときです。水を入れ替えるときは，メダカをすくわないように，大きめの器で水を減らしてから，くみ置きした水を勢いよく注ぎました。そうするとメダカは［　A　］。それから，エサをあげるときにエサの入った袋を水そうの上に持ってくるだけでメダカが水面に寄って来るようになりました。ゆたか君はためしに，④透明なセロハンを水面に浮かせて，その上にエサを置いてみました。そうすると，水面にあるセロハンを水中からつつきました。

問１　下線部①のメダカは，どのグループに当てはまりますか。次の（ア）～（オ）から１つ選び，記号で答えなさい。

（ア）　ホニュウ類　　（イ）　鳥類　　（ウ）　ハチュウ類　　（エ）　両生類　　（オ）　魚類

問２　下線部②について，エサを食べなかった理由の説明として適切《てきせつ》なものを次の（ア）～（エ）から１つ選び，記号で答えなさい。

（ア）　生まれたてのメダカは殻《から》を食べて成長するから。

（イ）　自然界では天敵《てんてき》が多く，逃げることが優先されるから。

（ウ）　生まれたてのメダカには卵黄《らんおう》がついており，卵黄の栄養を使って成長するから。

（エ）　見《み》慣《な》れない場所でふ化したから。

問３　文中の［　A　］に入る適切なものを次の（ア）～（エ）から１つ選び，記号で答えなさい。

（ア）　水の流れに関係なく泳いでいた

（イ）　水の流れのないところに移動した

（ウ）　水の流れに沿って泳いでいた

（エ）　水の流れに逆らって泳いでいた

問４　下線部③について，ひれの形がオスとメスで異なる部分を次の**図１**の**ア～カ**から**２つ**選び，記号で答えなさい。

図１

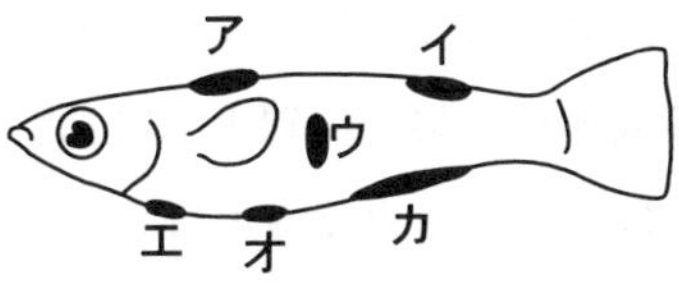

問５　下線部④から，メダカはどうやってエサを見分けていると考えられますか。次の（ア）～（エ）から１つ選び，記号で答えなさい。

（ア）　音　　（イ）　におい　　（ウ）　時間　　（エ）　見た目

問６　次の**図２**は，生きたメダカの尾びれを顕微鏡《けんびきょう》で観察したものを模式的《もしきてき》に表したものです。下の文中の［B］～［D］に入る語句の組み合わせとして正しいものを，次の（ア）～（エ）から１つ選び，記号で答えなさい。

図２

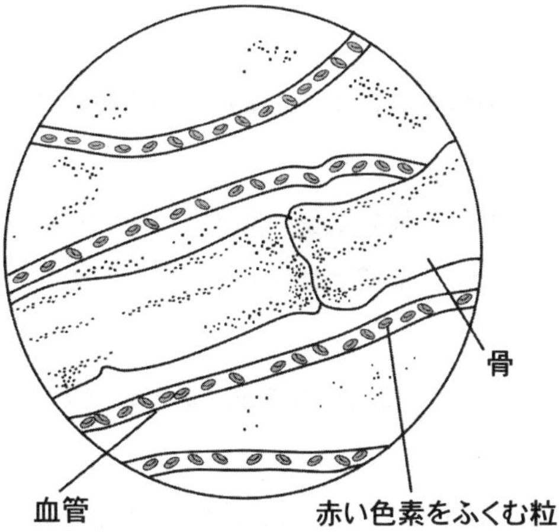

赤い色素《しきそ》をふくむ粒は［B］である。赤い色素は［C］と呼ばれ［D］と結びつく性質がある。

	B	C	D
（ア）	ヘモグロビン	酸素	赤血球
（イ）	酸素	赤血球	ヘモグロビン
（ウ）	赤血球	ヘモグロビン	酸素
（エ）	ヘモグロビン	赤血球	酸素

4 次の文章を読んで，あとの各問いに答えなさい。

昨年は，前年度から続いていた [A] 現象（南米ペルー沖の海面水温が平年より低い状態）によって猛暑《もうしょ》が予想されていました。実際に全国的に高温となり，特に東京都心では，猛暑日《もうしょび》が6月下旬から7月にかけて9日間連続という観測史上最長記録と16日間という最多記録を更新しました。また，7月から8月中旬にかけては各地で記録的な降水量を観測する大雨が発生しました。8月22日に気象庁は，これらを異常気象とし，その主《おも》な要因《よういん》を [B] 気流が大きく蛇行《だこう》したためであると発表しました。

問1 [A] に入る現象の名前を次の（ア）～（エ）から1つ選び，記号で答えなさい。

（ア） エルニーニョ　（イ） ラニーニャ　（ウ） フェーン　（エ） ボーラ

問2 [B] に入る気流の名前を次の（ア）～（エ）から1つ選び，記号で答えなさい。

（ア） 上昇　（イ） 下降　（ウ） ロケット　（エ） ジェット

問3 次の文章の〔 ① 〕～〔 ② 〕に入るものを，あとの（ア）～（カ）からそれぞれ1つずつ選び，記号で答えなさい。

猛暑日とは，〔 ① 〕以上の日をいいます。また，熱帯夜《ねったいや》とは，夕方から翌日の朝までの〔 ② 〕以上になる夜のことです。

（ア） 最高気温が35℃　（イ） 最高気温が30℃　（ウ） 最高気温が25℃

（エ） 最低気温が35℃　（オ） 最低気温が30℃　（カ） 最低気温が25℃

問4 次の文章の〔 ③ 〕～〔 ④ 〕に入るものを，あとの（ア）～（カ）からそれぞれ1つずつ選び，記号で答えなさい。

昨年は，7月から8月中旬にかけては各地で記録的な降水量を観測する大雨が発生しましたが，これは同じ場所で積乱雲《せきらんうん》が次々と発生し帯状《おびじょう》に連なる現象で〔 ③ 〕降水帯《こうすいたい》と呼ばれ，数時間にわたり大雨をもたらします。気象庁は警報《けいほう》・注意報が発表されたときに，危険度が一目で分かる「〔 ④ 〕（危険度分布）」というアプリの提供を2019年から開始しました。

（ア） 連続　（イ） 線状　（ウ） 帯状

（エ） アメダス　（オ） キキクル　（カ） ネルフ

問5　――線③「ぼくらには関心を失った」とありますが、なぜですか。その理由として、最もふさわしいものを次から選び、記号で答えなさい。

ア　自分のために本気を出して頑張ると意気込んでいた割には、やる前から失敗した後のことを思案していた「ぼく」の弱気な様子にがっかりしてしまったから。

イ　そばにいる三人の侍女や大橋、山根がばかにするような「ぼく」と真面目に話していると、今まで築き上げてきた「有村由布子」という存在がおびやかされる気がしたから。

ウ　馬上槍試合当日まで二ヵ月近くもあるというのに、馬から落ちないようにするという低い目標を堂々と宣言する「ぼく」に対して、抱《いだ》いていた思いが冷めてしまったから。

エ　自分の替《か》え玉として、「ぼく」に学館スクールの模擬試験を受験させるつもりだったが、「ぼく」の学力がとても低いことを知り、他を当たろうと考えていたから。

問6　――線④「二人の目にちらっと光のようなものが見えた」とありますが、このときの二人の心情について「しかし」という言葉を使って、二つの文で具体的に説明しなさい。

問7　この作品の内容を説明したものとして、最もふさわしいものを次から選び、記号で答えなさい。

ア　有村さんは、秘密基地での騎士団の会話の内容を知っていて、「ぼく」はそのことについて問いただされたため、うまく答えることができず、思わず声が裏返ってしまった。

イ　「平均点は上回るよ」や「恥をかかない点数を取ると、有村さんに約束する」と弱気な「ぼく」を見て恥ずかしくなった健太は「やればできる子」と「ぼく」のことを励《はげ》ました。

ウ　有村さんが騎士団に模擬試験を受けさせようとしたのは、無理を押《お》し付けたかったからではなく、「ぼくら」に力を出すきっかけを与えたかったのだと「ぼく」は考えている。

エ　『アーサー王の物語』にも描《えが》かれた馬上槍試合に出場し、愛する女性のために勝利を捧げることを夢想してきたが、陽介と健太に話しても二人とも理解してくれなかった。

「お、俺も」
「うん。今日は秘密基地にはいかへん。家で勉強や」
「おう」
　ぼくらは互《たが》いに手を握《にぎ》り合った。
　二人と別れて帰る道すがら、ふと思った。もしかしたら有村由布子の本当の意図は、ぼくらのやる気を引き出すことにあったのかもしれない、と。彼女はぼくらを見て歯がゆく思っていたのかもしれない。そんなぼくらに力を出すきっかけを与えようとしてくれた――いや、きっとそうに違いない。その証拠《しょうこ》に、あのとき、みんなが笑っている中で、彼女だけが笑わなかった。そう思うと、ぼくの全身が喜びに満たされた。

（『夏の騎士』百田尚樹）

＊詰問…相手を責めてきびしく問いただすこと。
＊侍女…そばに仕える人。
＊夢想…夢の中で思うこと。夢に見ること。
＊露骨…感情をかくさずに、ありのまま外に表すこと。

問１　本文には、次の一文がぬけています。入る場所として、最もふさわしいものを、【１】～【４】から選び、数字で答えなさい。

【　彼女《かのじょ》は少しも笑わず真剣《しんけん》な目でぼくを見ていた。　】

問２　[A] に入る語として、最もふさわしいものを次から選び、記号で答えなさい。

ア　不可能
イ　絵空事
ウ　有意義
エ　無意味

問３　――線①「しどろもどろに」とありますが、このときの「ぼく」の様子として、最もふさわしいものを次から選び、記号で答えなさい。

ア　おごりたかぶって、相手を見下している様子。
イ　ひどく動揺《どうよう》して、言動に落ち着きがない様子。
ウ　感情に左右されることなく、冷静な様子。
エ　後先考えず、その場だけを取り繕《つくろ》う様子。

問４　――線②「こんな名誉なこと」とありますが、どういうことですか。具体的に説明しなさい。

有村さんは*露骨《ろこつ》に失望した表情を見せた。

「騎士団の皆さんがそんな覚悟しかなかったなんて――残念ね」

有村さんはそう言うと、③もうぼくらには関心を失ったように、傍《かたわ》らの侍女と話を始めた。

　ぼくらはすごすごと有村さんから離《はな》れるしかなかった。

「ヒロ、どうするんや。試験なんか受けへんよな」

　三人だけになったとき、陽介が不安そうに訊いた。

「あ、有村さんも、だ、駄目と言っていたもんな」

　健太が同調した。

「ぼくは受けるよ」

「本気かー」

「ああ。陽介も健太も一緒《いっしょ》に受けるんや」

「俺は嫌《いや》やで」

　陽介はしり込《ご》みしながら言った。

「自信のないこと言うなよ。試験まで二ヵ月近くある。死に物狂《ものぐる》いでやれば、何とかなる。やればできる。なせばなる。そう思わへんか」

　二人は首を横に振った。

「なあ、ぼくらはずっと勉強してけえへんかった。ぼくは授業中はいつも全然違うことを考えていた。テストの前に教科書を見るなんちゅうことは一度もなかった。ということは、どういうことかわかるか」

「わからへん」

「つまり――やればできるはずなんや。今までは、やらへんかったから、でけへんかったんや。そやけど、やればできる。ぼくらの中にはそんな力が眠《ねむ》ってるんや。潜在《せんざい》能力というやつや」

　二人はふんふんという感じでうなずいた。

「お、俺もいつも、お父さんとお母さんから、け、健太はやればできる子と言われてる」

　健太が言うと、陽介も「俺も言われたことがある」と言った。

「ぼくもや。きっとぼくらはやればできる子なんや。今まではやる機会がなかった。今度の模擬試験が、ぼくらの力を出すきっかけを与《あた》えてくれるんや」

　④二人の目にちらっと光のようなものが見えた。

「これは大きなチャンスや。この二ヵ月近くで、ぼくらの潜在能力が引き出される。ぼくらはやればできる子というのを証明するんや。そして――有村由布子にぼくらのすごさを知ってもらう」

　陽介が「俺、なんかやる気が出てきたよ」と言った。

「お、俺もや。こ、こんな気分になったのは初めてや」健太も力強く言った。

　そんな二人を見て、ぼく自身も興奮してきた。なんだか自分の中に眠っていたマグマのようなものが噴《ふ》き出てくる感じがした。おそらく二人もそうだったのだろう。

「俺、帰ったら、すぐ勉強する」と陽介が言った。

身が熱くなった。

「今から勉強するんや！」とぼくは二人に言った。

「勉強したかて無理や」陽介は怖気《おじけ》づいた声を出した。

「真剣《しんけん》にやったら、でけへんはずはない」

「そら、真剣にやったら、零点《れいてん》は取らずに済むかもしれへんけど――」

陽介の言葉に、有村さんの周囲の者がどっと笑った。

「零点を取らないなんて、目標が高すぎるんじゃないか」

大橋がからかったが、ぼくは無視して、有村さんに「模擬試験はいつなん？」と訊《き》いた。

「八月二十八日よ」

夏休みの終わりごろか、今日が七月七日だからまだ二ヵ月近くある。真剣に勉強すれば何とかなるかもしれない。

「有村さんのために頑張《がんば》るよ。ぼくらの本気というのを見せる」

陽介と健太が、おいおい、と言った。

「恥《はじ》をかかない点数を取ると、有村さんに約束する」

「恥をかかない点数？」

有村さんは少し睨《にら》むような眼をして言った。

「私がそんなものを望んで、あなたたちに試験を受けてほしいと言ったと思ったの？」

うっと言葉に詰《つ》まった。

有村さんの言うとおりだ。恥をかかない点数を取るなど、騎士の約束ではない。馬上槍試合に出る前に、馬から落ちないようにすると堂々と宣言するみたいなものだ。そんなへっぽこ騎士をレディが素敵と思うはずがない。試合に出るかぎりは高らかに勝利を誓うのが騎士だ。しかしそれがわかっていても、ぼくは大きなことを口にできなかった。

「平均点は上回るよ」

それがぼくに言える精一杯《せいいっぱい》の目標だった。しかし内心はそれさえも到底《とうてい》無理だということはわかっていた。試験を受けるのは県内の優等生ばかりだからだ。

「お、一気に強気に出たぞ」

大橋の言葉に何人かが笑ったが、有村さんは笑わなかった。

「県で一〇〇番以内に入ってほしいわ」

それを聞いた瞬間、頭から氷水を浴びせられた気分になった。いくら有村さんの願いでも、それは無理だ。県でベスト一〇〇なんて、天羽小学校全体でも一人入るか入らないかだ。それも入るとしたら四年生から進学塾《しんがくじゅく》に通っている秀才だけだ。学館スクールの模擬試験は、神戸や西宮といった都会の有名進学塾に通う超秀才が大量に受けるのだ。

「もし三人のうち、一人でもベスト一〇〇に入ったら、騎士団の誓いは本物だと認めるわ」

「――駄目《だめ》やったら？」

「受ける前から駄目だと思っているようじゃ、多分駄目ね」

「実は、私も騎士について調べてみたの。そしたら、騎士はお姫様《ひめさま》のために剣《つるぎ》の試合に出るってあったの。それを読んだとき、なんだか素敵だなって思って」

　有村さんはそう言って、微笑みながら目を閉じてゆっくりとうなずく例の天使の笑みを見せた。その瞬間、ぼくの心は完全にもっていかれた。【　3　】

　有村さんが言った剣の試合は、正しくは「馬上槍試合《ばじょうやりじあい》」だ。馬上槍試合こそは騎士たちの晴れ舞台《ぶたい》だ。ぼくが読んだ『アーサー王の物語』にも出てきた。

　騎士は愛するレディのために、馬上槍試合に出場する。鎧兜《よろいかぶと》に身を包み、槍を持って馬にまたがり、同じように鎧兜で身を包んだ相手と一騎打《いっきう》ちを演じるのだ。そしてレディに輝《かがや》かしい勝利を捧《ささ》げる――。ぼくはどれだけその光景を夢想*したかわからない。もちろん陽介《ようすけ》と健太にそんな話はしていない。第一、それは昔の物語で、実際に今、そんなことはできはしないからだ。だからいかに望もうとも、有村由布子の前で英雄《えいゆう》の凛々《りり》しい姿を見せることは叶《かな》わない。

　ところが今、有村さんは馬上槍試合の代わりに、別の戦いの場を用意してくれたのだ。槍での戦いとはまるで違うが、レディの前で戦うということには変わりはない。

　しかも有村さんが自ら提案してくれたのだ。②こんな名誉《めいよ》なことがあるだろうか。

　ぼくは振り向くと、陽介と健太に「模擬試験を受けよう」と言った。しかし二人は複雑な表情を浮かべて、「無理やで」と言った。

「なんでや。これは騎士団としても大いにやりがいのあることやで。そう思わへんか」

「俺《おれ》らが学館スクールの模擬試験を受けられると本気で思てんのか」

　陽介の言葉に健太もうなずいた。

「受けられるで」

「ヒロは模擬試験って、どんなものか知ってんのか？　有名中学の受験問題みたいなのが出んねんぞ。学校の試験よりもずっと難しいんやで」

「それくらい知ってるわ」

「お前、学校のテストの問題かて解けへんやないか」

　陽介の言葉に、有村由布子の周囲にいた大橋や侍女たちが一斉《いっせい》に笑った。ぼくは恥ずかしさでかーっとなったが、陽介の言うとおりだった。学校のテストでさえろくに解けないのに、優等生ばかりが受ける模擬試験の問題なんか解けるはずもない。

　いつも有村さんと喋《しゃべ》っている大橋と山根はにやにや笑っていた。この二人はクラスで一位と二位を争っている秀才《しゅうさい》だ。ぼくはちらっと有村さんを見た。【　4　】

　そのとき、有村さんはぼくらを試している、と思った。騎士団の誓《ちか》いというものがどこまで本気なのか見ているのだ。その瞬間、全

三　次の文章を読んで、後の問いに答えなさい。

翌日、昼休みに、有村さんから「騎士団《きしだん》の皆《みな》さん」と声をかけられた。【　１　】

どきっとした。前々日に秘密基地であんな会話をしていたこともあって、有村さんの顔を見るのが恥《は》ずかしかった。もしかしたら有村さんはぼくらの会話の内容を知っていて、それについて＊詰問《きつもん》しようとしているのではないかと一瞬《いっしゅん》思ったほどだ。

しかしもちろんそんなことはなかった。有村さんは素晴らしいソプラノで言った。

「騎士団の皆さんに、お願いがあるんだけど」

「なに？」

「前に遠藤《えんどう》君たちは、私のために何かしたいって言ってくれたわね」

夢かと思った。有村由布子《ゆうこ》から「遠藤君」なんて呼ばれたことがこれまで一度でもあっただろうか。多分その瞬間、ぼくの体は一〇センチは床《ゆか》から浮《う》き上がっていたに違《ちが》いない。

有村由布子は腕《うで》を組んで微笑《ほほえ》んでいた。信じられるだろうか――あの素敵な笑顔をぼくに向けていたのだ。有村由布子のそばにはいつものように三人の＊侍女《じじょ》がいた。それに彼女《かのじょ》の崇拝者《すうはいしゃ》の大橋や山根もいた。【　２　】

「ぼくらにできることなら、何でもやる」

そう言いながら、自分の声が裏返ったのがわかった。侍女の一人が笑った。有村さんはぼくの声の変化に気付かなかったのか、微笑んだまま言った。

「八月に学館スクールの模擬《もぎ》試験があるのを知ってる？」

ぼくは首を振《ふ》った。学館スクールの模擬試験は有名中学を受験する小学生が受けるもので、たしか二ヵ月に一度あったが、ぼくには縁《えん》がなかったから、それがいつ行われるかなんて、当然知らなかった。ただ、クラスの優等生たちは五年生から毎回受けているようだった。有村由布子もその一人だ。

「その試験、騎士団も受けてみない？」

ぼくは「ええっ！」と思わず声を上げた。

「なんで、ぼくらが模擬試験を受けるの？」

「笑わないで聞いてくれる？」

ぼくは首が折れるくらいうなずいた。

「ふっと思ったんだけど。騎士団が私のために模擬試験を受けるのはどうかしらって――」

意味が分からなかった。有村由布子の代わりに受けるなんてできないし、たとえそんなことが可能でも彼女のほうがぼくらよりもずっと勉強ができるので、まるで［Ａ］だ。代役でないとしても、ぼくらが試験を受けても、有村さんのためには少しもならない。

ぼくはそのことを①しどろもどろに言った。

「そんなことはわかっているのよ」

有村さんはいたずらそうな笑顔を見せた。

問３　――線②「これ」が指す内容として、最もふさわしいものを次から選び、記号で答えなさい。

ア　日本人が曲名だけでなく、その場にふさわしい曲だと理解できること。

イ　歌詞のない楽曲であっても、誰もが素晴らしいと理解できること。

ウ　ドイツでも、式典にふさわしい曲があらかじめ決まっていること。

エ　日本人が理解できる曲を、あえてドイツの人々が選んでくれていること。

問４　――線③「コミュニケーション能力は、まず相手への思いやりを持つことで高められる」とありますが、「思いやり」に関する筆者の考えとして、ふさわしくないものを次から選び、記号で答えなさい。

ア　フランス人に対し最初から英語で話しかけない。

イ　中東のアラビア語圏の人へ現地語で挨拶をする。

ウ　世界でコミュニケーションがとれる英語で話す。

エ　外国人が日本人へ「コンニチハ」と話しかける。

問５　B・Cに入る語の組み合わせとして、最もふさわしいものを次から選び、記号で答えなさい。

ア　B　ところが　　C　だから

イ　B　しかし　　C　また

ウ　B　さらに　　C　たとえば

エ　B　そして　　C　または

問６　――線④「人に教えると、自分自身の理解も深まるのです」とありますが、なぜですか。その理由を答えなさい。

問７　筆者の意見として、最もふさわしいものを次から選び、記号で答えなさい。

ア　日本の学校教育はレベルが高いため、小学校までの勉強を一生懸命やっていると、世界のどこへ行っても物知りとして通用することになる。

イ　「コミュ力」を高めるには相手へ思いやりをもつことが第一歩となり、さらに高めるには学校で学ぶ音楽に特化した知識で会話を弾ませると良い。

ウ　知識を人へ上手に伝えるためには、インプットしたものを誰かに説明し、伝わらなかった部分を修正してから別の誰かへ説明し直す練習が大切だ。

エ　アウトプットよりもインプットを意識することで上手に説明ができるようになり、人に説明していると、話す順序も大切だと気づくようになる。

それも考えながらアウトプットの練習をしていくといいでしょう。

（『なぜ世界を知るべきなのか』池上《いけがみ》彰《あきら》）

＊キュビズム…立体主義。20世紀初頭におこった近代美術の革新運動、およびその手法。

＊ニュアンス…ある語・語句の持つ表面的な意味以外の細かな意味。

＊啓典…神の教えを記した書物。

問１　――線①「音楽だってそうなのです」とありますが、どういうことですか。最もふさわしいものを次から選び、記号で答えなさい。

ア　音楽は主要科目と同じように、日本人としてしっかり勉強するべき科目であり、一部の学校の受験科目ともなることから、ゆくゆくは世界の人と交わることを想像しながら学ぶ科目だということ。

イ　音楽は美術で有名な画家をすぐに答えられるのと同様に、有名な作曲家や好きな楽曲を答えられるだけの知識を備えることが重要な科目であり、受験科目よりも人生において大切だということ。

ウ　音楽は日本の学校教育のレベルの高さを表す科目の一つであり、外国では、その時代や格差の広がりなどを表すことができる点において、どの国においても学ぶことが必要とされる科目であるということ。

エ　音楽は美術と同様に、世界の文化に触れることができる授業であり、大人になって世界中の人と付き合うようになったときに会話を弾ませたり、信頼関係を築いたりするのに役立つということ。

問２　［Ａ］に入る語として最もふさわしいものを、本文中から二字で書きぬきなさい。

アウトプットを意識したインプットを心がける

ネットや本で調べて、人に伝えたくなったうんちくを誰《だれ》かに話してみたら、うまく説明できなかった、という経験をしたことがありませんか。自分が「理解できた」ということと、人に説明できるくらい「理解できた」ということの間には、大きな差があるのです。人に理解してもらう説明をするためには、3倍くらい深く、根本から理解する必要があります。

　では、どうしたら理解を深め、人に上手に説明できるようになるのか？　アウトプット（発信すること）を意識したインプット（取り入れること）を心がけるようにしてみてください。本を読んだり、映画を見たりしたら、誰かに内容を説明してみるのです。最初はうまく説明できなくても、意識して繰《く》り返しているうちに、だんだん説明が上手になっていきます。人に説明すると、自分の理解も進むからです。急ぐことはありません。うまく伝わらなかったなと思ったら、どこがいけなかったのかを考えて修正し、別の誰かに話してみましょう。

「週刊こどもニュース」を担当していたとき、２００１年９月11日にアメリカ同時多発テロが起きました。そこで、イスラム過激派がなぜあのようなことをしたのか解説することになりました。根本から理解するために、イスラム教の*啓典《けいてん》『コーラン』を読破しようと思い立ち、読み始めたのです。キリスト教の『旧約聖書』や『新約聖書』には、それぞれストーリー性がありますが、『コーラン』は、アッラー（神）が預言者ムハンマドに伝えたことが羅列《られつ》された書物なので、とっつきにくく、なかなか読み通すのが難しいのです。

［Ｂ］、「小学生にわかるように説明するには、まず預言者の説明からするのがいいだろう」などとアウトプットを意識して読み進めると、頭の中が整理されて読みやすく感じ、ついに読破することができたのです。

　小学生にわかってもらうように伝えるというアウトプットの具体的な目標があったので、インプットできたのですね。「小学生」の部分を「外国人」に置き換《か》えれば、海外へ出て現地の人に伝えることを意識して本などで情報を取り入れる、ということになりますね。

　子どもにわかるように伝えるには、内容を核心まで理解して、専門用語を使わずにシンプルに説明しなければなりません。「週刊こどもニュース」で毎回苦闘《くとう》していた経験が、結果的に私の武器になりました。

　今、仕事でいろいろな学校を訪れる機会があります。その中には、生徒同士で教え合う仕組みを取り入れて進学実績を高めている高校がありました。④人に教えると、自分自身の理解も深まるのです。

［Ｃ］、人に説明してみると、興味を持ってもらう「つかみ」がまず大切だということにも気づくはずです。どういう順序で話すと、身を乗り出して聞いてもらえるのか、理解してもらえるのか。

の文化に触《ふ》れることが、大人になって世界中の人と付き合うようになったとき、会話を弾《はず》ませたり、信頼《しんらい》関係を築いたりするのに一役買ってくれるのです。

だから、学校の勉強を一生懸命《いっしょうけんめい》やってほしいなと思います。すべての科目に学ぶ意味があります。私は、自分の核《かく》をつくったのは中学・高校の教育だと実感しています。とりわけ、中学校までの学習内容をしっかり勉強しておけば、世界のどこに行っても「物知り」として通用することを、ぜひ知っておいてほしい。

あなたが勉強したことは、社会へ出てから、必ず役に立つときがくるのです。

コミュニケーション能力は、思いやりから生まれる

最近では、人と上手に意思疎通《そつう》できる能力を「コミュ力」という言い方で、高いか低いかを問題にします。③コミュニケーション能力は、まず相手への思いやりを持つことで高められると思うのです。「共感力」と言ってもいいでしょう。

たとえば、私はこの章の冒頭《ぼうとう》で、海外へ行くなら英語が役に立つと述べましたが、とにかく英語で話しかければいい、というものではありません。フランス人に英語で話しかけると、フランス人はフランス語にものすごく誇《ほこ》りを持っているから英語がわからないふりをする、とよく言われるでしょう。それなら、まず「ボンジュール」(Bonjour)とか「ボンソワ」(Bonsoir)とか、フランス語で挨拶《あいさつ》をしてから英語に切り替《か》えると、「私はフランス語ができないので、英語に切り替えます」という*ニュアンスが相手に伝わります。そうすれば、フランス人も英語に切り替えてくれます。最初から英語できるでしょ、という態度で英語で話しかけると相手の人はムッとすることがあるのです。

いろんな国の言葉を全部話すのは無理なので、せめて挨拶くらいは現地語を話すとだいぶ印象が違《ちが》います。私は中東のアラビア語圏《ごけん》へ行くと、「アッサラーム・アライクム」(あなたに平安がありますように)という挨拶をしてから、英語で話しかけるようにしています。

世界でコミュニケーションをとるうえで英語はとても役に立ちます。ですが、英語がオールマイティというわけではありません。英語圏の人でなければ、挨拶だけでも現地語を使う。これは「思いやり」の一種だということになるでしょう。まず、相手への思いやりを持つことがコミュニケーション能力を高めるための第一歩。そして、コミュニケーション能力を高めていくためには、いろんな教養を身につけていくことが、やはり重要なのだと思います。

日本で外国人が声をかけてくるときに、「コンニチハ」と片言の日本語を使ってくれるだけで好感を持ちますよね。これなのです。

二　次の文章を読んで、後の問いに答えなさい。

学校での勉強は、あとになって役に立つ

世界のいろんな国々を見てきて、日本の学校教育はレベルが高いし、よくできているな、と思います。教養を身につけるにはどうしたらいいか、と聞かれることがありますが、特別なことをしなくても、中学・高校の授業を受けてしっかり勉強していれば、いつの間にか身についているから大丈夫《だいじょうぶ》です。あくまで、しっかり勉強した場合、ですが。

国語や数学などの主要科目以外にも、音楽や美術の授業があるでしょう。ヨーロッパの美術館へ行ってみると、中学校や高校の美術の教科書で見た覚えのある絵に出会います。有名な絵のタイトルや描《えが》いた画家の名前は教科書で見ていたから割と覚えているものです。さらに、ゴッホは後期印象派だとか、ピカソは*キュビズムを始めた人だとか、ヨーロッパの人とそういう話をできるのは、学校で美術教育を受けたからです。美術は一部の学校を除けば受験科目でないことが多いのですが、世界の人と交わるにはとても大切な科目です。

①音楽だってそうなのです。できれば、作曲家の名前を知るだけでなく、「モーツァルトの交響曲《こうきょうきょく》は何番が好き？」と聞かれたら、迷わず答えられるくらいだといいですね。

私自身、ヨーロッパのいろんなところへ行くたびに、ああ、この地名は聞いたことがあるとか、ああ、この絵は見たことがある、この曲は聴《き》いたことがあるという経験をたくさんしてきました。日本の学校教育でいつの間にか［A］を身につけていたのだな、と社会人になって海外へ行くようになってから気づきました。

ベルリンの壁《かべ》が崩壊《ほうかい》し、ドイツが統一されたときに、式典で演奏されたのがベートーヴェンの「第九」、正確に言うと交響曲第9番、第4楽章で歌われる「歓喜《かんき》の歌」の合唱部分でした。「歓喜の歌」はEU（欧州《おうしゅう》連合）の歌にもなっています。こちらは、歌詞のない楽曲だけを使用しています。ベートーヴェンの第九のようなクラシックの名曲は学校の音楽の授業で必ず聴きますよね。だから、日本人はその音楽が流れてきたら、ベートーヴェンの「歓喜の歌」だとわかり、式典にふさわしい曲だと理解できる。②これは、世界的に見れば結構すごいことなのです。

ちなみに、ベルリンの壁崩壊30周年の式典を取材したところ、その時はベートーヴェンの交響曲第5番「運命」が演奏されました。ああ、ドイツも大変なのだなと思いましたね。東西ドイツが一緒《いっしょ》になるときは、本当に喜び一色で「歓喜の歌」を歌ったのに、30年もたつといろんな格差が広がったり、国内で分裂《ぶんれつ》があったりして、「運命」が選ばれるようになったのだ、としみじみ感じたからです。

学校で勉強することの中には、こんなことを覚えても将来役に立つのだろうか、と思ってしまうものもあると思います。でも、学校で習うことは、今すぐに役に立たなくても、社会人になってから、いろんな場面で本当に役に立ってきます。美術や音楽の授業で世界

2023年度

日本大学豊山中学校

【国　語】〈第三回試験〉（五〇分）〈満点：一〇〇点〉

（注意）答えを書くときには、「、」や「。」やかぎかっこなども一字と数えます。

一　**次の問いに答えなさい。**

問１　**――線を漢字に直しなさい。ただし、送りがなの必要なものは、それもふくめて書きなさい。**

①　外国から食料をユニュウする。
②　この店はキヌオリモノを売っている。
③　護国寺駅でオリル。

問２　**――線の読みを、ひらがなで答えなさい。**

①　彼の胸中はおだやかではない。
②　暗幕を張って映画を見る。
③　彼に次いで二番目のゴールとなった。

問３　**次の熟語の類義語として正しいものをあとから選び、記号で答えなさい。**

例外

ア　類題　　イ　意外　　ウ　特別　　エ　他方

問４　**次の――線の中から、送りがながまちがっているものを一つ探し、記号で答えなさい。**

ア　明日の予定を確める。
イ　日光で部屋が暖まる。
ウ　届け出に所定の紙を用いる。
エ　バス停に並んでいる列を整える。

問５　**「多くの水滴《すいてき》が集まればシャワーになる」という外国のことわざがありますが、これと同じ意味の日本のことわざとして正しいものを次から選び、記号で答えなさい。**

ア　覆水盆《ふくすいぼん》に返らず　　イ　水を得た魚
ウ　船頭多くして船山に上る　　エ　塵《ちり》も積もれば山となる

問６　**次の――線の中から、他とは意味の異なるものを一つ探し、記号で答えなさい。**

ア　これは自分にも食べられる。
イ　私は人に待たれることが苦手だ。
ウ　宝物が見られる所へ案内をしよう。
エ　車なら目的地まですぐに行かれる。

2023年度

日本大学豊山中学校 ▶解　答

※　編集上の都合により，第３回試験の解説は省略させていただきました。

算　数　＜第３回試験＞（50分）＜満点：100点＞

解　答

[1] (1)　2011　(2)　10　(3)　15.7　(4)　$1\frac{1}{14}$　(5)　$3\frac{3}{8}$　[2] (1)　2500円　(2)　540円　(3)　20個　(4)　９通り　(5)　水曜日　[3] (1)　30度　(2)　８cm^2　(3)　4.71cm^2　[4] (1)　(例)　１＋２＋３＋４＋５＋６　(2)　上から11段目の左から４番目　(3)　870　[5] (1)　時速81km　(2)　17.1km　(3)　8.1km　[6] (1)　BE…３cm，AE…５cm　(2)　4.8cm　(3)　23cm

社　会　＜第３回試験＞（理科と合わせて60分）＜満点：50点＞

解　答

[1] **問１**　(1)　(ア)　(2)　(ア)　**問２**　リニア　**問３**　(1)　甲府盆地　(2)　扇状地　(3)　(例)　水はけがよく，日あたりがいいため。　**問４**　牧ノ原　[2] **問１**　(エ)　**問２**　(イ)　**問３**　(ア)　**問４**　(ウ)　**問５**　(エ)　**問６**　井伊直弼　**問７**　(エ)　**問８**　安重根　**問９**　(イ)　**問10**　(エ)　**問11**　犬養毅　[3] **問１**　(ウ)　**問２**　北大西洋条約機構　**問３**　(ア)　**問４**　マルタ　**問５**　(エ)　**問６**　(ウ)　**問７**　(ア)　**問８**　(エ)

理　科　＜第３回試験＞（社会と合わせて60分）＜満点：50点＞

解　答

[1] **問１**　10g　**問２**　６cm　**問３**　25g　**問４**　40cm　**問５**　52g　**問６**　12.5cm　[2] **問１**　A　(ウ)　B　(オ)　**問２**　二酸化炭素　**問３**　(イ)　**問４**　(イ)，(オ)　[3] **問１**　(オ)　**問２**　(ウ)　**問３**　(エ)　**問４**　(イ)，(カ)　**問５**　(エ)　**問６**　(ウ)　[4] **問１**　(イ)　**問２**　(エ)　**問３**　①　(ア)　②　(カ)　**問４**　③　(イ)　④　(オ)

国　語　＜第３回試験＞（50分）＜満点：100点＞

解　答

一 **問１**　下記を参照のこと。　**問２**　①　きょうちゅう　②　あんまく　③　つ(いで)　**問３**　ウ　**問４**　ア　**問５**　エ　**問６**　イ　二 **問１**　エ　**問２**　教養　**問３**　ア　**問４**　ウ　**問５**　イ　**問６**　（例）　頭の中を整理することができ，内容を核心まで理解することになるから。　**問７**　ウ　三 **問１**　４　**問２**　エ　**問３**　イ　**問４**　（例）　有村さんが馬上槍試合の代わりに模擬試験という別の戦いの場所を自ら提案してくれたこと。　**問５**　ア　**問６**　（例）　優等生が受ける模擬試験は受けたくないと思っていた。しかし，「ぼく」の「やればできる」という言葉でやる気を出し，模擬試験を受けてみようという気持ちになっている。　**問７**　ウ

●漢字の書き取り

一 **問１**　①　輸入　②　絹織物　③　降りる

2022年度　日本大学豊山中学校

〔電　話〕　(03) 3943－２１６１
〔所在地〕　〒112－0012　東京都文京区大塚５－40－10
〔交　通〕　東京メトロ有楽町線 ―「護国寺駅」より徒歩１分
　　　　　　東京メトロ丸ノ内線 ―「新大塚駅」より徒歩７分

【算　数】〈第１回試験〉（50分）〈満点：100点〉

（注意）１．定規，コンパス，分度器，計算機などを使用してはいけません。
　　　　２．答えが分数のときは，約分してもっとも簡単な形で求めなさい。

1　次の問いに答えなさい。

(1)　$(143 - 9 \times 3 + 12) \div 2 - 14$ を計算しなさい。

(2)　$3\frac{1}{2} + \frac{1}{8} \div \left(3 + \frac{1}{4}\right)$ を計算しなさい。

(3)　$(450 \times 3.9 + 300 \times 2.6 - 150 \times 5.2) \div (300 \times 1.3)$ を計算しなさい。

(4)　$4 \div 0.5 \times 0.03 \times 0.009 \div 0.0009$ を計算しなさい。

(5)　$\left(21 \times \square - 20 \times \square + 19 \times \square - 18 \times \square\right) = \frac{5}{8}$ の４つの $\square$ には同じ数が入ります。$\square$ にあてはまる数を求めなさい。

2　次の問いに答えなさい。

(1)　長さが480 m のまっすぐな道路があります。この道路の片側に30 m おきに木を植えます。両はしにも木を植えるとき，木は全部で何本必要ですか。

(2)　１から110までの整数のうち，２または３で割り切れる整数は何個ありますか。

(3)　6400 g の粘土を30 % 増量したものは，$\square$ kg の４割にあたります。$\square$ にあてはまる数を求めなさい。

(4)　ある年の３月７日は金曜日です。この年の６月24日は何曜日ですか。

(5)　たかし君が１人ですると10日かかり，まなぶ君が１人ですると15日かかる仕事があります。この仕事をたかし君とまなぶ君が２人で一緒にすると，終えるのに何日かかりますか。

3　次の問いに答えなさい。

(1)　下の図のような正方形の中に円がぴったりと入った図形があります。
この図形の斜線部分の面積は何 cm^2 ですか。
ただし，円周率は3.14とします。

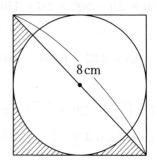

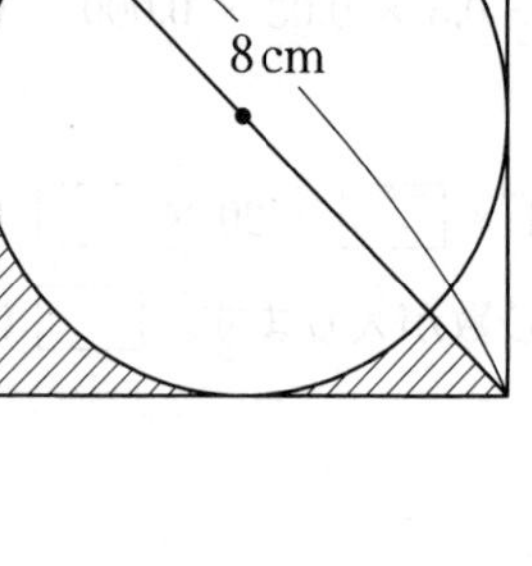

(2)　下の図において，㋐ の角度は何度ですか。ただし，同じ印の角度は同じ大きさです。

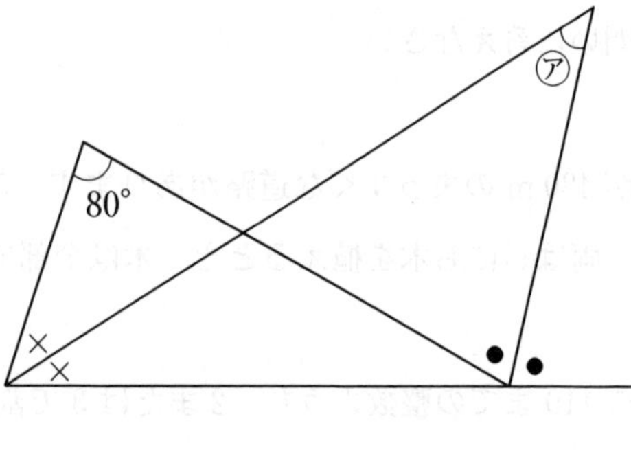

(3)　下の図の長方形 ABCD は辺 AB ＝ 4 cm，辺 BC ＝ 3 cm，対角線 AC ＝ 5 cm です。この長方形を，図のように点 C を中心に時計の針の回転と同じ方向に 90° 回転させたとき，斜線部分の面積は何 cm^2 ですか。ただし，円周率は 3.14 とします。

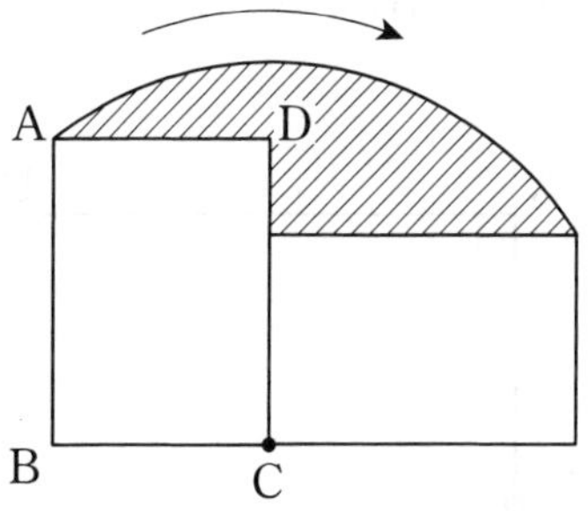

4　1 段上がりと 2 段上がりの一方，または両方を用いて階段を上がります。下りたり，他の上がり方はしないとき，次の問いに答えなさい。

1 段上がり

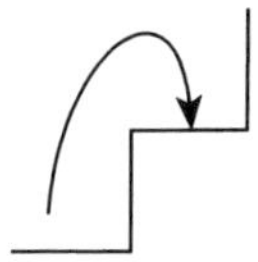

2 段上がり

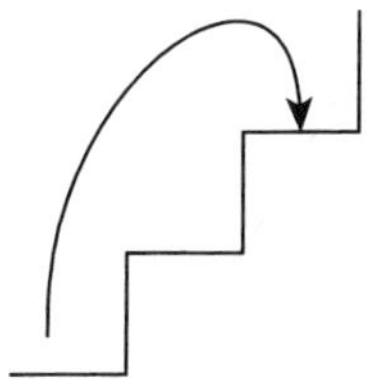

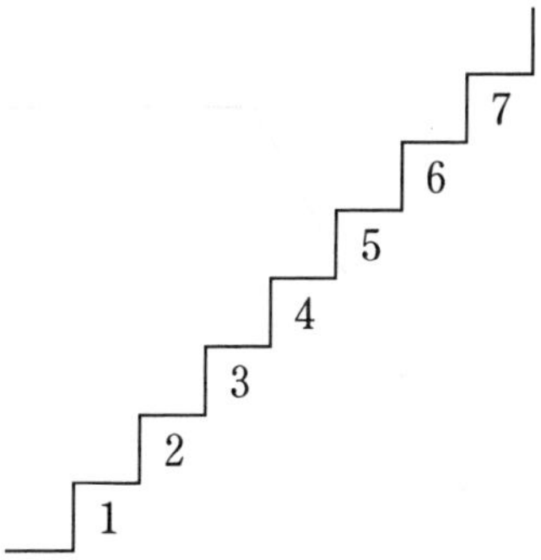

(1)　2 段目まで，3 段目まで，4 段目まで上がる上がり方はそれぞれ何通りですか。

(2)　6 段目まで上がる上がり方は何通りですか。

(3)　4 段目に石がおかれ，4 段目は踏むことができなくなりました。このとき，7 段目まで上がる上がり方は何通りですか。

5 図１のようなAD＝DCである台形ABCDがあります。点Pは頂点Aを出発し，台形の周上を時計の針の回転と反対回りにB，C，Dの順にDまで一定の速さで動きます。このときの時間と三角形APDの面積の関係を表したグラフが図２です。次の問いに答えなさい。

図１

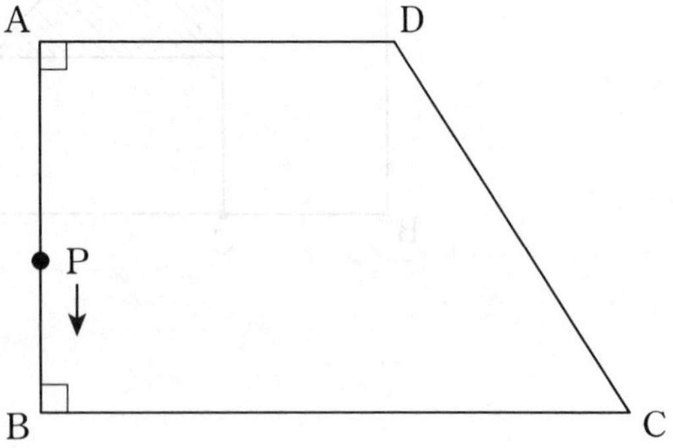

図２

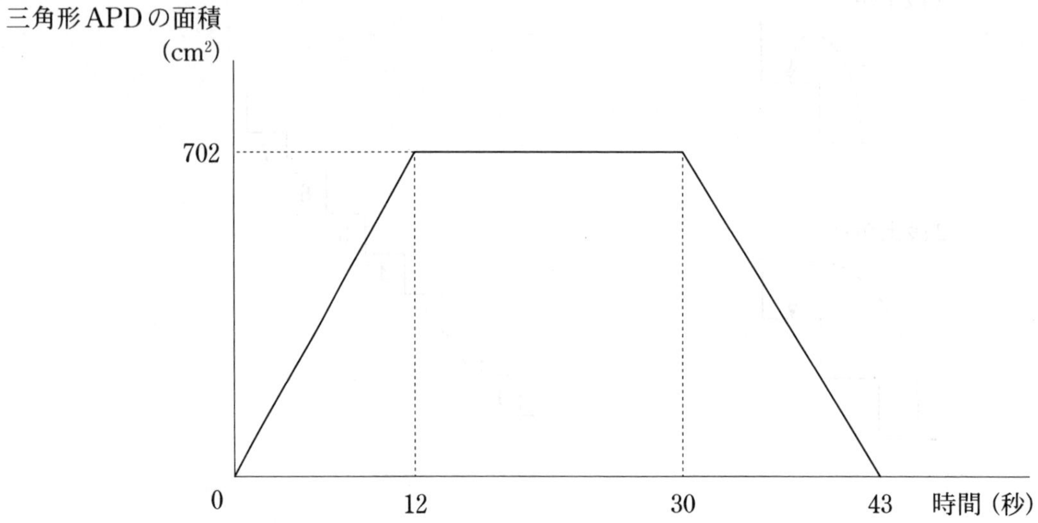

⑴ AB：BC：CD：DAをもっとも簡単な整数の比で表しなさい。

⑵ 点Pの速さは毎秒何cmですか。

⑶ 台形ABCDの面積は何cm^2ですか。

6 図１のように，どこからも水のもれない五角柱の容器に８cm の高さまで水が入っています。このとき，次の問いに答えなさい。

ただし，同じ印の辺は同じ長さを表します。

図１

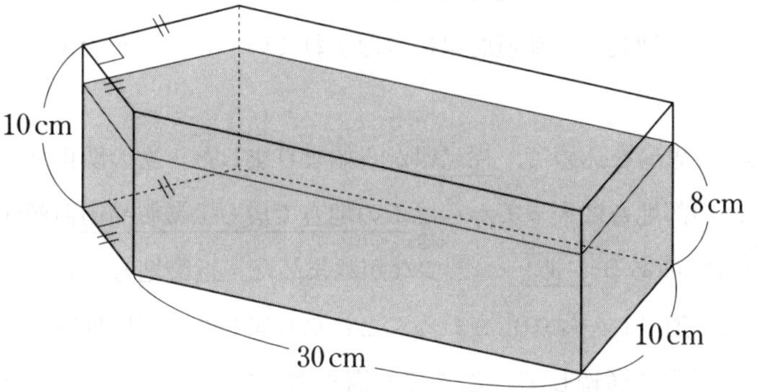

図２

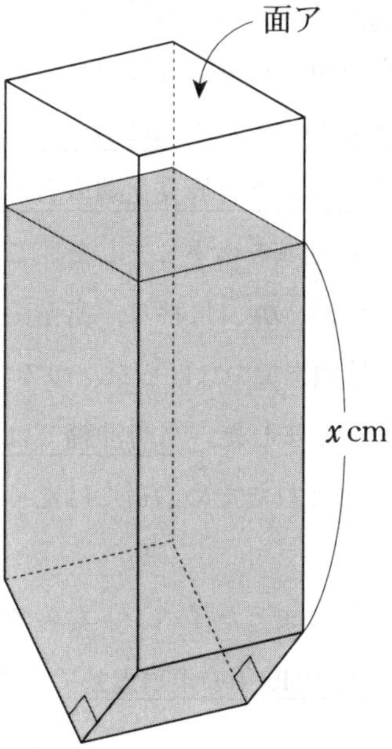

図３

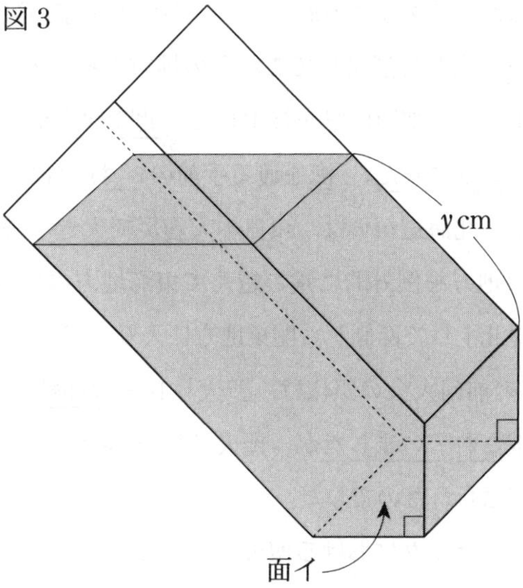

(1) この容器に入っている水の体積は何 cm^3 ですか。

(2) 図１の容器を図２のように面アが水面と平行になるようにしたとき，x の値を求めなさい。

(3) 図１の容器を図３のように面イが水面と平行になるようにしたとき，y の値を求めなさい。

【社　会】〈第１回試験〉（理科と合わせて60分）〈満点：50点〉

（注意）定規，コンパス，分度器，計算機などを使用してはいけません。

1　次の文章を読んで，下の各問いに答えなさい。

昨年開催された東京オリンピックに先立ち，全都道府県を聖火リレーがめぐりました。海で隔《へだ》てられている以外のところは，原則として地続きの都道府県につながれていくルートが設定されたのです。

３月に東日本大震災からの復興への思いを込めて，①福島県から始まりました。次の関東地方では南側に接する都道府県を通過して，中部地方に入ってからは②この地方で最も工業製品出荷額が多い都道府県から，(a)海をはさんだ伊勢《いせ》神宮のある［　あ　］へとつながれました。近畿《きんき》地方に入ると，この地方で最も人口の多い都道府県で公道リレーは中止されることになりました。四国地方は最も東に位置している［　い　］から西へと順番に通過して，ここでも海を渡って九州地方へと入りました。九州では最も南に位置する［　う　］から沖縄県に渡り，そこからまた九州地方に戻りました。九州の中心的な都市のある都道府県から，かつて平家が滅亡した(b)海を渡り中国地方に入ると，③山陰《さんいん》地方と山陽地方を交互に通過してこれらの地方に接する［　え　］から再び近畿地方に戻り，④この地域の主要な水源をもつ都道府県を経由して，⑤北陸地方から東北地方にかけて日本海に沿って本州の北端《ほくたん》まで進んでいきました。(c)海を渡る手前の［　お　］には，⑥昨年登録された世界文化遺産となった遺跡《いせき》があります。北海道からは，東日本大震災で大きな被害をうけた地域を南下しました。ここから福島県と関東地方を例外的に飛び越えて東海地方の最も東側にある［　か　］に移り，富士山を南から越える形で北上して西側から関東地方に入り，ゴールである開催地《かいさいち》までつなげられたのです。

また 1964 年の前回大会の際には，聖火リレーは⑦沖縄からスタートしました。⑧当時沖縄では日の丸の使用が制限されていましたが，聖火リレー応援の際には使用が許されたため沿道にはたくさんの日の丸小旗が振られたのでした。

そもそもオリンピックにおける聖火リレーは，ベルリン大会からはじまったイベントなのです。⑨1936 年のベルリンの次に予定されていたのが，中止となってしまった 1940 年の東京大会でした。

問１　空欄《らん》［　あ　］から［　か　］にあてはまる都道府県の組み合わせとして，正しいものを次の中から一つ選び，記号で答えなさい。

	あ	い	う	え	お	か
（ア）	和歌山	徳島	鹿児島	兵庫	青森	静岡
（イ）	和歌山	高知	宮崎	兵庫	岩手	山梨
（ウ）	和歌山	愛媛	鹿児島	三重	青森	静岡
（エ）	三重	愛媛	宮崎	和歌山	秋田	山梨
（オ）	三重	徳島	鹿児島	兵庫	青森	静岡
（カ）	三重	高知	鹿児島	和歌山	青森	山梨

問２　二重線部（a）・（b）・（c）が表すものの組み合わせとして正しいものを次の中から一つ選び，記号で答えなさい。

	(a)		(b)		(c)
（ア）	伊勢湾	－	豊後水道	－	宗谷海峡
（イ）	駿河湾	－	豊後水道	－	津軽海峡
（ウ）	伊勢湾	－	関門海峡	－	津軽海峡
（エ）	駿河湾	－	関門海峡	－	宗谷海峡

問３　下線部①で収穫《しゅうかく》される産物の中で，ももの収穫割合を表しているものを次の中から一つ選び，記号で答えなさい。

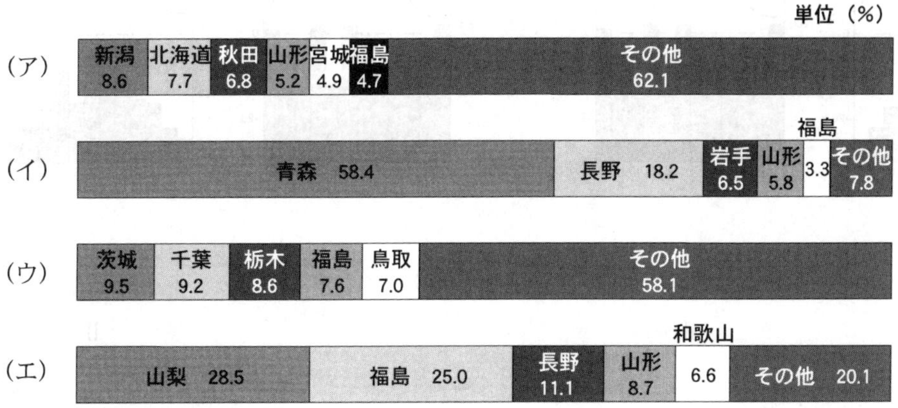

『日本国勢図会　2021/22』より

問４　下線部②を含む地域の工業製品出荷額を示すものとして，正しいグラフを次の中から一つ選び，記号で答えなさい。

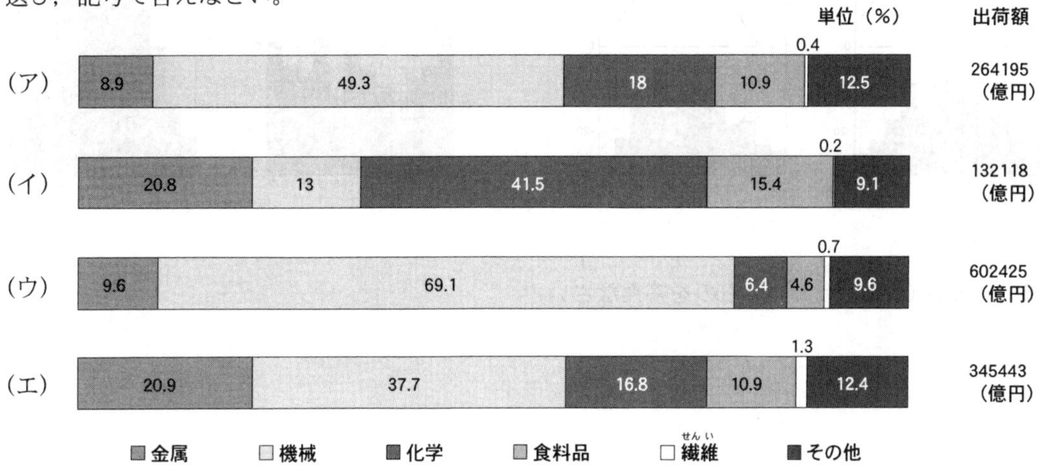

『日本国勢図会　2021/22』より

問５　下線部③のⅠ山陰地方・Ⅱ山陽地方それぞれの地域をあらわす雨温図の組み合わせとして，正しいものを次の中から一つ選び，記号で答えなさい。

（ア）

Ⅰ　　Ⅱ

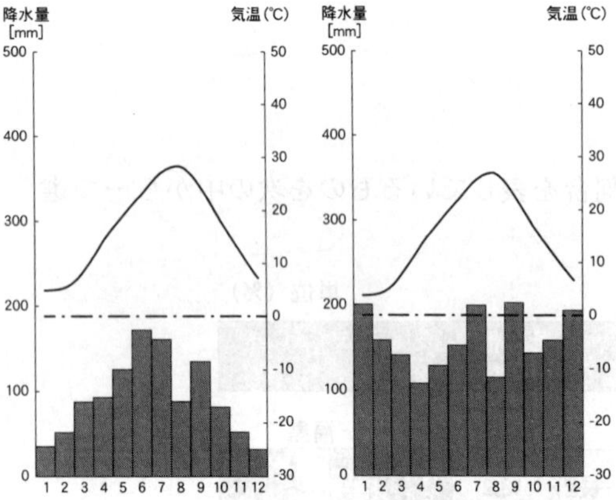

（イ）

Ⅰ　　Ⅱ

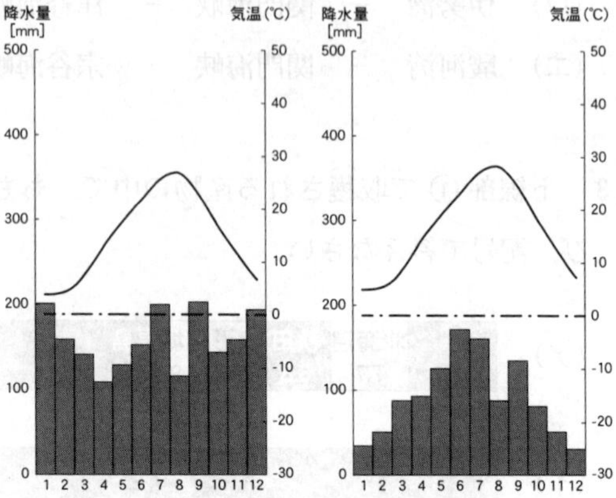

（ウ）

Ⅰ　　Ⅱ

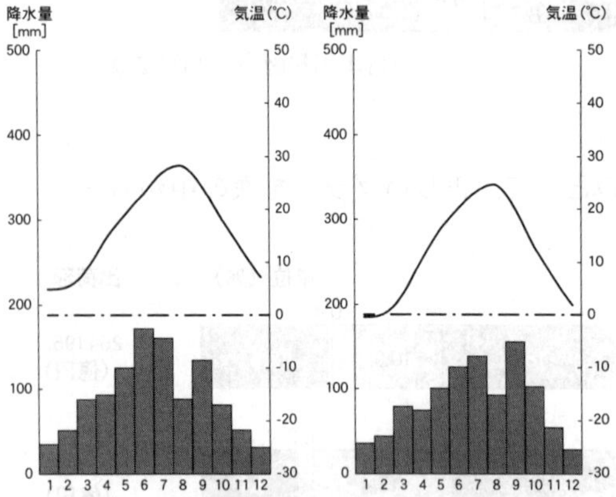

（エ）

Ⅰ　　Ⅱ

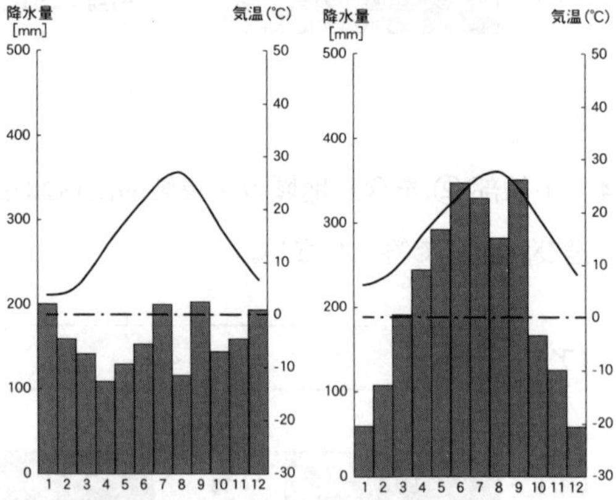

問６　下線部④となっているものを答えなさい。

問７　下線部⑤で通過する７つの都道府県に関して，正しいものを次の中から一つ選び，記号で答えなさい。

（ア）　７つの都道府県には，すべて新幹線が開通している。

（イ）　７つの都道府県名は，すべて都道府県庁所在地名と一致《いっち》している。

（ウ）　北陸地方に属する地域は水田単作地帯であり，米作りが盛んである。

（エ）　東北地方に属する地域の海岸では，リアス海岸が続いている。

問８　下線部⑥として，正しいものを次の中から一つ選び，記号で答えなさい。

（ア）　吉野ケ里遺跡　　（イ）　三内丸山遺跡　　（ウ）　登呂遺跡　　（エ）　岩宿遺跡

問９　下線部⑦ではこの２年間で，県内で盛んな産業の一つである観光業が大打撃《だいだげき》を受けています。次の地域の新聞記事の見出しを参考にして，この２年間で観光業が振るわなくなった理由について簡潔に述べなさい。

「第２滑走路《かっそうろ》の開業から１年　　那覇空港の乗降客 65 ％の減少」

『沖縄タイムス』2021 年３月 26 日

「お盆期間の沖縄便予約状況は？　前年より 4.4 ％　２年前と比べ５割減」

『琉球新報』2021 年７月 31 日

問10　下線部⑧の状況であった理由として，正しいものを次の中から一つ選び，記号で答えなさい。

（ア）　琉球処分が実施《じっし》されたことで，日本が施政権《しせいけん》を放棄《ほうき》していたから。

（イ）　沖縄戦の被害の大きさから，戦争に関係するものは使用禁止だったから。

（ウ）　アメリカ軍の占領下にあり，国旗の使用が制限されていたから。

（エ）　基地問題の影響から，道路の使用にあたって人数制限があったから。

問11　下線部⑨の期間の出来事として，正しいものを次の中から一つ選び，記号で答えなさい。

（ア）　国家総動員法が制定された。

（イ）　関東軍が満州事変を引き起こした。

（ウ）　日本は国際連盟を脱退《だったい》した。

（エ）　国際連合が成立した。

2　次の文章を読んで，下の各問いに答えなさい。

今年は第二次世界大戦が終結してから，77年が経過したことになります。この間に日本の社会は大きな変化を遂《と》げてきましたが，実は戦争終結の年から同じ年数をさかのぼると，それは［　①　］の年になります。その77年の間でも大きな変革がおこなわれてきたことが分かります。

［　①　］からの77年の中で，日本は対外戦争を何度かおこない，帝国主義国として②植民地を獲得《かくとく》していきました。［　③　］には戦勝国として条約に調印しただけでなく，世界の五大国としての地位も認められたのです。個人においても，多くの分野で④国際的に活躍《かつやく》して評価を得る活動がおこなわれました。

国内的には，アジアで最初の⑤憲法をもっただけでなく，⑥選挙制度も整えられていき25歳以上の成人男子による普通選挙も実現されました。政党内閣の時代が［　⑦　］によって終わりをむかえると，軍国主義のもと第二次世界大戦へと突入していったのです。ちなみに［　①　］からさかのぼって77年前はちょうど［　⑧　］の最中で，その翌年にはラクスマンが［　⑨　］に来航して鎖国下の日本に通商を要求する事件が起こっています。

問１　空欄①にあてはまる出来事として，正しいものを次の中から一つ選び，記号で答えなさい。

（ア）　ペリー来航　　（イ）　明治維新　　（ウ）　日清戦争　　（エ）　日露戦争

問２　下線部②について，日本が最初に植民地支配したところとして，正しいものを次の中から一つ選び，記号で答えなさい。

（ア）　朝鮮半島　　（イ）　南樺太　　（ウ）　台湾　　（エ）　満州

問３　空欄③にあてはまる講和条約として，正しいものを次の中から一つ選び，記号で答えなさい。

（ア）　下関条約　　（イ）　ポーツマス条約

（ウ）　ベルサイユ条約　　（エ）　サンフランシスコ平和条約

問４　下線部④として，**あてはまらないもの**を次の中から一つ選び，記号で答えなさい。

（ア）　野口英世はアフリカに渡り，黄熱病の研究をおこなった。

（イ）　北里柴三郎は細菌《さいきん》学を研究し，ペスト菌《きん》を発見した。

（ウ）　新渡戸稲造は『武士道』を著し，国際連盟事務次長を務めた。

（エ）　夏目漱石の作品は世界に紹介《しょうかい》され，ノーベル文学賞を受賞した。

問５　下線部⑤の内容として，正しいものを次の中から一つ選び，記号で答えなさい。

（ア）　天皇にすべての権限が集められ，国民の権利は憲法では保障されなかった。

（イ）　統帥権《とうすいけん》は天皇に直属しており，戦争を始めたり終わらせるのも天皇の権限とされた。

（ウ）　衆議院と貴族院は対等とされ，内閣総理大臣の指名には衆議院の優越《ゆうえつ》が認められた。

（エ）　内閣を構成する国務大臣の過半数は議会から選ばれ，天皇が任命した。

問６　下線部⑥に関連することとして，内容が正しいものを次の中から一つ選び，記号で答えなさい。

（ア）　最初の衆議院議員総選挙は納税額の制限があったが，全国で一斉《いっせい》に実施された。

（イ）　産業革命の進行によって地主の多くは労働者となり，選挙権は拡大された。

（ウ）　普通選挙法が成立したが，貴族院議員の選挙はおこなわれなかった。

（エ）　社会主義は弾圧《だんあつ》を受けていたが，治安維持法によって全面的に認められていった。

問７　空欄⑦にあてはまる出来事を答えなさい。

問８　空欄⑧にあてはまる出来事として，正しいものを次の中から一つ選び，記号で答えなさい。

（ア）　徳川家光による政治　　　（イ）　徳川吉宗による政治

（ウ）　松平定信による改革　　　（エ）　水野忠邦による改革

問９　空欄⑨にあてはまる場所として，正しいものを次の中から一つ選び，記号で答えなさい。

（ア）　浦賀　　（イ）　長崎　　（ウ）　函館　　（エ）　根室

3　次の年表は，2021年に日本や世界の国々で起こった出来事をまとめたものです。この年表を見て，下の各問いに答えなさい。

1月20日	民主党の［　①　］氏が第46代アメリカ合衆国大統領に就任した。
1月22日	［　②　］の開発，保有，使用を全面禁止する初の国際法規である［　②　］禁止条約が発効した。
2月 1日	［　③　］で軍事クーデターがおこり，アウンサンスーチー氏らが国軍に身柄《みがら》を拘束《こうそく》された。
3月23日	エジプトの④スエズ運河でコンテナ船が座礁《ざしょう》し，世界の物流に影響《えいきょう》が出た。
6月11日	⑤G7主要国首脳会議（G7サミット）がイギリス南西部コーンワルで開催《かいさい》された。
7月24日	東京オリンピックが開幕した。
8月24日	厚生労働省が⑥人口動態統計（速報値）を公表し，上半期の速報値としては出生数が2000年以降最小となった。
9月 1日	情報化社会の進展に対応するため，日本の新しい行政機関として［　⑦　］庁が発足した。
10月30日	G20サミットが，イタリアのローマで開催された。

問１　空欄①にあてはまる人物を答えなさい。

問２　空欄②にあてはまる語句を答えなさい。

問３　空欄③にあてはまる国名を次の中から一つ選び，記号で答えなさい。

（ア）　インドネシア　　　（イ）　アフガニスタン

（ウ）　イスラエル　　　（エ）　ミャンマー

問４　下線部④の場所を下の地図中の**ア～エ**から一つ選び，記号で答えなさい。

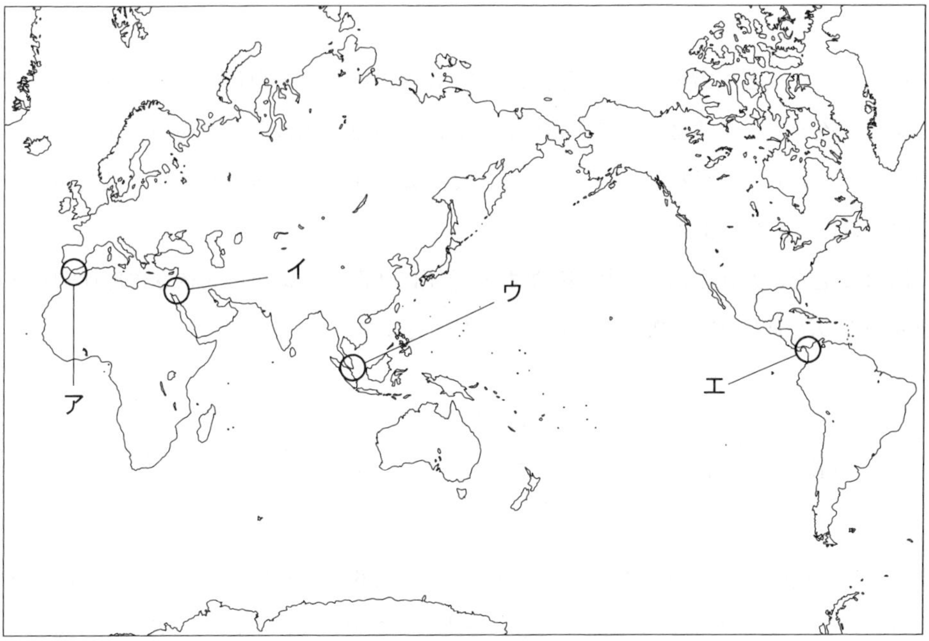

問５　下線部⑤を構成する国には**含まれていないもの**を次の中から一つ選び，記号で答えなさい。

（ア）　ロシア　　　（イ）　アメリカ　　　（ウ）　カナダ　　　（エ）　日本

問６　下線部⑥に関連して，現在の日本は少子高齢《こうれい》化《か》や人口減少社会といった問題を抱えているが，現在の日本の人口ピラミッドに最も近いものを次の中から一つ選び，記号で答えなさい。

（ア）

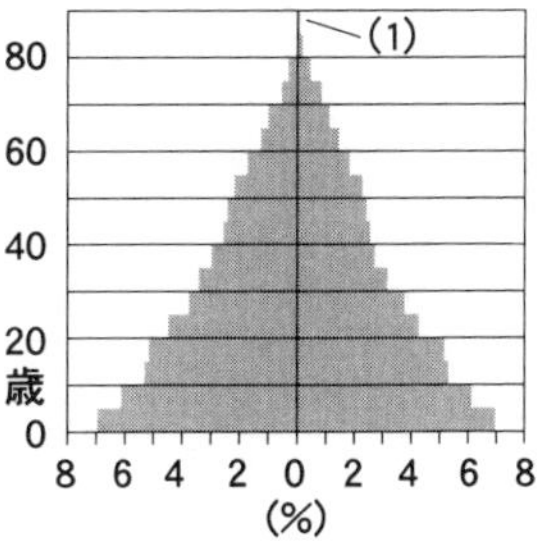

（イ）

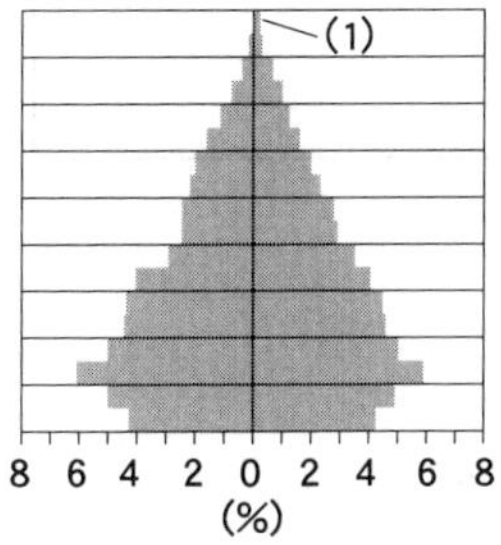

（ウ）

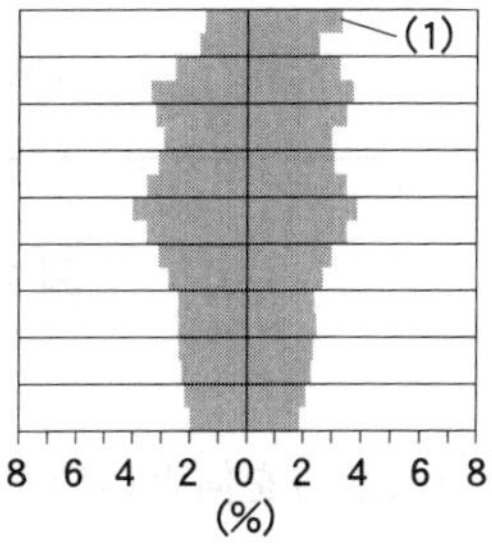

（エ）

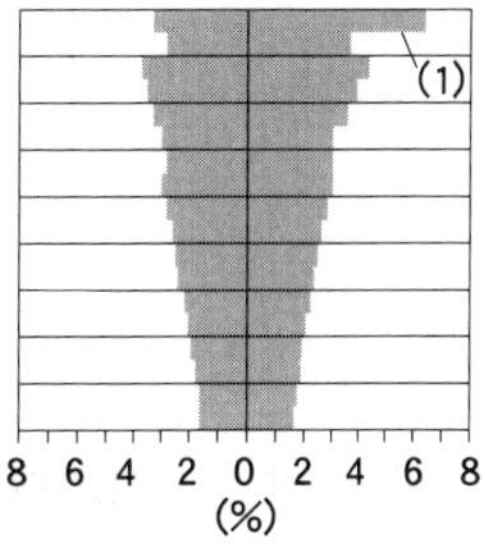

※（1）85歳以上

問７　空欄⑦にあてはまる語句をカタカナ４文字で答えなさい。

【理　科】〈第１回試験〉（社会と合わせて60分）〈満点：50点〉

（注意）定規，コンパス，分度器，計算機などを使用してはいけません。

1　次の文を読んで，あとの各問いに答えなさい。

電池に豆電球をつなぐと豆電球に電流が流れます。電流の大きさの単位は〔アンペア〕を使います。また，電流を流そうとするはたらきを電圧といい，単位は〔ボルト〕を使います。さらに，電流の流れをさまたげるものを抵抗といい，単位は〔オーム〕を使って表されます。抵抗が大きいものほど電流は流れにくくなります。

電熱線に流れる電流の大きさは，電熱線に加わる電圧に比例し，抵抗の大きさに反比例します。この関係をオームの法則といい，次の式で表すことができます。

オームの法則

電圧〔ボルト〕　＝　抵抗〔オーム〕　×　電流〔アンペア〕

図１のように，抵抗の大きさが４オームの電熱線（ア）と６オームの電熱線（イ）を使った回路をつくりました。（ウ）の点を流れる電流の大きさを測定したところ，0.3 アンペアでした。

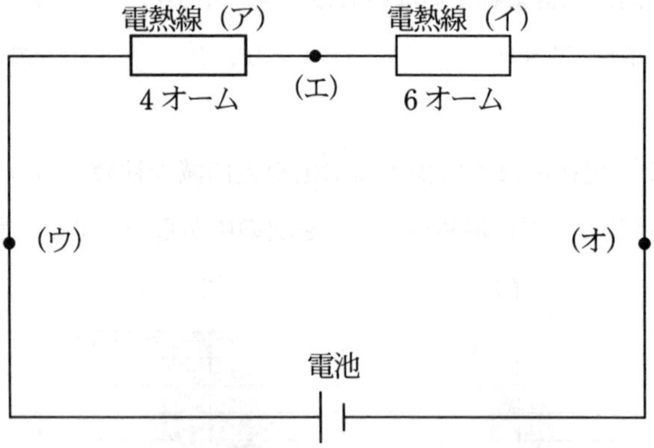

図１

問１　**図１**のような電熱線のつなぎ方を何といいますか。

図１のような，電流の通る道すじが枝分かれしない回路では，電池から流れる電流の大きさと回路の各点を流れる電流の大きさはどれも同じになります。

問２　(エ)，(オ) の点を流れる電流の大きさは，それぞれ何アンペアですか。

問３　電熱線 (ア)，(イ) に加わる電圧は，それぞれ何ボルトですか。オームの法則の式を使って計算しなさい。

図１のような，電流の通る道すじが枝分かれしない回路では，それぞれの電熱線のもつ抵抗の大きさを足したものが，回路全体の抵抗の大きさとなります。

問４　この回路全体の抵抗の大きさは何オームですか。

問５　この回路に使った電池の電圧は何ボルトですか。回路全体の抵抗の大きさとオームの法則の式を使って計算しなさい。

2　次の文を読んで，あとの各問いに答えなさい。

水よう液（ア）～（エ）を用意して，次の実験1～3を行いました。水よう液（ア）～（エ）は，食塩水，うすい塩酸，石灰水，アンモニア水のうちのいずれかです。

【実験1】　水よう液（ア）～（エ）をスライドガラスに1滴《てき》落として水を蒸発させると，（ア）と（イ）では白い固体が残りましたが，（ウ）と（エ）では何も残りませんでした。

【実験2】　水よう液（ア）～（エ）にBTBよう液を加えると，（イ）と（ウ）は青色に変わりましたが，（ア）と（エ）は青色にはなりませんでした。

【実験3】　水よう液（ア）～（エ）にフェノールフタレインよう液を加えると，（イ）と（ウ）は赤色に変わりましたが，（ア）と（エ）は変わりませんでした。

問1　【実験1】と【実験2】の結果から，水よう液（ア）は，食塩水，うすい塩酸，石灰水，アンモニア水のうちのどれですか。

問2　【実験2】と【実験3】の結果から，フェノールフタレインよう液を赤色に変える水よう液の性質は「何性」だとわかりますか。

問3　水よう液（ア）～（エ）のうち，気体の二酸化炭素を通すと白くにごるものはどれですか。（ア）～（エ）から1つ選び，記号で答えなさい。

問4　水よう液（ア）～（エ）のうち，少量の鉄を入れると気体が発生するものはどれですか。（ア）～（エ）から1つ選び，記号で答えなさい。

問5　問4で発生する気体は何ですか。

問6　水よう液（ア）～（エ）のうち，赤色リトマス紙と青色リトマス紙のどちらにつけても，色が変わらないものはどれですか。（ア）～（エ）から1つ選び，記号で答えなさい。

3　タンポポについて，次の各問いに答えなさい。

問1　タンポポのように，複数の花びらが1つにまとまっているような花を合弁花といいます。次のうち，合弁花はどれですか。（ア）～（エ）から1つ選び，記号で答えなさい。

（ア）　アブラナ　　（イ）　アサガオ　　（ウ）　サクラ　　（エ）　チューリップ

問2　タンポポの種子には「わた毛」がついています。わた毛のはたらきとしてもっとも適しているものを，次の（ア）～（エ）から1つ選び，記号で答えなさい。

（ア）　種子を虫に運ばせるため，虫をよせ付ける。
（イ）　種子が虫に食べられることを防ぐ。
（ウ）　風によって種子が運ばれるようにする。
（エ）　種子を鳥に運ばせるため，鳥にとって目立つようにする。

問3　日本でよくみられるタンポポのうち，セイヨウタンポポは外国からやってきて日本に定着した外来種です。次のうち，日本において**外来種ではない生物**はどれですか。（ア）～（エ）から1つ選び，記号で答えなさい。

（ア）　セイタカアワダチソウ　　（イ）　アメリカザリガニ
（ウ）　ススキ　　（エ）　マングース

問4　在来種であるカントウタンポポと，外来種であるセイヨウタンポポの見分け方としてあてはまるものはどれですか。次の（ア）～（エ）から1つ選び，記号で答えなさい。

（ア）　花びらの外側にあるがくのような部分が，そり返っているかどうかで見分ける。
（イ）　花びらの数が多いか少ないかで見分ける。
（ウ）　葉のすじ（葉脈）があみ目状か平行かで見分ける。
（エ）　花の色が黄色か白色かで見分ける。

問5　外来種による影響《えいきょう》に関する次の文のうち，**誤りのあるもの**はどれですか。（ア）～（エ）から1つ選び，記号で答えなさい。

（ア）　その地域には生息していなかった外来種の影響で，在来種がすむ場所をうばわれることがある。
（イ）　在来種と外来種が同じ生物をえさとして生息している場合，在来種が競争に負けてえさをとれなくなることがある。
（ウ）　外来種によって生態系がこわれた場合，もとの状態にもどすには長い年月が必要である。
（エ）　外来種と在来種との間にできた子はより巨大《きょだい》になり，急速に生息地を広げてしまう。

4　太陽と月と地球の関係について，次の各問いに答えなさい。

問１　日本では，太陽は１日のうちにどのように動いて見えますか。次の文の①～③にあてはまる方位を，**東・西・南・北**からそれぞれ１つずつ選び，漢字で答えなさい。

日本では，太陽は〔　①　〕の地平線からのぼり，〔　②　〕の空を通って，〔　③　〕の地平線にしずむ。

問２　太陽と地球との位置関係や，地球の自転軸《じく》のかたむきなどの影響《えいきょう》で，日本では１年のうちに昼の長さが大きく変化します。２月１日，３月20日，12月22日のうち，昼の長さがもっとも長い日はどれですか。次の（ア）～（エ）から１つ選び，記号で答えなさい。

（ア）　２月１日　　　（イ）　３月20日

（ウ）　12月22日　　　（エ）　これらの日では昼の長さは変わらない。

問３　次のうち，月に関する説明として正しいものはどれですか。（ア）～（エ）から１つ選び，記号で答えなさい。

（ア）　新月になった日から，次の新月になる日まではおよそ24日である。

（イ）　月が満ち欠けして見えるのは，月が自ら光らない天体であるためである。

（ウ）　上げんの月を観測してから，およそ２週間で新月となる。

（エ）　月の直径は地球のおよそ６分の１である。

問４　2021年11月に日本でも観測された，太陽と地球と月が一直線に並び，月に太陽の光が直接当たらなくなる現象を何といいますか。漢字２文字で答えなさい。

問５　木星の４つの衛星を発見したり，太陽の黒点を観測したりするなど，望遠鏡を使った天体観測をおこなったイタリアの天文学者は誰ですか。次の（ア）～（エ）からあてはまるものを１人選び，記号で答えなさい。

（ア）　コペルニクス　　　（イ）　プトレマイオス

（ウ）　アイザック・ニュートン　　　（エ）　ガリレオ・ガリレイ

問１　A ・ B に入る語として最もふさわしいものを、それぞれ次から選びなさい。

ア　苦笑　　イ　動転　　ウ　非難　　エ　弁解

問２　――線①「今の減点」とありますが、どういうことですか。説明しなさい。

問３　――線②「香澄は目を奪われた」とありますが、それはなぜですか。その理由として最もふさわしいものを、次から選びなさい。

ア　絵を見ただけで、これまで校舎で過ごしてきた日々を一気に思い出すことができたから。

イ　愛梨と優作の二人に協力してもらって描いたことがわかり、その仲の良さに感動したから。

ウ　チョークで描いたとは考えられないほどに、細部まで丁寧に表現されていたから。

エ　全体がカラフルに描かれており、チョークだけで表現できるとは思えなかったから。

問４　――線③「これ黒板アートって言うんだ」とありますが、「黒板アート」にしたのはなぜですか。その理由として最もふさわしいものを、次から選びなさい

ア　よし太の特技である黒板消しで、この一年間の幕を閉じてほしいと考えていたから。

イ　一年間かけて校舎の絵を描き続けたが、画用紙では納得のいく作品ができなかったから。

ウ　最後に自分一人の力だけではなく、愛梨と優作と協力して作品を仕上げたかったから。

エ　廃校になる学校を描くには、最後は消される黒板アートがふさわしいと話し合ったから。

問５　C にあてはまる色を、漢字一字で書きなさい。

問６　――線④「これで完成だ」とありますが、完成したタイムカプセルを開けるのはいつだと考えられますか。本文中から一語で書きぬきなさい。

問７　この作品の内容を説明したものとして、最もふさわしいものを次から選びなさい。

ア　優作は十夢と練習をした笑顔以外に、感情を表現することは最後までできなかった。

イ　よし太が校舎の絵を消すことで、子供たちは学校がなくなることを実感している。

ウ　香澄は大げさに喜んだり涙を流したりと、気持ちをおさえるのが苦手な人物である。

エ　十夢はみんなと協力して黒板アートを作ったので、いつまでも消したくなかった。

「いくよ」
とシャッターを押《お》し、かけ足で愛梨のとなりに座った。その直後にシャッターが下りる。十夢は写真のできばえを確認すると、満足そうな笑みを浮かべた。
写真が刷り上がった。それを見て、五人は同時に感激の声を上げた。校舎の絵も綺麗《きれい》に見えるし、みんなが笑顔を浮かべている。タイムカプセルに入れるにはふさわしい一枚だ。
十夢が冷やかすように言った。
「優ちゃん、ちゃんと笑えてるね。笑顔の練習したかいあったね」
優作が［C］面した。
「おまえ、そんなん今言わんでええねん」
そんな努力をしていたのか、と香澄は微笑《ほほえ》ましく思った。
十夢は写真をビニール袋に包み、タイムカプセルに入れた。よし太がふたをきつくしめた。④これで完成だ。
「できた」
と十夢が言い、愛梨、優作も充実した顔を浮かべている。六年一組の集大成だ。
すると、十夢が黒板消しをよし太に手渡した。
「じゃあよし先生、これで絵消して」
よし太が目を剝《む》いた。
「ええの？こんな綺麗な絵やのにもったいないやん」
十夢がかぶりをふった。
「黒板アートは消すために描くものだから。あと最後によし先生に消して欲しいからこれにしたんだ」
よし太の特技は黒板消しだ。それでこの一年を締《し》めくくらせてあげたい。そう考えてこんな手の込んだことをしたのだ。
その心配りに香澄はうるっとした。でもとっさのまばたきでそれをおさえる。もうなれたものだ。
よし太の目も涙《なみだ》がにじんでいたが、香澄の視線に気づいた。鼻の上にしわを作り、強引に涙をおさえ込んでいる。勝負は忘れていないらしい。
気分を一新させるように、よし太が陽気な声で言った。
「じゃあ遠慮《えんりょ》なく消させてもらう。これが僕の最後の仕事や」
とよし太が黒板を消しはじめる。校舎の絵が少しずつなくなっていく。学校が消えていく……廃校という抽象《ちゅうしょう》的な言葉が、今目の前で現実になっている。子供たちも黙《だま》ってその様子を眺《なが》めていた。
「……終わった」
とよし太が手を止めた。そこには緑一面の黒板があった。どこにも消し残しはない。毎日毎日、この汚れのない黒板で、よし太は子供達を迎《むか》えていた。
十夢、愛梨、優作が泣いていた。
この何もない黒板を見て、よし太の自分達への想《おも》いを感じたのかもしれない。
しばらくの間、全員でその美しい黒板を眺めていた。

（『廃校先生』浜口倫《はまぐちりん》太郎《たろう》）

＊怪訝…不思議で納得《なっとく》がいかないさま。

「僕もめちゃ考えたけどぜんぜん浮《う》かばんかってんもん。これでかんべんしてや」

「はい、はい、もうそれでええよ」

と優作がうるさそうに断ち切り、よし太は面目なさそうに手紙を入れた。

「じゃあ最後は十夢くんの番かな」

とよし太がいきなり毅然《きぜん》とふるまった。①今の減点を挽回《ばんかい》したいらしい。

香澄は十夢の手元を見たが何も持っていない。荷物にも画板がない。

「あれっ十夢くん画用紙は？」

「あの絵を入れるのは止めたんだ」

香澄は困惑《こんわく》した。十夢はこの日のために一年間校舎の絵を描《えが》きつづけてきた。なのになぜそれを止めたのだ？

「じゃっ、じゃあ何入れるん？」

とよし太が[B]しながら尋ねた。

十夢は無言で踵《きびす》を返し、悠然《ゆうぜん》と歩き出した。教室のつきあたりで立ち止まり、椅子《いす》の上に立った。そして、黒板にかけられたビニールシートに手をかけた。今朝から気になっていたものだ。

十夢がこちらに顔を向け、こう宣言した。

「僕はこれを入れる」

とシートをとりはずした。

その黒板に描かれたものに、②香澄は目を奪《うば》われた。

そこには、校舎の絵が描かれていた。

チョークを使って、丁寧《ていねい》に校舎が描き込《こ》まれている。瓦《かわら》屋根、板《いた》壁《かべ》、窓、扉《とびら》、花壇《かだん》、さらには校庭のグラウンド、鉄棒、のぼり棒、どれもこれも細かく、その質感までもが表現されている。とてもチョークで描いたものとは思えない。

よし太が歓喜《かんき》の雄叫《おたけ》びを上げる。

「これなんなん！　めちゃすげえやん！」

その反応に、十夢が表情をゆるめた。

「③これ黒板アートって言うんだ。これを写真に撮ってタイムカプセルに入れるから」とロッカーからカメラと印刷機を持ってきた。

香澄はそこで気づいた。

「そうか、昨日の夜これを描いていたのね」

「うん、二人にも手伝ってもらってね」

と十夢が、愛梨と優作に笑いかけた。どうりであんなに時間がかかっていたわけだ。

よし太と香澄が黒板アートを鑑賞《かんしょう》している間に、子供達が準備を整えた。脚立《きゃたつ》にカメラを据《す》え、十夢がファインダーをのぞき込んだ。

愛梨、優作を座らせ、そのうしろによし太と香澄が中腰《ちゅうごし》で待ちかまえる。校舎の絵が見えるように調整し終えると、十夢が手を上げた。

三　次の文章を読んで、後の問いに答えなさい。

人口減少により廃校《はいこう》が決まった谷川小学校の六年生は愛梨《あいり》・優作・十夢《とむ》の三人しかいない。六年生三人と担任のよし太、副担任の香澄《かすみ》は卒業式にタイムカプセルを埋《う》めることにした。

よし太が明るく言った。
「もうこの時間は何するか一年前から決めてたよね。せーの」
「タイムカプセル！」
と三人が声をそろえる。正解、とよし太は笑顔で返し、机の上に銀色の筒《つつ》を置いた。一年ぶりに見るタイムカプセルだ。
ふたを開けるとよし太がうながした。
「じゃあ、まず十夢くんから」
「僕《ぼく》、最後に入れていい？」
と十夢が頼《たの》んだので、「それやったら愛梨ちゃんから」とよし太が仕切りなおした。
愛梨がＤＶＤを手にした。文化祭で踊《おど》ったダンスと歌を録画したものだ。愛梨は小さく息を吐《は》いて心を整え、ゆっくりと筒にＤＶＤを入れた。
それを見届けてから、よし太が指示を出した。
「じゃあ、つぎは優作くん」
優作は手に持った用紙をビニールに入れた。模試の結果表だ。それを愛梨のＤＶＤの上に置いた。
よし太がこちらに目を移した。
「つぎは香澄先生お願いします」
わかりました、と香澄はさっきの封筒《ふうとう》をビニール袋《ぶくろ》に入れた。
愛梨が興味深そうに訊《き》いた。
「香澄先生は何入れることにしたん？」
香澄はにこりと答えた。
「希望調書のコピーよ」
「なんなんそれ」と愛梨がぽかんとした。
「新学期から先生がどうしたいかというの書いて提出する書類よ」
子供達は＊怪訝《けげん》な顔をしていたが、よし太は香澄の真意に気づいたらしい。
「そっか、それいいですね」
としきりにうなずいている。
香澄が封筒を入れると、じゃあ僕の番や、とよし太が背広の内ポケットから何かをとりだした。香澄と同じく封筒だ。
十夢が尋《たず》ねた。
「よし先生は何にしたん？」
よし太が口ごもった。
「……えーっと、八年後のみんなに宛《あ》てた手紙」
愛梨が不服そうに言った。
「何それ、手紙って一年前によし先生がボツにした案やん。みんな一年間一生懸命《いっしょうけんめい》考えて作品作ったのに」
よし太が身振《みぶ》り手振りで［Ａ］する。

問１　本文には、次の一文がぬけています。入る場所として最もふさわしいものを、1～4から選び、数字で答えなさい。

【もし僕がクラシックを勉強してこなかったら、あるいはミニマル・ミュージックに影響《えいきょう》を受けていなかったら、つくる音楽のスタイルも今とは異なるだろう。】

問２　――線①「そもそも感性とは何なのか」とありますが、「感性」に関する筆者の考えとしてふさわしくないものを、次から選びなさい。

ア　「感性」というのは、さまざまな形で自分の中に培われてきたものが基盤になっている。
イ　日本人は、「感性」というものの実体がわからないまま大事にしすぎている。
ウ　創作活動には、今まで自分が聴いてきた音楽や考えてきたことなどが影響してくる。
エ　自分独自の感覚だけでゼロからすべてを創造するためには、時間を必要とする。

問３　――線②「それ」が指す内容を、本文中から五字で書きぬきなさい。

問４　[A]に入る語として最もふさわしいものを、次から選びなさい。

ア　いわば　　イ　もっとも　　ウ　おまけに　　エ　むしろ

問５　――線③「月並み」の意味として最もふさわしいものを、次から選びなさい。

ア　目新しさがなく、ありふれていること。
イ　誰もがおどろくほど、とても素晴らしいこと。
ウ　自己満足だけで、全てが終わってしまうこと。
エ　すぐれているように見えても、実際はふつうなこと。

問６　――線④「その扉がポンと開いてしまえば」とありますが、「扉がポンと開（く）」とは、どのようなことのたとえですか。「音楽」という語を用いてわかりやすく説明しなさい。

問７　筆者の意見として最もふさわしいものを、次から選びなさい。

ア　日本人は、学び取った知識や技術ではなく、自分の実体験を基にして作られた「感性」をもっと大事にして行動すべきである。
イ　豊富な知識と体験を基にものづくりをしていけば、面白いようにインスピレーションが湧き、必ず自分の納得するものができあがる。
ウ　ものづくりにおける論理がなければ、人に受け入れてもらえるようなものはつくれないが、それだけでは人の心を震わせる音楽はできない。
エ　聴く人の心を大きくゆり動かすためには、最初の聴衆である過去の自分が、心の底から納得できるような曲でなければいけない。

「理論的にもミスはない。これでいい。メロディーも悪くないじゃないか……」

こういう段階は、まだ腑に落ちていない。理詰《りづ》めで自分を納得させようとしてもダメだ。たとえ映画のための音楽が二十数曲全曲できていても、これでいけるという実感が持てない。

苦境を打開するために、過去に気になった音楽をもう一回聴きなおしてみたり、飲みに行って気分転換《てんかん》を図ったり、いろいろジタバタしてみる。これが効く、という決定的なものはいまだ見つからない。

最近では、結局はひたすら考えるしかないという心境になっている。考えて、考えて、自分を極限まで追い詰めていくしかないのではないか、といった感じだ。何かが降りてくる、その瞬間を自分自身が受け入れやすくすることに時間と力を注ぐ。つまりは自分の受け入れ態勢を整える状況づくりをすることなのかなあ、といった思いである。

そこまでは毎回、非常に苦しい状態が続く。

④その扉《とびら》がポンと開いてしまえば、後はスムーズだ。曲数が多くても、時間がなくても、完全に集中して突き進んでいける。全部が一気にクリアに見えだす。

そこでガラリと違ったものになることもあるが、余分な音を入れすぎていたのを取ってすっきりさせたとか、一音直したとか、ほんのちょっと変わるだけかもしれない。それでもまったく別物になる。やっと自分の作品になる。［4］

自分の曲の、最初の聴衆は自分だ。だから、自分が興奮できないようなものではダメだ。自分がいいと思って喜べるようでないと、聴く人の心を動かすことは到底できない。最初にして最高の聴き手は、自分自身なのである。

僕は、満足いく曲ができると嬉しくて興奮して、「ちょっと、聴いて、聴いて」と周りにいる人を呼んで聴かせる。聴かせないときは、自分自身が素直に喜べていないときだ。心底納得《なっとく》のいくものができていないということになる。非常にわかりやすい。自分が喜んでいると、やっぱりみんなに聴いて欲しくなる。

（『感動をつくれますか？』久石譲《ひさいしじょう》）

＊バックボーン…考えなどの背景。
＊カオス…さまざまな要素が取り入れられ、ごちゃごちゃした状況。
＊啓示…さとし示すこと。
＊凌駕…他をしのいでその上に出ること。
＊俗っぽい…いかにもありふれていて、品位に欠ける。
＊妙味…何とも言えない味わい。優れたおもむき。

後から考えてみると、イメージを描《えが》いていた段階は、「こうやればきっと面白いものができる」と頭で考えた範疇《はんちゅう》の良さでしかなかった。そこには、こんな著名なギタリストを使ったら話題性も充《じゅう》分《ぶん》だ、といったビジネス的な意識もあったかもしれない。

だが、頭の中で考えた良さと、僕が実際につくりたいと思ったものはまるで違った。右の入り口から入るか、左から入るか、くらいの違いだ。

［A］、僕自身の中では突然《とつぜん》、百八十度何かが切り替《か》わったわけではない。この映画のためにいい音楽を作る、という目的は一つだ。その到達点を目指して自分を追い込んでいったとき、見えてきたのは違う景色だったのだ。つくりたいものというのは、最初から全貌《ぜんぼう》がしっかり見えているわけではない。別の道に変わってしまうことはしばしばある。このときも、僕自身の直感が、「こっちを行くんだ！」と叫《さけ》んでいたとしかいいようがない。

頭で考えていたものを＊凌駕《りょうが》するものが生まれてくるとは、こういうことだ。このひらめきをうまくつかまえられると、その曲づくりは間違いなくうまくいく。

一人の人間の個性といっても、そこにはさまざまな要素がある。感覚的な部分も、理論的な部分もある。＊俗《ぞく》っぽい部分もあれば、知性的であろうとする部分もある。自分自身すごく好きな部分もあれば、ものすごく嫌《きら》いな部分もある。これぞ僕の持ち味だと自信のある部分も、逆にここが弱点だという部分もある。ものをつくるというのは、そういう多様な面を併《あわ》せ持った自分を総動員させながらも、本人が意識しているものを剝《は》ぎ取ったところに＊妙味《みょうみ》が出るものなのではないだろうか。

そのためには、その時々の自分の限界まで行ききることが必要で、その行ききった先に、何か新しく魅力《みりょく》的なものが待っている。そんなふうに思う。自分が考えているものの範疇で勝負していたら、③月並みなものしか生まれてこないだろう。

●確信に変わる瞬間《しゅんかん》

迷路の中で音を見つける悦《よろこ》び、これは音楽家として最高の悦びといってもいい。

作っている音楽が〝確信に変わる瞬間〟がある。ギターからフリューゲルホルンに切り替えようと思いついたときも、その一例だ。曲を仕上げる過程で、視界が開けたような感じになっていく。それがいつ訪れるかは自分でもわからないのだが、「よし！」と思える瞬間、「飛び越《こ》えた」といえる瞬間がやってくる。〝腑《ふ》に落ちる瞬間〟といってもいいだろう。

曲づくりに入って、この確信に変わる瞬間までが最も苦しい。自問自答の繰《く》り返しだ。

「これでいいのかなあ？」

「いいんだよ。どこもおかしくないじゃないか」

「しかし、どうもピンとこない……」

も、実は自分の過去の体験である。ものをつくるということは、ここからここまでは論理性でここからが独自の感覚だと割り切れるようなものではなくて、自分の中にあるものをすべてひっくるめた*カオス状態の中で向き合っていくことだ。

　論理や理性がなければ人に受け入れてもらえるようなものはつくれないが、すべてを頭で整理して考えようとしても、人の心を震《ふる》わせる音楽はできない。秩序《ちつじょ》立てて考えられないところで苦しんで、もがいて、必死の思いで何かを生み出そうとする。その先の、自分でつくってやろう、こうしてやろうといった作為《さくい》のようなものが意識から削《そ》ぎ落とされたところに到達《とうたつ》すると、人を感動させるような力を持った音楽が生まれてくるのだと思う。

　論理性と感覚的直感との兼《か》ね合いを九五パーセントと五パーセントといったが、これは僕自身が置かれている状況《じょうきょう》によっても感じ方が変わる。

　自分の勉強不足を感じて、もっといろんなことを見たり聴いたりして吸収して経験知を蓄《たくわ》えなければいけない、と痛感しているときにはそちらの比重が増して、「九九パーセントくらいは蓄積がものをいうんじゃないか」と思う。

　逆に、作曲活動に入って苦しみ悩《なや》んでいるときには、「蓄積で書けりゃあ、苦労はしないよ。直感が大事なんだよ」という気分になる。絶えず揺《ゆ》れ動いているのだ。

　うまく核心をとらえることができると、つくっているものが納得《なっとく》いくものになる。[2]

　実のところ、これが難しい。そのセンス、直感の*啓示《けいじ》のようなものをいかにしてつかみとるかというところで、誰《だれ》もが悩む。僕もまた、そこで日々苦しんでいるといえる。

【中略】

●頭で考える良さを超《こ》えたもの

北野武監督の映画『ＢＲＯＴＨＥＲ《ブラザー》』（二〇〇一年）のときの話。

　この映画の世界観を感じ取るために、僕はロサンジェルスのロケ現場に出向き、撮影《さつえい》に立ち会い、さてどんな音楽にしたものかと思案を続けていた。作曲に入る直前までは、エレキギターとオーケストラの組み合わせでいこうと考えていて、実際、レコーディングのために、有名なギタリストのスケジュールを押《お》さえてもらったりもしていた。

　ところが、作曲に入って二日目に、ふと「これは違うな……ギターじゃないぞ」と感じた。そこから面白いようにインスピレーションが湧《わ》きはじめた。

　結局、出来上がったのはジャズィーな中にエスニックなリズムのグルーブ感が加わった曲。フリューゲルホルンといってトランペットよりやや音色の柔らかなものと、オーケストラとの組み合わせになった。[3]

二　次の文章を読んで、後の問いに答えなさい。（出題の都合上、本文の一部を省略しています）

●感性の肝《きも》

「ものをつくるうえで大切なのは感性だ」というが、①そもそも感性とは何なのか。

日本人は、漠然《ばくぜん》としたイメージだけで「感性」という言葉を大事にしすぎているように思う。何かわからないながらも、とにかく大事にしなくてはいけないと包み込《こ》んで棚《たな》に上げて祀《まつ》ってしまい、結局、みんなその実体がわからないままになっている、そんな感じがある。

「感性」という言葉でくくられているものを冷静に分析《ぶんせき》して整理していくと、もちろんその人の持つ感覚的なものもあるが、それ以上に、その人の＊バックボーンにあるものが基盤《きばん》になっているのではないかと考えられる。

作家としては、いつも自分で新しい発想をして、自分の力で創作しているという意識でやっている。しかし実際には、僕《ぼく》がつくる曲は、僕の過去の経験、知識、今までに出会い聴《き》いてきた音楽、作曲家としてやってくることで手に入った方法、考えたこと、それらの蓄積《ちくせき》などが基になって生まれてくるものだ。さまざまなかたちで自分の中に培《つちか》われてきたものがあるからこそ、今のような創作活動ができているわけだ。[1]

「創作は感性だ」「作家の思いだ」と言い切ってしまうほうが作家としては恰好《かっこう》がいいが、残念ながら自分独自の感覚だけでゼロからすべてを創造するなんてことはあり得ない。

とすると、僕は漠然とした感性なるもので創造をしているわけではないということになる。

作曲には、論理的な思考と感覚的なひらめきを要する。

論理的思考の基になるものが、自分の中にある知識や体験などの集積だ。何を学び、何を体験して自分の血肉としてきたかが、論理性の根本にある。

感性の九五パーセントくらいは、実はこれなのではないだろうか。

つまり、その論理性に基づいて思考していけば、あるレベルに達するものはいつでもできるはずだということになる。気分が乗った乗らないという次元に関係なく、きちんと仕事をしたらしたなりの成果を上げられる。

だが、問題は②それさえあればものづくりができる、作曲ができるということではないところだ。肝心《かんじん》な要素は、残りの五パーセントの中にある。それが作り手のセンス。感覚的ひらめきである。創作にオリジナリティを与《あた》えるその人ならではのスパイスのようなもの。これこそが〝創造力の肝〟だ。

ものづくりにおける核心《かくしん》は、やはり直感だと僕は思う。こっちの方向に行ったら何か面白いものができそうだというのは、直感が導くものだ。直感の冴《さ》えが、作品をどれだけ素晴らしいものにできるか、よりクリエイティブなものにできるかという鍵《かぎ》を握《にぎ》っている。

ところが、もっと突《つ》き詰《つ》めていけば、その直感を磨《みが》いているの

二〇二二年度 日本大学豊山中学校

【国　語】〈第一回試験〉（五〇分）〈満点：一〇〇点〉

（注意）答えを書くときには、「、」や「。」やかぎかっこなども一字と数えます。

一　次の問いに答えなさい。

問１　――線を漢字に直しなさい。ただし、送りがなの必要なものは、それもふくめて書きなさい。

①　他国とドウメイを結ぶ。

②　タンジョウ日会を開く。

③　長ねぎをキザム。

問２　――線の読みを、ひらがなで答えなさい。

①　賃貸住宅に住んでいる。

②　城門の守衛になる。

③　俵型のおにぎりを作る。

問３　それぞれの□には同じ漢字が入ります。その漢字を答えなさい。

終□　□論　団□　□末

問４　「場所」と熟語の読み方（訓読みと音読みの組み合わせ）が同じものを、次から選びなさい。

ア　着物　　イ　青空　　ウ　新聞　　エ　手本

問５　ことわざと意味の組み合わせとして正しいものを、次から選びなさい。

ア　羽をのばす…仕返しをして、心を晴らすこと。

イ　足を洗う…あまりのおそろしさに、にげ出すさま。

ウ　舌を巻く…非常に感心して、おどろくさま。

エ　さじを投げる…あきらめずに、集中して取り組むこと。

問６　次の一文の意味を変えずに、「なぜなら」を使って二つの文に直しなさい。

きのうの夜はとても寒かったので、すぐにねむれなかった。

2022年度

日本大学豊山中学校　▶解説と解答

算　数　＜第１回試験＞（50分）＜満点：100点＞

解　答

1 (1) 50　(2) $3\frac{7}{13}$　(3) 4.5　(4) $2\frac{2}{5}$　(5) $\frac{5}{16}$　2 (1) 17本　(2) 73個　(3) 20.8　(4) 火曜日　(5) ６日　3 (1) 3.44cm^2　(2) 40度　(3) 7.625cm^2
4 (1) **２段目**…２通り，**３段目**…３通り，**４段目**…５通り　(2) 13通り　(3) ６通り
5 (1) 12：18：13：13　(2) 毎秒３cm　(3) 1674cm^2　6 (1) 2600cm^3　(2) 23.5　(3) 18.5

解　説

1 四則計算，計算のくふう，逆算

(1)　(143－９×３＋12)÷２－14＝(143－27＋12)÷２－14＝(116＋12)÷２－14＝128÷２－14＝64－14＝50

(2)　$3\frac{1}{2}+\frac{1}{8}\div\left(3+\frac{1}{4}\right)=3\frac{1}{2}+\frac{1}{8}\div\left(\frac{12}{4}+\frac{1}{4}\right)=3\frac{1}{2}+\frac{1}{8}\div\frac{13}{4}=3\frac{1}{2}+\frac{1}{8}\times\frac{4}{13}=3\frac{13}{26}+\frac{1}{26}=3\frac{14}{26}=3\frac{7}{13}$

(3)　(450×3.9＋300×2.6－150×5.2)÷(300×1.3)＝(450×３×1.3＋300×２×1.3－150×４×1.3)÷(300×1.3)＝(1350×1.3＋600×1.3－600×1.3)÷(300×1.3)＝{(1350＋600－600)×1.3}÷(300×1.3)＝(1350×1.3)÷(300×1.3)＝1350÷300＝4.5

(4)　$4\div0.5\times0.03\times0.009\div0.0009=4\div\frac{1}{2}\times\frac{3}{100}\times\frac{9}{1000}\div\frac{9}{10000}=4\times\frac{2}{1}\times\frac{3}{100}\times\frac{9}{1000}\times\frac{10000}{9}=\frac{12}{5}=2\frac{2}{5}$

(5)　21×□－20×□＋19×□－18×□＝$\frac{5}{8}$より，(21－20＋19－18)×□＝$\frac{5}{8}$，２×□＝$\frac{5}{8}$　よって，□＝$\frac{5}{8}\div2=\frac{5}{8}\times\frac{1}{2}=\frac{5}{16}$

2 植木算，倍数，割合，周期算，仕事算

(1)　480mの道路に30mおきに木を植えるので，木と木の間は，480÷30＝16(か所)できる。両はしにも木を植えるとき，植える木の本数は，木と木の間の数より１つ多くなるから，全部で，16＋１＝17(本)必要になる。

(2)　１から110までの整数のうち，２で割り切れる整数は，110÷２＝55(個)あり，３で割り切れる整数は，110÷３＝36あまり２より，36個ある。これらの個数をたすと，55＋36＝91(個)となるが，これは２でも３でも割り切れる整数を２回数えた個数である。２と３の最小公倍数は６だから，２でも３でも割り切れる整数は６で割り切れる整数であり，これは，110÷６＝18あまり２より，18個ある。よって，２または３で割り切れる整数は，91－18＝73(個)ある。

(3)　30％増量すると，もとの重さの，１＋0.3＝1.3(倍)になるので，6400×1.3＝8320(ｇ)となる。これが□kgの４割にあたるから，8320÷0.4＝20800(ｇ)より，単位をkgになおすと，□＝20800÷1000＝20.8(kg)となる。

(4)　３月は31日，４月は30日，５月は31日まであるので，３月７日の金曜日から６月24日までの日数は，(31－７＋１)＋30＋31＋24＝110(日)となる。この110日間は，110÷７＝15あまり５より，金曜日から木曜日までの１週間が15週と５日になるので，６月24日は，金曜日から数えて５日目となり，火曜日とわかる。

(5)　この仕事全体の量を１とすると，たかし君は１日に，１÷10＝$\frac{1}{10}$，まなぶ君は１日に，１÷15＝$\frac{1}{15}$の仕事ができる。よって，２人で一緒《いっしょ》にすると，１日に，$\frac{1}{10}$＋$\frac{1}{15}$＝$\frac{1}{6}$の仕事ができるので，終えるのに，１÷$\frac{1}{6}$＝６(日)かかる。

3　面積，角度，図形の移動

(1)　下の図１で，斜線《しゃせん》部分の面積は，三角形ABCの面積から，中にある半円の面積をひくと求められる。まず，正方形ABCDの面積は，(対角線)×(対角線)÷２＝８×８÷２＝32(cm^2)だから，三角形ABCの面積は半分の，32÷２＝16(cm^2)である。また，半円の半径は正方形EBFGの１辺の長さと等しい。正方形EBFGの面積は，32÷４＝８(cm^2)なので，半円の半径を□cmとすると，□×□＝８より，半円の面積は，□×□×3.14÷２＝８×3.14÷２＝12.56(cm^2)とわかる。したがって，斜線部分の面積は，16－12.56＝3.44(cm^2)と求められる。

(2)　下の図２で，三角形DBCの内角と外角の関係より，●＝×＋㋐だから，●－×＝㋐となる。また，三角形ABCの内角と外角の関係より，●＋●＝(×＋×)＋80(度)だから，(●＋●)－(×＋×)＝(●－×)×２＝80(度)となる。よって，●－×＝80÷２＝40(度)より，㋐は40度である。

(3)　下の図３で，斜線部分の面積は，おうぎ形CAEの面積から三角形ACDと三角形CEFの面積をひくと求められる。まず，90度回転させたことから，おうぎ形CAEの中心角は90度なので，その面積は，５×５×3.14×$\frac{1}{4}$＝19.625(cm^2)となる。また，三角形ACDと三角形CEFの面積の和は，３×４÷２×２＝12(cm^2)である。よって，斜線部分の面積は，19.625－12＝7.625(cm^2)とわかる。

図１

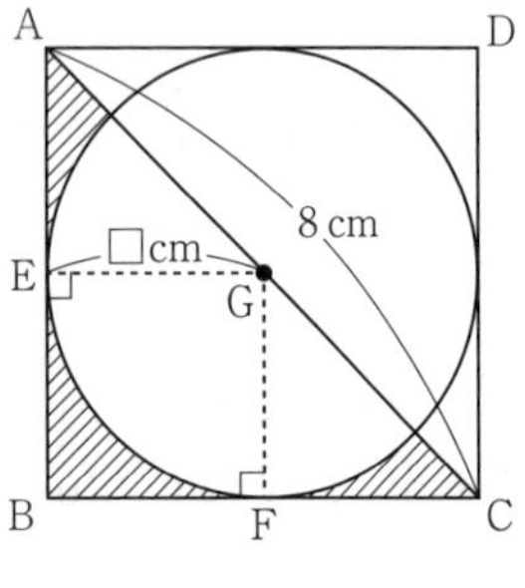

図２

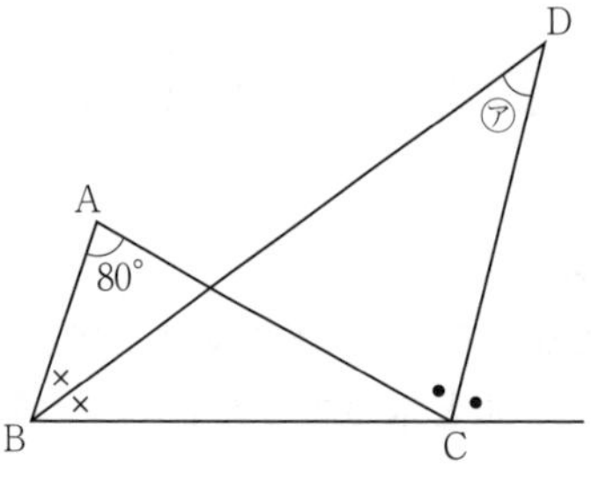

図３

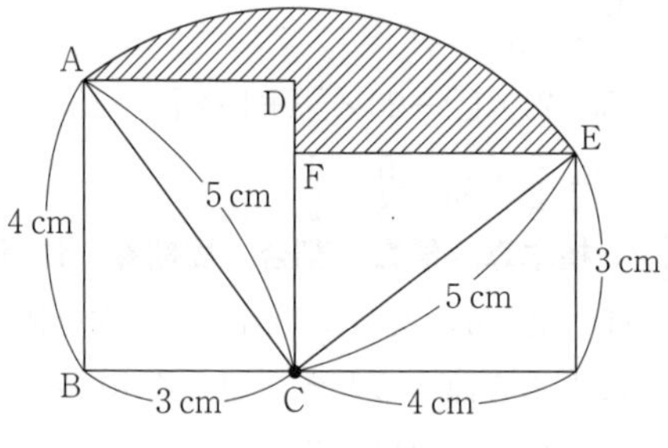

4　場合の数

(1)　１段目までの上がり方は，１段上がりの１通りである。また，２段目までの上がり方は，２段上がりをする１通りと，１段目から１段上がりをする１通りがあるから，１＋１＝2(通り)ある。さらに，３段目までの上がり方は，１段目から２段上がりをする１通りと，２段目から１段上がりをする２通りがあるから，１＋２＝3(通り)となる。同様に，２段前までの上がり方の数と１段前までの上がり方の数をたしていくと，右の表のようになるので，４段目までの上がり方は，２＋３＝5(通り)とわかる。

～段目	1	2	3	4	5	6
～通り	1	2	3	5	8	13

(2)　表のように，５段目までの上がり方は，３＋５＝８(通り)あるから，６段目までの上がり方は，

5＋8＝13(通り)と求められる。

(3)　4段目を踏《ふ》むことができないから，3段目を踏んで，その後，2段上がりで5段目を踏むことになる。表より，3段目までの上がり方は3通りあり，5段目から7段目までの上がり方は，2段目までの上がり方と同じく2通りあるから，7段目までの上がり方は，3×2＝6(通り)ある。

5　グラフ―図形上の点の移動

(1)　問題文中のグラフより，点PがBにくるのは12秒後，Cにくるのは30秒後，Dにくるのは43秒後なので，AからBまで12秒，BからCまで，30－12＝18(秒)，CからDまで，43－30＝13(秒)かけて移動したことになる。したがって，AB：BC：CD＝12：18：13であり，CD＝DAだから，AB：BC：CD：DA＝12：18：13：13とわかる。

(2)　点PがBにきたときの三角形APDの面積が702cm^{2}だから，三角形ABDの面積は702cm^{2}である。また，AB：DA＝12：13なので，□を同じある数とすると，ABの長さは(□×12)cm，DAの長さは(□×13)cmと表せる。このとき，三角形ABDの面積は，(□×12)×(□×13)÷2＝702(cm^2)だから，□×□×12×13÷2＝702，□×□＝702×2÷13÷12＝9＝3×3となり，□＝3とわかる。したがって，ABの長さは，3×12＝36(cm)なので，点Pの速さは毎秒，36÷12＝3(cm)と求められる。

(3)　AB：BC：DA＝12：18：13だから，BCの長さは，$36\times\frac{18}{12}=54$(cm)，DAの長さは，$36\times\frac{13}{12}=39$(cm)となる。よって，台形ABCDの面積は，(54＋39)×36÷2＝1674(cm^2)と求められる。

6　立体図形―水の深さと体積

(1)　容器の底面は下の図①のようになる。図①で，三角形ABEは直角二等辺三角形なので，点AからBEに垂直な直線AFを引くと，三角形ABF，三角形AEFは合同な直角二等辺三角形になる。よって，AF，BF，EFの長さは等しいから，その長さは，10÷2＝5(cm)であり，三角形ABEの面積は，10×5÷2＝25(cm^2)となる。また，長方形BCDEの面積は，10×30＝300(cm^2)だから，五角形ABCDEの面積，つまり，容器の底面積は，25＋300＝325(cm^2)とわかる。したがって，入っている水の体積は，325×8＝2600(cm^3)と求められる。

(2)　容器を正面から見た図は下の図②のようになる。水の体積が2600cm^{3}で，容器の高さは10cmだから，図②のかげをつけた部分の面積は，2600÷10＝260(cm^2)となる。また，三角形ABEの面積は25cm^{2}なので，長方形BHGEの面積は，260－25＝235(cm^2)とわかる。よって，xの長さは，235÷10＝23.5(cm)と求められる。

図①

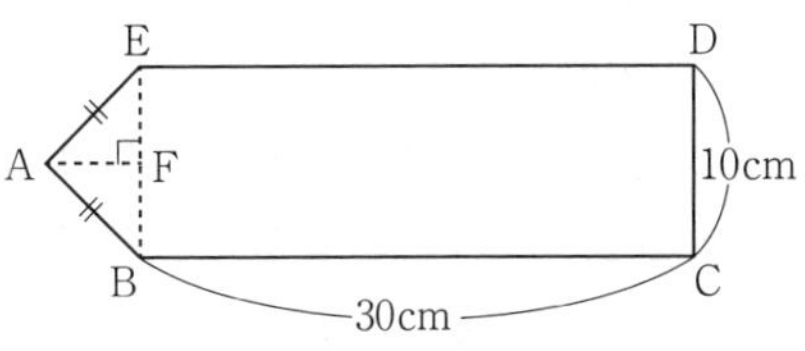

図②

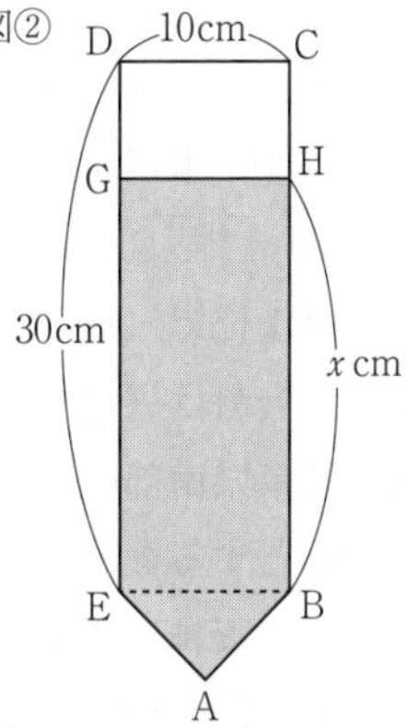

図③

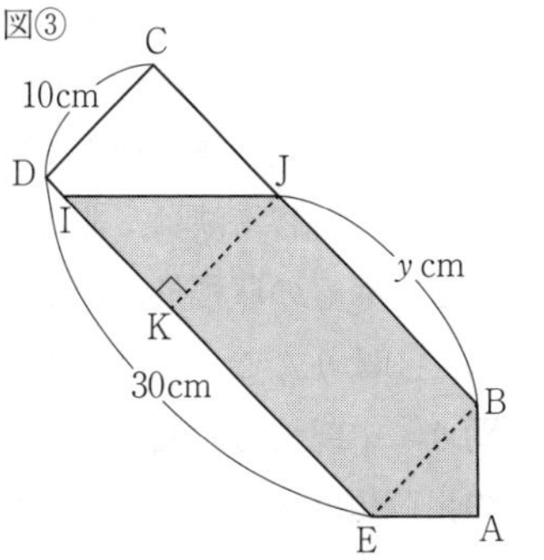

(3)　容器を正面から見た図は上の図③のようになる。図③で，かげをつけた部分の面積と三角形ABEの面積は，それぞれ図②の場合と同じだから，台形BJIEの面積は図②の長方形BHGEの面積と同じ235cm^{2}となる。また，AEとIJは平行なので，点Ｊから IEに垂直な直線JKを引くと，三角形IKJも直角二等辺三角形になる。よって，三角形IKJの面積は，$10\times10\div2=50$(cm^2)だから，長方形BJKEの面積は，$235-50=185$(cm^2)となる。したがって，yの長さは，$185\div10=18.5$(cm)と求められる。

社　会　＜第１回試験＞（理科と合わせて60分）＜満点：50点＞

解　答

1 **問１** (オ)　**問２** (ウ)　**問３** (エ)　**問４** (ウ)　**問５** (イ)　**問６** 琵琶湖　**問７** (ウ)　**問８** (イ)　**問９** (例)　新型コロナウイルス感染症の影響で，人の動きに制限が加えられたため。　**問10** (ウ)　**問11** (ア)　**2** **問１** (イ)　**問２** (ウ)　**問３** (ウ)　**問４** (エ)　**問５** (イ)　**問６** (ウ)　**問７** 五・一五事件　**問８** (ウ)　**問９** (エ)　**3** **問１** バイデン　**問２** 核兵器　**問３** (エ)　**問４** イ　**問５** (ア)　**問６** (ウ)　**問７** デジタル

解　説

1 東京オリンピックの聖火リレーを題材とした問題

問１　あ　伊勢《いせ》神宮は三重県伊勢市にある神社で，その内宮《ないくう》には皇室の祖先とされる天照《あまてらす》大神がまつられている。　い　四国地方には，東から時計回りに，徳島県・高知県・愛媛県・香川県の４県がある。　う　九州の最も南に位置するのは鹿児島県で，北東で宮崎県，北西で熊本県ととなり合っている。　え　兵庫県は近畿地方の最も西に位置する県で，北西で山陰《さんいん》地方(中国地方の日本海側)に，南西で山陽地方(中国地方の瀬戸内海側)に接している。　お　本州の北端には青森県が位置し，西で日本海に面している。　か　東海地方は中部地方の太平洋側の地域のよび名で，その最も東側には静岡県がある。静岡県の北部と山梨県の境には，日本最高峰《ほう》の富士山(標高3776m)がそびえている。

問２　(a)　伊勢湾は愛知県と三重県に囲まれた海で，太平洋とつながっている。駿河《するが》湾は，静岡県の南東部に広がっている。　(b)　本州と九州の間には，関門海峡が広がっている。1185年にはここで壇ノ浦《だんのうら》の戦いが行われ，源氏が平氏を滅《ほろ》ぼした。豊後《ぶんご》水道は愛媛県と大分県の間に広がる海で，瀬戸内海と太平洋を結んでいる。　(c)　本州北端の青森県と北海道の間には，津軽海峡が広がっている。宗谷《そうや》海峡は，北海道の宗谷岬《みさき》と樺太《からふと》(サハリン)の間の海峡である。

問３　ももの収穫量は山梨県が全国第１位で，以下，福島・長野・山形の各県が続く。なお，(ア)は米，(イ)はりんご，(ウ)は日本なし。統計資料は『日本国勢図会』2021／22年版による(以下同じ)。

問４　中部地方の愛知県・三重県と岐阜県南部には，中京工業地帯が広がっている。中京工業地帯の出荷額は全国最大で，自動車を中心とする機械工業が全体の７割近くを占《し》めている。なお，(ア)は京浜工業地帯，(イ)は京葉工業地域，(エ)は阪神工業地帯のグラフ。

問５　山陰地方は，北西の季節風の影響《えいきょう》で冬の降水(雪)量が多くなる日本海側の気候に属してい

る。山陽地方は，夏の南東の季節風を四国山地に，冬の北西の季節風を中国山地にさえぎられるため一年を通じて降水量が少なく，冬でも比較《ひかく》的温暖な瀬戸内の気候に属している。よって，(イ)が選べる。なお，(ウ)のⅡは中央高地の気候，(エ)のⅡは太平洋側の気候の特徴《とくちょう》を示す雨温図。

問６　琵琶湖は，滋賀県の面積の約６分の１を占める日本最大の湖で，京阪神地方に工業・農業・生活用水を供給していることから，「近畿の水がめ」とよばれる。琵琶湖から流れ出す淀《よど》川も，流域の主要な水源として利用されている。

問７　(ア)　北陸地方から東北地方まで日本海に沿って進むと，南から順に福井，石川，富山，新潟，山形，秋田，青森の７県を通る。2022年２月時点で，福井県には新幹線が通っていない。　(イ)　石川県の県庁所在地は金沢市である。ほかの６県は，県名と県庁所在地名が一致《いっち》する。　(ウ)　一般に北陸地方とよばれる福井，石川，富山，新潟の４県は，積雪量が多く冬の間は田が使えないため，水田単作地帯となっているところが多い。よって，正しい。　(エ)　東北地方では，岩手県・宮城県の太平洋沿岸にのびる三陸海岸南部に，リアス海岸が続いている。

問８　三内丸山遺跡は青森市郊外で発掘《はっくつ》された縄文時代の大規模集落跡で，大型掘立柱《ほったてばしら》建物跡や大型住居跡，植物の栽培跡など多くの遺物が見つかっている。2021年には「北海道・北東北の縄文遺跡群」の一つとして，ユネスコ(国連教育科学文化機関)の世界文化遺産に登録された。なお，吉野ヶ里遺跡は佐賀県，登呂遺跡は静岡県にある弥生時代の遺跡，岩宿遺跡は群馬県にある旧石器時代の遺跡。

問９　2019年以降，世界中に広がった新型コロナウイルス感染症《しょう》の影響で，人々の移動が制限されたり，飲食店の営業が規制されたりした。これによって，沖縄県の主要産業である観光業は大きな打撃《だげき》を受けた。

問10　沖縄は太平洋戦争末期の1945年３～６月に行われた地上戦のすえ，アメリカ軍の占領下に置かれ，1972年になって日本に返還された。その間は日本国憲法も適用されず，本土との自由な行き来などもできなかったため，1964年の東京オリンピックでも日の丸の使用が制限されたのだと考えられる。

問11　(ア)は1938年，(イ)は1931年，(ウ)は1933年，(エ)は1945年のできごとである。なお，(イ)について，満州事変は，日本軍が南満州鉄道の線路を爆破するという柳条湖《りゅうじょうこ》事件をきっかけとして起こった。

２　江戸～大正時代の政治や外交，文化についての問題

問１　2022年の77年前は1945年，さらにその77年前は1868年にあたる。このころは明治維新とよばれる変革期で，長く続いた武士の時代が終わり，1868年には新政府が出した五箇条《ごかじょう》の御誓文《ごせいもん》によって，新たな政治の方針が示された。なお，(ア)は1853・54年，(ウ)は1894～95年，(エ)は1904～05年のできごと。

問２　日本は，日清戦争の講和条約として1895年に結ばれた下関条約で清(中国)から台湾をゆずり受け，第二次世界大戦終結時までこれを植民地として支配した。なお，朝鮮半島は1910年に行われた韓国併合で日本の植民地となった。南樺太は，日露戦争の講和条約として1905年に結ばれたポーツマス条約で，日本がロシアからゆずり受けた。また，日本軍は1931年に満州事変を起こすと，翌32年に中国東北部に満州国を建国し，これを植民地として支配した。

問３　日本は第一次世界大戦(1914～18年)で戦勝国となり，1919年にフランスで行われたパリ講和会議でベルサイユ条約に調印した。このとき，すでに清やロシアに勝利していた日本は，イギリ

ス・フランス・アメリカ合衆国・イタリアに並ぶ世界の大国への仲間入りをはたした。なお，サンフランシスコ平和条約は1951年に結ばれた第二次世界大戦の講和条約で，敗戦国となった日本が連合国48か国との間で調印した。

問４　2022年２月現在，日本人のノーベル文学賞受賞者は川端康成と大江健三郎の２人だけで，夏目漱石《そうせき》はノーベル文学賞を受賞していない。

問５　(ア)「アジアで最初の憲法」とは，1889年に発布された大日本帝国憲法である。大日本帝国憲法では国民は臣民(天皇に従う人民)とされ，法律の範囲《はんい》内という制限つきながら国民の権利が保障された。　(イ) 統帥《とうすい》権とは軍隊の最高指揮権のことで，大日本帝国憲法では天皇に直属すると定められていた。また，宣戦や講和，条約の締結《ていけつ》も天皇の権限とされていた。よって，正しい。
(ウ)，(エ)　大日本帝国憲法には内閣総理大臣についての規定がなく，議会には内閣総理大臣を指名する権限がなかった。また，国務大臣の任命や人数についての規定もなかった。

問６　(ア)　1890年の第１回衆議院議員総選挙は，北海道と沖縄県では行われなかった。　(イ) 産業革命の進行にともない，小作人の中には労働者となるものもいたが，地主の多くが労働者になったということはない。　(ウ) 貴族院議員は皇族や華族，高額納税者や国家功労者の中から任命され，選挙はなかった。よって，正しい。　(エ) 1925年に治安維持法が制定され，社会主義運動は厳しく取り締《し》まられるようになった。

問７　1932年５月15日，海軍の青年将校らが首相官邸《かんてい》や日本銀行，警視庁などをおそい，犬養毅《いぬかいつよし》首相を暗殺した。この事件はその日づけから五・一五事件とよばれ，戦前の政党政治が終わりをむかえて軍の影響力が強くなっていった。

問８　1868年の77年前は1791年で，このときには老中松平定信が寛政《かんせい》の改革(1787～93年)とよばれる幕政改革に取り組んでいた。なお，徳川家光は江戸幕府の第３代将軍で1623～51年に将軍を務めた。徳川吉宗は江戸幕府の第８代将軍で1716～45年に享保《きょうほう》の改革を，水野忠邦は江戸幕府の老中で1841～43年に天保《てんぽう》の改革を行った。

問９　1792年，ロシア使節ラクスマンが漂流民の大黒屋光太夫《こうだゆう》らをともなって蝦夷《えぞ》地(北海道)の根室に来航し，日本に通商を求めた。鎖国政策を続ける江戸幕府は，通商の交渉《こうしょう》はすべて長崎で行うとして，ラクスマンの要求を断った。

3　**2021年の日本と世界のできごとを題材とした問題**

問１　2020年のアメリカ合衆国大統領選挙で，現職の共和党候補ドナルド・トランプに勝利した民主党候補のジョー・バイデンは，2021年１月に第46代アメリカ合衆国大統領に就任した。

問２　2017年に国際連合で採択《さいたく》された核兵器禁止条約が，2021年１月に発効した。なお，唯一《ゆいいつ》の戦争被爆国である日本は，同盟国で，核保有国であるアメリカ合衆国などとともに，この条約に参加していない。

問３　ミャンマーは東南アジアの国で，2021年２月にクーデターが起こって軍が政権をにぎり，同国で民主化を主導してきたアウンサンスーチーを拘束《こうそく》するなどした。

問４　スエズ運河は地中海と紅海を結ぶ運河で，アフリカ大陸の北東部に位置するエジプトが所有している。なお，アの場所にはジブラルタル海峡，ウの場所にはマラッカ海峡，エの場所にはパナマ運河がある。

問５　Ｇ７主要国首脳会議は，アメリカ合衆国，イギリス，フランス，ドイツ，日本，イタリア，カナダの７か国で行われる。かつてはロシアをふくめたＧ８だったが，ロシアは一方的にクリミア半島を併合したことで，2014年に参加資格を停止された。

問６　少子高齢化が進行すると，人口ピラミッドは高齢者人口にあたる上が太く，年少人口にあたる下が細くなる。現在の日本では，少子高齢化が進行しているものの，高齢者人口が15～64歳の生産年齢人口を上回るほどにはなっていないので，(ウ)があてはまる。

問７　2021年９月，情報化社会の進展に対応し，デジタル社会の形成に向けた政策の実現などを目的として，内閣府の下にデジタル庁が設置された。

理　科　＜第１回試験＞（社会と合わせて60分）＜満点：50点＞

解　答

1　**問１**　直列つなぎ　**問２**　(エ)　0.3アンペア　(オ)　0.3アンペア　**問３**　(ア)　1.2ボルト　(イ)　1.8ボルト　**問４**　10オーム　**問５**　３ボルト　2　**問１**　食塩水　**問２**　アルカリ性　**問３**　(イ)　**問４**　(エ)　**問５**　水素　**問６**　(ア)　3　**問１**　(イ)　**問２**　(ウ)　**問３**　(ウ)　**問４**　(ア)　**問５**　(エ)　4　**問１**　①　東　②　南　③　西　**問２**　(イ)　**問３**　(イ)　**問４**　月食　**問５**　(エ)

解　説

1　電流回路とオームの法則についての問題

問１　図１のように，電熱線を通る電流の道すじが枝分かれせず，１本道になっているつなぎ方を電熱線の直列つなぎという。

問２　直列つなぎの回路では，電池から流れる電流の大きさと回路の各点を流れる電流の大きさは同じになる。

問３　オームの法則より，(電圧)＝(抵抗《ていこう》)×(電流)なので，電熱線(ア)に加わる電圧は，４×0.3＝1.2(ボルト)，電熱線(イ)に加わる電圧は，６×0.3＝1.8(ボルト)である。

問４　直列つなぎの回路では，それぞれの電熱線の持つ抵抗の大きさの和が，回路全体の抵抗の大きさとなると述べられているので，４＋６＝10(オーム)となる。

問５　回路全体に流れる電流が0.3アンペア，回路全体の抵抗の大きさが10オームなので，(電圧)＝(抵抗)×(電流)より，10×0.3＝３(ボルト)と求められる。

2　水よう液の分類についての問題

問１　水よう液(ア)は固体がとけたもので，アルカリ性ではないので，食塩水があてはまる。

問２　実験２より，水よう液(イ)と水よう液(ウ)は，BTBよう液を青色に変えたことからアルカリ性で，水よう液(ア)と水よう液(エ)はアルカリ性ではないことがわかる。実験３で，フェノールフタレインよう液を赤色に変えたのは，実験２と同様に，水よう液(イ)と水よう液(ウ)の２つなので，フェノールフタレインよう液を赤色に変える水よう液の性質はアルカリ性であると考えられる。

問３　石灰水はアルカリ性で，消石灰(水酸化カルシウム)という固体の水よう液であり，二酸化炭素を通すと白くにごる。

問４　鉄を入れたときに気体が発生するとあるので，うすい塩酸があてはまる。うすい塩酸は塩化水素という気体がとけているので水分を蒸発させたときに何も残らず，酸性なのでBTBよう液を加えたときに黄色になる。

問5　うすい塩酸に鉄を入れると，気体の水素が発生する。

問6　水よう液(ア)は食塩水，水よう液(イ)は石灰水，水よう液(ウ)はアンモニア水，水よう液(エ)はうすい塩酸である。赤色リトマス紙と青色リトマス紙のどちらにつけても色が変わらないのは中性の水よう液なので，食塩水があてはまる。

3　タンポポについての問題

問1　アサガオは5枚の花びらが1つにまとまっている合弁花である。なお，アブラナ，サクラ，チューリップのように花びらが1枚ずつはなれている花を離《り》弁花という。

問2　タンポポのわた毛はがくが変化したもので，風に飛ばされやすいつくりになっている。

問3　ススキはイネ科の植物で，日本にもともと生息している在来種である。北アメリカ原産のセイタカアワダチソウは観賞用として輸入されたものが，河原や空き地などに群生するようになった。アメリカザリガニはウシガエルのエサとして持ちこまれて繁殖《はんしょく》した。マングースはハブ退治のために沖縄に移入されたが，その効果がほとんどないまま貴重な固有種(在来種)を食べて繁殖し，大きな問題となっている。

問4　カントウタンポポは花びらの外側にある総ほう(花のもとにあって花全体を支えている部分)の先が閉じているが，セイヨウタンポポの総ほうはそり返っている。セイヨウタンポポはカントウタンポポによくにていて，今では各地で多く見られる。

問5　在来種の生息しているところに外来種が侵《しん》入すると，生息場所やエサがうばわれたり，それまでの生態系のバランスがくずれて在来種が絶滅《ぜつめつ》したりする。また，一度こわれてしまった生態系はもとにもどすのに長い年月が必要となる。外来種と在来種の間にできた子が増えて在来種に置き変わることもあるが，巨《きょ》大化するとは限らない。

4　太陽と月と地球の関係についての問題

問1　北半球にある日本では，太陽は東の地平線からのぼり，南の空高くを通って，西の地平線にしずむ。

問2　日本では，地球の自転軸《じく》の北極側が太陽側にかたむいている夏至《げし》のころ(6月21日ごろ)が，1年のうちでもっとも昼の長さが長くなる。また，冬至《とうじ》のころ(12月22日ごろ)は昼の長さがもっとも短い。3月20日は春分のころで，昼と夜の長さがほぼ同じである。秋分の日から春分の日までの間に当たる2月1日と12月22日は昼の長さより夜の長さの方が長いので，3月20日がもっとも昼の長さが長いといえる。

問3　(ア)　新月から次の新月までの周期は約29.5日である。　(イ)　月は自ら光っておらず，太陽の光を受けている面が光って見えている。月は地球の周りを公転しているため，地球と太陽と月の位置関係によって月は満ち欠けして見える。　(ウ)　新月から次の新月までの周期は約29.5日なので，上げんの月から2週間(14日)後の月は下げんの月となる。　(エ)　月の直径は地球の直径のおよそ4分の1である。

問4　太陽―地球―月がこの順に一直線に並ぶと，月が地球のかげにかくれる月食という現象が起きる。

問5　ガリレオ・ガリレイはイタリアの天文学者で，望遠鏡を自作してガニメデやエウロパなどの木星の衛星を４つ発見したり，月の表面や太陽の黒点を観測したりした。また，ふりこの等時性を発見したり，地動説を提唱したりしたことでも有名である。

国　語　＜第１回試験＞（50分）＜満点：100点＞

解　答

一　問１　下記を参照のこと。　問２　①　ちんたい　②　しゅえい　③　たわら　問３　結　問４　エ　問５　ウ　問６　(例)　きのうの夜は，すぐにねむれなかった。なぜなら，とても寒かったからだ。　二　問１　[1]　問２　エ　問３　論理的思考　問４　イ　問５　ア　問６　(例)　曲を仕上げる過程で，つくっている音楽が確信に変わる瞬間のこと。　問７　ウ　三　問１　A　エ　B　イ　問２　(例)　一年前に自分でボツにした，タイムカプセルに手紙を入れるという案を，よし太自身が実行してしまったこと。　問３　ウ　問４　ア　問５　赤　問６　八年後　問７　イ

●漢字の書き取り

一　問１　①　同盟　②　誕生　③　刻む

解　説

一　漢字の書き取りと読み，熟語の知識，慣用句の知識，文の書きかえ

問１　①　同じ目的のために結ばれた協力関係。　②　命が生まれること。ものが新しくできること。　③　音読みは「コク」で，「時刻」などの熟語がある。

問２　①　お金と引きかえに，物を相手に貸すこと。　②　建物を警備する人。　③　米や野菜などを入れるため，わらを円柱の形に編んだ袋《ふくろ》。

問３　「結」を入れると，上から順に「終結」「結論」「団結」「結末」という熟語ができる。

問４　「場所」は，「場」が訓読み，「所」が音読みなので，湯桶《ゆとう》読みの熟語となる。よって，エの「手本」がふさわしい。なお，「着物」「青空」は両方訓読み，「新聞」は両方音読みの熟語である。

問５　「羽をのばす」は，何かから解放されてのびのびと過ごすこと。「足を洗う」は，悪事をやめること。「さじを投げる」は，手のほどこしようがないと判断してあきらめること。

問６　「なぜなら」は，前のことがらの理由を後で説明する言葉である。「きのうの夜」「すぐにねむれなかった」理由は「とても寒かった」ことであるため，これらの内容を「なぜなら」を使ってつなげればよい。

二　出典は久石譲《ひさいしじょう》の『感動をつくれますか？』による。作曲家である筆者が，創作活動における論理性と直感の関係や，納得《なっとく》のいく作品を生み出すまでの苦しみについて，自身の経験をふまえて語っている。

問１　もどす文では，クラシックやミニマル・ミュージックといった音楽を体験してきた過去が，筆者の今のスタイルに大きく影響《えいきょう》していると述べられている。[1]に入れると，過去の経験や思考などの蓄積《ちくせき》が創作活動の基盤《きばん》になっていると主張した後，より詳《くわ》しい具体例を説明する形となり，文意が通る。

問２　第五段落で筆者は，「自分独自の感覚だけでゼロからすべてを創造する」ことは「あり得な

い」と主張しているため，エが合わない。

問３　筆者は作曲に必要な要素の一つとして「論理的思考」をあげており，「論理性に基《もと》づいて思考」すれば，一定のレベルに達するものはいつでもできるはずだと述べている。一方で，作曲には「論理的思考」だけでなく，「感覚的ひらめき」も必要だとしている。こうしたことをふまえると，「それさえあればものづくりができる，作曲ができるということではない」ものとは「論理的思考」を指すとわかる。

問４　空らんＡの前で筆者は，映画音楽をつくるときに「頭の中で考えた良さ」と「実際につくりたいと思ったもの」は，「右の入り口から入るか，左から入るか」くらい違《ちが》ったとたとえている。一方で，続く部分では「突然《とつぜん》，百八十度何かが切り替《か》わったわけではない」と補足しているので，前に述べたことがらに反する内容を導いたり，説明を補ったりするときに用いる「もっとも」が合う。

問５　「月並み」はありきたりなこと，ありふれたようす。

問６　曲づくりにおいて，「自分を極限まで追い詰《つ》め」た「苦しい状態」を経《へ》てたどりつく境地について筆者は，「よし！」「飛び越《こ》えた」などと感じて「視界が開けたような」感覚になり，つくっている「音楽が“確信に変わる瞬間《しゅんかん》”」，「何かが降りてくる」瞬間，などと説明している。「扉《とびら》がポンと開」くことも，創作過程において迷い，苦しんだ末に自分の「心底納得《なっとく》のいく」音楽を見つけた瞬間のことを指しているため，こうした部分をまとめればよい。

問７　ア　筆者は日本人が「感性」という言葉を「漠然《ばくぜん》と」とらえ，「実体がわからないまま」に「大事にしすぎている」と述べているが，もっと大事にするよう主張しているわけではない。

イ　筆者は「知識や体験」に基づく「論理性」だけでは作曲はできず，「直感」による導きが作品を「素晴《すば》らしいもの」にすると述べているため，合わない。　エ　筆者は自分がつくった曲の「最初の聴衆《ちょうしゅう》」は「自分自身」だとしているが，過去の自分だとは述べていない。

三　**出典は浜口倫太郎《はまぐちりんたろう》の『廃校《はいこう》先生』による**。廃校が決まった小学校から卒業する最後の生徒となった愛梨《あいり》・優作・十夢《とむ》の三人と，担任のよし太《た》，副担任の香澄《かすみ》は，卒業式の日に思い思いの品を持ち寄ってタイムカプセルを埋《う》める。

問１　**Ａ**　タイムカプセルに手紙を入れるという，よし太が「一年前に」否定した案を自ら実行しようとしていることについて，愛梨に非難されながら「身振《みぶ》り手振り」を交えて言い訳している場面なので，「弁解」が合う。　**Ｂ**　空らんＢの前の部分では，十夢が「校舎の絵」を持ってきていないという予想外の事態に香澄が「困惑《こんわく》」していることが書かれている。よし太も言葉をつまらせながら十夢に質問していることから，「動転」がふさわしい。

問２　よし太がタイムカプセルに入れようと手紙を用意してきたことに対し，生徒たちは「一年前に」よし太自ら「ボツにした」案であることを指てきして「不服そう」なようすを見せ，よし太の言い訳をうるさそうに断《た》ち切っている。タイムカプセルに手紙を入れることが生徒たちから不評な結果に終わったため「減点」と表現されているのである。

問３　ぼう線②に続く部分では，黒板の絵が細部まで「丁寧《ていねい》に」，「質感」も含《ふく》めて校舎を再現しており，「とてもチョークで描《えが》いたものとは思えない」と書かれているため，ウがふさわしい。

問４　黒板アートとの写真撮影《さつえい》を終えた後，十夢はよし太に黒板の絵を消してほしいとたのんでおり，もともと「最後によし先生に消して欲しい」という思いから画用紙ではなく黒板に絵を描くと決めたことを明かしている。それは，よし太の特技である黒板消しで「一年を締《し》めくくらせてあげたい」という十夢の「心配り」であると書かれているため，アが選べる。

問５　みんなが笑顔《えがお》で写った写真を見た十夢が，優作はこの写真撮影のために事前に「笑顔の練習」をしていたと明かし，冷やかしている場面である。優作がはずかしがっているようすが読み取れるため，「赤面」となるように「赤」を入れるとよい。

問６　空らんＡの前の部分で，自分の用意してきた手紙は「八年後のみんな」に宛《あ》てたものだとよし太が話していることから，タイムカプセルを開けるのは八年後だとわかる。

問７　ア　よし太が黒板を消した後，優作は涙《なみだ》を流しているため，ふさわしくない。　ウ　よし太に消してもらうために黒板アートを選んだ十夢の思いを知り，香澄は涙ぐみながらも「まばたき」でおさえており，泣かないようにすることは「もうなれたものだ」としている。よって，気持ちをおさえるのが苦手な人物とはいえない。　エ　十夢はタイムカプセルを閉めた後まもなく黒板の絵を消してほしいとよし太にたのんでおり，消したくないと思ってはいない。

Dr.福井の

入試に勝つ！ 脳とからだのウルトラ科学

歩いて勉強した方がいい？

みんなは座って勉強しているよね。だけど，暗記するときには歩きながら覚えるといいんだ。なぜかというと，歩いているときのほうが座っているときに比べて，心臓が速く動いて（脈はくが上がって）脳への血のめぐりがよくなるし，歩いている感覚が背骨の中を通って脳をつつくので，頭が働きやすくなるからだ（ちなみに，運動による記憶力アップについては，京都大学の久保田名誉教授の研究が有名）。

具体的なやり方は，以下のとおり。まず，机の上にテキストを広げ，１ページぐらいをざっと読む。そして，部屋の中をゆっくり歩き回りながら，さっき読んだ内容を思い出す。重要な語句は，声に出して言ってみよう。その後，机にもどってテキストをもう一度読み直し，大切な部分を覚え忘れてないかをチェック。もし忘れている部分があったら，また部屋の中を歩き回りながら覚え直す。こうしてひと通り覚えることができたら，次のページへ進む。あとはそのくり返しだ。

さらに，この“歩き回り勉強法”にひとくふう加えてみよう。それは，なかなか覚えられないことがら（地名・人名・漢字など）をメモ用紙に書いてかべに貼っておくこと。ドンドン貼っていくと，やがて部屋中がメモでいっぱいになるハズ。これらはキミの弱点集というわけだが，これを歩き回りながら覚えていくようにしてみよう！　このくふうは，ふだんのときにも自然と目に入ってくるので，知らず知らずのうちに覚えることができてしまうという利点もある。

歴史の略年表や算数の公式などを大きな紙に書いて貼っておくのも有効だ。

Dr.福井（福《ふく》井《い》一成《かずしげ》）…医学博士。開成中・高から東大・文Ⅱに入学後，再受験して翌年東大・理Ⅲに合格。同大医学部卒。さまざまな勉強法や脳科学に関する著書多数。

2022年度　日本大学豊山中学校

〔電　話〕　(03) 3943－２１６１
〔所在地〕　〒112－0012　東京都文京区大塚５－40－10
〔交　通〕　東京メトロ有楽町線 ―「護国寺駅」より徒歩１分
東京メトロ丸ノ内線 ―「新大塚駅」より徒歩７分

【算　数】〈第３回試験〉（50分）〈満点：100点〉

（注意）１．定規，コンパス，分度器，計算機などを使用してはいけません。
２．答えが分数のときは，約分してもっとも簡単な形で求めなさい。

1 次の問いに答えなさい。

(1)　$9 \times 8 - 7 \times 6 + 5 \times 4$ を計算しなさい。

(2)　$125 \div (17 - 12) \times 3 - 43$ を計算しなさい。

(3)　$\left(4 - 1.2 \times 2\frac{1}{3}\right) \div 0.3$ を計算しなさい。

(4)　$2022 \times 0.5 - 101.1 \div \frac{7}{98} + 20.22 \times 30$ を計算しなさい。

(5)　$21 \times \left(55 - \square \times 2\right) \div 7 = 45$ において，$\square$ にあてはまる数を求めなさい。

2 次の問いに答えなさい。

(1)　あるクラスの生徒数は男子と女子あわせて 36 人です。女子の生徒数は男子の生徒数よりも４人少ないです。このとき，女子の生徒数は何人ですか。

(2)　今，母は父より２才年下で，３人の子どもは９才，６才，４才です。今から８年後に３人の子どもの年れいの和が母の年れいと等しくなります。今，父は何才ですか。

(3)　ある整数で 29 を割っても，53 を割っても５余ります。この整数のうちで，小さい方から２番目の整数を求めなさい。

(4)　弟は，毎分 70 m の速さで家から駅に歩いて向かいました。兄は，弟が家を出発してから 8 分後に家を出発して，毎分 210 m の速さで弟を自転車で追いかけました。兄が弟に追いつくのは，弟が家を出発してから何分後ですか。ただし，弟と兄は同じ道を通るとします。

(5)　4 時 37 分のとき，時計の長針と短針がつくる角で，小さい方の角の大きさは何度ですか。

3　次の問いに答えなさい。

(1)　下の図のような正六角形において，㋐ の角度は何度ですか。

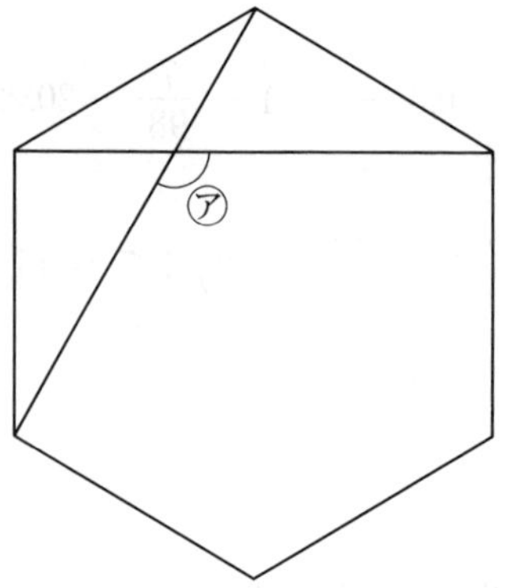

(2)　下の図のように，点 A が辺 BC 上にくるように三角形を折り返しました。図の斜線部分の面積は何 cm^2 ですか。

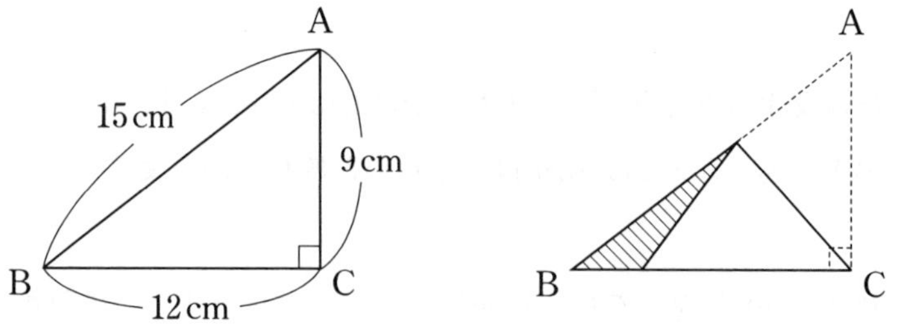

(3) 下の図のように，円にぴったりと入った正方形があります。円の面積は正方形の面積の何倍ですか。ただし，円周率は3.14とします。

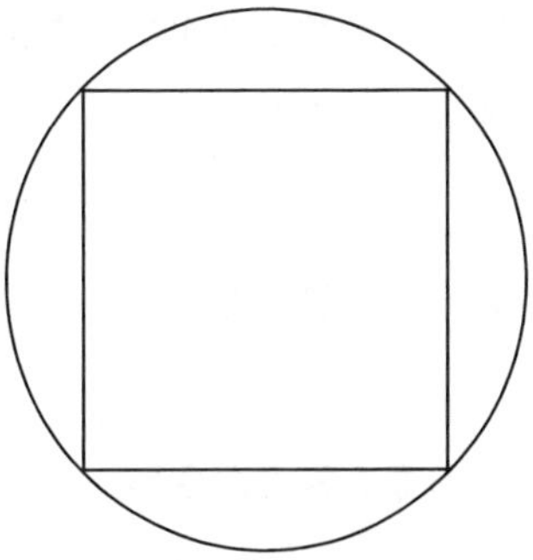

4 ある牧草地には，30頭の牛ではちょうど4日で食べつくし，15頭の牛ではちょうど10日で食べつくすだけの牧草が生えています。このとき，次の問いに答えなさい。ただし，1日あたりに牛1頭が食べる牧草の量と，1日あたりにのびる牧草の量は，それぞれ一定であるとします。

(1) 牛が何頭以下なら，牧草が食べつくされないですか。

(2) この牧草地に12頭の牛をはなすと，牧草がなくなるのは何日目ですか。

5 図１のように２cm 離れて２つの直角三角形 ABC，DEF がある。この位置から三角形 DEF を矢印の方向に秒速１cm の速さで動かします。このとき，動かし始めてからの時間と，三角形が重なった部分の面積のグラフが図２となります。
次の問いに答えなさい。

⑴　アに入る数を答えなさい。

⑵　イに入る数を答えなさい。

⑶　ウに入る数を答えなさい。

図１

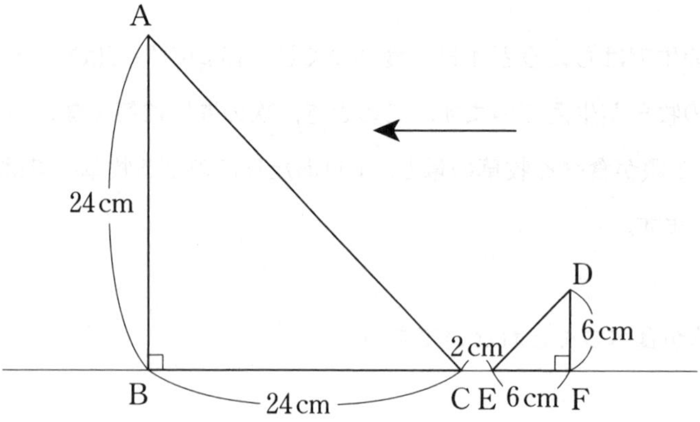

図２

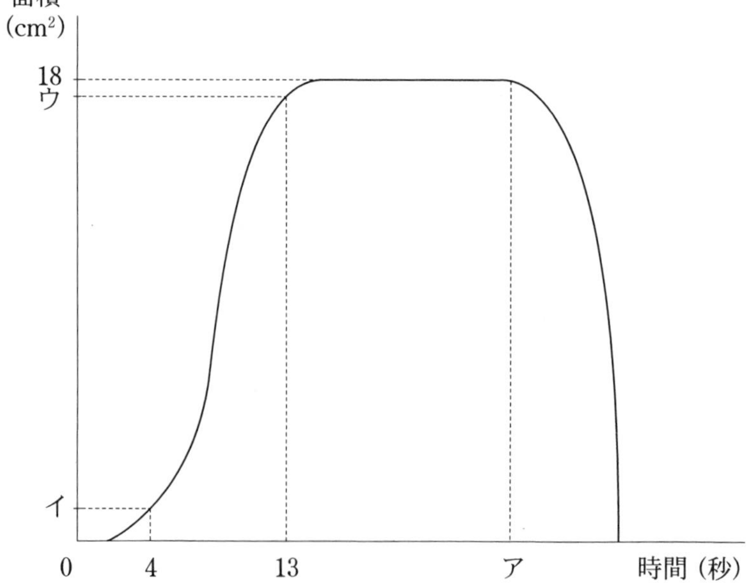

6 図1のような長方形と，同じ大きさの半円からできている図形があります。これを組み立てて，面ABCDが開いている，ふたのない容器をつくりました。図2のように，この容器を水平な机に置き，容器に水をいっぱいに満たしました。このとき，次の問いに答えなさい。ただし，円周率は3.14とします。また，容器の厚さは考えないものとします。

図1

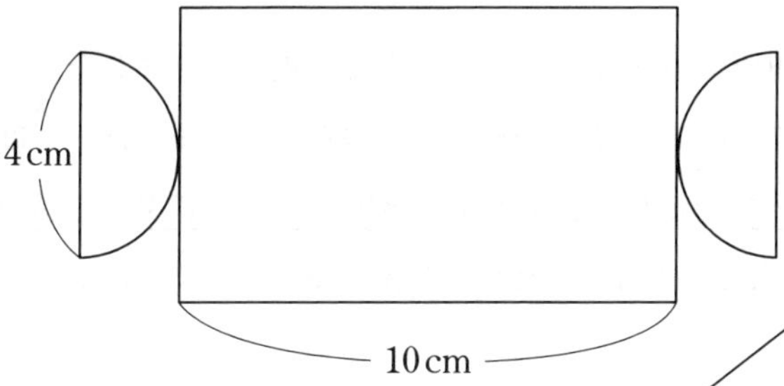

図2

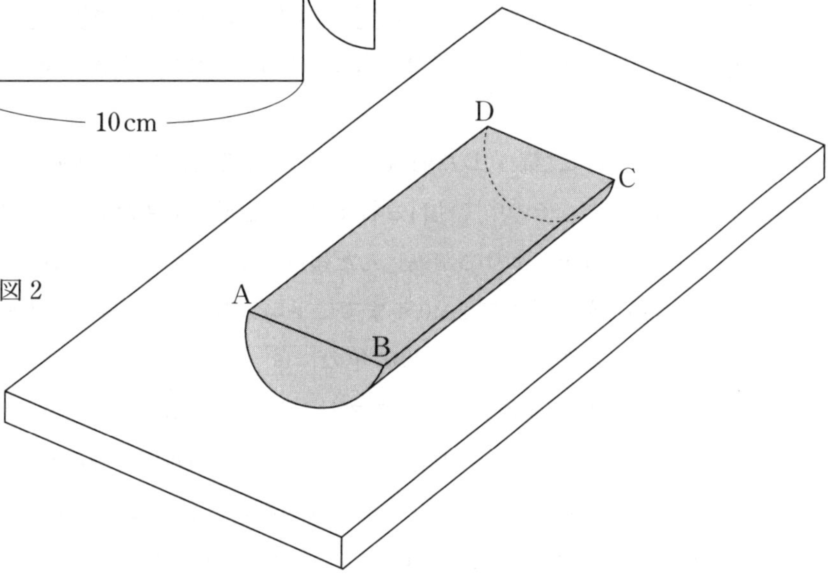

(1) 容器に水をいっぱいに満たしたときの水の量を求めなさい。

(2) 図3のように，この容器を傾け，水面と辺ABがつくる角度を45°にしたときの，容器に残った水の量を求めなさい。

図3

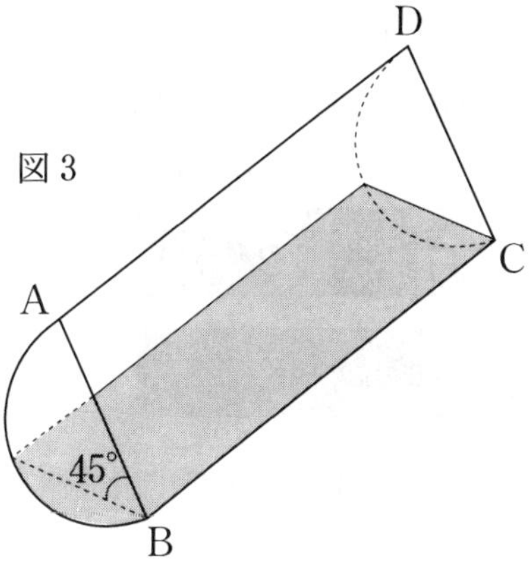

【社　会】〈第３回試験〉（理科と合わせて60分）〈満点：50点〉

（注意）定規，コンパス，分度器，計算機などを使用してはいけません。

1　次の文章を読んで，下の各問いに答えなさい。

地球規模での環境変化の影響《えいきょう》で，数十年に一度といわれてきた異常気象と呼ばれる現象が毎年のように発生しています。日本列島各地でも激しい①自然災害が発生して，毎年のように被害《ひがい》にみまわれています。

昨年も夏には，②静岡県で大雨による大規模な土石流が発生して大きな被害がでました。③佐賀県では，わずか数日の間に年間降水量の半分にあたる降水を記録して被害が拡大しました。一度に多量の雨が降る原因はいくつもありますが，④「発達した雨雲が線状に発生して，同じ場所を通過・停滞《ていたい》する」雨の降り方は，2014年の⑤広島県で大きな被害をもたらした集中豪雨《ごうう》以降に一般的に知られるようになりました。

昨年夏には，国連などが設立した組織である「気候変動に関する政府間パネル（IPCC）」から報告書が発表されました。その中で注目されるのは，温暖化の主な原因は人間活動によることが「疑う余地がない」と，今までよりも踏《ふ》み込《こ》んだ報告をしたことでした。さらに温室効果ガスを排出《はいしゅつ》し続けると，産業革命前と比べて2040年までに平均気温が「1.5度以上上昇する可能性が非常に高い」と警告したのでした。これらは2015年の［　⑥　］で合意された目標が達成できないことを意味しています。同じ時期に開催《かいさい》されていたオリンピックが掲《かか》げたテーマにも，「環境」がありました。温室効果ガスを排出しない努力をして，期間中はエネルギー源にも工夫がなされました。またリサイクルを意識した取り組みとして，金・銀・銅のメダルには［　⑦　］とも呼ばれる携帯《けいたい》電話や小型家電に含まれる金属が使用されました。⑧冬の大会も含めた日本で開催されたオリンピックでも，自然破壊《はかい》が問題になったこともあり，環境との調和は避《さ》けられない問題となっていたのです。

問１　下線部①に関連して，自然災害の被害を最小限に食い止めることを目的とし，被災想定区域や避難《ひなん》場所・避難経路などを表示したものを答えなさい。

問２　下線部②で生産される農産物を都道府県別に表したグラフが，下のⅠ・Ⅱになります。グラフが示す農産物として，正しい組み合わせを次の中から一つ選び，記号で答えなさい。

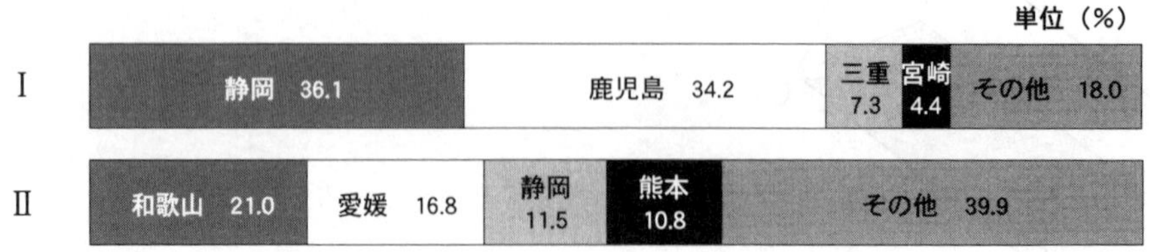

（ア）　Ⅰ　茶　－　Ⅱ　みかん　　　（イ）　Ⅰ　い草　－　Ⅱ　みかん

（ウ）　Ⅰ　茶　－　Ⅱ　いちご　　　（エ）　Ⅰ　い草　－　Ⅱ　いちご

問3　下線部③の県庁所在地である佐賀市の雨温図として，正しいものを次の中から一つ選び，記号で答えなさい。

(ア)

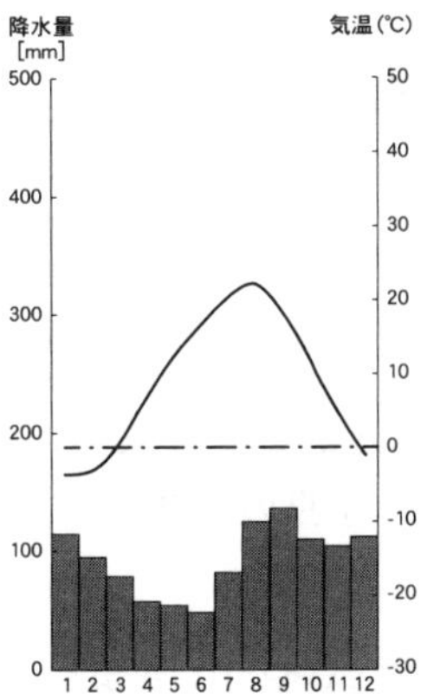

(イ)

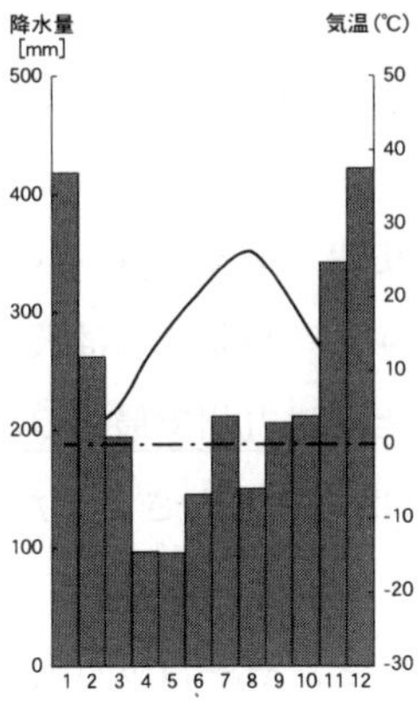

(ウ)

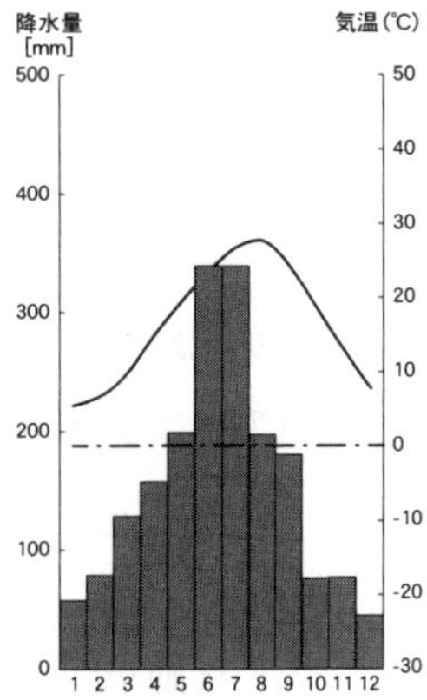

(エ)

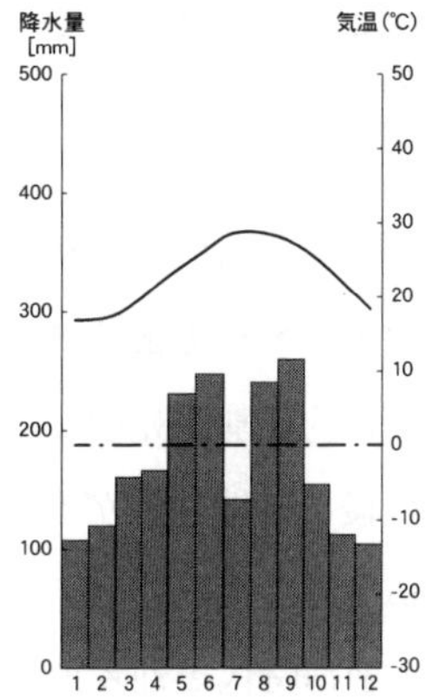

問4　下線部④が示すものを答えなさい。

問5　下線部⑤で盛んな養殖《ようしょく》業で収穫《しゅうかく》されるものとして，正しいものを次の中から一つ選び，記号で答えなさい。

(ア)　真珠《しんじゅ》　　(イ)　ほたて　　(ウ)　かき　　(エ)　のり

問6　空欄《らん》⑥にあてはまる国際的な取り決めとして，正しいものを次の中から一つ選び，記号で答えなさい。

(ア)　京都議定書　　(イ)　パリ協定

(ウ)　ワシントン条約　　(エ)　ラムサール条約

問7　空欄⑦にあてはまる語句を漢字4文字で答えなさい。

問8　下線部⑧にあてはまる都市を次の中から一つ選び，記号で答えなさい。

(ア)　山形　　(イ)　長野　　(ウ)　大阪　　(エ)　福岡

2　次の文章を読んで，下の各問いに答えなさい。

人類の歴史を振り返ると，さまざまな感染症《かんせんしょう》に襲《おそ》われてきたことがわかります。①狩猟《しゅりょう》による生活から農業が開始されたことで，人口の増加と定住化がすすめられると感染症の流行は多くなっていったと考えられます。さらに人の移動が活発になると，感染症はより広い範囲《はんい》に拡大していきました。

わが国においても720年に成立した最初の公式な歴史書である［　②　］の中で，さまざまな疫病《えきびょう》が発生し多くの犠牲者《ぎせいしゃ》があったことが記録されています。奈良時代には天然痘《てんねんとう》が大流行して当時の人口の約三割が死亡したともいわれていますが，このときは③九州で最初のパンデミックが起こり，その後に各地に広がっていきました。④このときの朝廷《ちょうてい》は疫病をおさえるために，奈良の［　⑤　］に大仏を建立したのです。

大航海時代を迎え世界規模での人の移動が活発になると，ヨーロッパ人が日本にもやってきましたが，このときも感染症を持ち込んでいます。江戸時代はじめのころの人骨を調べると，このときにもたらされた感染症に多くの人が感染していた形跡《けいせき》がわかります。江戸幕府によって鎖国体制がすすめられていくと，人の移動という側面からの感染はある程度おさえられたと考えられます。それでも江戸時代には，感染症は何度かの大流行を起こしています。その中の多くは，⑥長崎からはじまっていることが伝わっています。

幕末になって外国人が日本にやってくるようになると，感染症はまた猛威《もうい》をふるうようになりました。⑦日米修好通商条約が結ばれた1858年にはコレラが大流行した記録がありますが，この時はアメリカ船の乗組員から発生したといわれています。

そして⑧第一次世界大戦の最中に発生して大流行した「スペイン風邪《かぜ》」は，世界中で大戦の戦死者の三倍にあたる人命を奪《うば》ったとされています。この影響は，当然日本にも及《およ》び，本格的な政党内閣を組織していた［　⑨　］以下，内閣の大臣たちにまで感染者がでています。このとき感染した大蔵大臣は［　⑨　］の後に内閣総理大臣となり，二・二六事件で殺害された［　⑩　］でした。また⑪日露戦争の際に反戦の立場にあった与謝野晶子は，この流行で家族全員が感染した苦労に関して歌を作っています。感染拡大に対する抑止《よくし》に疑問を感じる家庭からの目線は，今日の状況《じょうきょう》とまったく同じものです。

問1　下線部①に関する日本列島での様子について，正しいものを次の中から一つ選び，記号で答えなさい。

（ア）　大陸と陸続きであったころから，食料保存のための土器をもつ文化が成立した。

（イ）　大陸と陸続きであったために稲作《いなさく》が伝わり，農耕をもつ文化が成立した。

（ウ）　温暖化で大陸から切り離《はな》され，食料資源も豊富になり定住化がすすめられた。

（エ）　大陸と切り離されたあとに，新たに打製石器を使用する農業がはじまった。

問2　空欄②にあてはまる書物を答えなさい。

問3　下線部③の理由として，正しいものを次の中から一つ選び，記号で答えなさい。

（ア）　蝦夷《えみし》の反乱によって朝廷の支配が及んでいなかったため。

（イ）　都から遠い地域であり国司が派遣《はけん》されなかったため。

（ウ）　大宰府が外交の窓口としての役割を果たしていたため。

（エ）　唐が衰えをみせたことで遣唐使が廃止《はいし》されてしまったため。

問4　下線部④について，このときの天皇を答えなさい。

問5　空欄⑤にあてはまる寺院を答えなさい。

問6　下線部⑥について，江戸時代に長崎が置かれていた状況を考えて理由を述べなさい。

問7　下線部⑦の内容として，**誤っているもの**を次の中から一つ選び，記号で答えなさい。

（ア）　大老井伊直弼は朝廷の許可を得ないまま，条約の調印をすすめた。

（イ）　日本側は輸出入の品目に対して，一方的に関税を決定できなかった。

（ウ）　アメリカ人が日本人に罪を犯した場合は，日本の法によって裁けなかった。

（エ）　横浜・長崎・新潟・神戸・下田・函館の港で，貿易をおこなうことにした。

問8　下線部⑧に起こった出来事には**ふくまれないもの**を次の中から一つ選び，記号で答えなさい。

（ア）　ロシアでは革命が起こり，世界で最初の社会主義の政府が作られた。

（イ）　日本は日英同盟を理由に，中国にあるドイツの拠点《きょてん》を攻撃《こうげき》した。

（ウ）　日本は中国への勢力拡大をはかり，二十一か条の要求を突《つ》きつけた。

（エ）　日本の勢力拡大への反発から，中国では五・四運動が起こった。

問9　空欄⑨にあてはまる人物名を答えなさい。

問10　空欄⑩にあてはまる人物として，正しいものを次の中から一人選び，記号で答えなさい。

（ア）　浜口雄幸　　（イ）　近衛文麿　　（ウ）　若槻礼次郎　　（エ）　高橋是清

問11　下線部⑪に関連して，内容が**誤っているもの**を次の中から一つ選び，記号で答えなさい。

（ア）　与謝野晶子は戦場の弟を心配して，「君死にたまうことなかれ」を発表した。

（イ）　与謝野晶子は明治を代表する歌人として，『たけくらべ』を著した。

（ウ）　日露戦争へは，キリスト教徒の立場から内村鑑三も反対した。

（エ）　日露戦争へは，幸徳秋水らが平民新聞を発行して反対した。

3　次の文章を読んで，下の各問いに答えなさい。

自由民主党（以下，自民党）の総裁選挙が2021年9月に行われました。その結果，［　①　］氏が新たに自民党総裁に就任し，衆議院と参議院の本会議を経て，第100代の②内閣総理大臣に指名されました。その後，10月には③衆議院議員総選挙が行われ，選挙後にはあらためて④内閣総理大臣を指名するための国会が招集されました。現代の議会政治では，⑤選挙で⑥議会の多数をしめた⑦政党が⑧内閣を組織し，政治を行っています。このように，政党を中心に政治が運営されることを，政党政治といいます。

問1　空欄①にあてはまる人物名を答えなさい。

問2　下線部②に関する記述として，**誤っているもの**を次の中から一つ選び，記号で答えなさい。

（ア）　内閣総理大臣は国会が指名し，天皇によって任命される。

（イ）　内閣総理大臣は閣議を主宰《しゅさい》し，その決定は全会一致《ぜんかいいっち》で行われる。

（ウ）　内閣総理大臣は国会に対して議案の提出や，内務，外務について報告する。

（エ）　内閣総理大臣は，国務大臣を任命し，国務大臣は全て国会議員でなければならない。

問3　下線部③において採用されている選挙制度として，正しいものを次の中から一つ選び，記号で答えなさい。

（ア）　中選挙区制　　（イ）　非拘束名簿式《ひこうそくめいぼしき》比例代表制

（ウ）　小選挙区比例代表並立制　　（エ）　大選挙区制

問4　下線部④を何というか。正しいものを次の中から一つ選び，記号で答えなさい。

（ア）　通常国会　　（イ）　特別国会　　（ウ）　臨時国会　　（エ）　緊急集会

問5　下線部⑤の基本原則として，**誤っているもの**を次の中から一つ選び，記号で答えなさい。

（ア）　直接選挙　　（イ）　公開選挙　　（ウ）　普通選挙　　（エ）　平等選挙

問6　下線部⑥について，日本の国会に関する記述として，正しいものを次の中から一つ選び，記号で答えなさい。

（ア）　法案が法律となるには両議院が可決するだけでなく，内閣総理大臣の承認が必要である。

（イ）　国政調査権は内閣に対する監視《かんし》や批判を目的としているので，参議院のみが行使できる。

（ウ）　各議院の総議員の4分の3以上の賛成があれば，国民投票による承認がなくても，国会で憲法を改正できる。

（エ）　国会は弾劾裁判所を開いて，不適格だと考えられる裁判官をやめさせるかどうか裁くことができる。

問7　下線部⑦に関する記述として，**誤っているもの**を次の中から一つ選び，記号で答えなさい。

（ア）　政党は，選挙の際にはマニフェストといわれる政権公約を掲げて政権の獲得を目指す。

（イ）　議会において一つの政党だけで過半数を得られなかったときは，複数の政党が政策協定などを結んで連立政権を組織することもある。

（ウ）　政権を担当する政党を与党といい，政権についていない政党を野党という。

（エ）　日本では第二次世界大戦以降自民党の一党優位体制が続いており，政権交代が行われたことはない。

問8　下線部⑧の仕事として**誤っているもの**を次の中から一つ選び，記号で答えなさい。

（ア）　条約の承認

（イ）　予算案の作成

（ウ）　天皇の国事行為に対する助言と承認

（エ）　最高裁判所長官の指名

【理　科】〈第３回試験〉（社会と合わせて60分）〈満点：50点〉

（注意）定規，コンパス，分度器，計算機などを使用してはいけません。

1　次の各問いに答えなさい。

〔Ⅰ〕 **図１**のモノコードについて，弦《げん》の中央を指で２回はじき，その音をコンピュータで調べると，音のようすがそれぞれ**図２**のように表されました。２回目は，１回目よりも弱くはじきました。１回目と２回目は，ともに弦の長さ，太さ，張る強さは変えていません。

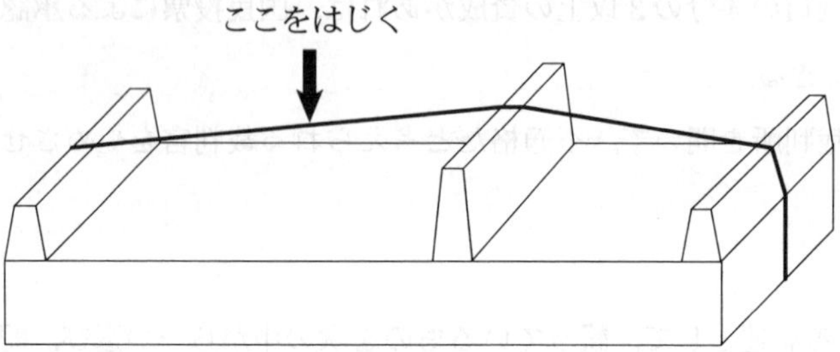

図１

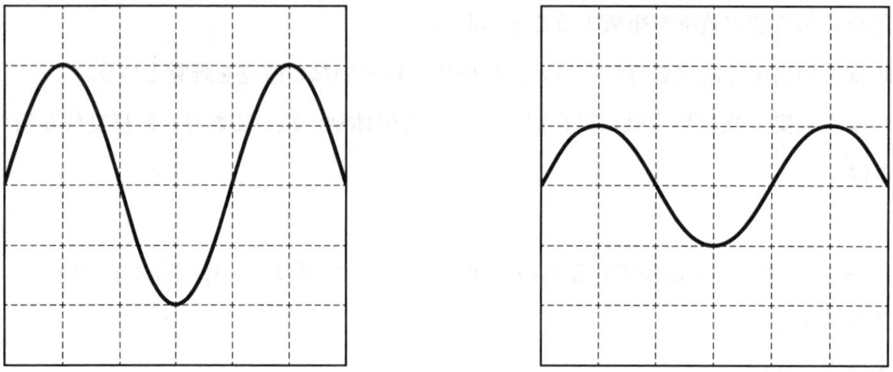

１回目の音　　　２回目の音

図２

問１　２回目に出た音は，１回目に出た音に比べると，音の大きさと高さはそれぞれどのように変わりましたか。次の（ア）～（カ）から１つ選び，記号で答えなさい。

（ア）　音の大きさは大きくなり，音の高さは高くなった。

（イ）　音の大きさは大きくなり，音の高さは変わらなかった。

（ウ）　音の大きさは小さくなり，音の高さは高くなった。

（エ）　音の大きさは小さくなり，音の高さは変わらなかった。

（オ）　音の大きさは変わらず，音の高さは低くなった。

（カ）　音の大きさも高さも変わらなかった。

問2　図1のモノコードの弦を，1回目よりも強くはじき，その音をコンピュータで調べると，どのように表されますか。もっとも適しているものを次の（ア）～（エ）から1つ選び，記号で答えなさい。ただし，弦の長さ，太さ，張る強さは1回目，2回目と変えていません。

（ア）

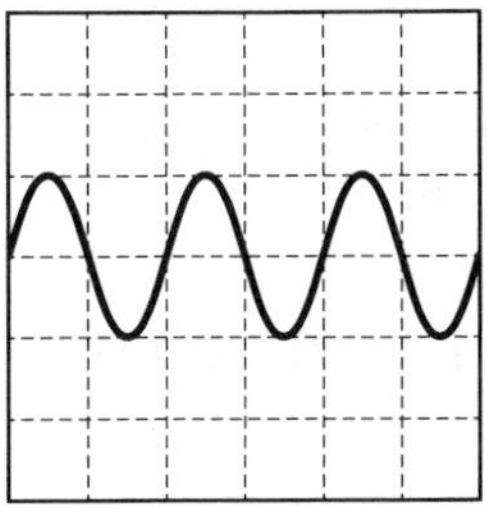

（イ）

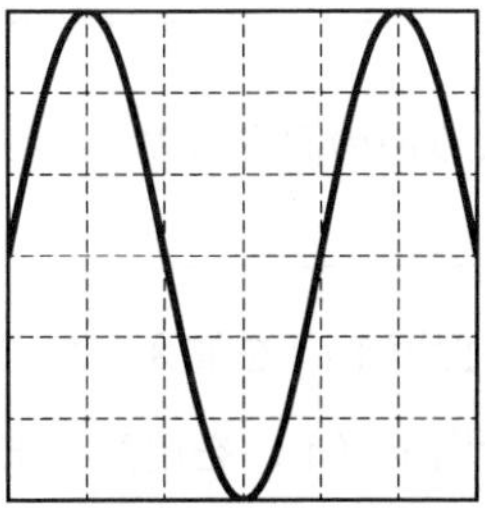

（ウ）

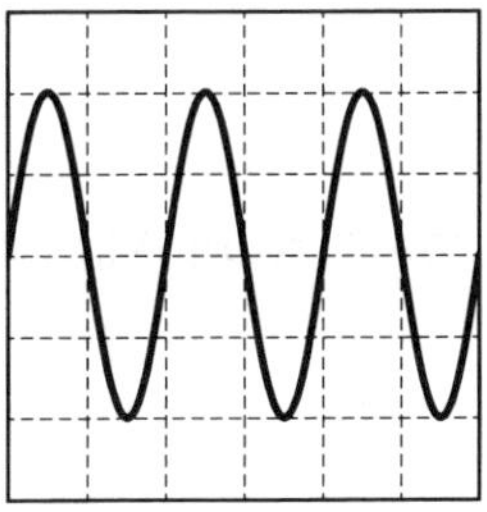

（エ）

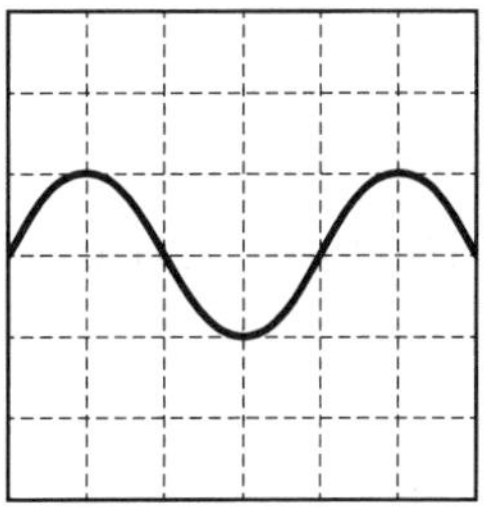

〔Ⅱ〕　あるばねにさまざまなおもりをつるし，おもりの重さとばねの長さの関係を調べたところ，**表1**のような結果になりました。

表1

おもりの重さ〔g〕	50	100	150	200	（イ）
ばねの長さ〔cm〕	15	18	（ア）	24	30

問3　**表1**の（ア）と（イ）にあてはまる数字を答えなさい。

問4　このばねの，おもりをつるす前の長さは何cmですか。

問5　このばねに550gのおもりをつるしたとき，ばねの長さは何cmになりますか。

2　次の文を読んで，あとの各問いに答えなさい。

水よう液の濃《こ》さは，とけているものの重さが水よう液全体の重さの何パーセント〔%〕にあたるかという割合で表します。これは，次の式を使って計算することができます。

$$\text{水よう液の濃さ〔\%〕} = \frac{\text{とけているものの重さ〔g〕}}{\text{水よう液の重さ〔g〕}} \times 100$$

いま，水 100 g に食塩 10 g を加えてつくった食塩水（ア）と，水よう液の濃さが 25 %で水よう液の重さが 200 g の食塩水（イ）を用意しました。

問１　食塩水（ア）について，水よう液の濃さは何%になりますか。小数第一位を四捨五入して，整数で答えなさい。

問２　食塩水（イ）について，とけている食塩の重さと，とかしている水の重さはそれぞれ何 g になりますか。

問３　食塩水（ア）と食塩水（イ）を混ぜ合わせて，食塩水（ウ）をつくりました。食塩水（ウ）の水よう液の濃さは何%になりますか。小数第一位を四捨五入して，整数で答えなさい。

問４　食塩水（ウ）を沸《ふっ》とうさせ，水を蒸発させると，水よう液の濃さが 25 %の食塩水（エ）になりました。食塩水（エ）の重さは何 g になりますか。ただし，とけている食塩の重さは変わらないものとします。

問５　食塩水（エ）に，水よう液の濃さが 10 %になるまで水を加えました。このとき，加えた水の重さは何 g ですか。

3　日本でみられる季節ごとのさまざまな気象現象について，次の各問いに答えなさい。

問1　関東地方で，立春から春分の日までの間に南寄りの風がふくと，その日は気温が高くなります。この，春先にふく南寄りの風のうち，風速が秒速8m以上で，その年で一番早い時期にふいた風を特に何といいますか。

問2　沖縄諸島や宮古列島などの南西諸島では，夏から秋にかけて台風による影響《えいきょう》を強く受けます。熱帯低気圧が発達して「台風」と呼ばれるようになるのは，何が基準をこえたときですか。次の（ア）～（エ）からもっとも適しているものを1つ選び，記号で答えなさい。

（ア）　気圧　　（イ）　風速　　（ウ）　降水量　　（エ）　移動する速さ

問3　夏になると，せまい範囲《はんい》に強い雨や落雷《らくらい》が起こることがあります。このような強い雨を降らせる，垂直に発達する雨雲を何といいますか。漢字で答えなさい。

問4　夏になると，湿度《しつど》の高い日が多くなります。これは，日本の南側の海上に大型の高気圧が発達し，しめった風が日本付近に流れこむためです。この高気圧の名前を何といいますか。

問5　冬になると，日本の西側に高気圧，東側に低気圧があるような気圧配置になります。この気圧配置のとき，日本海側と太平洋側ではそれぞれ特ちょう的な天気になります。日本海側と太平洋側でみられる特ちょう的な天気の組み合わせとしてもっとも適しているものはどれですか。次の（ア）～（エ）から1つ選び，記号で答えなさい。

（ア）　日本海側も太平洋側も，雨や雪になることが多い。

（イ）　日本海側も太平洋側も，乾燥《かんそう》した晴れになることが多い。

（ウ）　日本海側は雨や大雪になり，太平洋側は乾燥した晴れになることが多い。

（エ）　日本海側は乾燥した晴れになり，太平洋側は雨や大雪になることが多い。

問6　1月から3月にかけて，関東地方や西日本では大雪になることがあります。この時期の大雪は，発達した低気圧が日本の南側の海上を進み，上空や地表付近の気温が氷点下になった場合に多く発生します。しかし，雪になるか雨になるか，またどの地域で雪になるかなど，予測が難しい気象現象です。関東地方や西日本に大雪をもたらす原因となる，日本の南側の海上を主に北東に進む発達した低気圧を何といいますか。次の（ア）～（エ）から1つ選び，記号で答えなさい。

（ア）　寒帯低気圧　　（イ）　爆《ばく》発低気圧　　（ウ）　日本海低気圧　　（エ）　南岸低気圧

4　「SDGs（エスディージーズ）」とは，2015年の国連サミットで選ばれた，17の持続可能な開発目標のことです。次の５つの目標は，その一部です。これらについて，あとの各問いに答えなさい。

あ　エネルギーをみんなに　そしてクリーンに
い　住み続けられるまちづくりを
う　気候変動に具体的な対策を
え　海の豊かさを守ろう
お　陸の豊かさも守ろう

問１　SDGsは西暦《れき》何年までに達成することを目標として選ばれたものですか。

問２　「目標**あ**」に関連して，昨年開催《かいさい》された東京オリンピックでは，燃やしても水だけが発生する気体が聖火の燃料として使用されました。この気体の名前を答えなさい。

問３　「目標**い**」を達成するターゲットの１つに，「文化遺産や自然遺産を守る努力を強化する」というものがあります。固有種などの多様性や，絶めつのおそれのある生物の生息地としての重要性から，2021年に新たに世界自然遺産に登録されたのは日本のどの地域ですか。
次の（ア）～（エ）から１つ選び，記号で答えなさい。
（ア）　北海道知床《しれとこ》半島　　（イ）　福岡県沖ノ島
（ウ）　長崎県天草地方　　（エ）　鹿児島県奄美《あまみ》大島

問４　「目標**う**」に関連して，温室効果ガスによって地球規模で平均気温が上昇する現象を何といいますか。漢字５文字で答えなさい。

問５　「目標**え**」について，プラスチックによる海洋汚せんが近年問題になっています。プラスチックによる問題として適しているものを，次の（ア）～（エ）から１つ選び，記号で答えなさい。
（ア）　生物のえさとなるプランクトンが，プラスチックによって吸収されてしまう。
（イ）　プラスチックによって光がさえぎられることで，深海生物が浮上《ふじょう》できなくなってしまう。
（ウ）　プラスチックでできたつり糸にからまり，海鳥などがケガをすることがある。
（エ）　プラスチックをえさにする動物がふえることで，本来えさとなっていたプランクトンの数が減らず，青潮が発生してしまう。

問 6　「目標**お**」に関連して，生態系では植物は「生産者」と呼ばれ，食物連《れん》鎖《さ》の最初に位置しています。この「生産者」という名前は，植物が光のエネルギーを使って，二酸化炭素などの無機物から栄養分をつくるはたらきをしていることに由来しています。この，栄養分をつくるはたらきを何といいますか。漢字で答えなさい。

問 7　SDGs の 17 の目標には他に，「飢《き》餓《が》をゼロに」などがあります。それら 17 の目標達成のために，個人でできることとしてもっとも適しているものを，次の（ア）～（エ）から 1 つ選び，記号で答えなさい。

（ア）　ペットボトルはリサイクルしてもしなくてもよい。

（イ）　形や色の悪い野菜は積極的に捨てる。

（ウ）　洗い物をするときは，こまめに水を止めるようにする。

（エ）　たった一人で行動しても意味がないので，個人でできることは何もない。

ウ　監督が安原に決まったことに納得できず、いつまでも不満を抱《かか》えて安原と協力できないでいるが、プロデューサーという役回りで卒業制作に関わることへのやりがいを見いだそうとしている。

エ　監督になれなかったことに対して最初は不満を持っていたが、あこがれている父親と同じくプロデューサーとして作品に関われることにうれしさも感じており、複雑な心境から素直になれずにいる。

問８　本文の内容として最もふさわしいものを、次から選びなさい。

ア　北川に卒業制作の脚本と絵コンテを見せる際、安原は自分自身の監督人生の中で最後の映画制作だと思っている。

イ　卒業制作を地元の映画館で上映するという安原の提案に対し、カンヌを目指す北川は賛成できないでいる。

ウ　北川からカンヌの話を聞いた時、安原は世界中の人々を感動させているところをイメージしている。

エ　安原組に優秀なスタッフが集まった理由は、北川のプロデューサーとしての能力の高さだと安原は考えている。

問２　――線②「ごちゃごちゃ格好悪いこと考えないで、ちゃんと読もうと思って」とありますが、「格好悪いこと」とはどのようなことですか。その説明として最もふさわしいものを、次から選びなさい。

ア　監督に選ばれるためになりふりかまわず努力すること。
イ　監督になれないことにいつまでも未練を持ち続けること。
ウ　監督の安原を交代させるためのひきょうな手を考えること。
エ　監督になれなかった悲しみをありのまま表に出すこと。

問３　――線③「うちの地元にある映画館でムサエイの卒制を上映する方法」とありますが、それは何ですか。本文中から十九字で書きぬきなさい。

問４　――線④「なんで地元で上映したいんだよ」とありますが、なぜ「安原」は地元で上映したいのですか。その理由を説明しなさい。

問５　――線⑤「面食らった」の意味として正しいものを、次から選びなさい。

ア　驚きとまどった　　イ　とても感心した
ウ　大変なつかしんだ　　エ　なげき悲しんだ

問６　――線⑥「やってみようぜ、と笑う北川を見ていたら俺は、やっと、やっと肩の力が抜けた」とありますが、この時の「俺」の心情の説明として最もふさわしいものを、次から選びなさい。

ア　安原は優秀な北川に嫌われていると思っていたが、今では全力で応援してもらえるとわかりうれしく思っている。
イ　卒業制作という大仕事を前にとても緊張していたが、北川の様子を見て失敗しても次があると気がゆるんでいる。
ウ　北川から監督として認められないことに負い目を感じていたが、北川が監督に興味がないことを知って喜んでいる。
エ　北川が今でも本当は監督をやりたいのではないかと思い心配していたが、北川の前向きな姿勢に接して安心している。

問７　本文を通してわかる「北川」の心情の説明として最もふさわしいものを、次から選びなさい。

ア　監督になれなかったことに対して怒《いか》りはあるが、プロデューサーの仕事に対する姿勢を父親から諭《さと》されたことによって、安原と二人だけで力を合わせていく覚悟を持つことができている。
イ　監督になれなかったことに対して悔《くや》しさはあるが、プロデューサーとして安原と話をすることによって、プロデューサーの役割を改めて自覚し、安原を支えようと考えることができている。

肩《かた》の力が抜けた。

(『完パケ！』額《ぬか》賀《が》澪《みお》)

*卒業制作…美術・映像系の大学の最終制作課題のことで、学生にとっての在学期間中の集大成である。
*卒制…卒業制作のこと。
*断頭台…罪人が処刑《しょけい》される際に使用される台。
*建設的…物事を作り出し、よりよくしていこうとする積極的なさま。
*完パケ…完全パッケージの略《りゃく》称《しょう》で、放映できる状態にまで完成させること。
*ムサエイ…武蔵映像大学の略称。
*カンヌ…カンヌ国際映画祭のこと。世界で最も有名な国際映画祭のひとつ。
*反芻…繰り返し考えること。
*パルム・ドール…カンヌ国際映画祭における最高賞のこと。

問1　――線①「あの日から、俺は監督に、北川はプロデューサーになってしまった」とありますが、どのようなことを表していますか。その説明として最もふさわしいものを、次から選びなさい。

ア　安原が卒業制作の監督になった日から、プロデューサーの北川とどちらの立場が上かをはっきりさせようと競うようになったことで、友人としての関係性がくずれてしまったということ。

イ　卒業制作の監督になった安原は、プロデューサーである北川と常にコミュニケーションをとるようになったことで、二人で協力して卒業制作を成功させるために意気込んでいるということ。

ウ　何でもない話をするほど仲が良かった二人だったが、安原が卒業制作の監督になった日から、お互いのことを意識してしまい、友人同士のコミュニケーションが取れていないということ。

エ　どうでもいい話をするほどの仲だったが、小さなことで仲違いをしてしまい、それが解決する前に卒業制作で監督やプロデューサーという役職が与えられ、お互いに気まずい状況であるということ。

あっさりと、言葉にする。軽やかなのに確かに芯《しん》があって、本当にできるような気がしてしまう。そこが堪《たま》らなく羨《うらや》ましいと思った。俺も、こんな軽やかさがほしい。しなやかさがほしい。

「俺なんかが監督で、カンヌに行けるかな」

「別に、カンヌは誰《だれ》だって応募《おうぼ》できるんだから、遠慮《えんりょ》しなくていいだろ。『終わりのレイン』の監督は安原なんだから、安原の信念に則《のっと》って撮ればいい。それでカンヌに出品する。お前の地元で上映されるような結果を出す」

　絵コンテを抱《だ》き上げるようにして、北川が笑った。久々だった。こいつがちゃんと笑うのを見るのは。

「今年のムサエイの卒制の監督は安原だ。いい監督っていうのは、自分の企画《きかく》を誰よりも信じられる奴だって、大学に入学してから散々言われただろ？」

　俺を指さし、その指で、今度は北川自身を差す。

「僕はプロデューサー。プロデューサーの仕事は人を巻き込《こ》むこと。いろんな人をその気にさせてお祭りに参加させて、それぞれに一番いい形で能力を発揮《はっき》してもらうこと。それがプロデューサーの腕《うで》の見せ所だって、親父がよく言ってるんだ」

　そうなのだとしたら、北川の手腕《しゅわん》は見事だった。安原組にあんなに優秀《ゆうしゅう》なスタッフが集まったのは、北川がプロデューサーとしてみんなをその気にさせ、巻き込んだ結果だ。俺には絶対にできない芸当だった。

「なのにさ」

　自分自身を嘲笑《あざわら》うように、北川は俺を見る。

「肝心《かんじん》の、監督である安原を、全然その気にさせられてなかった」

　だからなのか。俺を「その気」にさせるために、カンヌを目指すというのか。

「北川は？」

　堪らず、そう聞いていた。

「北川は、プロデューサーとして、自分をどうやってその気にさせるんだ」

　本当は自分が監督をやりたかったのに。作りたい作品があったのに。

「カンヌくらい無謀《むぼう》な目標がないと、この沈《しず》みきったテンションと砕《くだ》け散った自信をカバーしきれないから。ありがたいくらいだ」

「本当に？」

「ホントに」

　確かに、北川は首を縦に振る。

「高島先生の言葉を真に受けるわけじゃないけど、ムサエイの意地ってやつを、いろんな人に知らしめてやりたい気分なんだ。僕が監督になれないくらい、ムサエイは凄《すご》いんだって。本当は監督がやりたかったってぐじぐじ悩《なや》むくらいなら、そう開き直れるような結果で終わりたい」

　⑥やってみようぜ、と笑う北川を見ていたら俺は、やっと、やっと

なかった。一体どれだけの時間がかかるのか。もしかしたら、話しながら俺は泣くんじゃないか。

「安原でもそんなこと考えるんだ」

俺は母さんの余命のことを、友人に話したことはない。もちろん、北川にも。

「そうだなあ……」

ポットから新しい紅茶をカップに注ぎながら、北川がふっと笑った。同時に、先程よりずっと強い果物の香りが漂ってくる。

「*カンヌ」

夏の日差しに輝《かがや》く海を高台から見下ろしているような、そんな気分になる香りだった。その向こうから、北川は確かにそう言った。

カンヌ、と。

「……は?」

「カンヌ国際映画祭に正式ノミネートされました、なんてことになったら、全国で上映してもらえるんじゃないか?」

潰れかけの武蔵映像大学の卒業制作が、カンヌ国際映画祭に正式にノミネートされた。胸の内で北川の言葉を*反芻《はんすう》しても、全く想像がつかなかった。『終わりのレイン』が、カンヌ国際映画祭にノミネートされること。自分がカンヌに行くこと。『終わりのレイン』を、世界中から集まった人々が観ること。

ただ一つ、桜ヶ丘シネマで『終わりのレイン』が上映されることと、母さんがにこにことそれを観ているのは、思い浮かんだ。叩《たた》きつけられるように、鮮明《せんめい》に。

同時に、思い出す。頰《ほお》を打つ鋭《するど》くて力強い雨を。どんよりと重たい雲を。大学一年のときの実習を。嵐《あらし》の中、北川にカメラを向けられたことを。

「北川って、あのときもカンヌって言ってた」

「一年のときの『三分間エチュード』の実習だろ?」

北川の口からすんなりと当時のことが飛び出してきて、俺の方⑤が面食らった。

「あれな、安原を初めて怒《おこ》らせたときな」

「北川、いい絵が撮れたから、これでカンヌで*パルム・ドールだって言ってた」

カンヌ、か。

声に出さず、口の中で呟《つぶや》く。カンヌ。カンヌ。カンヌ。繰り返すことで、自分の中でその三文字が重みを増していく。どんどん、輪《りん》郭《かく》がはっきりとしていく。

「どうすれば行けるんだろう、カンヌって」

「二人で貧乏《びんぼう》旅行なら、ちょっと頑張《がんば》ってバイトすれば稼《かせ》げるだろうけど」

でも、そうじゃないだろ? 北川はそんな顔をしている。

「いいんじゃないか?」

俺の本心を、しっかり見抜《みぬ》いている。

「『終わりのレイン』で、カンヌに行こう」

真っ白なカップに注がれた紅茶を飲みながら、北川は続ける。ふんわりと、桃《もも》のようなオレンジのような香りが漂《ただよ》ってきた。

「そういうことを考えないで、ものわかりのいい奴《やつ》の振《ふ》りしてるのも、格好つけてて格好悪いんだけどな。どうせ格好悪いなら、自分なりに*建設的というか、物事を前に進められる格好悪さの方が、まだ救いがあるかなって」

格好つけてて、格好悪い。北川の口からそんな言葉が出てくるなんて、思いもしなかった。

「俺だって、卒制の監督は、北川だろうって思ってた」

「本当かよ」

「それと同じくらい、俺が監督をやりたいとも、思ってたけどさ」

だから北川にプロデューサーを頼《たの》んだ。不安だった。俺が卒業制作のリーダーになれるだなんて思えなかった。北川が何とかしてくれるんじゃなくて、北川と一緒なら、俺も何とか卒制を*完パケに導くことができるんじゃないかって。

いや、それだけじゃない。北川となら、完パケよりもっと先に行けるんじゃないかと、思ってしまう。もっともっと、俺が想像もしていないような場所に。

「卒制ってさ、最終的に、映画館で上映会するんだよね？」

「一応大学関係者だけじゃなくて一般客《いっぱんきゃく》も入れるようにするらしいけど、毎年毎年、関係者しか来ないらしいな」

「そんなんで、いいのかな」

*ムサエイとなんら関係ない一般の人が、ムサエイの学生の卒制を観にわざわざ映画館に来るだなんて、上映会がそんなに多くの人で盛り上がるなら、ムサエイが潰《つぶ》れるなんて噂《うわさ》は生まれないだろう。

「なあ北川、例えば……なんだけど」

「例えば？」

「うちの地元の映画館で、卒制を上映することって、できるかな」

「突然《とつぜん》何だよ、お前」

そう言う割に嬉《うれ》しそうな顔で、北川は紅茶のカップに口を寄せる。目を伏せる。眉間《みけん》にわずかに皺《しわ》を作る。真剣《しんけん》に思案しているのだ。③「うちの地元にある映画館でムサエイの卒制を上映する方法」を。

数分の沈黙《ちんもく》の末に、北川は顔を上げる。

「大学生がちょっと面白い映画を撮りましたって話題になる程度じゃ駄目《だめ》だろうな」

「そう、だよね」

カフェオレボウルの縁《ふち》に手をやって、溜《た》め息を堪《こら》えた。桜ヶ丘《さくらがおか》シネマで『終わりのレイン』を上映する方法なんて、あるわけがない。

④「なんで地元で上映したいんだよ。高校のときの友達にでも観せたいの？」

「まあ、そんなところ」

母さんの顔が脳裏に浮かぶ。でも、本心をすべて話す気にはなれ

三　次の文章を読んで、後の問いに答えなさい。

武蔵映像大学に通う北川と俺《おれ》（安原）は大学最後の*卒業制作で映像作品を撮《と》ろうとしていた。監督《かんとく》となった俺とプロデューサーとなった北川は一つの作品を作り上げようとしていた。

北川とどうでもいい話をしたのはいつ以来だろう。考えなくてもわかる。卒制の監督が俺になった日だ。①あの日から、俺は監督に、北川はプロデューサーになってしまった。久々に、暑さが鬱陶《うっとう》しいなんて話ができた。

しかし、丸い器に入ったクレームブリュレが運ばれてきて、そんなやりとりがすっと途切《とぎ》れる。ああ、来る。

「*卒制のことだけど」

スプーンを手に取ったまま、北川の目がこちらの様子を窺《うかが》うように動く。

「いろいろと話さないといけないことがあると思って、僕等《ぼくたち》」

「そうだね」

床《ゆか》に置いたリュックサックを漁《あさ》った。脚本《きゃくほん》と手描《てが》きの絵コンテを取り出す。手をつけていないクレームブリュレと、一口しか飲んでいないカフェオレボウルをテーブルの端《はし》によけて、それを北川に差し出した。

「遅《おそ》くなって、ごめん」

北川は何も言わず、まず脚本に目を通した。一枚ずつ、一行ずつ、一文字ずつ、じっくり見ていく。見終わったものはテーブルに伏《ふ》せていく。脚本を読み終えたら、次は絵コンテも同じように見ていく。

*断頭台への階段を一段ずつ上っていく気分だった。たかが卒業制作なのに。そう言う二宮の叔母《おば》さんの顔が思い浮《う》かぶ。でも、他人にどう思われようと俺にとってはやはり、生死とか運命とか人生とか、それに匹敵《ひってき》するくらいの意味を持つものだった。

これは、母さんが生きている間に撮る、最後の映画だから。

北川は絵コンテをすべて見終えると、もう一度頭から目を通していった。それを二度繰《く》り返して、北川は脚本と絵コンテをすべてテーブルに置いた。

「ありがとう」

北川が俺に深々と頭を下げてくる。

「家からここまで、安原がコンペのプレゼンで使った資料を読んでたんだ」

「ああ、あの、文字ばっかりのやつ」

「②ごちゃごちゃ格好悪いこと考えないで、ちゃんと読もうと思って。まあ、結局、格好悪いことを考えるんだけどさ」

「格好悪いこと？」

俺が首を傾《かし》げると、北川は乾《かわ》いた笑い声を上げた。

「僕が監督ならこうするのにとか、どうして僕が監督じゃないんだとか、正直言うと今も思ってる。多分、撮影《さつえい》が始まっても、思ってる。そういう格好悪いこと」

問６　――線④「自分から声をかけることも大切です」とありますが、「自分から声をかける」ことで人間関係はどのようになると筆者は述べていますか。最もふさわしいものを、次から選びなさい。

ア　相手がかけてほしいと思っている言葉を口にすることで自分を安心させることができ、その結果、褒められた相手だけでなく褒めた自分の自己愛も満たされる。

イ　初対面の人であっても積極的に声をかけて穏やかな態度を引き出すことができれば、その結果、相手が自分へ好意を伝えるような場面を生み出すことができる。

ウ　自分から能動的に動くことで相手に関心を持っていることをあらわすことができ、その結果、自己愛が満たされた相手から自分に向けた興味や好感が生まれる。

エ　嫌いな人であっても自分から積極的に話しかけて自分の長所をアピールすることができれば、その結果、相手も自分もお互いに話し合える良い関係が作れる。

問７　本文の内容として最もふさわしいものを、次から選びなさい。

ア　友だちから褒められたことは自分の長所だと認めて放っておくことが大切だが、友だちからけなされたことは自分の短所と言えるのか確かめるとよい。

イ　自分が友だちと接するときは相手の気持ちを考えて話をすることが大切なので、時にはうそをついてでも友だちの長所だと思える部分を伝えるとよい。

ウ　相手の欠点ばかりが気になってしまう時は相手の話をなるべく聞かないことが大切だが、時には良い面も見えてくると信じてがまんして接するとよい。

エ　友だちとの信頼関係を深めるには相手をよく観察して変化に気づき声をかけることが大切なので、深く立ち入らない程度に相手の変化を伝えるとよい。

問1　本文には、次の二文がぬけています。入る場所として最もふさわしいものを［1］～［4］から選び、数字で答えなさい。

すると少なくとも、こちら側はゆったり構えて接することができるようになります。不要な怒《いか》りや劣等感《れっとうかん》に苛《さいな》まれたりすることもなく、自然な態度で接することができるようになるのです。

問2　――線①「時折、『自分には長所や取り柄なんてひとつもありません』と言う人がいます」とありますが、なぜですか。その理由として最もふさわしいものを、次から選びなさい。

ア　自分のことをよく言うと、周りの人から非難されたり批判されたりする恐れがあるから。

イ　多くの人が自分の欠点や不足しているものに目が行きがちで、長所を見つけられないから。

ウ　日本人はひかえ目で、自分の長所を強く主張することは失礼になると思っているから。

エ　自分自身のことよりも、他人の長所を尊重することが社会で最優先されているから。

問3　［A］～［C］に入る語の組み合わせとして最もふさわしいものを、次から選びなさい。

ア　A　むしろ　B　たとえば　C　このように

イ　A　ただし　B　あるいは　C　なぜなら

ウ　A　しかし　B　一方で　C　ところが

エ　A　また　B　もし　C　たしかに

問4　――線②「この人は本当に自分のことを見てくれている」とありますが、「本当に見る」とはどういうことですか。本文中から二十六字で書きぬきなさい。

問5　――線③「人間というのは不思議なもの」とありますが、どういうところが「不思議」なのですか。最もふさわしいものを、次から選びなさい。

ア　自分の意見に反対ばかりされると、相手の存在そのものが不快に感じられてしまうところ。

イ　欠点が多い人でも親しく交流するように心がけると、欠点がだんだん長所に見えてくるところ。

ウ　相手との関係性をよりよくしようと努力すると、自然とお互いの人間性が向上していくところ。

エ　その人の長所を見つけようと意識していると、相手の苦手な言動も気にならなくなるところ。

嬉しくなります。

たとえば、あなたが髪型《かみがた》を変えたときに誰も気づいてくれなかったら、がっかりしてしまいますよね。でも誰かが気づいて褒めてくれたら、「きちんと見ていてくれる人がいた」とホッと安心します。

［Ｃ］、言葉をかけるということは自分が相手に関心を持っていることをアピールする効果もあるのです。

髪型を変えた友だちを見て、内心で「あの子の新しい髪型、とても似合っているな」と思っていても、言葉に出さない限りは相手に関心を持っていないのと同じことです。

少なくとも、相手には何も伝わりません。思ったことを口に出して初めて、相手の感情が動くのです。

たとえ短い言葉であっても、何かひと声かければ、この人は自分に無関心ではないということがわかります。それによって相手の自己愛は満たされ、あなたへの興味や好感も生まれるのです。

特に恋愛《れんあい》の場合は、少なくとも相手に対する好意の気持ちを伝えないと、相手も自分のことを好きになってくれる可能性は低いでしょう。こちらの気持ちは言わなくても伝わっていると思うのは、やはり勘違《かんちが》いです。好意はきちんと相手に伝える必要があります。

コフートが指摘するように、人は他人から自分の状態を鏡のように気づいてくれ、褒めてくれると嬉しいと感じるからです。

この「鏡」の役割を果たすには、何といっても観察力が必要です。相手をよく観察して、ちょっとした変化に気づいてあげる。

あとは一声かけるだけです。

それを続けていけば、相手との信頼関係は確実に深まっていきます。

もちろん、あまり深く立ち入り過ぎたり、過剰《かじょう》に観察したりするのはよくありませんが、友だちが髪を切ったとか、持ち物を新しくしたとか、何か新しいことができるようになった、あるいは少し落ち込《こ》んでいるように見えるなどの変化があったときにはひと声かけてあげることで、人間関係は潤滑《じゅんかつ》になっていくでしょう。

（『みんなに好かれなくていい』和田秀樹《わだひでき》）

＊おべっか…相手の機嫌《きげん》をとろうとして、心にもないお世辞《せじ》を言うこと。
＊クローズアップ…大きくとりあげること。
＊能動的…自分から他へ働きかけるさま。

ろうか」というように、いくつかの点をボンヤリと挙げることはできる。ただ、その長所に自信を持つことができないのです。

「私は穏《おだ》やかな性格だとは思うけれど、果たしてそれが長所といえるほど、他の人より優しいだろうか」などと考え出すとわからなくなり、長所として挙げていいものかと迷ってしまいます。

そうしたときに、誰かが「あなたは優しいね。そんなふうに思えるのって素敵なことだと思う」などと指摘《してき》してくれたら、初めて自分の長所として実感することができるのです。

何より、そんなふうに自分のいいところを見てくれる友だちがいたら、誰だって嬉しい気持ちになりますよね。[3]

実際に思ったことを言うのですから、*嘘《うそ》やおべっかを言うのとは違《ちが》います。

友だちの長所を探す方法は、簡単です。

普段から「この人の長所はどこだろう」「この人のよさって、どんなところだろう」と相手のいいところを探そうという気持ちを持って接することです。

どんな人にも長所と短所の両面があるはずですが、長所に*クローズアップしようと思って共に過ごすことで見つかりやすくなりますし、関係は確実に向上します。

相手の「いいところ探し」

③また人間というのは不思議なもので、反対に相手の欠点ばかりが気になると、イライラしたり落ち着かない気分になったりするものですが、「この人のいいところはどこだろう？」と長所を探しながら見ていくと、相手の欠点よりも長所に目が向くようになり、欠点もそれほど気にならなくなってきます。

[B]、今までは「すぐに威張《いば》る人だ」と苦手に思っていた人でも、長所を探すつもりになれば、他の面が見えてくるのです。

「この人にはすぐに威張るところがあるけれど、みんなの話をまとめるのはうまいな。仕切り上手でもある」

そんなふうに考えながら接していると、相手の言動もそれほど気にならなくなってくることがあります。

長所を探そうという視点で相手を見ることで、私たちは相手を好意的に見つめることができるようになるのです。[4]

また、基本的に人間関係というのは、こちらが好意的に接していれば、相手からも好意的な態度が返ってくるものです。

初対面の人と向き合うときにも、相手のいいところを探してみようと思えば、先入観なく相手を見られるようになりますし、ゆったりした穏やかな態度で相手と向き合うことができるようになります。

自分から声をかける

*能動的に動くためには、④自分から声をかけることも大切です。人は、自分が関心を持たれていると気がつくと、自己愛が満たされて

二 次の文章を読んで、後の問いに答えなさい。

長所は友だちが見つけてくれるかも

①時折、「自分には長所や取り柄《え》なんてひとつもありません」と言う人がいます。

でも、誰《だれ》にでも短所と長所はありますし、もともと自分の長所は自分では見えにくいものなのです。

なぜなら、多くの人が自分に「あるもの」よりも、「ないもの」のほうが気になるからです。これはほとんどの人に共通することで、自分の短所や欠点ならすぐに何個も思いつくのに、長所と言われると、なかなか挙げることができないのです。

［Ａ］、自分の長所だけを挙げられる人はめったにいません。多くの人は自分が持っていないものや足りないものばかりが気になって、自分のいいところには目を向けられないのです。

でも、人と接していると、自分が予想していなかったときに、ふと褒《ほ》められることがあります。

「おまえって本当に面白いよな」とか「結構、人情に厚いよね」とか、いろいろあると思いますが、友だちから何気なく言われた自分の評価に「えっ、君はそんなふうに思ってくれていたの？」と驚《おどろ》いて嬉《うれ》しくなった経験は誰にでもあるのではないでしょうか。

それは、他人が見つけてくれたあなたの長所です。

他人のほうが、人のいいところに気がつきやすいのです。［１］

第１章で紹介《しょうかい》した精神分析《ぶんせき》学者のコフートは、人間には「鏡」のような存在が必要だと言っています。つまり「自分のことをきちんと見ていてくれる相手」です。

きちんと見るというのは、付き合い始めたカップルのようにお互《たが》いのことを何でも愛おしく見てしまうというのではなく、いいところも悪いところも冷静に、公平に見るということです。

そのうえで、「君は、普段《ふだん》はバカなことばかりやっているけど、こういうところでは芯《しん》が通っていて信頼《しんらい》できる」などという話をされたら、②この人は本当に自分のことを見てくれているとわかるでしょう。［２］

ですから、友だちに褒められたことは、素直に「自分の長所なのだ」と認めてもいいのではないでしょうか。そして、その部分をさらに伸《の》ばしていくべきです。

友だちの長所を探す

その反対に、あなたも友だちと接するときには、「この人の長所はどこかな」「この人の魅力《みりょく》を探してあげよう」という気持ちで接してみることをお勧《すす》めします。

先ほども言いましたが、私たちは自分の長所にはなかなか自信が持てません。

とはいっても、自分の長所にまったく気がつかないというわけではないのです。

よく考えてみれば、「もしかしたら、これが長所といえば長所だ

二〇二二年度
日本大学豊山中学校

【国語】〈第三回試験〉（五〇分）〈満点：一〇〇点〉

（注意）答えを書くときには、「、」や「。」やかぎかっこなども一字と数えます。

一 次の問いに答えなさい。

問１ ――線を漢字に直しなさい。ただし、送りがなの必要なものは、それもふくめて書きなさい。

① 混乱をシュウシュウする。

② 話し合いでフクハンチョウになった。

③ 外に出て日差しをアビル。

問２ ――線の読みを、ひらがなで答えなさい。

① 緑黄色野菜を食べよう。

② 教育制度の沿革を調べる。

③ 美術館で目を肥やす。

問３ 次の□に入る漢字を組み合わせて、完成する漢字一字を書きなさい。

例 □語道断・かっぱの□流れ → 訓

□身出世 ・ 思いたったが吉□

問４ 次の三字熟語の漢字の組み立てが異なるものを一つ選び、記号で答えなさい。

ア 新発売　イ 大自然

ウ 向上心　エ 再出発

問５ 次の作品の中から外国文学を選びなさい。

ア『トロッコ』　イ『星の王子さま』

ウ『走れメロス』　エ『注文の多い料理店』

問６ 次の漢字の「にじゅうにち」以外の読みを、ひらがなで答えなさい。

二十日

2022年度

日本大学豊山中学校　▶解　答

※　編集上の都合により，第３回試験の解説は省略させていただきました。

算　数　＜第３回試験＞（50分）＜満点：100点＞

解　答

1　(1)　50　(2)　32　(3)　4　(4)　202.2　(5)　20　2　(1)　16人　(2)　37才　(3)　8　(4)　12分後　(5)　83.5度　3　(1)　120度　(2)　$7\frac{5}{7}$cm^2　(3)　1.57倍　4　(1)　５頭以下　(2)　15日目　5　(1)　26　(2)　1　(3)　17.75　6　(1)　62.8cm^3　(2)　11.4cm^3

社　会　＜第３回試験＞（理科と合わせて60分）＜満点：50点＞

解　答

1　**問１**　ハザードマップ　**問２**　(ア)　**問３**　(ウ)　**問４**　線状降水帯　**問５**　(ウ)　**問６**　(イ)　**問７**　都市鉱山　**問８**　(イ)　2　**問１**　(ウ)　**問２**　日本書紀　**問３**　(ウ)　**問４**　聖武天皇　**問５**　東大寺　**問６**　（例）　外国に開かれた貿易港であったため。　**問７**　(エ)　**問８**　(エ)　**問９**　原敬　**問10**　(エ)　**問11**　(イ)　3　**問１**　岸田文雄　**問２**　(エ)　**問３**　(ウ)　**問４**　(イ)　**問５**　(イ)　**問６**　(エ)　**問７**　(エ)　**問８**　(ア)

理　科　＜第３回試験＞（社会と合わせて60分）＜満点：50点＞

解　答

1　**問１**　(エ)　**問２**　(イ)　**問３**　**ア**　21　**イ**　300　**問４**　12cm　**問５**　45cm
2　**問１**　９％　**問２**　**食塩**…50ｇ　**水**…150ｇ　**問３**　19％　**問４**　240ｇ　**問５**　360ｇ　3　**問１**　春一番　**問２**　(イ)　**問３**　積乱雲（入道雲）　**問４**　太平洋高気圧　**問５**　(ウ)　**問６**　(エ)　4　**問１**　2030年　**問２**　水素　**問３**　(エ)　**問４**　地球温暖化　**問５**　(ウ)　**問６**　光合成　**問７**　(ウ)

国　語　＜第３回試験＞（50分）＜満点：100点＞

解　答

一 **問１**　下記を参照のこと。　**問２**　①　りょくおうしょく　②　えんかく　③　こ(やす)　**問３**　音　**問４**　ウ　**問５**　イ　**問６**　はつか　二 **問１**　４　**問２**　イ　**問３**　ア　**問４**　いいところも悪いところも冷静に，公平に見るということ　**問５**　エ　**問６**　ウ　**問７**　エ　三 **問１**　ウ　**問２**　イ　**問３**　カンヌ国際映画祭にノミネートされること　**問４**　(例)　余命わずかな母さんに作った映画を観せたいから。　**問５**　ア　**問６**　エ　**問７**　イ　**問８**　エ

●漢字の書き取り

一 **問１**　①　収拾　②　副班長　③　浴びる

Memo

Memo

2021年度　日本大学豊山中学校

〔電　話〕　(03) 3943－２１６１
〔所在地〕　〒112－0012　東京都文京区大塚５－40－10
〔交　通〕　東京メトロ有楽町線 ―「護国寺駅」より徒歩１分
東京メトロ丸ノ内線 ―「新大塚駅」より徒歩７分

【算　数】〈第１回試験〉（50分）〈満点：100点〉

（注意）１．定規，コンパス，分度器，計算機などを使用してはいけません。
２．答えが分数のときは，約分してもっとも簡単な形で求めなさい。

1　次の □ にあてはまる数を答えなさい。

(1)　$12 - 5 \times 2 + 6 \div 3 - 3 = \square$

(2)　$2021 - \left\{51 - 5 \times (32 - 26)\right\} = \square$

(3)　$1\frac{1}{2} + 2\frac{5}{6} \times \frac{2}{51} - \frac{7}{12} \div \frac{3}{4} = \square$

(4)　$0.14 \times 120 + 2 \times 5.6 + 0.3 \times 56 - 0.28 \times 60 = \square$

(5)　$37 - \left\{25 \times \left(2\frac{1}{5} - \square\right) \div 3\frac{3}{4}\right\} = 31$

2　次の □ にあてはまる数を答えなさい。

(1)　0.8 km －（500 m － 2000 cm）＝ □ m

(2)　分母と分子の差が99で，約分すると $\frac{4}{7}$ になる分数は □ です。

(3)　ある仕事をするのに，B君とC君の２人では56分かかり，A君とC君の２人では40分かかり，A君とB君の２人では35分かかります。
このとき，A君とB君とC君の３人でこの仕事をすると □ 分かかります。

(4)　下の図のように，円周を６等分した点があります。この中から３つの点を結んでできる三角形は全部で □ 個あります。

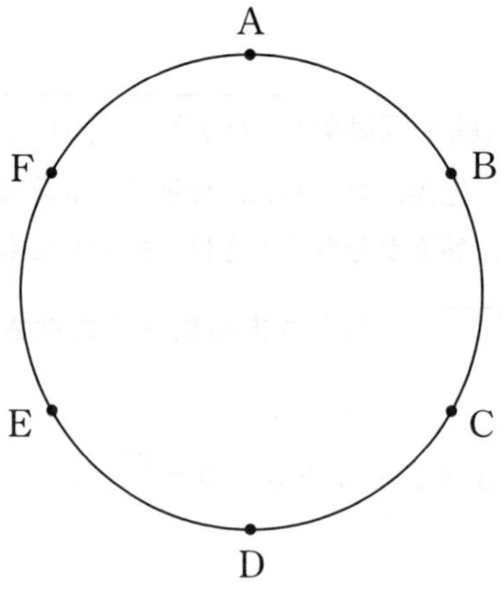

(5)　ある40人のクラスで算数と国語の小テストを行ったところ，算数のテストに合格した生徒は22人，国語のテストに合格した生徒は30人，どちらも不合格だった生徒は６人いました。このとき，算数のテストのみに合格した生徒は □ 人です。

3　次の問いに答えなさい。

(1)　下の図のように，半径３cmの３つの円がそれぞれ他の２つの円の中心を通っています。このとき，かげのついた部分の周りの長さを求めなさい。
ただし，円周率は3.14とします。

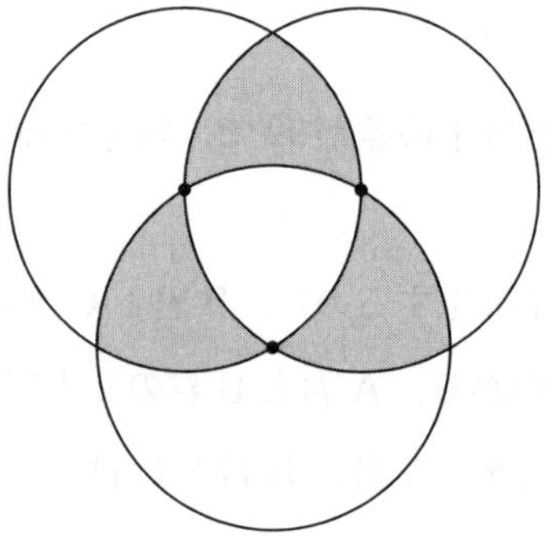

(2)　下の図のように，円周を８等分した点があります。このとき，㋐ の角度を求めなさい。

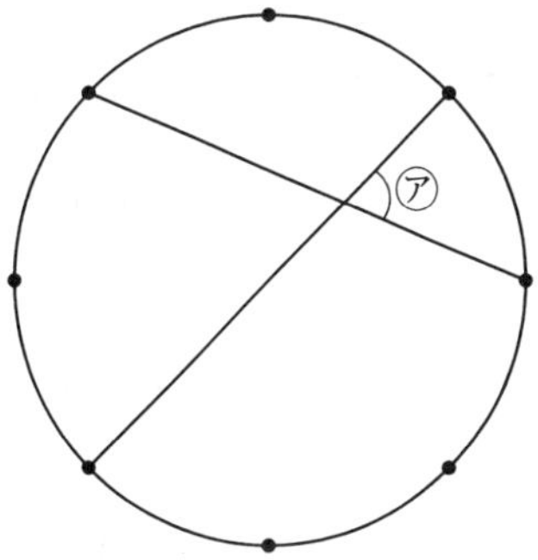

4　家から公園まで 4000 m あります。まなぶ君は家から公園まで 100 分かけて歩きました。やすし君はまなぶ君が出発してから 20 分後にまなぶ君と同じ道を歩き始め，途《と》中《ちゅう》でまなぶ君を追いぬき，公園に着いてから 20 分間休みました。その後，やすし君は行きの２倍の速さで来た道を家に向かって走り，まなぶ君が公園に着いたのと同時に家に着きました。このとき，次の問いに答えなさい。

(1)　やすし君が家から公園まで歩いた速さは，毎分何 m ですか。

(2)　まなぶ君が公園から家に向かって走っているやすし君とすれちがったのは，まなぶ君が家を出発してから何分何秒後ですか。

(3)　まなぶ君は公園に着いたあと，すぐに家に帰るために行きと同じ速さで来た道を歩き出しました。途中で母親に出会い，家まで車で送ってもらったところ，公園を出発してから 40分後に家に着きました。車の速さが毎時 60 km であるとき，まなぶ君が公園を出発してから何分何秒後に母親に出会いましたか。

5 下のように，ある規則にしたがって，左から順番に分数が並んでいます。

$\frac{1}{2}$, $\frac{1}{3}$, $\frac{2}{3}$, $\frac{1}{4}$, $\frac{2}{4}$, $\frac{3}{4}$, $\frac{1}{5}$, $\frac{2}{5}$, $\frac{3}{5}$, $\frac{4}{5}$, $\frac{1}{6}$, $\frac{2}{6}$, ……

このとき，次の問いに答えなさい。

(1) １番目から 15 番目までの分数で，約分できるものは何個ありますか。

(2) １番目から 15 番目までのすべての分数の和を求めなさい。

(3) １番目から順番に分数を加えていったとき，和が初めて 20 以上になるのは，何番目までの分数を加えたときですか。

6 下の図のように，１辺の長さが 2 cm の正方形の紙がかげのついた部分に並んでいます。このとき，次の問いに答えなさい。ただし，円周率は 3.14 とします。

(1) かげのついた部分を直線 l の周りに１回転させてできる立体の体積を求めなさい。

(2) かげのついた部分を直線 m の周りに１回転させて立体をつくります。この立体の体積と (1) で求めた体積の差を求めなさい。

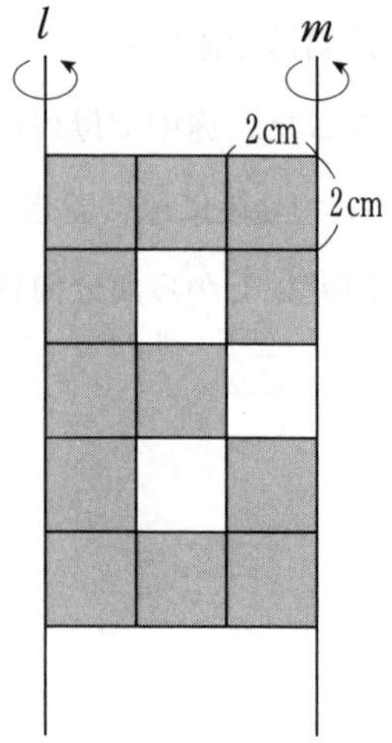

【社　会】〈第１回試験〉（理科と合わせて60分）〈満点：50点〉

（注意）定規，コンパス，分度器，計算機などを使用してはいけません。

１　次の各問いに答えなさい。

問１　2020年８月17日，静岡県浜松市で国内最高気温に並ぶ41.1℃が記録されました。これには山を越えて暖かく乾いた風が吹くことで，山地の風下側で気温が上昇する現象が影響していると考えられています。この現象の名称を答えなさい。

問２　下の雨温図（ア）～（エ）は，それぞれ青森市，静岡市，鳥取市，高松市のいずれかを表したものです。高松市にあてはまるものはどれですか。次の中から一つ選び，記号で答えなさい。

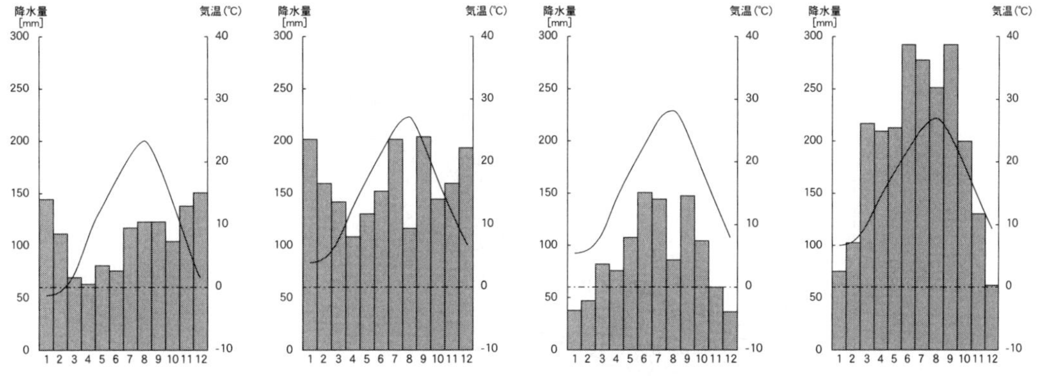

（ア）　　（イ）　　（ウ）　　（エ）

問３　下の図はある工業製品を生産する工場の場所を示しています。この工業製品は何ですか。次の中から一つ選び，記号で答えなさい。

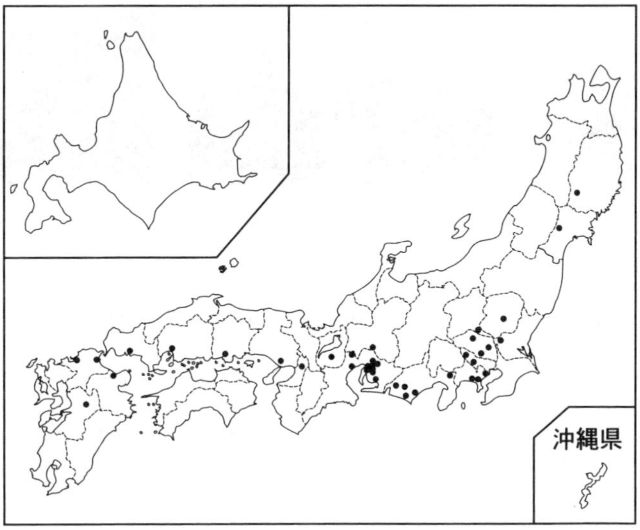

出典：日本国勢図会　2020/21より抜粋

（ア）　セメント　　（イ）　自動車　　（ウ）　鉄鋼　　（エ）　携帯電話

問４　次の（ア）～（エ）は，日本で生産される農作物とその生産量が１位の都道府県を示したものです。作物と都道府県の組み合わせとして**誤っている**ものはどれですか。一つ選び，記号で答えなさい。

（ア）　レタス　…　長野県　　　　（イ）　たまねぎ　…　北海道

（ウ）　いちご　…　栃木県　　　　（エ）　うめ　　　…　静岡県

問５　下の写真Ｘ～Ｚは，地図中のＡ～Ｃで示した県に関係のある自然環境について表したものです。写真Ｘ～Ｚと県Ａ～Ｃの組み合わせとして正しいものはどれですか。次の中から一つ選び，記号で答えなさい。

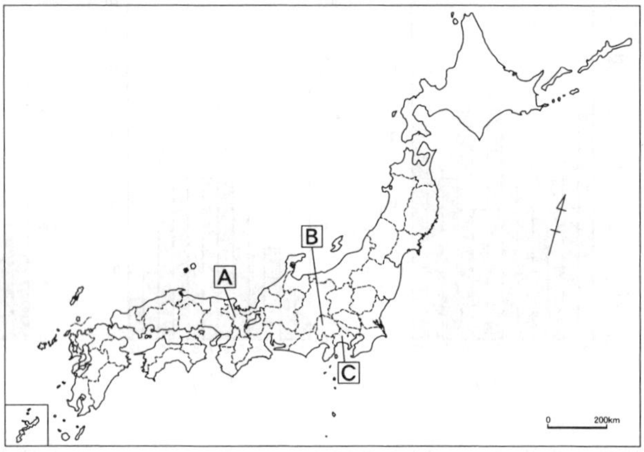

X

Y

Z

	（ア）	（イ）	（ウ）	（エ）	（オ）	（カ）
A	X	X	Y	Y	Z	Z
B	Y	Z	X	Z	X	Y
C	Z	Y	Z	X	Y	X

問６　下の図は，1983年から2019年までのコンビニエンスストア，百貨店，大型スーパーの販売額の推移を示したものです。図中の**Ａ〜Ｃ**とそれぞれが示すことがらの組み合わせとして正しいものはどれですか。次の中から一つ選び，記号で答えなさい。

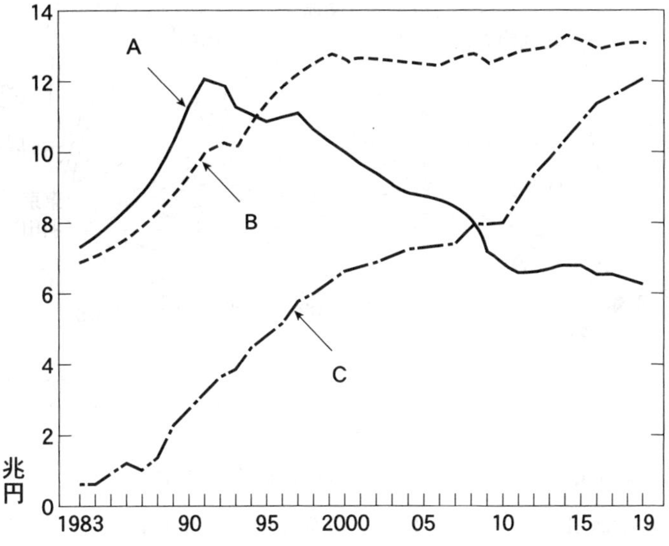

出典：日本国勢図会　2020/21

	（ア）	（イ）	（ウ）	（エ）	（オ）	（カ）
A	コンビニエンスストア	コンビニエンスストア	百貨店	百貨店	大型スーパー	大型スーパー
B	百貨店	大型スーパー	コンビニエンスストア	大型スーパー	コンビニエンスストア	百貨店
C	大型スーパー	百貨店	大型スーパー	コンビニエンスストア	百貨店	コンビニエンスストア

問７　日本の原子力発電所について述べた以下の文章のうち，**誤っている**ものはどれですか。次の中から一つ選び，記号で答えなさい。

（ア）　2011年の東日本大震災の影響で，2013年までには国内すべての原子力発電所が営業運転を停止した。

（イ）　福島第一原発・第二原発は全ての発電所が廃炉となっている。

（ウ）　政府に示された新しい安全基準に合格した発電所は，現在再稼働している。

（エ）　安全性への不安から，今後日本ではすべての原子力発電所を閉鎖する予定である。

問８　下の図は何を表したものですか。正しいものを次の中から一つ選び，記号で答えなさい。

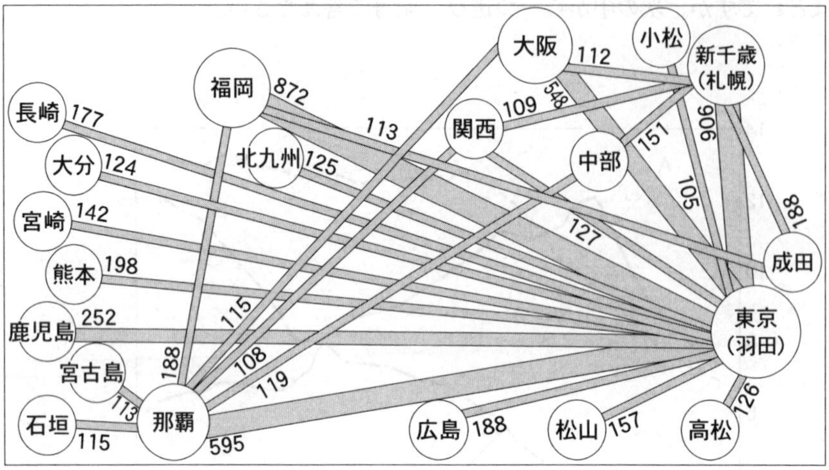

出典：日本国勢図会　2020/21
設問の都合上数値の単位は伏せている

（ア）　温室効果ガスの排出量　　（イ）　鉄道の貨物輸送量
（ウ）　航空路線の旅客輸送量　　（エ）　産業廃棄物の排出量

２　下の写真を見て，あとの各問いに答えなさい。

問１　左の写真の十円玉に描かれた建物と，右の写真の建物は同じものです。この建物名を答えなさい。

問２　この写真の建物を建てた人物は誰ですか。漢字で答えなさい。

問３　この建物が建てられたころに流行していた仏教の教えは何ですか。もっともあてはまるものを次の中から一つ選び，記号で答えなさい。
（ア）　臨済宗　　（イ）　日蓮宗　　（ウ）　浄土信仰　　（エ）　曹洞宗

問４　この建物が建てられた時代の内容として正しいものを，次の中から一つ選び，記号で答えなさい。

（ア）　この時代は，天皇のもとに摂政・関白が置かれ，貴族を中心とした政治が行われた。

（イ）　この時代は，飛鳥地方において権力をもった豪族による政治が行われていたが，中国（唐）の制度を取り入れるために，その豪族は滅ぼされた。

（ウ）　この時代は，伝染病が全国的に流行したため，天皇が各地に国分寺を建て，東大寺には大仏を建てた。

（エ）　この時代は，はじめのころ天皇が南北に分かれて並立していたが，のちに合体した。

問５　次の中で，この建物が建てられた時代のものとしてあてはまるものを一つ選び，記号で答えなさい。

（ア）

（イ）

（ウ）

（エ）

3　下の写真を見て，あとの各問いに答えなさい。

【写真Ａ】

問１　**【写真Ａ】**の左側の人物は，江戸時代に弟子をともなって江戸を出発し，東北地方・北陸地方から美濃大垣にいたる旅をしながら，俳句をつくって歩きました。この人物は誰ですか。

問２　この旅でつくった俳句を，紀行文にまとめましたが，その作品名を答えなさい。

問３　この人物がつくった俳句を，次の中から一つ選び，記号で答えなさい。

（ア）　五月雨を　あつめて早し　最上川

（イ）　すずめの子　そこのけそこのけ　お馬が通る

（ウ）　菜の花や　月は東に　日は西に

（エ）　柿食えば　鐘が鳴るなり　法隆寺

問４　この人物が生きていたころにおこった出来事として正しいものを，次の中から一つ選び，記号で答えなさい。

（ア）　徳川家康が，豊臣氏をほろぼした。

（イ）　徳川綱吉が，生類あわれみの令を出した。

（ウ）　井伊直弼《なおすけ》が，桜田門外で殺害された。

（エ）　水野忠邦が，天保の改革をおこなった。

問５　次の俳句はこの人物が**【写真Ｂ】**をおとずれたときにつくった俳句です。この俳句と写真に関連したことがらを，以下より一つ選び，記号で答えなさい。

「夏草や　兵（つはもの）どもが　夢のあと」

【写真Ｂ】

（ア）　応仁の乱で都が戦場になった。

（イ）　延暦寺が織田信長によって焼き打ちにされた。

（ウ）　天草・島原の乱が幕府に鎮圧された。

（エ）　奥州藤原氏が滅亡した。

4　次の文は2020年（令和２年）７月６日の朝，ある家庭での対話文です。よく読んで，あとの各問いに答えなさい。

父　　：おはよう。今日の朝刊には，昨日の東京都知事選挙の結果が出ているな。

太郎　：東京都知事は内閣総理大臣と違って直接住民が選ぶんだね。

父　　：そうだな。地方公共団体は，①住民みずからが政治に参加することが認められているんだよ。

太郎　：他に住民ができることには何があるの？

母　　：②直接請求権といって，一定数の署名を集めることで地方公共団体に直接請求できることがあるのよ。

次郎　：お父さんとお母さんは，投票するときに自分の名前や住所を書いたりするの？

母　　：自分の名前や住所は書かないのよ。誰を選んだかという責任を問われることはないということが憲法で保障されていて，それを（ Ａ ）というのよ。

次郎　：僕も選挙に行ってみたいな。

祖父　：選挙権が与えられているのは満（ Ｂ ）歳以上の人だから，小学３年生の次郎はまだ選挙に行けないんだよ。

よし子：③内閣総理大臣はどうやって選ばれるの？

祖父　：内閣総理大臣は，国会で国会議員の中から指名して選ばれるんだよ。国会議員には，④衆議院議員と参議院議員がいるよ。

よし子：ところで，今回の東京都知事選挙で当選した人は誰なの？

祖母　：今回の東京都知事選挙は（ C ）氏が当選したのよ。来年のオリンピックや感染症の予防など取り組まなければならない問題がたくさんあるわね。

太郎　：小学校で公民の授業が始まったから，僕もニュースや新聞で情報を得て社会の仕組みを勉強するよ。

問１　下線部①を意味する語句として正しいものを次の中から一つ選び，記号で答えなさい。

（ア）　団体自治　　（イ）　住民自治　　（ウ）　国事行為　　（エ）　連帯責任

問２　下線部②には**あてはまらない**ものを次の中から一つ選び，記号で答えなさい。

（ア）　条例の制定・改廃　　（イ）　議員・首長の解職

（ウ）　住民投票の請求　　（エ）　議会の解散

問３　文中の空欄（ A ）にあてはまる語句を次の中から一つ選び，記号で答えなさい。

（ア）　普通選挙　　（イ）　平等選挙　　（ウ）　秘密選挙　　（エ）　直接選挙

問４　文中の空欄（ B ）にあてはまる数字を答えなさい。

問５　下線部③の仕事として**誤っている**ものを次の中から一つ選び，記号で答えなさい。

（ア）　国務大臣の任免を行う。

（イ）　国会へ法律案や予算案を提出する。

（ウ）　閣議の決定に従った行政各部の指揮・監督を行う。

（エ）　弾劾裁判所を設けて，審理を行う。

問６　下線部④の優越が認められることとして**誤っている**ものを次の中から一つ選び，記号で答えなさい。

（ア）　法律案の議決　　（イ）　予算の議決

（ウ）　条約の承認　　（エ）　日本国憲法の改正

問７　文中の空欄（ C ）にあてはまる人物の氏名を答えなさい。

【理　科】〈第１回試験〉（社会と合わせて60分）〈満点：50点〉

（注意）定規，コンパス，分度器，計算機などを使用してはいけません。

1　次の２人の会話文を読んで，各問いに答えなさい。

〔Ⅰ〕 ある日の休み時間，たかし君とまなぶ君は，**図１**のように机の上に２枚の10円玉 **a** と **b** を置き，**a** を指ではじいて **b** に当てる遊びをしていました。ただし，すべてのこう貨は一直線上に動くものとします。

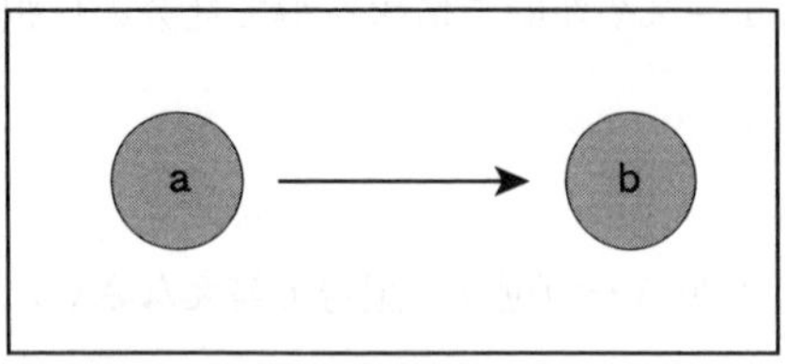

図１

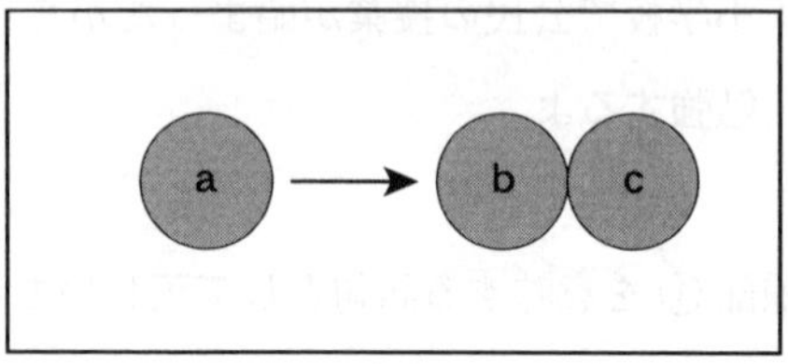

図２

たかし君：10円玉 **a** を **b** に当てるのって難しいよね。

まなぶ君：そうだよね。意外と難しいよね。

たかし君：10円玉 **a** と **b** の距離《きょり》が長いと，ぶつかる前に **a** は止まってしまうよね。

まなぶ君：うん。だけど，氷の上で10円玉をはじけば，ずっと同じ速さで進むからぶつかりやすいよね。

たかし君：なるほど!! オリンピックで見るカーリングがそうだよね。

まなぶ君：それそれ!! 同じ速さでまっすぐに進むよね！

たかし君：もし，氷の上で10円玉 **a** を **b** にぶつけたら，そのあとはどうなるんだろう？まなぶ君は分かる？

まなぶ君：もちろん!! 僕《ぼく》に分からないことなんてないのさ。もし，10円玉 **b** の動き方が分からなければ，代わりに１円玉や500円玉を置いてぶつけることを考えてみたら分かると思うよ。

たかし君：なるほど！さすがまなぶ君だね。ん～，１円玉とぶつかった後には10円玉 **a** と１円玉が同じ方向に動き続けるかな。500円玉だと500円玉は動くけど10円玉 **a** は少しはねかえってくる感じがする。

まなぶ君：そうだよね。イメージできてるよ。じゃあ，ぶつかる前の10円玉 **a** の速さと比べて，１円玉と500円玉の速さはどうかな？

たかし君：１円玉は軽いからすごく速くて，500円玉は重いから遅いかな。

まなぶ君：正解だよ!! そしたら，10円玉どうしをぶつけたらどうなるかな？

たかし君：分かった。ぶつかった後は［　A　］と思うよ。

まなぶ君：いいね!! じゃあ，もし**図２**のように，10円玉 **b** の横に **c** を並べて置いて **a** をぶつけたらどうなるかな？もちろん **a** と **b**，**c** は一直線になるようにして置くよ。

たかし君：たぶん，ぶつかった後は［　B　］と思うよ。

まなぶ君：そうだね!!

たかし君：でも，実際に机でやってみると，10円玉 **a** が止まってしまうことがあるから，この考察が正しいのかを調べるには，ほかの方法が必要だね。

まなぶ君：そうだね。別の実験を行ってみよう。

問1　会話文の A に入る文として適切なものを，次の（ア）～（エ）から1つ選び，記号で答えなさい。

（ア）　10円玉 **a** と **b** は，ぶつかる前の **a** と同じ速さで，同じ方向に進んでいく
（イ）　10円玉 **a** は止まって，**b** は動かない
（ウ）　10円玉 **a** は止まって，**b** はぶつかる前の **a** と同じ速さで進んでいく
（エ）　10円玉 **a** は止まって，**b** はぶつかる前の **a** より速く進んでいく

問2　会話文の B に入る文として適切なものを，次の（ア）～（エ）から1つ選び，記号で答えなさい。

（ア）　10円玉 **a**，**b**，**c** は，ぶつかる前の **a** と同じ速さで，同じ方向に進んでいく
（イ）　10円玉 **a** は止まって，**b** と **c** は動かない
（ウ）　10円玉 **a** は止まって，**b** と **c** はぶつかる前の **a** と同じ速さで，同じ方向に進んでいく
（エ）　10円玉 **a** は止まって，**b** は動かず，**c** はぶつかる前の **a** と同じ速さで進んでいく

〔Ⅱ〕　たかし君とまなぶ君は，〔Ⅰ〕での考察が本当に正しいかどうかを実験するために，教室にあった**図3**のようなニュートンのゆりかご（バランスボール）を用いて，次の会話文にあるような実験をしました。ただし，ゆりかごにある金属球①～⑤の重さはどれも同じです。

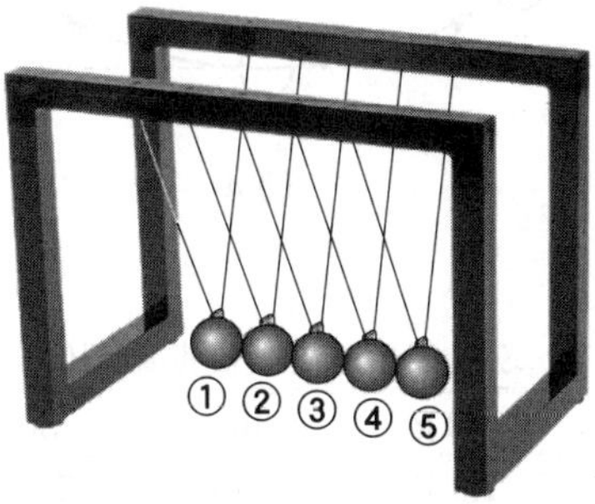

図3

たかし君：金属球①だけ左に持ち上げて，静かに手をはなしてみると，反対の金属球⑤だけが，右に上がったよ。
まなぶ君：そうだね。よく観察してみると，金属球①を持ち上げた高さと同じ高さまで⑤が上がってるね。
たかし君：確かに，そうだね。これで考察が正しかったことが分かるね。
まなぶ君：じゃあ，金属球①を左に持ち上げて，金属球④と⑤を右に持ち上げて，3つを同時に静かにはなすとどうなるかな？
たかし君：それは， C と思うよ。
まなぶ君：正解!!
たかし君：だんだん理解できてきたよ。ふり子もこれに似ているけど，どうなるのかな。
まなぶ君：じゃあ，この後にふり子の実験もしよう。

問３　会話文の　C　に入る文として適切なものを，次の（ア）～（オ）から１つ選び，記号で答えなさい。

（ア）　金属球①が左に，④と⑤が右に上がる
（イ）　金属球①と②が左に，④と⑤が右に上がる
（ウ）　金属球①と②が左に，⑤が右に上がる
（エ）　金属球①～⑤が左に上がる
（オ）　金属球①，④，⑤が②と③にぶつかって止まる

〔Ⅲ〕　たかし君とまなぶ君は理科実験室に行き，**図４**のようなふり子を用いて，ふり子の重さ，長さ，落差を変えると周期はどのようになるのか実験をしました。**表１**～**３**はその結果をまとめたものです。

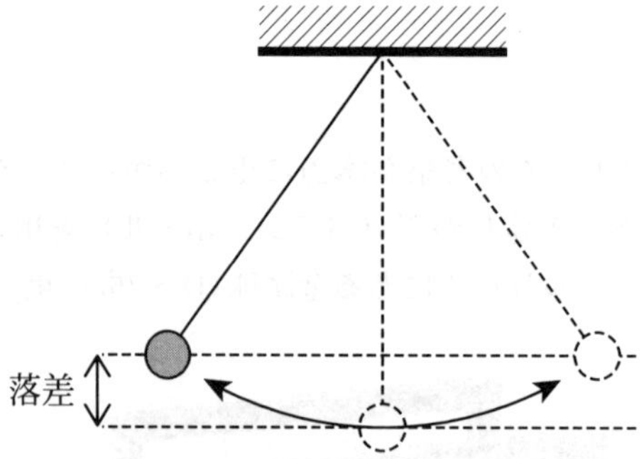

図４

表１　ふり子の重さと周期の関係

重さ	20 g	30 g	40 g	50 g	60 g
周期	2.0 秒	1.9 秒	1.9 秒	2.1 秒	2.0 秒

表２　ふり子の長さと周期の関係

長さ	25 cm	50 cm	75 cm	100 cm	125 cm
周期	1.0 秒	1.4 秒	1.7 秒	2.0 秒	2.2 秒

表３　ふり子の落差と周期の関係

落差	5 cm	10 cm	15 cm	20 cm	25 cm
周期	3.0 秒	2.8 秒	2.9 秒	2.8 秒	2.9 秒

まなぶ君：この結果から何が分かるかな？
たかし君：**表１**と**表３**の結果で　D　こと，**表２**の結果から　E　ことが分かるね。
まなぶ君：そうだね。ちゃんと考察できてるね。ここで，こんな問題はどうかな。もし，ふり子の糸を天井から外して手に持ち，無重力空間でふり子をふると，どんな動きをするかな？

たかし君：えっ!? それは，分からないな・・・。
まなぶ君：なぜふり子は往復するのかを考えれば，なんとなく分かるよ。
たかし君：もしかして，［ F ］のかな。
まなぶ君：正解!!

問４　会話文の［ D ］に入る文として適切なものを，次の（ア）～（オ）から１つ選び，記号で答えなさい。

（ア）　ふり子の重さによって，周期が変わる
（イ）　ふり子の落差によって，周期が変わる
（ウ）　ふり子の重さが２倍，４倍となると，周期も２倍，４倍となる
（エ）　ふり子の落差が２倍，４倍となると，周期も２倍，４倍となる
（オ）　ふり子の重さと落差は，周期に関係ない

問５　会話文の［ E ］に入る文として適切なものを，次の（ア）～（オ）から１つ選び，記号で答えなさい。

（ア）　ふり子の長さを変えても，周期は変わらない
（イ）　ふり子の長さが２倍，４倍となると，周期も２倍，４倍となる
（ウ）　ふり子の長さが1.4倍となると，周期は２倍となる
（エ）　ふり子の長さが４倍となると，周期は２倍となる
（オ）　ふり子の長さが３倍となると，周期は４倍となる

問６　会話文の［ F ］に入る文として適切なものを，次の（ア）～（エ）から１つ選び，記号で答えなさい。

（ア）　円をえがくように回転をする
（イ）　実験室と同じ動きをする
（ウ）　速さが速くなっていく
（エ）　動かない

2 実験Ⅰ～Ⅲについて，次の各問いに答えなさい。

実験Ⅰ　ある金属Ａ，Ｂ，Ｃをそれぞれ少しずつ用意し，うすい塩酸が入った試験管とうすい水酸化ナトリウム水よう液が入った試験管にそれぞれ入れると，次のような結果になりました。ただし，金属Ａ，Ｂ，Ｃはそれぞれ鉄，銀，アルミニウムのどれかであることがわかっています。

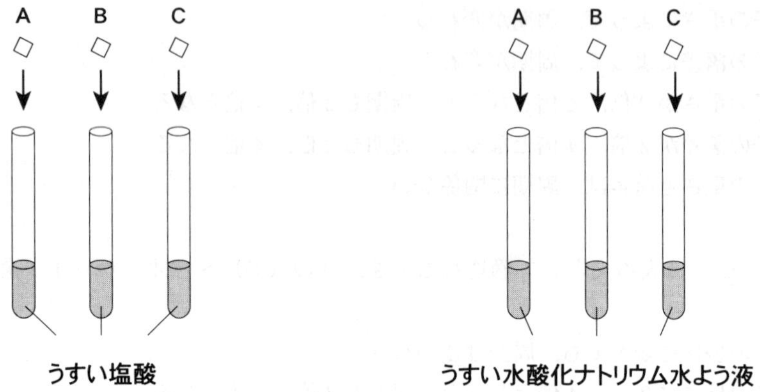

結果

	うすい塩酸に入れたときの変化	うすい水酸化ナトリウム水よう液に入れたときの変化
金属Ａ	変化がなかった。	変化がなかった。
金属Ｂ	金属Ｂがとけて，気体が発生した。	変化がなかった。
金属Ｃ	金属Ｃがとけて，気体が発生した。	金属Ｃがとけて，気体が発生した。

問１　この実験で発生した気体は全て同じものです。この気体を集める方法としてもっとも正しい方法はどれですか。次の（ア）～（ウ）から１つ選び，記号で答えなさい。

（ア）　水上置換《ちかん》法　　（イ）　上方置換法　　（ウ）　下方置換法

問２　金属Ａ，Ｂ，Ｃの組み合わせとしてもっとも正しいものを次の（ア）～（カ）から１つ選び，記号で答えなさい。

	金属Ａ	金属Ｂ	金属Ｃ
（ア）	鉄	銀	アルミニウム
（イ）	鉄	アルミニウム	銀
（ウ）	銀	鉄	アルミニウム
（エ）	銀	アルミニウム	鉄
（オ）	アルミニウム	鉄	銀
（カ）	アルミニウム	銀	鉄

実験Ⅱ　さまざまな重さの金属Ｂをそれぞれうすい塩酸 100 cm^3 に入れる実験を行いました。その結果，金属Ｂの重さと発生した気体の体積との関係は，次のグラフのようになりました。

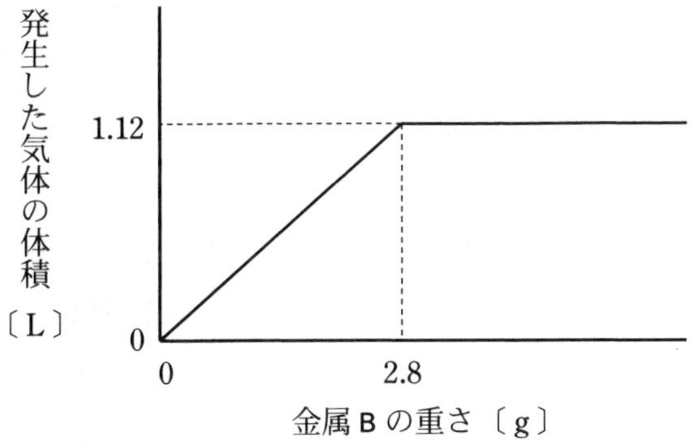

問３　この実験で用いたうすい塩酸 25 cm^3 とちょうど反応する金属Ｂの重さは何 g ですか。

実験Ⅲ　実験Ⅱで用いたうすい塩酸 100 cm^3 に BTB よう液を数滴入れ，同じく実験で用いたうすい水酸化ナトリウム水よう液を加えていくと，200 cm^3 加えたところで水よう液の色が緑色になりました。

問４　金属Ｂ 1.4 g と，うすい塩酸 100 cm^3 を入れたビーカーに，BTB よう液を数滴加えました。そこに，うすい水酸化ナトリウム水よう液を何 cm^3 加えると，水よう液の色は緑色になりますか。

問５　この実験で発生する気体は近年，次世代のエネルギーとして注目されています。このエネルギーの特ちょうとして，**正しくないもの**を次の（ア）～（エ）から１つ選び，記号で答えなさい。

（ア）　現在の日本の電力は，90 % 以上がこの気体によるエネルギーを使用している。

（イ）　燃やしたとき，二酸化炭素を発生しないため，環境に優しい。

（ウ）　自動車の動力として使用することができる。

（エ）　水から作り出すことができる。

3　ヒトの血液に関する次の各問いに答えなさい。

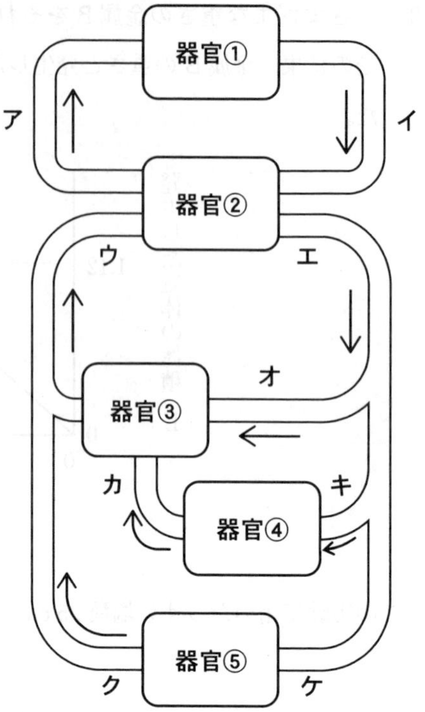

〔Ⅰ〕 右の図は，ヒトの体内の血液じゅん環のようすを模式的に表したものです。図中の**ア**～**ケ**は，器官の間をつなぐ血管を表しており，図中の矢印は，血液の流れる向きを表しています。ただし，**器官①**は外界の空気と気体の交かんを行っており，**器官②**は血液じゅん環のポンプのはたらきをしています。また，血管**カ**は消化・吸収した養分を多くふくむ血液が流れています。

問１　**器官①**，**器官②**の名前を漢字で答えなさい。

問２　血管**ア**～**ケ**のうち，酸素をもっとも多くふくむ血液が流れている血管はどれですか。**ア**～**ケ**から１つ選び，記号で答えなさい。

問３　血管**ク**は，二酸化炭素以外の不要物がもっとも少ない血液が流れています。**器官⑤**の名前を答えなさい。

問４　次の説明にあてはまる器官を①～⑤から**すべて選び**，番号で答えなさい。

ある構造がたくさんあることで表面積が大きくなり，ものの移動を効率よく行うことができる。

〔Ⅱ〕 私たちは，日々からだの中にしん入してくる病原体にさらされています。体の中に入ってきた病原体を取りのぞくはたらきをするのは，血液の中の白血球という細ぼうです。白血球にはいろいろな種類があり，それぞれ役割が異なります。その中の一つに，しん入した病原体に結合するタンパク質をつくり，放出するものがあります。このタンパク質は「こう体」と呼ばれ，それに対応するもののことを「こう原」と呼びます。こう原は，体内にしん入した病原体そのものや，病原体のからだをつくるタンパク質，病原体によってつくられたタンパク質など，さまざまなものがあります。いくつかの種類の白血球は，しん入した病原体を取りのぞいたあと，一部がそのまま体内に残り，次に同じ病原体がしん入してきたときにすばやく反応し，病原体への攻撃《こうげき》を行います。

問５　下線部の現象と関係のあるものを次の（ア）～（エ）から１つ選び，記号で答えなさい。

（ア）　体内に病原体がしん入すると，体温が高くなることがある。
（イ）　インフルエンザの予防接種によって炎《えん》症を起こす人がいる。
（ウ）　納豆など，からだにいい食べ物を食べているとかぜをひきにくい。
（エ）　流行性耳下腺炎《りゅうこうせいじかせんえん》（おたふくかぜ）に一度かかると，二度目にかかる人はほとんどいない。

問６　様々な病気の予防に使われるワクチンとはどのようなものですか。次の（ア）～（エ）から１つ選び，記号で答えなさい。

（ア）　すでに感染し，なおった人の血液から取り出したこう体
（イ）　弱毒化したウイルスなど，こう原となるもの
（ウ）　体内に注射することで，感染したときに病原体と戦う別の生物
（エ）　体内に注射することで，感染したときに病原体を弱くする物質

4　文章を読んで，次の各問いに答えなさい。

　やすし君は，ある建物のかべに巻貝のような模様があることに気が付きました。調べてみると，そのかべは①大理石が使われていて，②巻貝のような模様は中生代の代表的な化石であることが分かりました。

〔Ⅰ〕　下線部①について，次の各問いに答えなさい。

問１　大理石にある液体をかけると，二酸化炭素が発生してとけてしまいます。ある液体の名前を次の（ア）～（カ）から１つ選び，記号で答えなさい。

（ア）　うすい塩酸　　（イ）　うすい水酸化ナトリウム水よう液　　（ウ）　食塩水
（エ）　うすいアンモニア水　　（オ）　フェノールフタレインよう液　　（カ）　炭酸水

問２　大理石は，ある岩石が地下深くでマグマの熱や圧力によって変化してできたものです。ある岩石の名前を漢字で答えなさい。

問３　大理石のような岩石のなかまを何といいますか。次の（ア）～（ウ）から１つ選び，記号で答えなさい。

（ア）　火山岩　　（イ）　深成岩　　（ウ）　変成岩

問４　大理石のように化石をふくむ可能性のある岩石を，次の（ア）～（オ）から１つ選び，記号で答えなさい。

（ア）　花こう岩　　（イ）　安山岩　　（ウ）　げんぶ岩　　（エ）　でい岩　　（オ）　せん緑岩

〔Ⅱ〕　下線部②について，次の各問いに答えなさい。

問５　この化石のように，地層ができた時代を知る手がかりとなる化石を○○化石といいます。○○に入る漢字２文字を答えなさい。

問６　この化石の生き物を，次の（ア）～（オ）から１つ選び，記号で答えなさい。

（ア）　アンモナイト　（イ）　サンヨウチュウ　（ウ）　メタセコイア
（エ）　フズリナ　（オ）　ピカイア

問７　この化石の生き物と同じ中生代に生きていた生き物を，次の（ア）～（オ）から**２つ選び**，記号で答えなさい。

（ア）　アノマロカリス　（イ）　ティラノサウルス　（ウ）　ケナガマンモス
（エ）　ユーステノプテロン　（オ）　トリケラトプス

なのに、ママに理解してもらえず引き留められたことに対するくやしさ。

イ　本当に「バーバ」の言っていることがかき氷のことか自信がなく、まちがって時間をむだに使うかもしれないことに対する不安。

ウ　だんだんと元気がなくなっていく「バーバ」にしてあげられることがなく、すっかりあきらめてしまっている母親へのいら立ち。

エ　一刻も早くかき氷を買いに行かないと、「バーバ」がものを食べられる状態でなくなってしまうかもしれないというあせり。

問5　――線④「一瞬、音という音が世界から消えた」とありますが、なぜそのように感じたのですか。最もふさわしいものを、次から選びなさい。

ア　自分が思いがけず口にした言葉によって、「バーバ」がいなくなってしまうかもしれないという現実が胸にせまってきたから。

イ　たくさんの人が並んでいたが夜まで待つことはできず、悪いこととはわかりつつも、横入りしてしまった自分を責めているから。

ウ　今まで避けてきた「死」という言葉を出してまで、かき氷を手に入れようとした自分のずるがしこさにショックを受けたから。

エ　ママとも約束して言わないように心がけていた言葉を口にしてしまい、家族との別れを思い出し、悲しみにうちひしがれたから。

問6　――線⑤「透明なシロップをうやうやしくかけた」とありますが、このときの様子として最もふさわしいものを、次から選びなさい。

ア　てきぱきと一刻も早く仕上げようとしている様子。

イ　ていねいに心をこめて仕上げようとしている様子。

ウ　マユの望み通りきれいに仕上げようとしている様子。

エ　めんどうなのでいいかげんに仕上げようとしている様子。

問7　――線⑥「私よりも年下の少女の顔に戻っていた」とありますが、なぜですか。その理由を説明しなさい。

問8　本文の内容として最もふさわしいものを、次から選びなさい。

ア　ママはマユが交通量の多い幹線道路を自転車で通ることを心配し、自分が代わりにかき氷を買いに行こうとした。

イ　せっかく家族そろってかき氷を食べに来たのに、パパが関係のない話をするからマユはあきれて聞いていた。

ウ　マユはバーバのくちびるの端の甘い味に、バーバが今この瞬間も生きているのだということ感じ取った。

エ　バーバは富士山を見て何年か前にみんなで食べたかき氷のことを思い出し、買ってきてほしいとマユに頼んだ。

「おいしいねぇ」
舌の上のかき氷は、まるで冷たい綿のようだ。さーっと溶けて、消えてなくなる。体のすみずみにまで、爽《さわ》やかな風が吹き抜ける。
「眠くなってきちゃった」
そのままバーバのそばにいたら、泣いてしまいそうだったのだ。簡易ソファへ移動した。ママの前で泣くなんて、かっこ悪い。
「軽い熱中症《ねっちゅうしょう》かもしれないから、そこで少し休みなさい」
ママが、威厳《いげん》たっぷりに命令する。バーバとママ、二人の世界を邪魔《じゃま》しないよう、横になってそっとまぶたを閉じる。
再び目を開けた時、部屋の中があまりに静かで、胸がどきゅんと真っ二つに折れそうになった。天井が、虹色《にじいろ》に輝いている。もしかして……。私は起き上がって一歩ずつベッドに近づいた。バーバの隣《となり》に、目をつぶったママがいる。私は、バーバの鼻先に手のひらを翳《かざ》した。よかった。バーバは、生きている。
くちびるの端《はし》が光っていたので、私はそこに自分の右手の人差指を当てた。そのまま口に含むと、甘《あま》い味がする。でも、さっきのかき氷のシロップの甘さじゃない。もっともっと、複雑に絡《から》み合うような味だ。やっぱり、バーバは今この瞬間も、甘く発酵《はっこう》し続けているのだ。

（『あつあつを召《め》し上がれ』小川糸）

問１　――線①「ピカッと輝いたように見えた」とありますが、どのようなことを表していますか。最もふさわしいものを、次から選びなさい。

ア　自分の言いたいことがマユに伝わったことがわかり、喜んでいる様子。
イ　窓からなつかしい富士山が見えたことにより、気分が明るくなっている様子。
ウ　マユが自分の話をちゃんと聞いていたことがわかり、おどろいている様子。
エ　ずっと見たかった景色をマユが見せてくれたことにより、具合がよくなった様子。

問２　二つの［Ⅰ］には、同じ言葉が入ります。入る言葉として最もふさわしいものを、次から選びなさい。

ア　すると　　イ　しかも　　ウ　それで　　エ　けれど

問３　――線②の「富士山」と同じものを、――線Ａ～Ｄの「富士山」の中から、アルファベットですべて答えなさい。

問４　――線③「行くしかないでしょっ！」とありますが、このときのマユの気持ちとして最もふさわしいものを、次から選びなさい。

ア　かき氷を買いに行くのは「バーバ」のためを思っての行動

分でもよくわからなかった。ママとの会話でも、ずっと気をつけて避《さ》けて通ってきた、一文字の単語。それが口をついて出たことに、自分でも驚《おどろ》いてしまう。

「ちょっと待ってて」

子供の言葉など相手にしてくれないかと懸念《けねん》していたのに、おじさんはぶっきらぼうにそう言うと、またくるくると機械のレバーを回し始めた。目の前のカップに白い氷の山ができていく。私は、ポケットから小銭を取り出した。かき氷一杯《いっぱい》は買える。おじさんは、氷の小山の上から、⑤透明なシロップをうやうやしくかけた。それを、クーラーボックスの中に入れてくれる。

「ありがとうございます！」

お金を払《はら》い、深々と頭を下げて、その場を立ち去った。

帰り道は、ますますスピードを上げて自転車を走らせる。クーラーボックスの中の小さな富士山が溶《と》け出す前に、どうしてもバーバに届けなくてはならない。

「ただいま。バーバ、B富士山、持ってきたよ」

ホームに戻《もど》ると、またカーテンが閉じていて、部屋全体が飴色《あめいろ》に見える。クーラーボックスから、急いでかき氷を取り出した。もし全部溶けてしまっていたらと想像すると胸が潰《つぶ》れそうだったけれど、かき氷は、少し縮んだように見えるだけで、きちんと富士山の形を留めている。私は、ママにかき氷を手渡《てわた》した。

「はーなちゃん、あーん」

ママはそう言いながら、バーバの口元に木製のスプーンを差し出す。バーバのくちびるは、うっすらと開いている。けれど、スプーンが滑《すべ》り込めるほどの隙間《すきま》はない。

「マユが、一人で買いに行ってくれたんですよ」

ママの瞳から、つるんと一粒の涙が落ちる。やがてバーバは、何かを言いかけるように上下のくちびるを広げると、スプーンを受け入れた。

「おいしいでしょう？」

ママの声が湿《しめ》っている。二度、三度と、バーバはスプーンの上のかき氷を吸《す》い込んだ。そのたびに、目を閉じてうっとりとした表情を浮《う》かべる。

私は確信する。バーバは今、数年前の夏の日、家族で行ったかき氷店のあの庭に帰っている。ごくり、と喉《のど》が鳴って、C富士山の一部が、バーバの体の奥に染み込んでいく。私は窓辺に移動して、カーテンをかきわけ外を見た。D富士山が、オレンジ色に光っている。すると、マユ、とママが呼ぶ。

振り向くと、ほら、バーバがマユにも食べさせたいって、と、私を手招いている。驚いたことに、バーバは自分で木のスプーンを持っている。

近づくと、私の口にかき氷を含ませてくれた。同じように、ママの口にもかき氷を含ませてくれる。ママは明らかに、⑥私よりも年下の少女の顔に戻っていた。

じれったくなり、つい乱暴な声を出してしまう。けれど、そうしている間にも、バーバの体が変化していくようで怖《こわ》かったのだ。私は、ホームに置いてあるクーラーボックスを肩《かた》に担ぎ、猛然《もうぜん》と部屋を飛び出した。廊下《ろうか》を走りながら、バーバが受け付けなかったキャラメルを、口の中に放り込む。

　駐輪場《ちゅうりんじょう》に停めてあった自転車にまたがり、かき氷店を目指した。大雑把《おおざっぱ》に言うと、そこは、かつて家族三人で暮らしていた町の方角にある。道なら覚えている。ただ、パパの車で通った時の記憶《きおく》だから、交通量の多い幹線道路を走らなくてはいけないけど。

　夏休みで連休のせいか、車がかなり渋滞《じゅうたい》している。私は、臨機応変に歩道と車道を交互《こうご》に走った。ぐんぐんと富士山が迫《せま》ってくる。急がなきゃ、急がなきゃ、気がつくと、猛スピードで走っていた。体が、風の一部になってしまいそうだった。

　何かアクシデントが起きても不思議じゃなかったけど、何も起きずにかき氷の店まで辿《たど》り着く。でも、やっぱりここも、ものすごい人だかりだ。店の前に、長い行列ができている。どうしたら良いのだろう。このまま待っていたら、夜になってしまうかもしれない。私は、一心に店の奥へと突《つ》き進んだ。

　この店では、天然氷というのを使っている。冬、プールのような所に水を貯《た》めて自然の力で凍《こお》らせ、それを切り出して保管し、かき氷にするのだ。私は今でも普通《ふつう》の氷との違《ちが》いがよくわからないけれど、パパはその氷の味をえらく褒《ほ》めていた。この氷でウィスキーの水割り作ったら、うまいだろうなぁ、とか何とか言って。でも、今はそんな感傷に浸《ひた》っている場合ではない。一秒でも早くバーバにかき氷を届けなければ……。

　店の庭では、みんなうれしそうにかき氷を頬張《ほおば》っている。あの時も向日葵《ひまわり》が満開だった。確かに数年前、私達はこのままいつまでも同じメンバーでいることに、何の疑いももたず、ここでかき氷を口に含《ふく》んだのだ。

「すみません」

　勇気を振《ふ》り絞《しぼ》り、窓の所で四角い氷を機械で削《けず》っているおじさんに声をかけた。でも、周りが騒《さわ》がしくて聞こえなかったのか、無視されてしまう。

「すみません！」

　二度目は、声を強くした。ようやくおじさんが、できたての氷の山に透明《とうめい》なシロップをかけながら私の方を見てくれる。［Ⅰ］その先の言葉が繋《つな》がらない。私はみるみる泣きたくなった。ただ、バーバにかき氷を食べさせたいだけなのに。どうしてこんなに悲しくなってしまうのだろう。けれど、早く言え、と何かが私の背中を強い力で前に押《お》してくれたのだ。

「バーバが、いえ祖母が、もうすぐ死にそうなんです。それで最後に、ここのかき氷を食べたいって」

　ぐっとくちびるを噛《か》みしめ、涙《なみだ》の落下を食い止める。④一瞬、音という音が世界から消えた。どうしてそんなことを口走ったのか、自

三　次の文章を読んで、後の問いに答えなさい。

「お外、見たいの？」
しっかりとバーバの目を見て尋《たず》ねるとバーバはまた、「ふ」という音を漏《も》らした。
じゃあ、ちょっとだけだよ、そう言って、私はバーバの寝《ね》ているベッドを離《はな》れ、窓辺に移動する。それから、カーテンを開けた。その時、
「バーバ、もしかして、ふってＡ富士山の、ふ？」
ふとひらめいたのだ。その瞬間《しゅんかん》、バーバの薄曇《うすぐも》りのような色の奥《おく》まった瞳《ひとみ》が、①ピカッと輝《かがや》いたように見えた。
あまりにも当たり前に存在するので見慣れてしまい、忘れそうになっているけど、私達が暮らしている町からは、富士山がよく見える。昨日まで大雨が降っていたから、空気がいつもより澄《す》んでいるのかもしれない。富士山は、ホームの窓から見える景色の中で、しっかりとした輪郭《りんかく》を現わしている。
「これでいい？　バーバ、富士山が見たかったんだね」
カーテンを開けたせいで、ますます心地よい風が流れ込《こ》んでくる。ママは、すっかり眠《ねむ》っているらしい。［Ｉ］、まだバーバは、「ふ、ふ」とかすかな息を出す。マユならわかってくれるでしょ、と訴《うった》えかけるような表情で。
「見えない？　ほら、よーく目をこらすと、向こうに、富士山、見えるでしょ」
バーバは口元をほころばせ、くちびるをパクパクと動かしている。
「ん？　おなか空いた？　やっぱりキャラメル食べてみる？」
そう言いかけた時、何かを思い出しそうになった。バーバのこの表情を、いつかどこかで見たことがある気がしたのだ。いつだっけ？　バーバの、はにかむような柔《やわ》らかい表情。
あっ、そうだ。何年か前に家族みんなで、かき氷を食べに行った時だ。並んで並んで、やっと噂《うわさ》のかき氷にありつけた時、バーバは、言ったのだ。ほーら、マユちゃん、富士山みたいでしょう、って。あ、そうか、そういうことか!!
「バーバ、わかった、少し待ってて。マユ、かき氷買ってきてあげるから！」
気がつくと、大声で叫《さけ》んでいた。私が騒々《そうぞう》しく部屋を出て行こうとした時、ママが目を覚ました。
「マユ、どこ行くの？」
眠そうな気だるい声で尋ねるので、
「バーバ、②富士山が食べたいんだよ、絶対にそうだよ、だから今」
そう言いかけると、
「富士山？」
ママは、不思議そうに本物の富士山の方を見つめる。
「だから、何年か前、みんなでかき氷を食べに行ったじゃない。あれだよ、あそこのなら、バーバ、食べられるんだって」
「だって、あの店は」
「わかってる！　でも、③行くしかないでしょっ！」

問４　――線③「同じこと」とありますが、どういうことですか。本文中の言葉を使って答えなさい。

問５　――線④「ただしこれからもそうであるとはかぎらない」とありますが、なぜですか。その理由として最もふさわしいものを、次から選びなさい。

ア　カーナビなどの普及により、日本人が地図を読み道順を想像する機会が失われつつあるから。

イ　日本の欧米化が急速に進んでおり、努力を大切にする日本文化が軽んじられてきているから。

ウ　欧米での住所の表し方が評価されており、日本もそれに学ぼうとする動きが出ているから。

エ　国ごとに違う地図を改め、地図の表記方法を国際的に統一することに決まっているから。

問６　――線⑤「『もはやどこにいても同じこと』という地名の無意味化」とありますが、どういうことですか。最もふさわしいものを、次から選びなさい。

ア　地球上であらゆる場所に名前を付けてしまったことを見直す段階である今、地名をなくす動きが活発であるということ。

イ　ＧＰＳが普及したことにより、個人の居場所を共有しやすくなったため、あえて場所を聞く必要はなくなったということ。

ウ　統廃合を繰り返す行政上の理由から、地名の由来が昔からの土地の特徴を反映したものではなくなってきているということ。

エ　インターネットや携帯電話などの普及により、個人が実際にどこにいるのかは問題ではなくなってきているということ。

問７　本文の内容として最もふさわしいものを、次から選びなさい。

ア　日本ほど多くの地名が失われてしまった国はなく、土地と名の関係性をこれ以上うすれさせないためにも、すべて元の古い地名にもどすべきである。

イ　一般的には旅行に地図は必要だが、道に迷うことによって得られる面白さもあるため、あえて地図を持たずに旅や出会いそのものを楽しむべきである。

ウ　どこにいても同じというような、地名自体がほとんど意味を持たなくなった時代への移行というのは、地球規模の変化として受け止めるべきことである。

エ　地名の統廃合は日本の都市だけではなく世界全体で起こっていることであり、国境をこえた本当の国際化を目指し、このまま進めていくべきである。

＊テレプレゼンスは、「現在の地球」という名の＊演算であり、現実空間のなかの定位を必要としない。わたしたちは地名のないひとつの空間にいる。インターネットも携帯《けいたい》電話も、そして＊ＧＰＳもそうである。「四国中央」が地名となるのは、土地が歴史や記憶《きおく》と切り離《はな》された別の＊位相に入っているからだろう。その位相とは「いま、どこ？」という質問が四六時中あらゆるところでリピートされる社会の、異様さを含《ふく》んでいる。そこに⑤「もはやどこにいても同じこと」という地名の無意味化を読み取る必要があるだろう。

　地球上のあらゆる場所を名づけてしまい、名づけることによって惑星を支配するにいたった人間はいまその地名を部分的にしろ、捨てる段階へと進みつつある。消えゆく地名はその＊徴候《ちょうこう》かもしれない。

（『芸術回帰論』港千尋《ちひろ》）

＊テレプレゼンス…遠く離れた場所にいるメンバーとその場で対面しているかのような臨場感を提供する技術のこと。
＊演算…計算すること。
＊ＧＰＳ…地球上の現在位置を測定するためのシステム。カーナビなどで使う。
＊位相…段階。
＊徴候…物事の起こる前ぶれ。

問１　――線①「外国人が不思議がること」とありますが、どういうことを不思議がっていますか。本文に書かれている二つの要素を、一文にまとめて答えなさい。

問２　[1]・[2]に入る言葉の組み合わせとして最もふさわしいものを、次から選びなさい。

ア　１　それゆえ　　２　一方で
イ　１　たとえば　　２　つまり
ウ　１　たしかに　　２　やはり
エ　１　ところで　　２　しかし

問３　――線②「それぞれの国の都市での住所における以上のような違い」について、筆者はどのように述べていますか。その内容として最もふさわしいものを、次から選びなさい。

ア　フランスよりも日本の住所のほうがイメージを大切にしていて、芸術的ですばらしく感じる。
イ　日本よりもフランスの住所の示し方のほうがわかりやすく、観光客にも親切で印象がよいと感じる。
ウ　欧米とは違い、日本の住所の番地は目的地に着くための具体的な手段になりにくいと言える。
エ　日本人はあいまいな住所でも迷わないので、欧米人より地図を読む能力が備わっていると言える。

マニュアルのデザイン

欧米の人が記号としての地図を頼りにするとすれば、日本人はある特定の場所へ行こうとするたびに、頭のなかにイメージとして地図を描《えが》いているようなものだと言えるかもしれない。あまり図式化してはいけないが、手順をイメージによって伝えるということが、日本人は得意なのではないかと思うのである。

③同じことが取り扱《あつか》い説明書やマニュアルについても言える。これは料理の本でも手芸の本でもそうだが、日本で作られているこれらの「説明書」は、外国のものと比較《ひかく》して、非常にわかりやすい。それはひとつひとつの手順が、写真やイラスト入りで説明されているからであり、その方法はそう簡単に真似のできないほど、きめの細かいものである。

たとえば同じようなドレスを作るための解説書を比較すると、欧米のものと日本のものとでは、かなり違う。前者が基本的に可能なかぎり言葉で説明しようとするところを、日本ではむしろイメージを使ってわかりやすく伝えようとする。手順をイメージにするのは、それなりの工夫と経験が必要な技術であり、日本はそれを長いあいだ蓄積《ちくせき》してきたと言えるだろう。これは日本の文化としては日《ひ》頃《ごろ》あまり指摘《してき》されないことだが、「イメージを使って伝える」ということは、ひとつの知恵《ちえ》であり技術でもある。

④ただしこれからもそうであるとはかぎらない。たとえば電話番号や住所を入力すると、地図と音声と道順を伝えてくれるカーナビ。機械がやってくれるので、正確であるし、何より便利である。だが同時に、それによってわたしたちは道順からイメージを作り上げるという努力をしなくなるわけだから、どこかで失うものもあるかもしれない。一昔前までのドライバーと現在のそれでは、運転の技術には差がないかもしれないが、地図を読みそこから想像するという能力には、もしかすると違いが出てきているかもしれない。

消えゆく地名

わたし自身は地図を読むのが好きだが、旅にはできるだけ持ってゆかない。見知らぬ人に道を聞き、そしてときどき迷うほうが面白いと思っている。だが地図に載《の》っている地名が現実から消えていたら、これはどうしようもない。保存すべきなのは、歴史的記念物での遺跡《いせき》でもなく、地名だったのかもしれないと思うのは、日本ほど多くの地名が消えてしまった国も珍《めずら》しいからだ。

統廃合《とうはいごう》を繰《く》り返す行政上の理由から、古い地名がなくなり、そして聞いたこともない新しい呼称《こしょう》が生まれている。たとえばいかなる意味で、四国中央市は地名だと言えるのだろうか。土地と名の関係が変わってしまった時代というよりは、もはや地名を必要としない時代へ移行しつつあると言えるかもしれない。その移行は東京や香《ほん》港《こん》といった都市の変化ではなく、「現在の地球」という惑星《わくせい》規模で起きている、文明単位の変化として捉《とら》えなければならない質のものである。

二　次の文章を読んで、後の問いに答えなさい。

道と番地

日本を訪れる①外国人が不思議がることのひとつは、ほとんどの通りに名前がないということである。特に欧米《おうべい》の都市ではどのような小さな通りにも名前があり、建物に番号が振《ふ》ってある。知らない町でもたとえば「ワシントン通り三十八番地」と告げれば、タクシーの運転手は理解する。通りの名と番号さえわかれば、はじめて訪れる人でもなんとか目的地に到達《とうたつ》できるのだが、日本の場合は必ずしもそうではない。主要な道路には名があるが、いったん路地に入れば頼《たよ》りになるのは番地だけである。日本の住所の番地は、郵便の配達には十分でも、観光客にはほとんど役に立たない。

［1］自分の家をはじめて訪れる友人に、行き方を説明するとき、欧米の町ならば通りの名前と番地さえ告げれば、地図の助けを借りてやって来ることができる。日本の場合は、そうはいかないだろう。目印となる建物や看板など、具体的な対象を引き合いに出して、どこをどの方向へ曲がるのかをある程度説明しなければ、まず迷ってしまう。

［2］欧米の町での通りの名と番号は、そのままそこへ行くための手段として誰《だれ》にでも使うことが可能だが、日本での住所につけられている番地は、そのようにできてはいない。少なくとも、カー・ナビゲーション・システム、いわゆる「カーナビ」が普及《ふきゅう》するまでは、番地だけで順路を理解することは、難しかった。

住所とイメージ

欧米の人にとって不思議なのは、日本人がそれでもふつうに生活している、ということである。すべての通りに名があり、すべての建物に番号があるということは、誰にとっても明確な一種の法則のようなものである。では日本の町では誰もが迷うかといえば、そんなことはない。通りに名前がついていなくても、だいたいの行き方を聞けば、なんとかなるものである。わたしたちは駅前から家までの順路を説明することに慣れているし、それを聞くほうも慣れている。

わたしはフランスと日本の両方に住んだ経験から、②それぞれの国の都市での住所における以上のような違《ちが》いが、それを使う人間の感覚にもちょっとした違いを生んでいるのではないかと思うようになった。ごく一般的《いっぱんてき》に言えば、日本人は住所をイメージに変換《へんかん》して伝えることがうまいし、それに慣れているのではないかと思う。道路がどのような道路であるのか、角に何があり、そこを曲がると何が目に入るのかと、わたしたちはごく日常的に、道順を視覚化している。道順をイメージにして理解しているのである。

すべての通りに名前がついているような都市では、必ずしもそのような必要がない。ある特定の場所は「名前＋番地」という記号と一対一対応しているから、地図さえあれば見当がつく。道端《みちばた》で誰かに聞くときにも「名前＋番地」だけで通じるので、あえてイメージを伝えなくてもよい。

二〇二一年度
日本大学豊山中学校

【国　語】〈第一回試験〉（五〇分）〈満点：一〇〇点〉

（注意）答えを書くときには、「、」や「。」やかぎかっこなども一字と数えます。

一　次の問いに答えなさい。

問１　――線部を漢字に直しなさい。ただし、送りがなの必要なものは、それもふくめて書きなさい。

①　家にメガネを置いてきてしまった。

②　体育館のカイシュウ工事が終わった。

③　湯のみにお茶をソソグ。

問２　――線部の読みを、ひらがなで答えなさい。

①　意外と質素な生活ぶりだ。

②　大きな河川を持つ国に行く。

③　悲しいニュースから目を背ける。

問３　それぞれの□には同じ漢字が入ります。その漢字を答えなさい。

□才　　□学　　作□　　天□

問４　漢字の部首名として正しいものを、次から選びなさい。

ア　困（くにがまえ）　　イ　宝（おうへん）

ウ　座（やまいだれ）　　エ　財（おおがい）

問５　四字熟語と意味の組み合わせとして正しいものを、次から選びなさい。

ア　空前絶後…物事の進み方などが、非常に激しい変化に富んでいること。

イ　言語道断…周りの意見に流されることなく、きっぱりと自分の意見を表明すること。

ウ　意味深長…人の行動や文章などの意味には必ず裏があるため、注意する必要があること。

エ　枝葉末節…物事の中心から外れている、細かくてどうでもいい部分のこと。

問６　次の――線部を、文に合うふさわしい表現に書きかえなさい。

・大切なのは、ふだんからいざという時に備えよう。

2021年度

日本大学豊山中学校　▶解説と解答

算　数　＜第１回試験＞（50分）＜満点：100点＞

解　答

1 (1)　1　(2)　2000　(3)　$\frac{5}{6}$　(4)　28　(5)　$1\frac{3}{10}$　2 (1)　320　(2)　$\frac{132}{231}$
(3)　28　(4)　20　(5)　4　3 (1)　28.26cm　(2)　67.5度　4 (1)　毎分100m
(2)　83分20秒後　(3)　37分30秒後　5 (1)　4個　(2)　$7\frac{1}{2}$　(3)　42番目　6
(1)　854.08cm^3　(2)　100.48cm^3

解　説

1 四則計算，計算のくふう，逆算

(1)　$12-5\times2+6\div3-3=12-10+2-3=1$

(2)　$2021-\{51-5\times(32-26)\}=2021-(51-5\times6)=2021-(51-30)=2021-21=2000$

(3)　$1\frac{1}{2}+2\frac{5}{6}\times\frac{2}{51}-\frac{7}{12}\div\frac{3}{4}=1\frac{1}{2}+\frac{17}{6}\times\frac{2}{51}-\frac{7}{12}\times\frac{4}{3}=1\frac{1}{2}+\frac{1}{9}-\frac{7}{9}=\frac{3}{2}+\frac{1}{9}-\frac{7}{9}=\frac{27}{18}+\frac{2}{18}-\frac{14}{18}=\frac{15}{18}=\frac{5}{6}$

(4)　$0.14\times120+2\times5.6+0.3\times56-0.28\times60=0.14\times120+2\times40\times0.14+0.3\times400\times0.14-0.14\times2\times60=0.14\times120+80\times0.14+120\times0.14-0.14\times120=0.14\times(120+80+120-120)=0.14\times200=28$

(5)　$37-\left\{25\times\left(2\frac{1}{5}-□\right)\div3\frac{3}{4}\right\}=31$より，$25\times\left(2\frac{1}{5}-□\right)\div3\frac{3}{4}=37-31=6$，$2\frac{1}{5}-□=6\times3\frac{3}{4}\div25=6\times\frac{15}{4}\times\frac{1}{25}=\frac{9}{10}$　よって，$□=2\frac{1}{5}-\frac{9}{10}=2\frac{2}{10}-\frac{9}{10}=1\frac{12}{10}-\frac{9}{10}=1\frac{3}{10}$

2 単位の計算，分数の性質，仕事算，場合の数，集まり

(1)　1km＝1000m，1m＝100cmより，0.8kmは，0.8×1000＝800(m)，2000cmは，2000÷100＝20(m)だから，0.8km－(500m－2000cm)＝800m－(500m－20m)＝800m－480m＝320mになる。

(2)　約分すると$\frac{4}{7}$になる分数の分母と分子の比は７：４である。この比の差の，７－４＝３にあたる値が99なので，比の１の値は，99÷３＝33とわかる。よって，この分数は，$\frac{33\times4}{33\times7}=\frac{132}{231}$となる。

(3)　全体の仕事量を，56，40，35の最小公倍数である280とすると，Ｂ君とＣ君では，１分あたり，280÷56＝５，Ａ君とＣ君では，１分あたり，280÷40＝７，Ａ君とＢ君では，１分あたり，280÷35＝８の仕事ができる。よって，Ａ君，Ｂ君，Ｃ君が１分間にする仕事量をそれぞれⒶ，Ⓑ，Ⓒとすると，右上の図１のア，イ，ウのように表せる。ア，イ，ウを合わせると，Ⓐ×２＋Ⓑ×２＋Ⓒ×２＝(Ⓐ＋Ⓑ＋Ⓒ)×２が，５＋７＋８＝20となるから，Ⓐ＋Ⓑ＋Ⓒ＝20÷２＝10となる。よって，Ａ君とＢ君とＣ君の３人で仕事をすると，１分あたり10の仕事ができるから，280÷10＝28(分)かかる。

図１

　　　Ⓑ＋Ⓒ＝５…ア
Ⓐ＋　　Ⓒ＝７…イ
Ⓐ＋Ⓑ　　＝８…ウ

(4)　６個の点の中から３個を選ぶ選び方は，６×５×４÷(３×２×１)＝20(通り)ある。選んだ３個の点をそれぞれ直線で結べば，異なる三角形が１個ずつできるので，三角形は全部で20個できる。

⑸　算数と国語のテストについて，合格した生徒と不合格だった生徒の人数を表にまとめると，右の図2のようになる。図2で，国語のテストに不合格だった生徒(㋐)の人数は，40－30＝10(人)だから，算数のテストのみに合格した生徒(㋑)の人数は，10－6＝4(人)と求められる。

図2

算数＼国語	合格	不合格	合計
合格		㋑	22人
不合格		6人	
合計	30人	㋐	40人

3　平面図形―長さ，角度

⑴　右の図1で，P，Q，Rはそれぞれの円の中心，A，B，Cはそれぞれの円周の交点である。このとき，印をつけた辺はいずれも円の半径で，長さは3cmなので，三角形APR，PBQ，RQC，PQRはすべて正三角形である。すると，図1の太線部分は，半径3cm，中心角60度のおうぎ形の弧《こ》とわかる。かげのついた部分の周りは，太線部分と同じ長さの弧9本で囲まれているので，周りの長さは，$3\times2\times3.14\times\frac{60}{360}\times9=9\times3.14=28.26$(cm)である。

図1

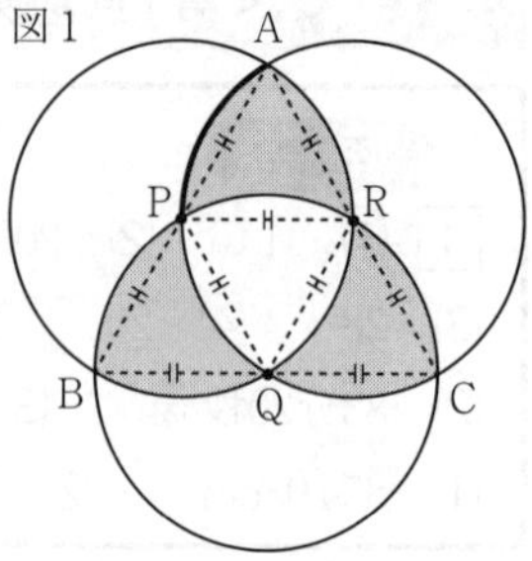

⑵　右の図2で，AE，BF，CG，DHはいずれも円の中心Oを通る円の直径で，○の印をつけた角の大きさはすべて，360÷8＝45(度)になっている。また，OBとOGの長さが等しいから，三角形OBGは二等辺三角形である。よって，㋑の角度は，(180－45×3)÷2＝22.5(度)となる。したがって，三角形OBIで，㋒の角度は，180－(22.5＋45×2)＝67.5(度)だから，㋐の角度も67.5度とわかる。

図2

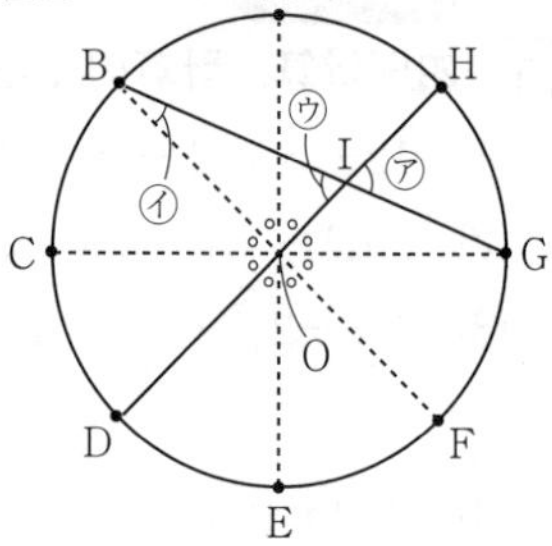

4　速さと比，旅人算，つるかめ算

⑴　まなぶ君が公園に着くまでの2人が進んだようすを表すグラフは右のようになる。グラフから，やすし君が行きと帰りでかかった時間の和は，100－(20＋20)＝60(分)とわかる。また，やすし君の行きと帰りの速さの比は1：2だから，行きと帰りでかかった時間の比は，$\frac{1}{1}:\frac{1}{2}=2:1$となる。よって，やすし君が行きにかかった時間，つまり，家から公園まで歩いた時間は，$60\times\frac{2}{2+1}=40$(分)だから，そのときの速さは，毎分，4000÷40＝100(m)となる。

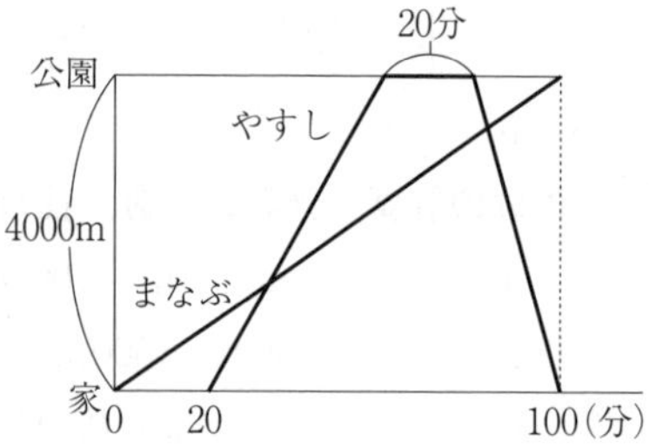

⑵　⑴より，やすし君の帰りの速さは，毎分，100×2＝200(m)である。また，まなぶ君が歩く速さは，毎分，4000÷100＝40(m)である。やすし君が公園を出発したのは，まなぶ君が家を出発してから，20＋40＋20＝80(分後)で，このとき，まなぶ君は家から，40×80＝3200(m)のところを歩いている。この後，2人合わせて，4000－3200＝800(m)進むとすれちがうから，すれちがったのはやすし君が公園を出発してから，$800\div(40+200)=3\frac{1}{3}$(分後)とわかる。これは，$60\times\frac{1}{3}=20$より，3分20秒後なので，まなぶ君が家を出発してから，80分＋3分20秒＝83分20秒後に2人はすれちがった。

⑶　毎時60kmは，毎分，60×1000÷60＝1000(m)である。すると，まなぶ君は公園から家まで行くのに，途中《とちゅう》までは毎分40m，途中からは毎分1000mの速さで進み，合計40分で4000m進んだことになる。もし毎分1000mで40分進んだとすると，進む距離《きょり》は，1000×40＝40000(m)となり，こ

れは実際よりも，40000－4000＝36000(m)長い。毎分1000mで１分進むかわりに，毎分40mで１分進むと，進む距離は，1000－40＝960(m)だけ短くなる。よって，まなぶ君は公園を出発してから，36000÷960＝37.5(分後)，つまり，0.5×60＝30より，37分30秒後に母親に出会った。

5 数列，調べ

(1) 右の図のように，並んでいる分数を分母が等しいもので区切り，順に第１組，第２組，…とすると，第□組の分数の分母は(□＋１)で，分子には，１から□までの整数が順に並ぶ。よって，第５組の分数は$\frac{1}{6}$，$\frac{2}{6}$，$\frac{3}{6}$，$\frac{4}{6}$，$\frac{5}{6}$であり，ここまでで分数は，１＋２＋３＋４＋５＝15(個)並ぶ。したがって，１番目から15番目までの15個の分数のうち，約分できるものは，$\frac{2}{4}$，$\frac{2}{6}$，$\frac{3}{6}$，$\frac{4}{6}$の４個ある。

$\frac{1}{2}$ / $\frac{1}{3}$，$\frac{2}{3}$ / $\frac{1}{4}$，$\frac{2}{4}$，$\frac{3}{4}$ / $\frac{1}{5}$，$\frac{2}{5}$，$\frac{3}{5}$，$\frac{4}{5}$ / $\frac{1}{6}$，$\frac{2}{6}$，…

(2) １番目から15番目まで，つまり第５組までの分数について，各組の分数の和を調べると，$\frac{1}{2}$，$\frac{1}{3}+\frac{2}{3}=1\left(=\frac{2}{2}\right)$，$\frac{1}{4}+\frac{2}{4}+\frac{3}{4}=\frac{3}{2}$，$\frac{1}{5}+\frac{2}{5}+\frac{3}{5}+\frac{4}{5}=2\left(=\frac{4}{2}\right)$，$\frac{1}{6}+\frac{2}{6}+\frac{3}{6}+\frac{4}{6}+\frac{5}{6}=\frac{5}{2}$となる。よって，１番目から15番目までのすべての分数の和は，$\frac{1}{2}+\frac{2}{2}+\frac{3}{2}+\frac{4}{2}+\frac{5}{2}=\frac{15}{2}=7\frac{1}{2}$となる。

(3) (2)より，第□組の分数の和は$\frac{\square}{2}$になるから，第８組まで，つまり，１＋２＋３＋…＋８＝(１＋８)×８÷２＝36(番目)までの分数の和は，$\frac{1}{2}+\frac{2}{2}+\frac{3}{2}+\cdots+\frac{8}{2}=\frac{(1+8)\times 8\div 2}{2}=\frac{36}{2}=18$で，第９組までの分数の和は，$18+\frac{9}{2}=22\frac{1}{2}$となる。第９組の５番目まで足すと，$18+\frac{1}{10}+\frac{2}{10}+\frac{3}{10}+\frac{4}{10}+\frac{5}{10}=18+\frac{3}{2}=19\frac{1}{2}$，第９組の６番目まで足すと，$19\frac{1}{2}+\frac{6}{10}=20\frac{1}{10}$となるから，和が初めて20以上になるのは，36＋６＝42(番目)までの分数を加えたときである。

6 立体図形—体積

図１

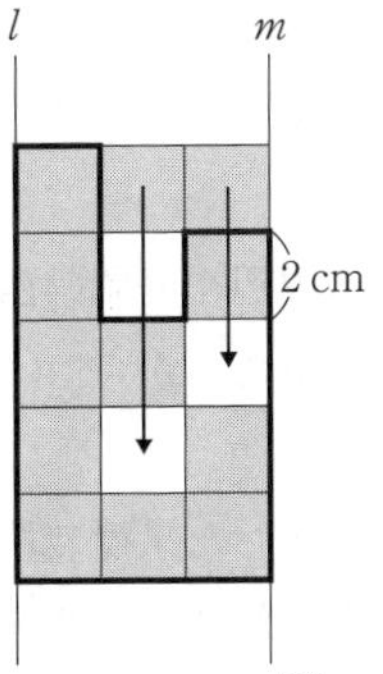

図２

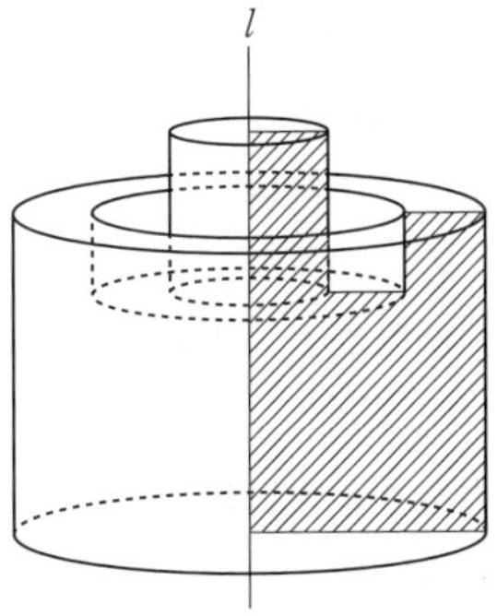

図３

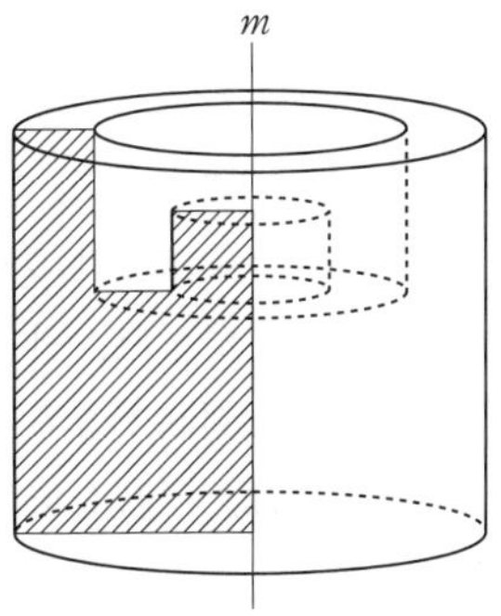

(1) 平面図形をある軸《じく》の周りに１回転させて立体を作るとき，その図形を軸と平行に移動させても，できる立体の体積は変わらない。これをふまえて，上の図１のように，かげのついた部分の一部を下に寄せ，太線で囲んだ図形に変形して考える。図１の太線で囲んだ図形を，直線 l の周りに１回転させてできる立体は，上の図２のようになる。この立体は，底面の半径が，２×３＝６(cm)，高さが，２×４＝８(cm)の円柱から，底面の半径が，２×２＝４(cm)，高さが２cmの円柱をくり抜《ぬ》き，底面の半径が２cm，高さが，２×２＝４(cm)の円柱を加えたものだから，その体積は，６×６×3.14×８－４×４×3.14×２＋２×２×3.14×４＝288×3.14－32×3.14＋16×3.14＝(288－

32＋16)×3.14＝272×3.14＝854.08(cm^3)である。

(2)　図１の太線で囲んだ図形を，直線mの周りに１回転させてできる立体は，上の図３のようになる。この立体は，底面の半径が６cm，高さが，２×５＝10(cm)の円柱から，底面の半径が４cm，高さが４cmの円柱をくり抜き，底面の半径が２cm，高さが２cmの円柱を加えたものだから，その体積は，６×６×3.14×10－４×４×3.14×４＋２×２×3.14×２＝360×3.14－64×3.14＋８×3.14＝(360－64＋８)×3.14＝304×3.14(cm^3)である。よって，図３の立体と図２の立体の体積の差は，304×3.14－272×3.14＝(304－272)×3.14＝32×3.14＝100.48(cm^3)と求められる。

社　会　＜第１回試験＞（理科と合わせて60分）＜満点：50点＞

解　答

１　問１　フェーン(現象)　問２　(ウ)　問３　(イ)　問４　(エ)　問５　(カ)　問６　(エ)　問７　(エ)　問８　(ウ)　**２**　問１　平等院鳳凰堂　問２　藤原頼通　問３　(ウ)　問４　(ア)　問５　(エ)　**３**　問１　松尾芭蕉　問２　奥の細道　問３　(ア)　問４　(イ)　問５　(エ)　**４**　問１　(イ)　問２　(ウ)　問３　(ウ)　問４　18　問５　(エ)　問６　(エ)　問７　小池百合子

解　説

１　日本の自然や気候，産業などについての問題

問１　水蒸気をふくんだ風が山にぶつかって上昇《じょうしょう》するときに，温度が下がって雨を降らせ，山を越《こ》えて下るさいに暖かく乾いた風となって吹《ふ》き下ろす現象をフェーン現象という。フェーン現象が起こると，風下では猛暑《もうしょ》となることがある。

問２　香川県高松市は瀬戸内の気候に属しており，夏の季節風を四国山地に，冬の季節風を中国山地にさえぎられるため，年間を通して降水量が少なく，温暖で晴れの日が多い。よって，(ウ)があてはまる。なお，(ア)は青森市，(イ)は鳥取市，(エ)は静岡市の雨温図。

問３　世界的な自動車会社の本社や多くの関連工場がある愛知県豊田市の周辺や静岡県西部に多くの工場が集まり，埼玉県，神奈川県，福岡県などにも複数の工場が見られることから，(イ)の自動車の工場の分布図と判断できる。

問４　和歌山県は，温暖な気候や，日当たりと水はけのよい山の斜面《しゃめん》を生かした果樹栽培がさかんである。みかん・かき・うめの生産量は全国第１位で，うめは全国生産量の約３分の２を占《し》めている。統計資料は『日本国勢図会』2020／21年版による(以下同じ)。

問５　Ａの京都府北部の丹後《たんご》半島にある天橋立《あまのはしだて》は，宮津湾内にのびる白い砂州に約5000本の松が立ち並ぶ景勝地で，高い場所からはＺのように見える。Ｂの山梨県の南部と静岡県の北部の境には，Ｙの富士山がそびえている。Ｃの神奈川県の南部にあるＸの江の島は，砂州がのびて島と陸地がつながった陸繋島《りくけいとう》として知られる。

問６　1980年代は百貨店と大型スーパーの販売額が多かったが，1990年代初めにバブル経済が崩壊《ほうかい》すると，高級品が多い百貨店の販売額は下降傾向《けいこう》に転じた。一方で，比較《ひかく》的新しい業務形態であるコンビニエンスストアは，長時間営業や24時間営業によって店舗《てんぽ》数と販売額を急速にのばし，2019

年には大型スーパーの販売額にせまるほどとなった。

問７　2011年３月11日の東日本大震災で重大な原発事故が起こったことにより，日本全国のすべての原子力発電所が運転を停止して点検に入った。しかし，2013年に施行された原子力発電所に関する方針にもとづき，安全性の確認ができた原発は再稼働《かどう》が認められることとなり，現在はいくつかの原発が運転を再開している。よって，(エ)が誤っている。

問８　東京(羽田)・成田・新千歳《ちとせ》(札幌)などの名称から，飛行場(空港)だとわかる。日本の航空路線の旅客輸送量は東京－新千歳間が最も多く，東京－福岡間，東京－那覇《なは》(沖縄県)間がそれに続いている。

２　**ある建物がつくられた時代の歴史的なことがらについての問題**

問１，問２　写真は平等院鳳凰《ほうおう》堂で，11世紀の中ごろ，藤原頼通《よりみち》が阿弥陀《あみだ》仏をまつるため京都の宇治に建てたものである。平等院鳳凰堂は，現在発行されている十円玉の表面の図柄《ずがら》となっている。

問３　11世紀中ごろには，仏教がおとろえて釈迦《しゃか》の正しい法が行われなくなるという末法思想が人々の間に広がった。そのため，阿弥陀仏に救いを求め，死後に極楽《ごくらく》浄土へ往生することを願う(ウ)の浄土信仰が流行した。なお，(ア)は栄西，(イ)は日蓮《にちれん》，(エ)は道元を開祖とする仏教の宗派で，鎌倉時代以降に広がった。

問４　平等院鳳凰堂が建てられたのは平安時代のことである。この時代には，貴族である藤原氏が自分の娘を天皇のきさきにし，生まれた子(孫)を天皇とすることで天皇の外祖父として大きな権力をにぎり，摂政《せっしょう》・関白の地位を独占する摂関政治が行われていた。よって，(ア)が正しい。なお，(イ)は飛鳥時代，(ウ)は奈良時代，(エ)は室町時代の内容。

問５　(エ)は「源氏物語絵巻」の一部分で，平安時代後半に描かれた。なお，(ア)は東大寺南大門の金《こん》剛《ごう》力士像で鎌倉時代，(イ)は慈照《じしょう》寺東求《とうぐ》堂同仁斎《どうじんさい》で室町時代，(ウ)は菱川師宣《ひしかわもろのぶ》が描いた「見返り美人図」で江戸時代のもの。

３　**ある歴史上の人物についての問題**

問１，問２　江戸時代前半，松尾芭蕉《ばしょう》は弟子の曾良《そら》と江戸を出発すると，先人の歌がよまれた東北・北陸地方の名所を旅し，各地の人々と交流したのち，美濃(岐阜県)の大垣にいたった。この道中で印象深かったできごととつくった俳句をまとめたものが，俳諧《はいかい》紀行文の『奥の細道』である。

問３　松尾芭蕉は，日本三大急流の一つに数えられる最上川を前にして，「五月雨《さみだれ》を　あつめて早し　最上川」と川の流れの速さを俳句によんだ。なお，(イ)は小林一茶《いっさ》，(ウ)は与謝蕪村《よさぶそん》，(エ)は正岡子規がつくった俳句。

問４　松尾芭蕉は，浮世草子作家の井原西鶴《さいかく》，脚本《きゃくほん》家の近松門左衛門《もんざえもん》らとともに，江戸幕府の第５代将軍徳川綱吉が幕政を安定させ，経済が発展した元禄期に活躍《かつやく》した。このときに大坂(大阪)や京都を中心に栄えた町人文化を，元禄文化という。徳川綱吉は，17世紀末にたびたび生類あわれみの令を出し，動物を殺したり傷つけたりすること，食料にするために買うことなどを禁止した。よって，(イ)が正しい。なお，(ア)は17世紀初め，(ウ)は19世紀後半，(エ)は19世紀中ごろのできごと。

問５　写真Ｂは，平泉にある中尊寺金色堂の内部を写したものである。平安時代後半，東北地方では，平泉(岩手県)を根拠《こんきょ》地とした藤原清衡《きよひら》の支配が強大になり，清衡・基衡・秀衡の３代約100年にわたって奥州藤原氏は栄華を極めた。しかし，1189年に源頼朝に攻められ，滅亡《めつぼう》した。松尾芭蕉は，『奥の細道』の旅で，平泉をおとずれたさいにこの俳句をよんだとされる。

4 日本の政治や地方自治についての問題

問１　地方自治は，国から独立した団体の権限と責任において政治を行うという団体自治と，その地域の住民の意思と責任にもとづいて政治を行うという住民自治という２つの要素からなる。この住民自治の原則により，住民みずから政治に参加することが認められている。

問２　地方自治においては，条例の制定・改廃や議会の解散，議員・首長の解職(リコール)などを求める直接請求権が認められている。よって，(ウ)があてはまらない。

問３　有権者には，投票用紙に自分の名前を書かずに投票し，自分が誰に投票したのかを知られないという秘密選挙の原則が守られている。この秘密選挙のほか，一定年齢以上のすべての国民に選挙権を与える普通選挙，自分で直接投票するという直接選挙，等しく一人一票の投票権を持つという平等選挙の４つが，選挙の原則となっている。

問４　日本の若い世代に社会の担い手であるという意識を早くから持ってもらうため，2015年６月に公職選挙法が改正された。これにより，それまで満20歳以上とされていた選挙権年齢が，満18歳以上に引き下げられた。

問５　日本国憲法第64条の規定により，裁判官としてふさわしくない行いをしたと訴《うった》えのあった裁判官について，国会は両議院の議員で組織する弾劾《だんがい》裁判所を設置し，裁判官を辞めさせるかどうか判断することができる。よって，(エ)が誤っている。

問６　衆議院の優越が認められているのは，法律案の議決・予算の議決・条約の承認・内閣総理大臣の指名・予算の先議権・内閣不信任の決議などにおいてである。日本国憲法改正の発議には，衆・参各議院の総議員の３分の２以上の賛成を得ることが必要なので，(エ)が誤っている。

問７　2020年７月５日に東京都知事選挙が行われ，現職の小池百合子が当選して２期目の任期に入った。

理　科　＜第１回試験＞（社会と合わせて60分）＜満点：50点＞

解　答

1　**問１**　(ウ)　**問２**　(エ)　**問３**　(ウ)　**問４**　(オ)　**問５**　(エ)　**問６**　(ア)　2　**問１**　(ア)　**問２**　(ウ)　**問３**　0.7ｇ　**問４**　$100cm^3$　**問５**　(ア)　3　**問１**　器官①…肺　器官②…心臓　**問２**　イ　**問３**　じん臓　**問４**　①，④　**問５**　(エ)　**問６**　(イ)
4　**問１**　(ア)　**問２**　石灰岩　**問３**　(ウ)　**問４**　(エ)　**問５**　示準　**問６**　(ア)　**問７**　(イ)，(オ)

解　説

1 物体の運動とふり子についての問題

問１　10円玉ａを同じ重さの10円玉ｂにぶつけると，10円玉ａの動きが10円玉ｂにわたされて10円玉ａは止まり，10円玉ｂはぶつかる前の10円玉ａと同じ速さで進む。

問２　10円玉ａの動きが10円玉ｂにわたされ，つぎに10円玉ｂの動きが10円玉ｃにわたされる。そのため，10円玉ａは止まり，10円玉ｂは動かず，10円玉ｃはぶつかる前の10円玉ａと同じ速さで進む。

問３　金属球①の動きは，金属球①→金属球②→金属球③→金属球④→金属球⑤の順にわたされるため，金属球⑤だけが右に上がる。また，金属球④と金属球⑤の動きは，金属球④と金属球⑤→金属球③と金属球④→金属球②と金属球③→金属球①と金属球②にわたされるので，金属球①と金属球②が左に上がる。

問４　表１より，ふり子の重さが変化しても周期は変化していないこと，表３より，ふり子の落差が変化しても周期は変化しないことがわかる。

問５　表２で，ふり子の長さが，100÷25＝４(倍)になると，周期は，2.0÷1.0＝２(倍)になっている。

問６　地球上では重力があるため，おもりから手をはなすと落差によってふり子が動き出すが，無重力空間では，はじめに速さをあたえないと動き出さない。無重力空間で動き出したふり子は，あたえた速さのまま，ふり子の糸を手で持ったところを中心に円をえがいて回転する。

２　金属と水よう液についての問題

問１　うすい塩酸に鉄やアルミニウムなどの金属を加えると，とけて水素が発生する。また，うすい水酸化ナトリウム水よう液にアルミニウムを加えたときも，同じように水素を発生する。水素には水にとけにくい性質があるため，水上置《ち》換《かん》法が適している。

問２　うすい塩酸とうすい水酸化ナトリウム水よう液のどちらにもとけない金属Ａは銀である。また，うすい塩酸にだけとける金属Ｂには鉄，どちらの水よう液にもとけて気体が発生する金属Ｃにはアルミニウムがあてはまる。

問３　グラフより，うすい塩酸100cm^{3}とちょうど反応する金属Ｂの重さは2.8ｇである。よって，うすい塩酸25cm^{3}とちょうど反応する金属Ｂの重さは，$2.8\times\frac{25}{100}=0.7$(ｇ)とわかる。

問４　うすい塩酸100cm^{3}はうすい水酸化ナトリウム水よう液200cm^{3}と過不足なく反応して，中性になる。金属Ｂ1.4ｇにうすい塩酸100cm^{3}を加えると，金属Ｂ1.4ｇとうすい塩酸，$100\times\frac{1.4}{2.8}=50$(cm^3)が反応して，100－50＝50(cm^3)のうすい塩酸が残る。この水よう液を中性にして緑色にするために必要なうすい水酸化ナトリウム水よう液の体積は，$200\times\frac{50}{100}=100$(cm^3)である。

問５　水素と酸素が反応して水になるときに電気が発生することを利用した電池を，燃料電池という。酸素は空気中の体積の約20％をしめ，水素は化石燃料や水などから取り出すことができる。酸素と水素を反応させて発生する物質は水だけで，燃料効率がよいこと，地球の温暖化の原因物質とされている二酸化炭素が発生しないことなどのメリットがあり，自動車の動力としても使用されている。なお，日本の電力はおもに火力発電によって得られている。

３　ヒトの血液じゅん環《かん》についての問題

問１　外界の空気から血液中に酸素を取り入れ，血液中の二酸化炭素を放出する気体の交換を行う器官①は肺，血液じゅん環のポンプのはたらきをしている器官②は心臓である。

問２　心臓の右心室からアの肺動脈を通って肺へ送り出された血液は，二酸化炭素を放出し酸素を取り入れたあと，イの肺静脈を通って心臓の左心房《ぼう》に入る。そのため，肺静脈の血液には酸素が多くふくまれている。

問３　器官⑤は，血液中から二酸化炭素以外の不要物などをろ過して尿《にょう》をつくるじん臓である。このほかに，水分をとりすぎたときに血液中の水分を尿としてはい出したり，あせをかいたときは尿の量を減らしたりして，血液中の水分量を調節している。

問４　肺(器官①)は，気管支の先が肺ほうという小さなふくろ状になっていて，これが約３～６億集まっていることで表面積が広くなり，酸素と二酸化炭素の交換を効率よく行うことができる。養分を吸収するはたらきをする小腸(器官④)は，内部のかべがひだになっており，ひだにはたくさんのじゅう毛(じゅうとっ起)がある。このつくりも，表面積を大きくすることで，効率よく養分を吸収することに役立っている。

問５　下線部のような病原体が体内にしん入してきたときに，白血球が病原体に結合して取りのぞく現象のことを免疫《めんえき》という。流行性耳《じ》下《か》腺炎《せんえん》は，病原体であるウイルスによって引きおこされるが，一度かかるとたいていの人は免疫ができるため，二度目にかかる人はほとんどいない。

問６　弱毒化したウイルスなどを病原体からつくり，こう原としたものをワクチンとよぶ。ワクチンが体内に入ると，こう体をつくり出してウイルスに対する免疫を得ることができる。

4　大理石と化石についての問題

問１，問２　大理石は，石灰岩が地下深くでマグマの熱や圧力によって再結晶《けっしょう》したものである。大理石や石灰岩は，おもに炭酸カルシウムでできているため，うすい塩酸をかけると二酸化炭素を発生させながらとける。

問３　たい積岩や火成岩が高温や高圧などにさらされて変化した岩石を変成岩という。

問４　石灰岩は，海底にサンゴや貝類のからだがたい積したものがおし固められてできた岩石なので，これらの化石をふくむものが多い。また，でい岩も，海底に運ばれたどろがたい積してできる岩石なので，化石をふくんでいる可能性がある。花こう岩，安山岩，げんぶ岩，せん緑岩は，マグマが冷やされて固まった火成岩なので，化石をふくむことはない。

問５　ある特定の時代に広いはん囲に生息していた生物の化石がふくまれていると，その地層ができた時代を知る手がかりとすることができる。このような化石を示準化石という。

問６　アンモナイトは中生代の代表的な化石である。サンヨウチュウとフズリナ，ピカイアは古生代，メタセコイアは新生代にはん栄した。

問７　中生代にはティラノサウルスやトリケラトプスなどの恐竜《きょうりゅう》が栄えていた。アノマロカリス，ユーステノプテロンは古生代，ケナガマンモスは新生代の生物である。

国語　＜第１回試験＞（50分）＜満点：100点＞

解答

一　**問１**　下記を参照のこと。　**問２**　①　しっそ　②　かせん　③　そむ(ける)　**問３**　文　**問４**　ア　**問５**　エ　**問６**　(例)　備えることだ　**二**　**問１**　(例)　日本人が，ほとんどの通りに名前がなくてもふつうに生活しているということ。　**問２**　イ　**問３**　ウ　**問４**　(例)　手順をイメージによって伝えるということが，日本人は得意であるということ。　**問５**　ア　**問６**　エ　**問７**　ウ　**三**　**問１**　ア　**問２**　エ　**問３**　B，C　**問４**　エ　**問５**　ア　**問６**　イ　**問７**　(例)　バーバに食べさせてもらっていた少女のころを思い出したから。　**問８**　ウ

●漢字の書き取り

一　問１　①　眼鏡　②　改修　③　注ぐ

解　説

一　漢字の書き取りと読み，熟語の完成，漢字の部首，四字熟語の知識，言葉のかかり受け

問１　①　レンズのはたらきによって視力を調整する器具。「眼鏡」は，「がんきょう」と読むこともある。　②　建造物などの悪い部分を直すこと。　③　音読みは「チュウ」で，「注入」などの熟語がある。

問２　①　ぜいたくではなく簡素なこと。　②　長いきょりを経て海や湖に流れこむ水の流れ。　③　音読みは「ハイ」で，「背信」などの熟語がある。訓読みにはほかに「せ」「せい」がある。

問３　「文才」は，文章を書く才能。「文学」は，言語表現による芸術作品。「作文」は，文章を作ること。「天文」は，天体に起こる現象。

問４　アの「困」の部首は「囗」の部分で，くにがまえなので，正しい。なお，イの「宝」の部首は「宀」の部分で，うかんむり。ウの「座」の部首は「广」の部分で，まだれ。エの「財」の部首は「貝」の部分で，かいへん。

問５　エが正しい。なお，アの「空前絶後」は，今までに一度も起こったことがなく，これからも起こらないと思われるくらい非常にめずらしいこと。イの「言語道断」は，言葉に表せないほどひどいこと。ウの「意味深長」は，表現が深い内容を示していること。

問６　主語と述語をつなげてみて意味が通るようにする。主語の「大切なのは」に対応させるためには，述語を「備えることである」「備えることだ」などにすればよい。

二　出典は港《みなと》千《ち》尋《ひろ》の『芸術回帰論―イメージは世界をつなぐ』による。インターネットや携帯電話《けいたいでんわ》などの発達により，日本人が得意な，手順をイメージによって伝える能力が生かせなくなったり，地名が無意味なものになっていたりすると指摘《してき》している。

問１　直後に，日本では「ほとんどの通りに名前がない」とあることに注目する。欧米《おうべい》の都市では，「どのような小さな通りにも名前があり，建物に番号が振《ふ》ってある」ので，はじめて訪《おとず》れる場合でも「通りの名と番号」がわかれば目的地に到達《とうたつ》できるが，日本ではそうはいかない。それなのに，日本人が「ふつうに生活している」ことを，外国人は不思議に思っているのである。

問２　１　前では，欧米でははじめて訪れる場所でも「通りの名と番号」がわかれば目的地に到達《とうたつ》できるが，日本の住所の番地は「観光客にはほとんど役に立たない」と述べている。後では，はじめて訪れる友人に説明する場合の例が述べられている。よって，具体的な例をあげるときに用いる「たとえば」が入る。　２　前では，日本では「住所の番地」は役に立たず，目印となる建物や看板などの「具体的な対象」を引き合いに出して説明する必要があると述べている。後では，欧米の通りの名と番号と日本の番地との違《ちが》いを改めて説明している。よって，“要するに”とまとめて言いかえるときに用いる「つまり」が合う。

問３　空らん１の前で，「日本の住所の番地は，郵便の配達には十分でも，観光客にはほとんど役に立たない」と述べられているので，ウがよい。

問４　住所の違いから，日本人は，道順をイメージにして理解しているといえることを，筆者は前の大段落で述べていた。これを受けて，ぼう線③の段落では「取り扱《あつか》い説明書やマニュアル」について述べようとしているので，「同じこと」とは，直前にある，「手順をイメージによって伝えるということが，日本人は得意」であるという内容を指しているとわかる。

問５　ぼう線④の「そう」は，前で述べられている，日本では「手順」を「イメージ」にし，「イメージを使って伝える」という技術を蓄積《ちくせき》してきたことを指している。それと反する内容が，直後のカーナビの例で示されている。機械が正確に道順を伝えてくれるので，道順をイメージする必要がなくなってしまうのである。

問６　前の部分の説明の内容をおさえる。インターネットや携帯電話やGPSなどの「テレプレゼンス」が普及《ふきゅう》し，すぐ近くにいるように感じられる相手に「いま，どこ？」という質問が繰《く》り返されている「異様」な状況《じょうきょう》にある現在では，相手がどこにいても近くにいるのと同じように接することができるので，地名も「無意味」なものになってしまうと考えられる。

問７　問６でみたような変化について，筆者は「現在の地球」という「惑星《わくせい》規模」で起きていると述べているので，ウがふさわしい。ほかはいずれも筆者の主張している内容とは異なっている。

三　**出典は小川糸《おがわいと》の『あつあつを召《め》し上がれ』所収の「バーバのかき氷」による。**死が近いバーバが，以前みんなで食べにいった店のかき氷を食べたがっていると察した「私」は，大急ぎでその店まで行ってかき氷を買い，バーバに食べさせる。

問１　「富士山の，ふ」という「私」の言葉に反応しているので，「富士山」のことをバーバが伝えようとしていたことがわかる。この後，さらにバーバは「マユならわかってくれるでしょ，と訴《うった》えかけるような表情」で，「ふ，ふ」と息を出しているので，ただの「富士山」ではないことはわかるが，「私」が，まず「富士山」だとわかってくれたことがうれしかったのだと考えられる。

問２　最初の空らんⅠでは，ママは「すっかり眠《ねむ》っている」が，バーバは「ふ，ふ」とかすかな息を出す，という文脈になっている。二つめの空らんⅠでは，店のおじさんはシロップをかけながらようやく「私の方を見てくれる」が，「その先の言葉が繋《つな》がらない」，という文脈になる。どちらにも，前に述べたことと対立することがらを後に続けるときに使う「けれど」が入る。

問３　ぼう線②は，「富士山が食べたいんだよ」という会話の中にあるのでかき氷のことを指しているとわかる。ぼう線Ａは，続く部分で「バーバ，富士山が見たかったんだね」と言いながら，カーテンを開けているので，山の富士山。ぼう線Ｂは，かき氷を急いで買ってきた「私」が「富士山，持ってきたよ」と言っているので，かき氷の富士山。ぼう線Ｃは，「ごくり」と喉《のど》が鳴った後に，「バーバの体の奥《おく》に染《し》み込《こ》んで」いったものなので，かき氷の富士山。ぼう線Ｄは，「カーテンをかきわけ外を見た」ときに「オレンジ色に光っている」ものなので，山の富士山である。

問４　この後の段落にある「バーバの体が変化していくようで怖《こわ》かったのだ」という「私」の不安な気持ちや，かき氷の店で「祖母が，もうすぐ死にそうなんです」と涙《なみだ》をこらえて「私」が訴えているようすなどから考える。「私」は，急がないとバーバがかき氷を食べられなくなってしまうのではないかという不安のために，ママと交わす会話さえも「じれったく」なり，「つい乱暴な声を出して」しまったと考えられる。

問５　この後にある「ずっと気をつけて避《さ》けて通ってきた，一文字の単語」が，「死」であることを読み取る。「私」とママは，バーバが死ぬことを受け入れたくないと思っているため，「死」という言葉を使うことを意識的に避け続けてきたが，一刻も早くバーバにかき氷を食べさせたいとあせっている「私」は，無意識のうちに「もうすぐ死にそうなんです」と言ってしまった。言ってはいけない「一文字の単語」を使ってしまったことに驚《おどろ》き，もしかしたらバーバが本当に死んでしまうかもしれないと，音がなくなったと感じるくらいのショックを受けたのである。

問６　「うやうやしく」は，“礼儀《れいぎ》正しくていねいに”という意味。かき氷の店のおじさんは，「私」の言葉やようすから，祖母を思う「私」の切実な気持ちを感じたので，ていねいに心をこめてかき氷を仕上げてくれたのだと考えられる。

問７　ママは，自分の母親であるバーバにかき氷をスプーンで食べさせてもらったことで，自分の子どものころの光景を思い出したので，食べている瞬間《しゅんかん》，その当時の表情に戻《もど》ったのだと考えられる。

問８　最後の一文の「バーバは今この瞬間も，甘《あま》く発酵《はっこう》し続けているのだ」という部分に着目する。「発酵」は，生物が酵素のはたらきで糖質を分解してエネルギーを得ること。「私」は，バーバの鼻先に手のひらを翳《かざ》して生きていることを確認した。そして，バーバの口についていた「甘さ」を感じることで，その「甘さ」がシロップによるものではなく，バーバが「発酵」し続けている，つまり自分の力で生きているために発せられた「甘さ」だと感じたのである。よって，ウが合う。

Dr.福井の 入試に勝つ！ 脳とからだのウルトラ科学

寝る直前の30分が勝負！

みんなは，寝る前の30分間をどうやって過ごしているかな？　おそらく，その日の勉強が終わって，くつろいでいることだろう。たとえばテレビを見たりゲームをしたり――。ところが，脳の働きから見ると，それは効率的な勉強方法ではないんだ！

実は，キミたちが眠っている間に，脳は強力な接着剤を使って海馬《かいば》(脳の，知識をためる倉庫みたいな部分)に知識をくっつけているんだ。忘れないようにするためにね。もちろん，昼間に覚えたことも少しくっつけるが，やはり夜――それも“寝る前”に覚えたことを海馬にたくさんくっつける。寝ている間は外からの情報が入ってこないので，それだけ覚えたことが定着しやすい。

もうわかるね。寝る前の30分間は，とにかく勉強しまくること！　そうすれば，効率よく覚えられて，知識量がグーンと増えるってわけ。

では，その30分間に何を勉強すべきか？　気をつけたいのは，初めて取り組む問題はダメだし，予習もダメ。そんなことをしても，たった30分間ではたいした量は覚えられない。

寝る前の30分間は，とにかく「復習」だ。ベストなのは，少し忘れかかったところを復習すること。たとえば，前日の勉強でなかなか解けなかった問題や，1週間前に勉強したところとかね。一度勉強したところだから，短い時間で多くのことをスムーズに覚えられる。そして，30分間の勉強が終わったら，さっさとふとんに入ろう！

ちなみに，寝る前に覚えると忘れにくいことを初めて発表したのは，アメリカのジェンキンスとダレンバッハという２人の学者だ。

Dr.福井(福井《ふくい》一成《かずしげ》)…医学博士。開成中・高から東大・文Ⅱに入学後，再受験して翌年東大・理Ⅲに合格。同大医学部卒。さまざまな勉強法や脳科学に関する著書多数。

2021年度　日本大学豊山中学校

〔電　話〕　(03) 3943－２１６１
〔所在地〕　〒112－0012　東京都文京区大塚５－40－10
〔交　通〕　東京メトロ有楽町線 ―「護国寺駅」より徒歩１分
東京メトロ丸ノ内線 ―「新大塚駅」より徒歩７分

【算　数】〈第３回試験〉（50分）〈満点：100点〉

（注意）１．定規，コンパス，分度器，計算機などを使用してはいけません。
２．答えが分数のときは，約分してもっとも簡単な形で求めなさい。

1 次の問いに答えなさい。

(1)　$46-9\times4+32\div4$ を計算しなさい。

(2)　$1\frac{1}{6}\div\left(\frac{2}{3}+\frac{3}{4}\right)$ を計算しなさい。

(3)　$\frac{1}{4}+1.25\times7-0.375\div\frac{3}{8}$ を計算しなさい。

(4)　$31+30+29+28+27+26-25-24-23-22-21-20$ を計算しなさい。

(5)　$56-52\div\left(26-\square\right)=43$ において，$\square$ にあてはまる数を求めなさい。

2 次の問いに答えなさい。

(1)　面積が $36\,\mathrm{km}^2$ の正方形の土地があります。縮尺25万分の１の地図上では，この土地の１辺の長さは何cmになりますか。

(2)　ある中学校にベンチが何台かあります。このベンチに生徒が５人ずつ座ると26人が座れず，７人ずつ座ると最後のベンチには４人しか座らずに７台余ります。生徒の人数は何人ですか。

(3)　毎分800 mの速さで走っている長さ100 mの列車と，毎時60 kmの速さで走っている長さ60 mの列車が向かい合って進みます。この列車が出会ってから完全にすれちがうまで何秒かかりますか。小数第２位を四捨五入して答えなさい。

(4)　ある商品に原価の □ ％の利益を見込んで定価をつけましたが，売れなかったので定価の 15 ％引きで売ったところ，利益が原価の２％になりました。□ にあてはまる数を求めなさい。

(5)　A 君，B 君，C 君，D 君，E 君の５人が横一列に並ぶとき，D 君と E 君がとなり合うような並び方は全部で何通りありますか。

3　次の問いに答えなさい。

(1)　長方形の紙を AB で折り，さらに CD で折ると，下の図のようになりました。このとき，㋐ の角度は何度ですか。

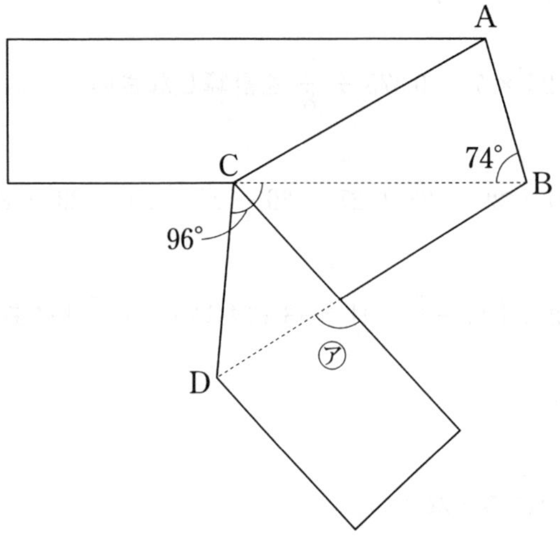

(2)　下の図のように，１辺の長さが１cm の立方体を組み合わせてつくった立体から，かげのついた部分を反対側までまっすぐくりぬきました。このとき，残った立体の体積を求めなさい。

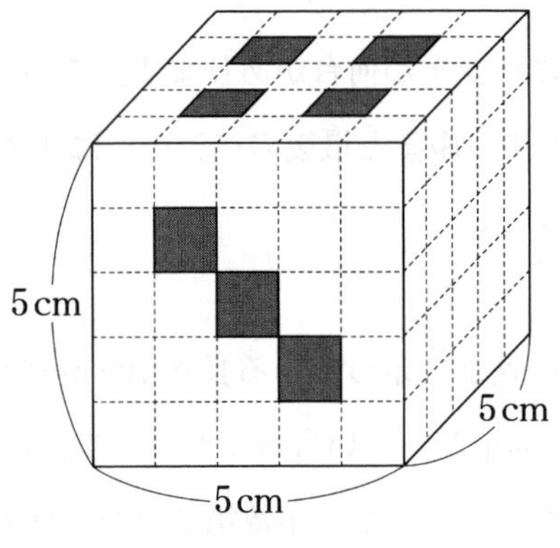

4 下の図のような，直方体のおもりが入った直方体の容器があります。この容器に毎分3Lの割合で，容器がいっぱいになるまで水を入れました。グラフは水を入れ始めてからいっぱいになるまでの時間と水面の高さの関係を表したものです。次の問いに答えなさい。

(1) この容器の高さを求めなさい。

(2) この容器の ㋐ の長さを求めなさい。

(3) このおもりの底面積を求めなさい。

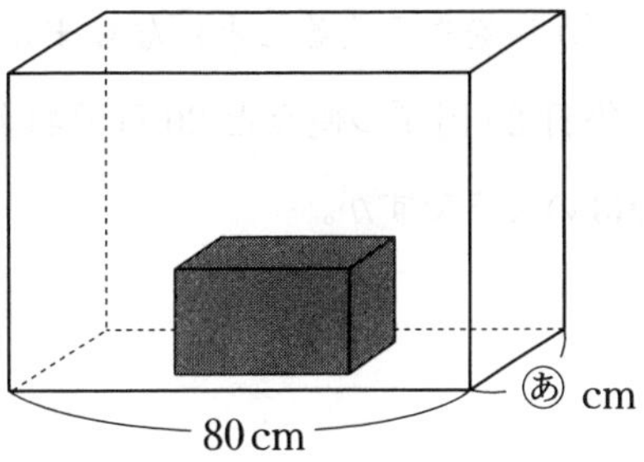

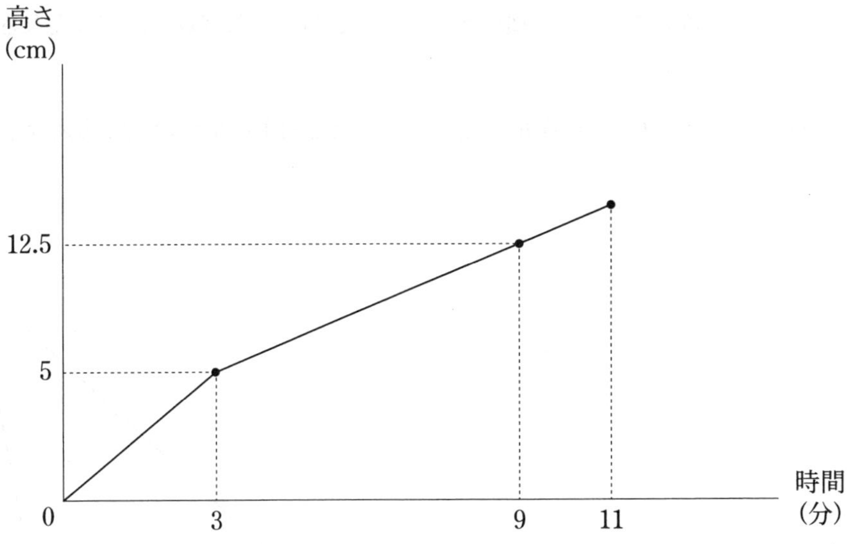

5 次の問いに答えなさい。

(1) 分数 $\frac{26}{111}$ を小数で表したとき，小数第１位から小数第25位までの各位の数の和を求めなさい。

(2) Ａさんは今，いくらかのお金をもっています。そして，今日から毎日決まった金額のおこづかいをもらえることになりました。毎日60円ずつ使うと30日でお金がなくなり，毎日80円ずつ使うと20日でお金がなくなります。Ａさんが初めにもっていたお金はいくらですか。

6 下の図は，ADとBC，ABとFCがそれぞれ平行で，AD：BC＝３：７です。このとき，次の問いに答えなさい。

(1) 三角形ABEと三角形ADEの面積の比を，もっとも簡単な整数の比で答えなさい。

(2) 三角形ADEと三角形CDFの面積の比を，もっとも簡単な整数の比で答えなさい。

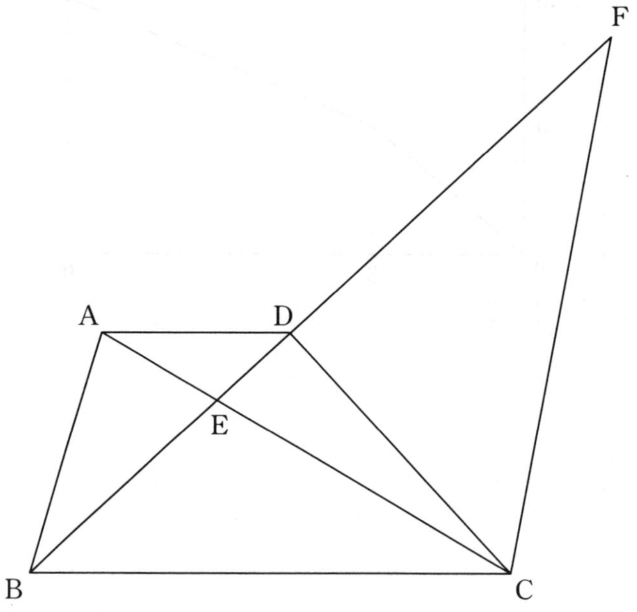

【社　会】〈第３回試験〉（理科と合わせて60分）〈満点：50点〉

（注意）定規，コンパス，分度器，計算機などを使用してはいけません。

1　次の各問いに答えなさい。

問１　2020年，新型コロナウイルスの影響によって世界が未曾有《みぞう》の事態に見舞われました。この対応に関しては，各国首脳や世界保健機関が中心となり，世界でさまざまな対策が取られました。これについて，以下の問いに答えなさい。

（１）　世界保健機関の略称は何ですか。次の中から一つ選び，記号で答えなさい。

（ア）　WTO　　（イ）　IOC　　（ウ）　UNICEF　　（エ）　WHO

（２）　世界保健機関のテドロス事務局長は2020年３月11日，新型コロナウイルスが世界的な大流行の状態にあると宣言しました。「感染症の世界的な大流行」をカタカナ６字で言い換えて答えなさい。

問２　下の雨温図（ア）～（エ）は，それぞれ盛岡市，福井市，高知市，那覇市のいずれかを表したものです。盛岡市にあてはまるものはどれですか。次の中から一つ選び，記号で答えなさい。

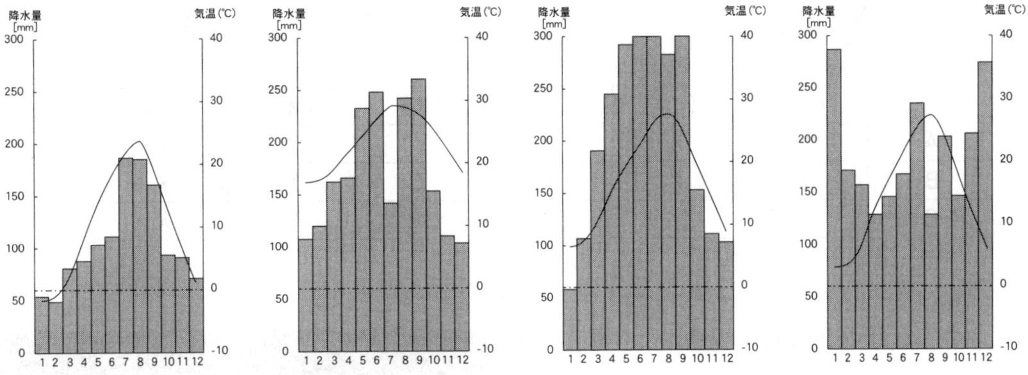

（ア）　（イ）　（ウ）　（エ）

問３　次の（ア）～（エ）は，日本で生産される農作物とその生産量が１位の都道府県を示したものです。作物と都道府県の組み合わせとして**誤っている**ものはどれですか。一つ選び，記号で答えなさい。

（ア）　茶　…　静岡県　　（イ）　こんにゃくいも　…　茨城県

（ウ）　もも　…　山梨県　　（エ）　さとうきび　…　沖縄県

問４　下の写真**Ｘ～Ｚ**は，地図中の**Ａ～Ｃ**で示した県に関係のある建物を表したものです。写真**Ｘ～Ｚ**と県**Ａ～Ｃ**の組み合わせとして正しいものはどれですか。次の中から一つ選び，記号で答えなさい。

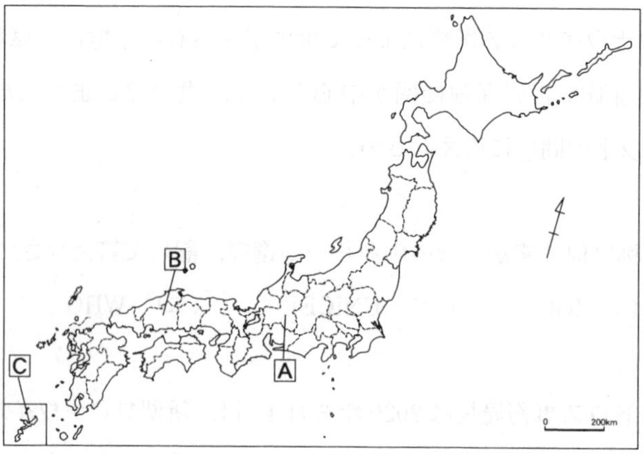

Ｘ

Ｙ

Ｚ

	（ア）	（イ）	（ウ）	（エ）	（オ）	（カ）
Ａ	Ｘ	Ｘ	Ｙ	Ｙ	Ｚ	Ｚ
Ｂ	Ｙ	Ｚ	Ｘ	Ｚ	Ｘ	Ｙ
Ｃ	Ｚ	Ｙ	Ｚ	Ｘ	Ｙ	Ｘ

問５　右の写真は2019年に世界遺産に登録されたある場所を示しています。この遺跡のある場所はどこですか。次の中から一つ選び，記号で答えなさい。

（ア）　大阪府

（イ）　長崎県

（ウ）　奈良県

（エ）　福岡県

問６　下の表は，1980年から2018年までの日本の発電について示したものです。表中の（ア）～（エ）にはそれぞれ火力発電，太陽光発電，原子力発電，水力発電があてはまります。火力発電にあてはまるものはどれですか。一つ選び，記号で答えなさい。

表：日本の発電電力量（単位　百万kWh）

	1980	1990	2000	2010	2018
（ア）	92,092	95,835	96,817	90,681	87,398
（イ）	401,967	557,423	669,177	771,306	823,589
（ウ）	82,591	202,272	322,050	288,230	62,109
（エ）	–	1	–	22	18,478
風　力	–	–	109	4,016	6,493
地　熱	871	1,741	3,348	2,632	2,113

出典：日本国勢図会　2020/21

2　下の図は左側の中国軍と右側の海賊《かいぞく》が戦う絵です。これについて，あとの各問いに答えなさい。

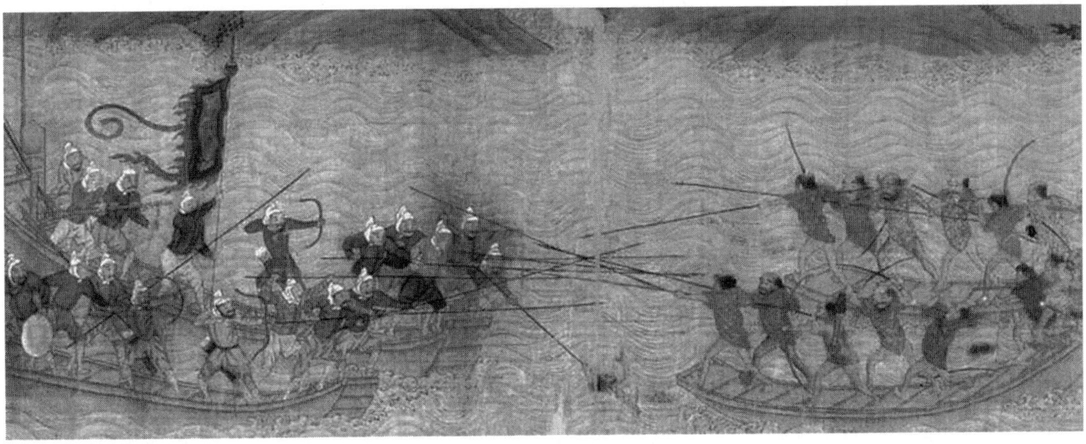

問１　右側の海賊は当時中国や朝鮮の海岸沿いに出没して船の荷をうばうなど，貿易を妨害する行為などをしていましたが，この海賊を何と言いますか。

問２　このころ日本と中国との間で行われていた貿易を何と言いますか。次の中から一つ選び，記号で答えなさい。

（ア）　南蛮貿易　　（イ）　日明貿易　　（ウ）　朱印船貿易　　（エ）　日宋貿易

問３　**問２**の貿易を始めたのは誰ですか。次の中から一人選び，記号で答えなさい。

（ア）　北条泰時　　（イ）　源頼朝　　（ウ）　平清盛　　（エ）　足利義満

問4　**問2**の貿易とこの海賊とを区別するために右のような証明書が使用されました。この証明書を何と言いますか。

問5　この海賊は誰が政治をしていたころまで，その活動を続けていましたか。次の中からもっともあてはまるものを一つ選び，記号で答えなさい。

(ア)　足利義政のころまで　　(イ)　織田信長のころまで
(ウ)　豊臣秀吉のころまで　　(エ)　徳川吉宗のころまで

3　下の年表はある「人物A」の活躍をあらわしたものです。あとの各問いに答えなさい。

西暦（年号）	おもなできごと
1866（慶応2）	①長州藩と薩長同盟を結ぶ
1868（慶応4）	戊辰戦争の中，②勝海舟と江戸総攻撃について話し合う
1873（明治6）	征韓論を主張したため③政府から反対されて政府を離れる
1877（明治10）	政府を相手に④戦争をおこし，敗北して自害する

問1　下線部①について，この同盟を結ぶときに「人物A」と話し合った長州藩の人物は誰ですか。次の中から一人選び，記号で答えなさい。

(ア)　中岡慎太郎　　(イ)　桂小五郎　　(ウ)　岩倉具視　　(エ)　伊藤博文

問2　下線部②の結果，江戸城はどうなりましたか。簡単に説明しなさい。

問3　下線部③で，征韓論を主張した「人物A」と同じ藩の出身でしたが，征韓論に反対し「人物A」と決別してしまったのは誰ですか。次の中から一人選び，記号で答えなさい。

(ア)　坂本龍馬　　(イ)　大隈重信　　(ウ)　大久保利通　　(エ)　板垣退助

問4　下線部④の戦争は鹿児島を中心に九州で起きましたが，何と言う戦争ですか。

問5　「人物A」とは誰ですか。漢字で答えなさい。

4　次の文章を読み，あとの各問いに答えなさい。

2020年は終戦75年の節目の年になります。戦争を生きのびた人々も高齢化し，当時のことを知る人は減ってきています。現代を生きる私たちは，二度と戦争を繰り返さないためにも，過去から学びそして次の世代へとそのバトンをつないでいく必要があります。

戦後に制定された日本国憲法では，（Ａ），基本的人権の尊重，①平和主義の三つを基本原則としています。日本国憲法は，その前文と②第９条で述べられているように，徹底した平和主義の考え方を持つ憲法だと言われています。

一方で，主に国の防衛と，国際社会の安全の維持に貢献することなどを目的として，日本には③自衛隊が設置されています。また，1951年に日米安全保障条約が結ばれて以降，日本国内に④アメリカ軍の駐留を認めています。国民の中には，自衛隊や米軍基地の存在について，⑤憲法に違反するのではないかといった主張もあります。

近年では，⑥貿易や政治上の対応を巡って，国際社会における新たな対立軸も生まれています。今年は⑦国際連合の発足から75周年になります。私たちは，国際社会において日本がおかれている状況を踏まえながら，これからの日本の平和主義のあり方について考えていかなければなりません。

問１　文章中の空欄（Ａ）にあてはまる語句として，もっとも適切なものを次の中から一つ選び，記号で答えなさい。

（ア）　国民主権　　　（イ）　経済活動の自由
（ウ）　司法権の独立　（エ）　地方分権

問２　下線部①について，平和主義を実現する具体例として「非核三原則」があります。この「非核三原則」について，次の文の空欄（Ｂ）にあてはまる語句を答えなさい。

核兵器を「もたず，つくらず，（Ｂ）」

問３　下線部②の中で述べられていることとして，**あてはまらない**ものを次の中から一つ選び，記号で答えなさい。

（ア）　戦争の放棄《ほうき》　（イ）　交戦権の否認　（ウ）　公共の福祉　（エ）　戦力の不保持

問４　下線部③に関する記述として，正しいものを次の中から一つ選び，記号で答えなさい。

（ア）　自衛隊の指揮権は天皇が独立してもつこととされている。

（イ）　これまでに自衛隊が海外へ派遣された事はない。

（ウ）　大規模な災害が起こった時には災害地域で救援や救助活動なども行っている。

（エ）　1991年におこった湾岸戦争をきっかけとして，前身である警察予備隊が設立された。

問５　下線部④について，日本国内の米軍基地（専用施設）の約70％が集中している都道府県はどこですか。正しいものを次の中から一つ選び，記号で答えなさい。

（ア）　北海道　　（イ）　神奈川県　　（ウ）　山口県　　（エ）　沖縄県

問６　下線部⑤について，裁判所には法律や命令などが憲法に違反していないかを判断する権限が与えられています。この権限を何と言いますか。正しいものを次の中から一つ選び，記号で答えなさい。

（ア）　違憲立法審査権　　（イ）　国民審査権　　（ウ）　団体交渉権　　（エ）　国政調査権

問７　下線部⑥について，外国と貿易を行うときに，外国から輸入される品物に対して課せられる税金を何と言いますか。正しいものを次の中から一つ選び，記号で答えなさい。

（ア）　所得税　　（イ）　関税　　（ウ）　法人税　　（エ）　消費税

問８　下線部⑦の加盟国で組織され，世界各地の紛争を平和的に解決するために行われる「国連平和維持活動」の略称は何ですか。正しいものを次の中から一つ選び，記号で答えなさい。

（ア）　PKO　　（イ）　UNESCO　　（ウ）　ILO　　（エ）　NGO

【理　科】〈第３回試験〉（社会と合わせて60分）〈満点：50点〉

（注意）定規，コンパス，分度器，計算機などを使用してはいけません。

1　暗室の中にLED電球と凸《とつ》レンズを用意し，**図１**のように凸レンズに光を当てる実験を行いました。次の各問いに答えなさい。ただし，図中の「──→──」は光の道すじを示しています。

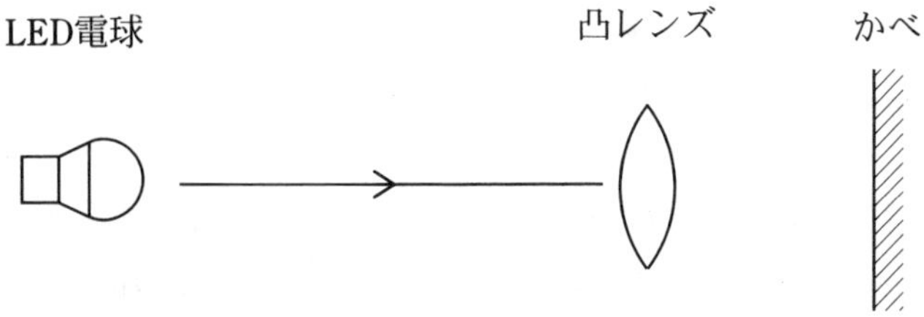

図１

問１　**図２**のように，LED電球を凸レンズから大きくはなすと，LED電球から凸レンズに入る光の道すじは平行と考えられます。凸レンズをかべから10 cmの位置に置いたところ，かべには光が１点に集まりました。この光が集まる点を何といいますか。

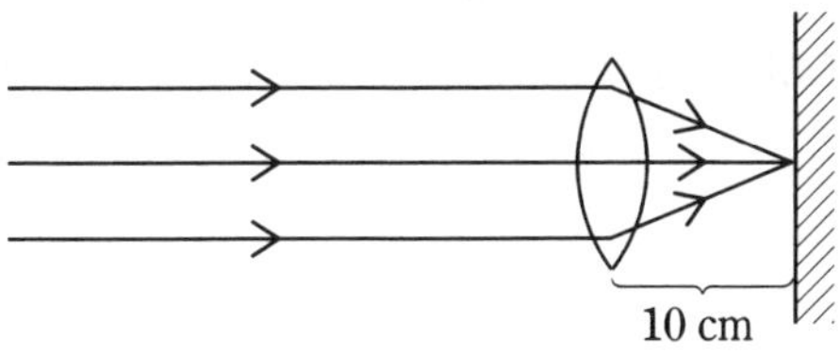

図２

問２　**図４**のように，凸レンズをかべから20 cmの位置に置き，かべから30 cmの位置に**図３**のような切りぬいた板を置きましたが，かべにレンズを通してできる像は映りませんでした。ただし，**図３**は光を当てる側から見た様子を表しています。かべに像が映るようにするためには，どのようにすればよいですか。次の（ア）と（イ）のどちらかから選び，記号で答えなさい。

図３

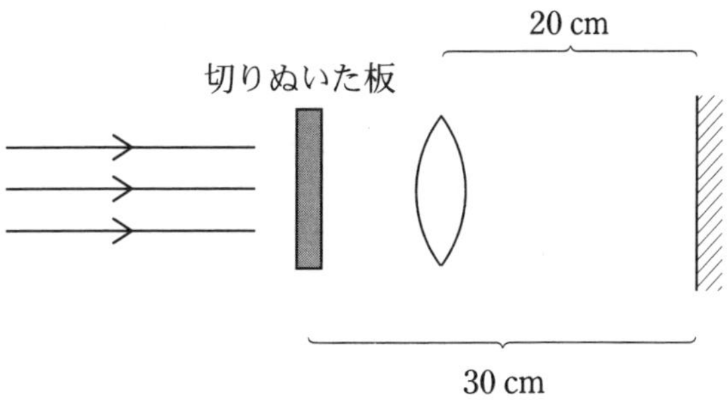

図４

（ア）　切りぬいた板をかべから遠ざける向きに動かす。

（イ）　切りぬいた板をかべに近づける向きに動かす。

問3　**問2**で像ができた後，かべに映る像はどのような像ですか。もっとも適切なものを次の（ア）～（エ）から1つ選び，記号で答えなさい。

（ア）　切りぬいた板と同じ向きの像。

（イ）　切りぬいた板と上下のみ逆の像。

（ウ）　切りぬいた板と左右のみ逆の像。

（エ）　切りぬいた板と上下左右逆の像。

問4　**問2**で像ができた後，凸レンズの上半分にガムテープをはりました。かべに映る像はどのようになりますか。もっとも適切なものを次の（ア）～（エ）から1つ選び，記号で答えなさい。

（ア）　像が消える。

（イ）　像の上半分のみが消える。

（ウ）　像全体が暗くなる。

（エ）　像に変化はない。

問5　**図5**のように，凸レンズをかべから20 cmの位置に置き，かべから30 cmの位置にLED電球を置きました。ただし，LED電球の中心から光が出ているものとします。凸レンズを通過した後の光が進む道すじとして，もっとも適切なものを次の（ア）～（エ）から1つ選び，記号で答えなさい。

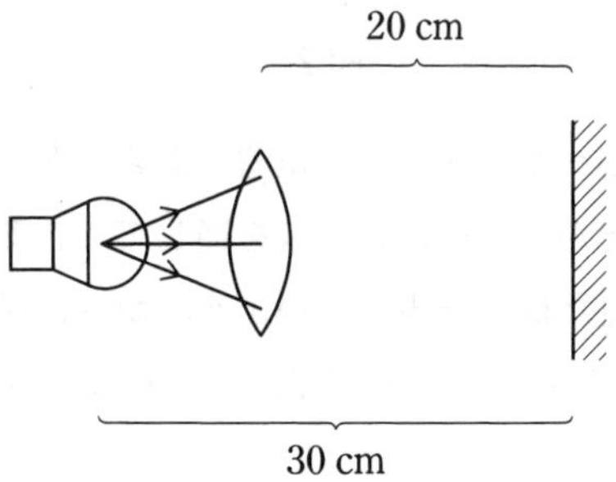

図5

（ア）

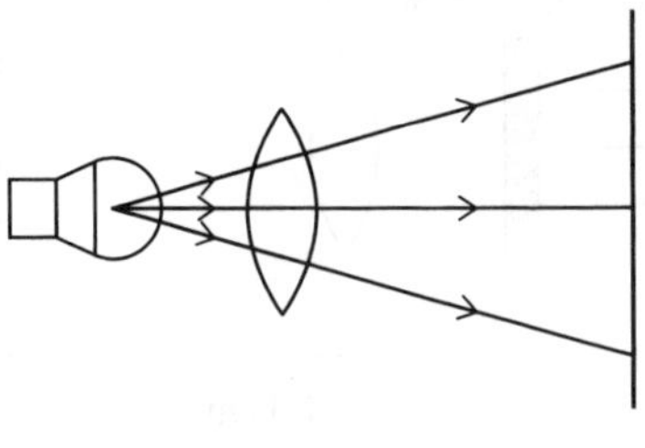

（イ）

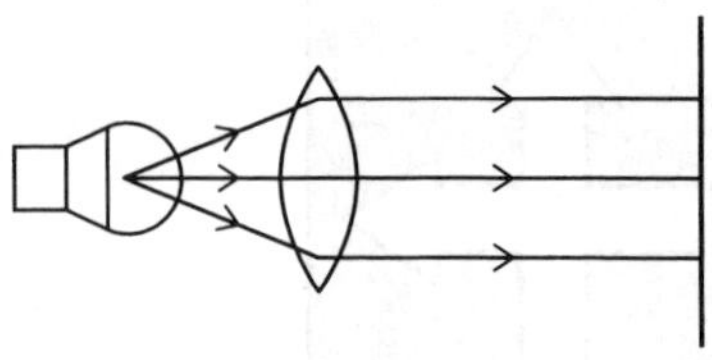

（ウ）

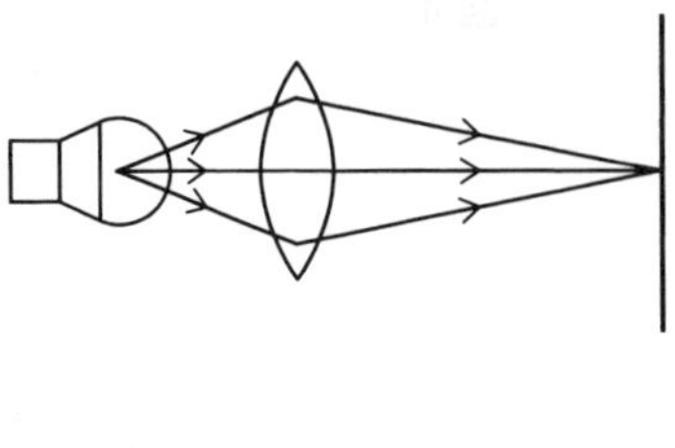

（エ）

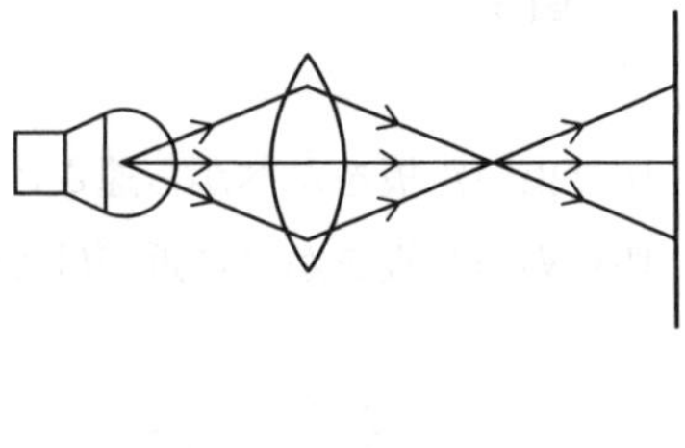

問６　図６のように，かべから 40 cm はなれたところに LED 電球を置きました。凸レンズを通過した後の光が進む道すじとして，もっとも適切なものを次の（ア）～（エ）から１つ選び，記号で答えなさい。

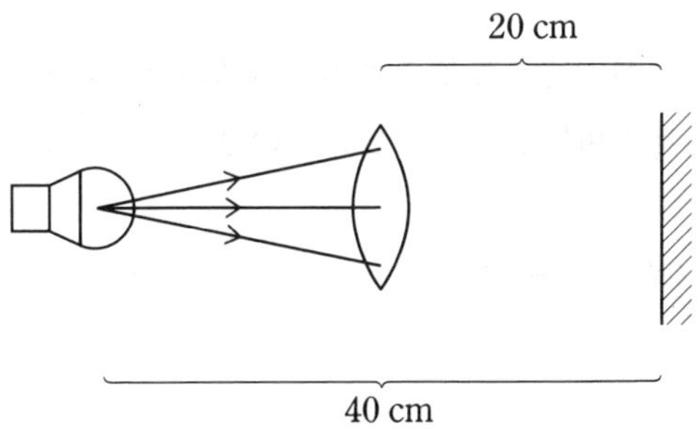

図６

(ア)

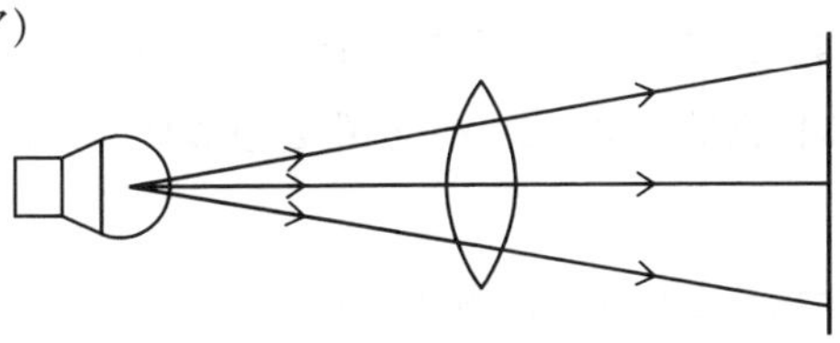

(イ)

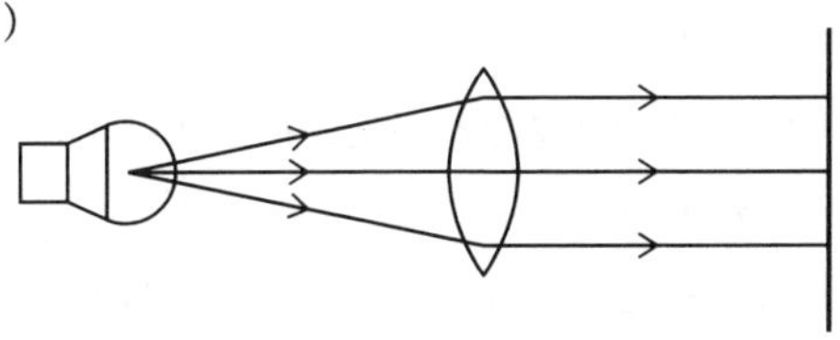

(ウ)

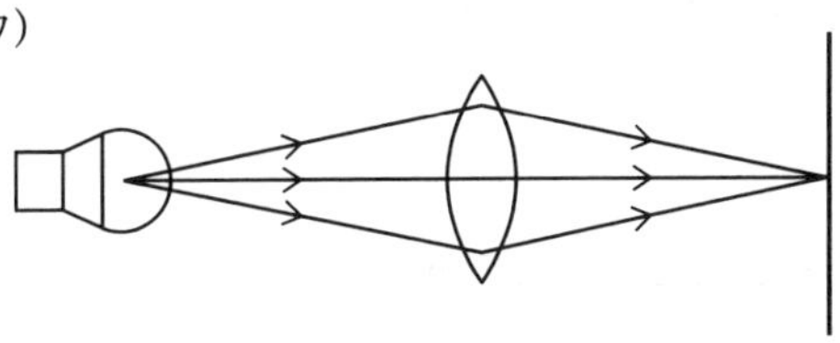

(エ)

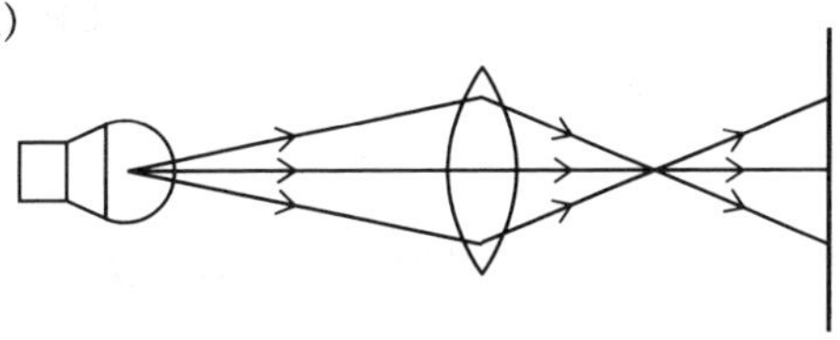

2 生物は，自分と同じ種類のからだをつくることで，なかまをふやしています。植物は，花粉がめしべの先たんにつくことで，種子ができます。動物は，メスの卵とオスの精子が結びついた卵が育ち，子ができます。これについて，次の各問いに答えなさい。

問1 植物には，めしべとおしべが両方ある花をさかせる種類と，め花とお花をさかせる種類があります。め花とお花をさかせる植物として正しいものはどれですか。次の（ア）～（オ）から1つ選び，記号で答えなさい。

（ア） イヌワラビ　（イ） ヘチマ　（ウ） アブラナ　（エ） キク

（オ） ヒマワリ

問2 花粉の運ばせ方の説明として正しいものはどれですか。次の（ア）～（エ）から1つ選び，記号で答えなさい。

（ア） ツツジなど，みつをもつ花をさかせる植物は，虫によって花粉を運ばせているものが多い。

（イ） イチョウなど，花びらのない花をさかせる植物は，虫によって花粉を運ばせているものが多い。

（ウ） チューリップなど，花びらが色あざやかな花をさかせる植物は，風によって花粉を運ばせているものが多い。

（エ） マツなど，空気ぶくろをもつ花粉をつくる植物は，水流によって花粉を運ばせているものが多い。

問3 植物において，花粉がめしべの先たんにつくことを何といいますか。

問4 動物において，メスの卵とオスの精子が結びつくことを何といいますか。

問5 ほ乳類において，下線部の卵が育つ，メスの体内にある器官を何といいますか。

問6 サメやエイなどの子の産み方にはさまざまなものがあります。卵を水中に産むものや，卵をメスの体内でふ化させてから産むもの，子をメスの体内である程度の大きさに育ててから産むものなどがあります。子をメスの体内である程度の大きさに育ててから産むなかまについて，一度に子が産まれる数は，他の多くの魚類のように「多い（1000匹《ひき》以上）」と考えられますか，それともほ乳類などのように「少ない（1匹から10数匹程度）」と考えられますか。「多い」「少ない」で答えなさい。ただし，産卵数が多い魚類や，産む数が少ないほ乳類の子の育て方に着目して考えなさい。

3　実験Ⅰ～Ⅲについて，次の各問いに答えなさい。

実験Ⅰ　**図１**のように洗面器を２つ用意し，片方には60℃のお湯を，もう一方にはアルコールをいっぱいまで入れました。そこに，鉄のかたまり，木のかたまり，ゴムのかたまりをそれぞれ入れ，しばらく放置しました。

この洗面器に入っているお湯とアルコールをそれぞれ100 cm^3ずつはかり取り，重さを計ってみると，お湯は100 g，アルコールは85 gでした。また，鉄のかたまり，木のかたまり，ゴムのかたまりの体積と重さは，**表１**の通りです。なお，このとき使われる水とアルコールは気体には変化しないものとします。

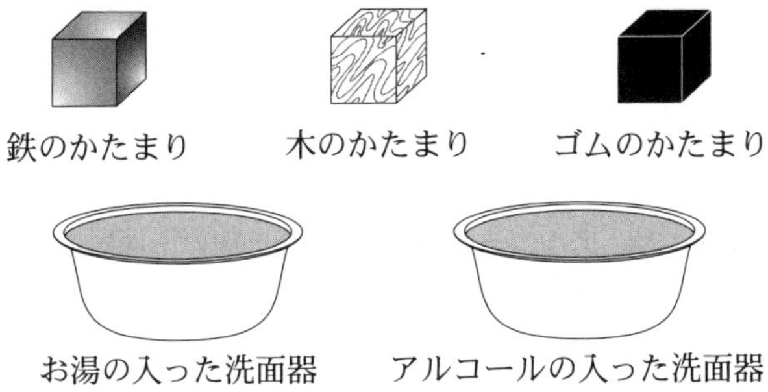

図１

表１

	体積	重さ
鉄のかたまり	10 cm^3	80 g
木のかたまり	20 cm^3	10 g
ゴムのかたまり	15 cm^3	14 g

問１　お湯の入った洗面器の中でしずむのは鉄のかたまり，木のかたまり，ゴムのかたまりのうちどれですか。正しいものを次の（ア）～（カ）から１つ選び，記号で答えなさい。

(ア)　木のかたまり
(イ)　鉄のかたまり
(ウ)　鉄のかたまりと木のかたまり
(エ)　鉄のかたまりとゴムのかたまり
(オ)　木のかたまりとゴムのかたまり
(カ)　鉄のかたまりと木のかたまりとゴムのかたまり

問２　アルコールの入った洗面器の中でしずむのは鉄のかたまり，木のかたまり，ゴムのかたまりのうちどれですか。正しいものを次の（ア）～（カ）から１つ選び，記号で答えなさい。

(ア)　木のかたまり
(イ)　鉄のかたまり
(ウ)　鉄のかたまりと木のかたまり
(エ)　鉄のかたまりとゴムのかたまり
(オ)　木のかたまりとゴムのかたまり
(カ)　鉄のかたまりと木のかたまりとゴムのかたまり

実験Ⅱ　洗面器に入っていた60℃のお湯を200 cm^3 だけはかり取り，ビーカーにうつしました。このビーカーにホウ酸を入れ，ほう和水よう液をつくったあと，水よう液の温度を20℃まで下げました。ただし，ホウ酸は100 gのお湯に対し20℃で5 g，60℃で15 gだけとけることがわかっています。

問３　温度を20℃に下げたあと，とけきらずに残るホウ酸は何gですか。

問４　60℃のお湯でつくったホウ酸のほう和水よう液の濃《こ》さは何％になりますか。四捨五入して整数で答えなさい。

実験Ⅲ　洗面器に入っていた60℃のお湯1000 cm^3 と，アルコール1000 cm^3 を，別の洗面器に入れ，2000 cm^3 のよう液をつくりました。

問５　このよう液の密度は何 g/cm^3 になりますか。四捨五入して小数第２位まで答えなさい。

問６　アルコールは日常生活の中で，消毒液として用いられることがあります。アルコール消毒について記したものとして**適切でないもの**を次の（ア）～（エ）から１つ選び，記号で答えなさい。

（ア）　手の消毒を行う際は，消毒液を適量手に取り，指の間まで念入りにすりこむ。

（イ）　消毒の効果を高めるためには，直射日光を浴びせることが効果的なので，消毒液は日の当たるところで保管する。

（ウ）　火の近くで使用してはいけない。

（エ）　容器のつめかえを行うときは換気《かんき》されているところで行う。

4　次の図は，北緯35度，東経135度にある兵庫県明石市で使うために作られた星座早見です。1月30日に東経140度にある栃木県那《な》須《す》塩原市にいるやすし君が，この星座早見を使って夜空を観察しました。これについて，次の問いに答えなさい。

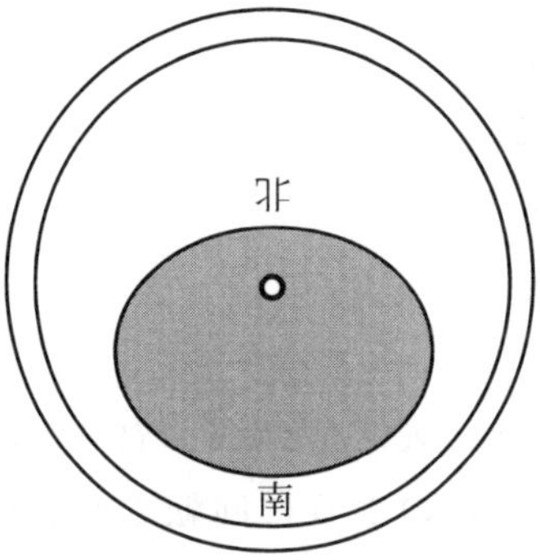

問１　次の（ア）～（エ）は，やすし君が星座早見を用いて夜空を観察した内容を表しています。正しいものを**すべて**選び，記号で答えなさい。

（ア）　ベガ，デネブ，アルタイルによる三角形を観察できた。

（イ）　さそり座のアンタレスを観察できた。

（ウ）　おおいぬ座，こいぬ座，オリオン座を観察できた。

（エ）　星座をつくる星の中でもっとも明るいシリウスを観察することができた。

問２　図のように，星座早見を頭上にかざして北の空を観察するとき，やすし君が星座早見を持つ向きとして正しいものを，次の（ア）と（イ）のどちらかから選び，記号で答えなさい。

（ア）

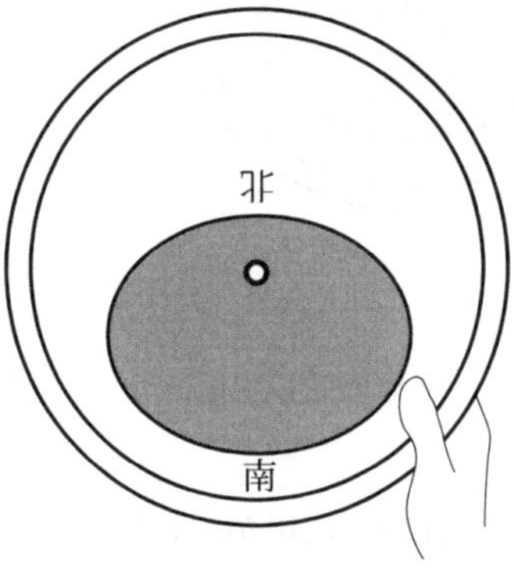

（イ）

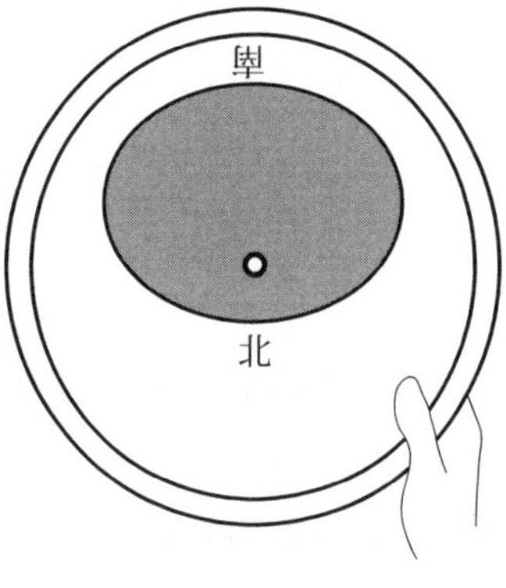

問 3　この星座早見を用いて，東経 140 度で 1 月 30 日の夜 9 時に観察するためには，日付と時刻の目もりはどのようにすればよいですか。正しいものを次の（ア）～（オ）から 1 つ選び，記号で答えなさい。

（ア）　1 月 20 日夜 9 時に合わせる。

（イ）　1 月 25 日夜 9 時に合わせる。

（ウ）　1 月 30 日夜 9 時に合わせる。

（エ）　2 月 4 日夜 9 時に合わせる。

（オ）　2 月 9 日夜 9 時に合わせる。

問 4　観察を始めて 1 時間経過したことに気づいたやすし君が，星座早見を現在の時刻での夜空の状態にするためには，上ばんをどのように回転させればよいですか。正しいものを次の（ア）～（エ）から 1 つ選び，記号で答えなさい。

（ア）　時計回りに 15 度回転させる。

（イ）　時計回りに 30 度回転させる。

（ウ）　反時計回りに 15 度回転させる。

（エ）　反時計回りに 30 度回転させる。

問 5　やすし君が夜空を観察している間，星座早見の A の星はずっと北の空に見え続けました。A の星の名前を漢字で答えなさい。

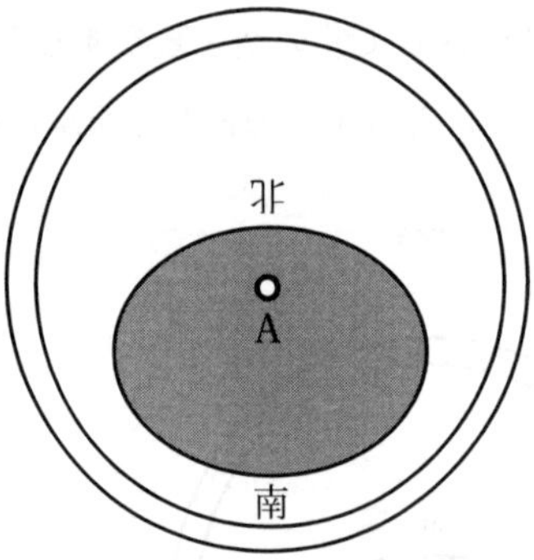

問 6　問 5 の A の星についての説明として正しいものを次の（ア）～（エ）から**すべて**選び，記号で答えなさい。

（ア）　北の空では A の星を中心にして，時計回りに星が回転するように見える。

（イ）　北斗七星を手がかりに見つけることができる。

（ウ）　1 等星である。

（エ）　1 年を通して北の空に見える。

問４　――線④「ぼくはあえて横を見なかった」とありますが、なぜですか。その理由として最もふさわしいものを、次から選びなさい。

ア　中山の顔も見たくないほど腹が立っていたから。
イ　中山と深い友情で結ばれていると感じていたから。
ウ　中山が試合会場に絶対に来ると確信していたから。
エ　中山が開始時間に間に合わないと焦っていたから。

問５　――線⑤「それ」とは、どういうことを指していますか。本文中の言葉を使って、二十字以内で答えなさい。

問６　[A]にあてはまる言葉として最もふさわしいものを、次から選びなさい。

ア　もう緊張するな　　イ　あまり無理をするな
ウ　そんなに強がるな　　エ　この暑さは忘れろ

問７　本文の内容の説明として最もふさわしいものを、次から選びなさい。

ア　「中山」はノートとペンを使わないと会話できないことが歯がゆく、苛立つこともあるが、テニスにひたむきに向き合う「ぼく」の情熱を認めている。
イ　「中山」のほうがテニスの技術的にも上で落ち着いているため、「ぼく」が頼ってしまうことが多いが、試合となると二人の関係性が逆転している。
ウ　「中山」はとてもプライドが高く人づきあいが苦手だが、気が合う「ぼく」にはすべてを打ち明けており、友人としての信頼関係が築かれている。
エ　「中山」と「ぼく」の関係は仲の良い友人とは言えないが、テニスの練習や試合を通じて少しずつ交流し、次第におたがいへの理解を深めている。

戸田とその相棒の江口が金網《かなあみ》の扉《とびら》を開け、コートに姿を現したのはその時だった。

ふたりの姿を目にしても中山は表情を変えることはなかった。ゆっくりと立ち上がり、いつものように淡々《たんたん》と手足のストレッチを始めた。

１回戦の疲《つか》れはどれほど中山の体に残っているのだろうか。次の戦いが短時間で終わるとはどうしても思えなかった。

ぼくはその場で両足の屈伸《くっしん》を繰り返した。あれこれ考えてもどうしようもないことだ。

そう自分に言い聞かせた。今はただ戦うだけだった。

（『熱風』福田隆浩）

問１　——線①「あっと思った時には、父の両手は胸の前で動いていた」とありますが、「父」は何をしているのですか。その説明として最もふさわしいものを、次から選びなさい。

ア　仕事中なので声を出さずに「ぼく」にあいさつをしている。
イ　手話を使って「ぼく」に応援の言葉をおくっている。
ウ　試合に行く「ぼく」を応援する旗を取り出している。
エ　「ぼく」の試合を応援しに行けないことを謝罪している。

問２　——線②「ぐんぐんペダルを踏んで進んだ」とありますが、このときの「ぼく」の心情として最もふさわしいものを、次から選びなさい。

ア　中山が試合に来てくれるかどうかが心配で、会場へ急いで行って確認しようとしている。
イ　自信に満ちた父の応援がうれしく、その気持ちに応えたいと強く思っている。
ウ　体調の悪い父が無理をして早起きをして応援してくれたので、うれしくて興奮している。
エ　父と会ったことで試合に出ることへの緊張感が軽くなったので、喜んでいる。

問３　——線③「膨れあがっていた苛立ちが、しだいに静まっていくのを感じた」とありますが、なぜ苛立ちが静まるのですか。その理由を説明しなさい。

に飛び込んだ。
中山の体がふらついたように見えたのはその時だった。
あっと思った時にはあいつはすでに体勢を整え、何事もなかったかのように帽子のつばに手を当てていた。
まだ真昼には時間があった。けれど、晴れ渡《わた》った空には漂《ただよ》う雲もなく照り付ける太陽の日射しは今までになく厳しかった。それは残暑といえるほどの穏《おだ》やかなものではなく、真夏といったほうが正しかった。
中山は鈍《にぶ》い動きのぼくをフォローするために無理な動きを繰《く》り返した。
それは、試合前の大事な時期をコートから離《はな》れていたあいつにとってはかなりの負担になっていたのだろう。
中山の疲労《ひろう》に気付いた時にはもう遅《おそ》かった。次の試合までに休める時間はわずかしかなかった。
対戦相手が決まる別の組の試合は他のコートで行われ、すでに決着がついていた。
中山があの時断言したように、それはトライテニスの戸田・江口《えぐち》のペアだった。
中山はペットボトルの冷水をあおるように飲み、荒《あら》く息を吐《は》いた。
まだ息がおさまっておらず、顔じゅう汗だらけだった。
2回戦は5番コートで行われることになっていた。ぼくと中山はコート横のベンチに腰を下ろし、戸田と江口のペアが現れるのを待っていた。
その場所には日陰《ひかげ》はなく、突き刺《さ》すような日射《ひざ》しが容赦《ようしゃ》なくぼくたちの上に降り注いでいた。
観客席に囲まれた試合コートはすり鉢《ばち》の底のようになっていて、熱せられた空気は逃げ場もなく幾重《いくえ》にも漂っていた。
日陰に行くことも考えたが、一度日射しから逃《に》げてしまうともうこの場所では戦えないような気がした。この激しい日射しを味方にできたほうがこの試合を制することができるのだと思った。
ふいに中山がラケットバッグの中からノートを引っ張り出し、素早く文字を書き付けた。ノートの上に顎《あご》から汗がしたたり落ちていた。
〈［A］。次の相手は、びびってて勝てる相手じゃない〉
ぼくもノートとペンを取り出し、自分の膝《ひざ》の上で書き付けた。
〈そんなこと、おまえに言われなくてもわかってる〉
中山は唇《くちびる》をゆがめ、疑わしそうな顔でぼくのほうを見た。そして、大きく息を吐くと今度はゆっくりと文字を書き付けた。
〈この前は悪かったな〉
こいつも人に頭を下げることがあるのかと思うと、何か急におかしくなってきた。
〈もう忘れた〉
そう書き付けた。

すぐに立ち上がり、コートに向かおうとするはずだった。もう試合が始まるぎりぎりの時間だった。

いつものように白い帽子《ぼうし》をかぶった中山が、ぼくの頭を小突《づ》いたかと思うと、ラケットバッグを持って立ち上がった。そして、「行くぞ」と素早く口を動かし、試合コートへと歩き出した。

ぼくは、紐の具合をもう一度確かめると、荷物を持って立ち上がった。

強い日射しを受け、すでに流れ始めた額の汗《あせ》を手の甲《こう》で拭《ぬぐ》った。足下を熱気がゆっくりと流れていた。

１回戦の相手はオレンジテニス所属の中学生だった。

体格はどちらかといえばふたりとも小柄《こがら》で、線の細そうな感じだった。試合前に行われるサーブ練習の様子を見たが、どう考えても負ける相手には見えなかった。どうやら中山も同じように考えているらしく、サーブの位置に向かいながら、何度もひとりで頷《うなず》いていた。

しばらく練習を休んでいたくせに、中山のサーブは相変わらず安定していた。

休んでいた間に細長い手足がさらに細くなったような気もしたが、フットワークは軽やかだった。

中山は返ってきたボールをライン際に打ち返し、確実に得点を重ねていった。

⑤それは中山にとって当然のことだったのだろう。１ゲームを奪《うば》っても特に喜んだ素振《そぶ》りを見せることはなかった。

コートが替《か》わり、相手のサービスが始まった。

ぼくはその時になって初めて、自分の体が緊張《きんちょう》で硬《かた》くなっていることに気付いた。

こんな経験は全く初めてのことだった。

ラケットを持つ掌《てのひら》が汗《あせ》で濡《ぬ》れ、相手のゆるいサーブを何度も打ち損じた。あきれたような顔で中山がぼくのほうを見ていた。

幸いだったのは、明らかに動きがおかしい自分に相手が気付かなかったことだった。

もしこれが逆の立場ならば、ぼくたちはそいつに対して徹底的《てっていてき》にボールを集め、攻撃《こうげき》を集中させたはずだった。けれど、相手チームの実力はそこまでには到《いた》っていなかった。

硬くなっているぼくの代わりに中山が積極的に攻《せ》め続け、結果的にこの１回戦を勝ち抜くことができた。

勝因は、はっきりしていた。

ぼくは情けないほどに失点を重ねた。けれど、その失点を上回る得点を中山が敵から奪《うば》い取った。

あいつは、本来はぼくがさばくはずのボールにも人工芝《じんこうしば》を滑《すべ》るようにして何度も駆《か》け込んできた。そして、ぼくなどその場にいないかのように、迷いなくラケットを振り切った。

最後のショットは中山の豪快《ごうかい》なグラウンドスマッシュだった。

相手コートに打ち込まれたボールは大きく跳《は》ね上がり観客席の中

ろう。

体調のほうはどうなのだろうか。ぼくは父が倒《たお》れた日のことを思い出した。父の書き付けた言葉が頭をよぎった。

それにしてもいったいいつの間に手話を練習したのだろうか。

勝ちたいと思った。今日の試合、勝ち続けたいと思った。

クラブハウスの周辺はテニスウェアを着込んだ大勢の人が行き交っていた。

入り口近くの掲示板《けいじばん》で組み合わせと試合コートを確認している人もいれば、家族と共に何か興奮したような様子で移動している人たちもいた。

クラブハウス前の長椅子《ながいす》に腰を下ろし、ぼくはテニスシューズの紐《ひも》を結んだ。

白かったはずのテニスシューズは一夏の練習ですっかり薄汚《うすよご》れ、いたるところがすり減っていた。

もうすぐダブルスの1回戦が始まる時間だった。選手たちはもうすでに受付を済ませ、指定された試合コートのほうに動き出していた。

中山は果たしてやって来るのだろうか。

突然《とつぜん》、どうしようもない不安に襲《おそ》われた。

あのアパートでのできごとは、考えてみれば何の解決にもなっていないのではないか。ただぼくひとりが、あいつが戻《もど》ってくると思い込んでいるだけで、中山はまだ、薄暗い部屋に閉じこもったままなのではないか。

ぼくと中山の間は出会った頃のままで、苦しい練習を経ても何も変わっていないのではないのか。

試合コートへと足早に向かう選手たちの姿を見ているうちに、激しい焦《あせ》りがわき起こった。試合開始まで、もうわずかな時間しかなかった。このまま時が過ぎれば、コートに立つこともなく全てが終わってしまうことになる。

奥歯を強くかみしめ、苛立《いらだ》つ気持ちを無理やり抑《おさ》えこんだ。そして、長椅子に座ったまま、再び自分のテニスシューズへと視線を落とした。

シューズにこびりついた幾《いく》つもの汚《よご》れと傷。それは、この夏ぼくたちが繰《く》り返した激しい練習の跡《あと》だった。ぼくはじっとそのシューズの傷跡を見つめた。③膨《ふく》れあがっていた苛立ちが、しだいに静まっていくのを感じた。

中山はもうすぐここに現れるはずだ。それは友情とか信頼《しんらい》とかそんな安っぽいものではない、もっと違《ちが》う別の次元からくる確信だった。

ぼくは大きく息を吐《は》き、ただあいつが現れるのをひたすら待ち続けた。

やがて長椅子が揺《ゆ》れた。それは誰かが乱暴に腰を下ろしたしるしだった。

④ぼくはあえて横を見なかった。せっかちなこいつのことだから、

とのできる熟練した境地。

ウ　あらゆる季語を意識することで、自由自在に人事諷詠句を作れるようになっている境地。

エ　昔の作品や名人の境地にあわせて、その心を自分の作品に自由に取り入れることのできる境地。

問７　本文の内容として最もふさわしいものを、次から選びなさい。

ア　吟行とは散歩の楽しさと写生の面白みを一つにしたものであり、すぐれた俳人でなければ吟行を実行することは難しい。

イ　季題をはっきりと正確に写しとるのは簡単なことであり、初心者でも数回練習しただけですぐれた俳句を作ることができる。

ウ　現代の俳句は外界と一体化して自分の心を詠むものであり、写生を続けていれば現代文学の一部として成果をあげることができる。

エ　現代的な季題を発見するために町中へ出かけていき吟行をすることは、写生に慣れていない人でも積極的に行うべきである。

三　次の文章を読んで、後の問いに答えなさい。

父と母はすでに仕事に出かけていた。

ぼくは家を出ると、いつものように自転車にラケットバッグを積み込《こ》み、通りへと向かった。

店の前にはもうすでに車が何台も止まっていた。雑誌コーナーには立ち読みをしている人たちの姿が見える。

気が付くと、駐車場《ちゅうしゃじょう》の所にコンビニの制服姿の父が立っていた。父はぼくがやってきたのを見ると、照れくさそうに手を挙げた。

①あっと思った時には、父の両手は胸の前で動いていた。

両手の親指を突《つ》き出し、交互《こうご》に上下させたかと思うと、今度は強く握《にぎ》った両の拳《こぶし》を自分の胸の前で肘《ひじ》を張りながら上下させた。

「試合頑張《がんば》れよ」

父の手話は、ぼくにはっきりと届いた。

父は笑った。少し恥《は》ずかしそうだった。そして、両手で持った旗を振《ふ》るような仕草をして自分自身の顔を指さした。

「父さん、応援《おうえん》してるからな」

それは初めて見る自信に満ちた父の言葉だった。

ぼくは市営庭球場への道を自転車で駆《か》け抜《ぬ》けた。

土曜日で交通量のまだ少ない道路を、②ぐんぐんペダルを踏《ふ》んで進んだ。

きっと父はぼくを送り出そうとずっとあそこで待っていたのだろう。店が忙《いそが》しいというのに、父はかまわずあそこに立っていたのだ

問1 【 A 】にあてはまる言葉として最もふさわしいものを、次から選びなさい。

ア 意義　イ 本義　ウ 正義　エ 主義

問2 ――線①「『心』よりも、先ず『眼』のほうの修業をしてかかるのでいい」とありますが、なぜそのように言えるのですか。その理由として最もふさわしいものを、次から選びなさい。

ア 「季題」を探して野外を歩き回っていれば、自分の心を表すことができる「季題」に会うことができるから。

イ 懐中手帳を常に持ち歩くことを忘れなければ、目に映る「季題」をすぐに書きつけることができるから。

ウ 懐中手帳に書きつけることを続けていれば、わからないものを帰宅後に調べることができるから。

エ 「季題」を明瞭に正確に写しとることに努めていれば、自分の心の奥底を写す域にまで到達できるから。

問3 ――線②「『季題』の『素描』をミッチリ修業するつもりで、『吟行』にとりかかってください」とありますが、ここでの「吟行」とはどのようなことですか。最もふさわしいものを、次から選びなさい。

ア 対象の輪郭や明暗の具合や凹凸の具合などを正確に描きあらわし、野外にくり出して自分の好みの自由な絵を描くこと。

イ 対象を正確に見とどける「眼」とそれを正確に描きあらわす「手」を意識して、野外を歩き心にとまったものを十七音に写生すること。

ウ 小鳥の名前や草の名前などその場ではわからないものをたくさん写しとり、帰宅後に調べて知識としてたくわえること。

エ 深遠な大自然の生命のあらわれの一端と自分の苦しみや失望をふくめた心情を一心不乱に写しとり、十七音にまとめること。

問4 俳句は、日本人のどのような態度から生まれたと筆者は主張していますか。本文中から五十二字で探し、初めと終わりの五字を書きぬきなさい。

問5 ――線③「この種類の句」とありますが、どのような句ですか。本文中の言葉を使ってくわしく説明しなさい。

問6 ――線④「ここまでくれば」とありますが、「ここ」とはどのような境地ですか。最もふさわしいものを、次から選びなさい。

ア 俳句と一体になることで、形式を意識せずに自らの心情が自然に作品の中にあらわれてくる境地。

イ 自然を見つけ出せば、いつでもどこでも俳句を作りだすこす。「俳句という特別なものを作るのだ」とか、「季題という特別なものをとおして、あらゆるものを受け取り表現するのだ」とかわざわざ意識する不自由さもなくなって、皆さんの心の生活が――喜、怒《ど》、哀《あい》、楽の情――がそのままに、沈黙《ちんもく》のうちに、季題を中心とする俳句の世界となって、深く暗示の姿で活かされるようになるのです。もうそうなれば、季題は決してじゃまになりません。季題を中心とする外界をうつすことが、そのままに自分の心をうつすことに、いつしか、なってしまっているからです。

④ここまでくれば、俳句は、もはや、皆さんにとっては趣味《しゅみ》や遊戯《ゆうぎ》ではなくて、形のかわった一種の生きてゆく道そのものにさえなり得るわけです。現に、芭蕉《ばしょう》その他の古今のすぐれた俳人においては、りっぱにそうなり得ています。外界をうつすことが、そのままに自分の心をうつすことになり得るのですから、皆さんの年齢《ねんれい》なりで、技術の進歩とともに、いったん、その境地へ近づいておけば、皆さんの「心の生活」が、さらに年月とともに生涯《しょうがい》成長しつづけ深まりつづけるにつれて、皆さんの俳句も、内容として成長しつづけ得るわけです。「俳句の歴史」の章をも参考にしていただけばよくわかることですが、現代の俳句は決して昔の作品やその境地にあわせて、その模倣《もほう》をしたりすべきものではなく、ただ、外界と一体化して自分の心そのものを詠《よ》むものなのですから、正しく俳句文芸の性質を理解して、正直な実感に根ざして、きびしく「写生」の修業をしてゆけば、皆さんの作品は、現代の中に生きてゆく皆さんの、現代人としての、心の生活のそのままの反映したもの、になり得ます。つまり、「現代文学」の一部として、りっぱな成果をあげることができます。それほどのかがやかしい前途《ぜんと》が、皆さんの前には予約されているのです。

（『新しい俳句の作り方』中村草田男）

＊写生…景色や事物を見たままに写しとること。
＊ぞうさのない…手軽な。
＊刺戟…刺激《しげき》と同じ意味。
＊深遠…奥深くて容易に理解できないこと。
＊歳時記…季節ごとの自然や行事などを記した書物のこと。
＊無上…この上ない。
＊喧騒…物音がうるさくさわがしいこと。
＊路傍…みちばた。

けでなく、俳句という文芸が日本人の自然を愛し、自然の生命とふれあいながら生きてゆくこと、に*無上《むじょう》の喜びを感じるところから、生まれ出てきているように、「吟行」にたずさわることそれ自身が、なんともいえない喜びをいつになっても我々に与《あた》えるものです。皆さんの生活は、それだけ豊かさを増します。

二　生活吟

「野外吟行」になれて、対象物が自分の視界にあるあいだに比較《ひかく》的《てき》すばやく、それを写生することができるようになったら、こんどは、やはり手帳をたずさえて、町中（都心などは、あまりにも*喧騒《けんそう》で心の注意があちらこちらへ分散し勝ちですし、季題にも乏《とぼ》しいですから、自然物と人間界のものとがおだやかにいりまじった「郊外《こうがい》の町」か「町はずれ」などが適当でしょう）を散歩してみることです。

さきに――「季題」は、或《あ》る季節中の自然現象や自然物以外に、その季節中に人間界にあらわれてくる事物、または人間の営む行事をも含《ふく》む――というように説明しましたが、町なかを散歩しますと、皆さんは、季題中のそういった範囲《はんい》のものにより多く接触《せっしょく》することができます。素材としての「人間的要素」がより豊富になってくるわけです。野外散歩で練った俳句写生のデッサンの腕《うで》ができていますと、こういう「季題」をも、落着きを失わないで、十分に観察し、写すことができます。いうまでもなく、この際にも、はずかしがらないで、興味を覚えたものの前にできる限り永くたたずみ、句ができかかったなら、歩きながらでか、または*路傍《ろぼう》に寄って、感動の消えないうちに一句にまとめてしまうことが理想的です。野外で自然の事物だけを写した種類の句を「自然諷詠句《しぜんふうえいく》」というに対して、③この種類の句を「人事諷詠句《じんじふうえいく》」と申します。昔の人は、主として前者を作りましたが、人間界とその生活とに、強い関心をもたざるをえない現代の人は、後者を多くつくるようになっているのは、当然のことといわざるをえません。

この「人事諷詠句」（人事句）が自由に作れるようになれば、純《じゅん》粋《すい》な季節現象や自然現象ばかりの充《み》ちている場所のほかに、いかなる場所においても、「季題」を発見することができ、「季題」を中心としてあらゆることがらを観察することができるようになったわけですから、皆さんの句作は、実に広く自由に活動することができるわけです。

この段階にさえ達すれば、――そして、ポケットの中に句帳さえ忘れずに、常時携《たずさ》えてさえていれば――通勤の途中《とちゅう》でも、自宅の座《ざ》敷《しき》においてでも、意外なときに、自分では意識しないで居て、いつしか、あらゆることを季題を中心として広く深く観察していて、思わず俳句が生まれてきて、皆さんは、とり出す間もまだるっこいくらいに、いそいそと手帳をとり出してできた句を、それに書きつけるようになるでしょう。そこへまで到達したいものです。この状態にいたれば、皆さんと俳句文芸とは、ピッタリと一体になっていま絵画のほうで、「素描《デッサン》」ということがあります。石膏像《せっこうぞう》を木炭やチョークの黒一色で正確に写す仕事です。石膏像の、輪郭《りんかく》や明暗の具合や凹凸《おうとつ》の具合やを、自分の心のほうは一応後廻しにして置いて、ただ忠実にありのままに写します。専門の画家は、その修業をまず二、三年もミッシリと積みます。最初から、自分の好みの自由な絵を描《えが》くということはいたしません。このデッサンの基礎《きそ》修業がしっかりとできあがっていれば、対象を正確に見とどける「眼」の修業ができており、それを正確に描きあらわす「手」の修業ができていることになるのですから、それ以後になって、自分の好みの絵――つまり、自分の心や気持を、どんどん発揮した絵――を描くときに自分の心や気持が、正確な姿の中に自由に盛りこめ結晶させてあらわせることになります。「素描《デッサン》」の修業ができていないと、いつまでも、自分の「心」を絵の上にあらわそうと焦《あせ》るばかりで、それをどんな「形」でどんなふうにあらわしていいのか、「眼」がはたらかず「手」もはたらかないので、苦しみ失望するだけに終るそうです。皆さんも、最初は、②「季題」の「素描《デッサン》」をミッチリ修業するつもりで、「吟行」にとりかかってください。

絵のほうでも、そうでしょうが、最初は大きな広い景色などを写すのはむずかしいですから、なるべく足もとや眼前近くにある、個々の物としての季題、を写すことからとりかかってください。そして、「眼」の修業なのですから、野外へ写生に出かけている画家が（室内でも静物などを対象にしている画家が）、対象をいっしんに見つめ、対象とひきくらべながら絵を描いてゆくように、皆さんも、たずさえている手帳へ、その場で、いきいきとした感動の消えない間に、皆さんの眼にうつっているとおりの対象の姿を、ゆがめないで、正確にうつすことに没頭《ぼっとう》してください。もし、うまく、「写生」ができますと、皆さんは、*深遠な大自然の生命のあらわれの一端《いったん》を、自分の素手で、しっかりとつかまえて帰ってくるというような、何ともいえない満足と誇《ほこ》りとを覚えずにはいられないことでしょう。

もちろん、まだなれないあいだは、その場ではなかなか十七音の中に写しきれない、つまり、一句にまとめきれないことがしばしばでしょう。そんな時には、十九音になっても、二十音になってもかまいませんから、短い散文として写しとっておいてもいいのです。とにかく、その具体的な対象が眼前にあって、自分の心が躍《おど》っているあいだに、対象の姿を、おおよそでも写しとっておくことが必要です。そして、帰宅後に、時間をかけて、以前の感銘《かんめい》を思いおこしながら、それを十七音中にまとまるように工夫してゆけばよいのです。

小鳥の名前、草の名前など、知識がなくてその場でわからなかったら、わからないなりで全体を写して置いて、名称《めいしょう》だけは、帰宅してから、*歳時記《さいじき》をくって調べるか、「動物図鑑《ずかん》」「植物図鑑」などに当たって調べるかしてみればよろしいわけです。

こういう「吟行」による写生は、句作の基礎修練として必要など

二　次の文章を読んで、後の問いに答えなさい。

一　吟行《ぎんこう》

専門の俳人達も実行している方法の一つに「吟行」があります。「吟行」とは「散歩」と「*写生」とを一つにしたものです。つまり、散歩しながら、眼《め》にとまり、心にとまったものを、十七音で写生することです。

皆《みな》さんは、まず、鉛筆《えんぴつ》つきの小さな俳句用の懐中《かいちゅう》手帳を一冊買う必要があります。それをたずさえて、ひまがあるときに、自宅付近を散歩して句作をすることからとりかかってください。これが楽しくもあり、一番*ぞうさのない句作のとっつきだと思います。今までだって散歩というものは楽しかったに相違《そうい》ありませんが、いってみれば何の目的もない漠然《ばくぜん》とした気晴しに過ぎなかったわけです。それが、句作を目的とすることになると、更《さら》に充実《じゅうじつ》してきて、楽しく【　Ａ　】あるものに変ってきます。

もちろん、自宅の庭に範囲《はんい》を限ってもいいわけですが、自宅の庭は、いつも見なれているので、珍《めずら》しくなく、あたらしい*刺戟《しげき》がありません。それに、よほど広い庭であったとしても、その中からは、「季題」にあたるものがそうたくさん発見されるわけにはいきません。俳句は「季題」が中心になるものですから、どうしても思いきって、戸外へ、さらに野外へ出かけてみる必要があります。野外は、じつに「季題」の宝庫です。以前の季節の名残りと、つぎの季節のさきがけとをともないながら、目下の季節の特色が、季節現象そのものとして、またさまざまの動植物の姿として、ただちに皆さんの眼前に、無限に変化のある豊富なさまざまのおもかげを展開してみせてくれます。

吟行は、句作をしてみようという志を同じくする少数の友人といっしょであっても、さしつかえはありませんが、理想としてはただ一人にしたことはありません。自分一人であれば、気がねなく、心が散らず、気にいった場所や、対象がみつかった場合など、いつまでもそこにとどまっていて、つくづくとその気分にひたり、その姿を観察しつづけることができます。

さきに「写生」の項《こう》でのべたように、「写生」にも外形をうつすことからはじまって、ついには自分の心の奥底《おくそこ》を写す域にまで到達《とうたつ》できるわけですが、その心の奥底さえも対象である「季題」と一体になり、「季題」として結晶《けっしょう》されたものを写すのですから、句作の修業は、まず現実の「季題」を対象として、それが自分を惹《ひ》きつけるありのままの姿をうつすことからとりかからなければなりません。思い切って言えば、句作の最初には、自分の「心」のほうは後廻《あとまわ》しにしておいていいのです。「季題」——季節現象や季節物（動・植物）などの姿が、気持がよかったり、面白かったり、美しかったりしたらば、ただ一心にその姿を明瞭《めいりょう》に正確に写しとることだけに努めればよいのです。そうすれば、やがて「気持がよい」とか、「面白い」とか、「美しい」とかいう自分の気持のほうは、言わないでも自然にその作品にあらわれてくるようになります。①「心」よりも、先《ま》ず「眼」のほうの修業をしてかかるのでいいわけです。

二〇二一年度
日本大学豊山中学校

【国　語】〈第三回試験〉（五〇分）〈満点：一〇〇点〉

（注意）答えを書くときには、「、」や「。」やかぎかっこなども一字と数えます。

一　次の問いに答えなさい。

問1　――線部を漢字に直しなさい。ただし、送りがなの必要なものは、それもふくめて書きなさい。

①　チームで決めたキリツを守る。

②　誕生日会にショウタイされる。

③　夏休みに、友だちから本をカリル。

問2　――線部の読みを、ひらがなで答えなさい。

①　自らの身の潔白を証明する。

②　著名な作家の本を二冊買った。

③　川面に静かにつり糸を垂らす。

問3　それぞれの□には同じ漢字が入ります。その漢字を答えなさい。

本□　　展□　　□遠　　希□

問4　次の漢字のうち、画数が異なるものを選び、記号で答えなさい。

ア　引　　イ　友　　ウ　区　　エ　久

問5　次の意味の慣用句になるように、（　）にふさわしい言葉を後から選び、記号で答えなさい。

①　（　　）が立つ

意味：物事に対立が生まれること

②　（　　）を持たせる

意味：良い経験をさせること

ア　木　　イ　口　　ウ　花　　エ　顔　　オ　角

2021年度
日本大学豊山中学校　▶解　答

※　編集上の都合により，第３回試験の解説は省略させていただきました。

算　数　＜第３回試験＞（50分）＜満点：100点＞

解　答

[1] (1)　18　(2)　$\frac{14}{17}$　(3)　8　(4)　36　(5)　22　[2] (1)　2.4cm　(2)　221人　(3)　5.3秒　(4)　20　(5)　48通り　[3] (1)　104度　(2)　94cm^3　[4] (1)　15cm　(2)　30cm　(3)　600cm^2　[5] (1)　74　(2)　1200円　[6] (1)　7：3　(2)　27：280

社　会　＜第３回試験＞（理科と合わせて60分）＜満点：50点＞

解　答

[1] **問１** (1)　(エ)　(2)　パンデミック　**問２**　(ア)　**問３**　(イ)　**問４**　(カ)　**問５**　(ア)　**問６**　(イ)　[2] **問１**　倭寇　**問２**　(イ)　**問３**　(エ)　**問４**　勘合(符)　**問５**　(ウ)　[3] **問１**　(イ)　**問２**　(例)　無血開城された。　**問３**　(ウ)　**問４**　西南戦争　**問５**　西郷隆盛　[4] **問１**　(ア)　**問２**　もちこませず　**問３**　(ウ)　**問４**　(ウ)　**問５**　(エ)　**問６**　(ア)　**問７**　(イ)　**問８**　(ア)

理　科　＜第３回試験＞（社会と合わせて60分）＜満点：50点＞

解　答

[1] **問１**　しょう点　**問２**　(ア)　**問３**　(エ)　**問４**　(ウ)　**問５**　(イ)　**問６**　(ウ)
[2] **問１**　(イ)　**問２**　(ア)　**問３**　受粉　**問４**　受精　**問５**　子宮　**問６**　少ない
[3] **問１**　(イ)　**問２**　(エ)　**問３**　20 g　**問４**　13％　**問５**　0.93 g/cm^3　**問６**　(イ)
[4] **問１**　(ウ)，(エ)　**問２**　(イ)　**問３**　(エ)　**問４**　(ア)　**問５**　北極星　**問６**　(イ)，(エ)

国　語　＜第３回試験＞（50分）＜満点：100点＞

解　答

[一] **問１**　下記を参照のこと。　**問２**　①　けっぱく　②　ちょめい　③　た(らす)

問３　望　**問４**　エ　**問５**　①　オ　②　ウ　二 **問１**　ア　**問２**　エ　**問３**　イ　**問４**　自然を愛し～てきている　**問５**　(例)　季節中に人間界にあらわれてくる事物や人間の営む行事といった「人間的要素」のある句。　**問６**　ア　**問７**　ウ　三 **問１**　イ　**問２**　イ　**問３**　(例)　シューズの汚れと傷を見て中山と激しい練習を積み重ねたことを思い出し，中山が現れるだろうと確信したから。　**問４**　ウ　**問５**　(例)　確実に得点を重ね，１ゲームを奪うこと。　**問６**　ア　**問７**　エ

●漢字の書き取り

一 **問１**　①　規律　②　招待　③　借りる

Memo

Memo

2020年度　日本大学豊山中学校

〔電　話〕　(03) 3943－２１６１
〔所在地〕　〒112－0012　東京都文京区大塚５－40－10
〔交　通〕　東京メトロ有楽町線―「護国寺駅」より徒歩１分
東京メトロ丸ノ内線―「新大塚駅」より徒歩７分

【算　数】〈第１回試験〉（50分）〈満点：100点〉

（注意）１．定規，コンパス，分度器，計算機などを使用してはいけません。

２．答えが分数のときは，約分してもっとも簡単な形で求めなさい。

1　次の計算をしなさい。

(1)　$11-9\div 2+4\times 3+2$

(2)　$2-\dfrac{1}{3}+\dfrac{5}{2}+\dfrac{4}{7}-\dfrac{1}{5}$

(3)　$4\times\left(\dfrac{2}{5}+\dfrac{3}{4}-\dfrac{1}{2}\right)+4$

(4)　$19+20+21+22+23+24+25+26+27+28+29+30+31$

(5)　$2\times 78+11\times 39-14\times 39$

2　次の問いに答えなさい。

(1)　五角柱の辺の数はいくつですか。

(2)　和が 82，差が 24 である２つの整数について，小さいほうの数を求めなさい。

(3)　本を読み終えるために，毎日 30 ページずつ読む計画を立てていましたが，１日に 12 ページずつしか読むことができなかったため，予定より３日多くかかりました。この本は全部で何ページありますか。

(4)　出た目の合計が５になるまでサイコロをふり続けたとき，目の出方は何通りですか。

(5)　40 km はなれた２つの町を行きは時速 10 km，帰りは時速 15 km で往復します。
このとき，平均の速さを求めなさい。

3　次の問いに答えなさい。

(1)　下の図において，㋐の大きさを求めなさい。ただし，○印，×印の角は，それぞれ同じ大きさであることを表しています。

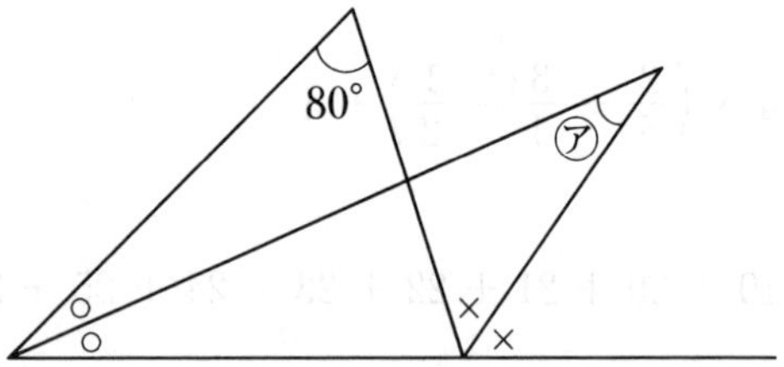

(2)　下の図のような，一辺の長さが６ cmの立方体から，半径２ cm，高さ６ cmの円柱をくりぬいた立体があります。この立体の表面積を求めなさい。
ただし，円周率は 3.14 とします。

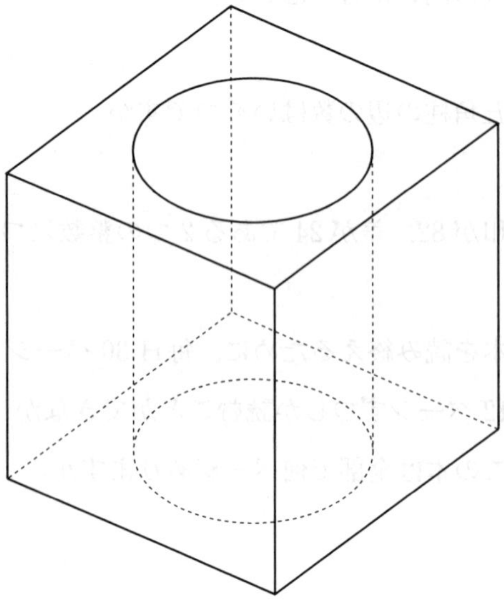

4 下の図において，辺 AB と辺 EF と辺 DC は平行です。また，三角形 EBC の面積は $60\ \text{cm}^2$ です。このとき，次の問いに答えなさい。

(1) BE：ED の比をもっとも簡単な整数で答えなさい。

(2) 辺 EF の長さを求めなさい。

(3) 三角形 BCD の面積を求めなさい。

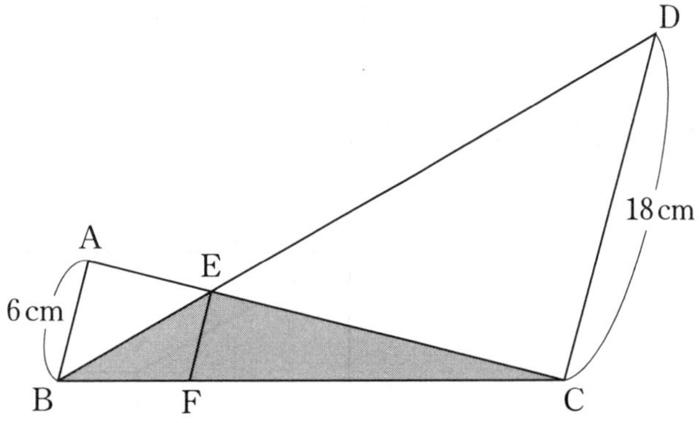

5 2020 年 1 月 1 日は水曜日でした。次の問いに答えなさい。
ただし，2020 年はうるう年です。

(1) 2020 年 4 月 6 日は何曜日ですか。

(2) この次に 1 月 1 日が水曜日になるのは西暦《せいれき》何年ですか。

6 下の図のように，長方形の板で ㋐，㋑，㋒ の３つの部分に分かれている水そうがあります。㋐ の部分から一定の割合で水を入れます。下のグラフは，水の高さと入れ始めてからの時間の関係を表したものです。

このとき，次の問いに答えなさい。ただし，板の厚さは考えないものとします。

(1) 下のグラフの A にあてはまる数を答えなさい。

(2) １分間に入る水の量は何 cm^3 ですか。

(3) 下のグラフの B にあてはまる数を答えなさい。

(4) 水の高さが 11 cm になるのは，水を入れ始めてから何分後ですか。

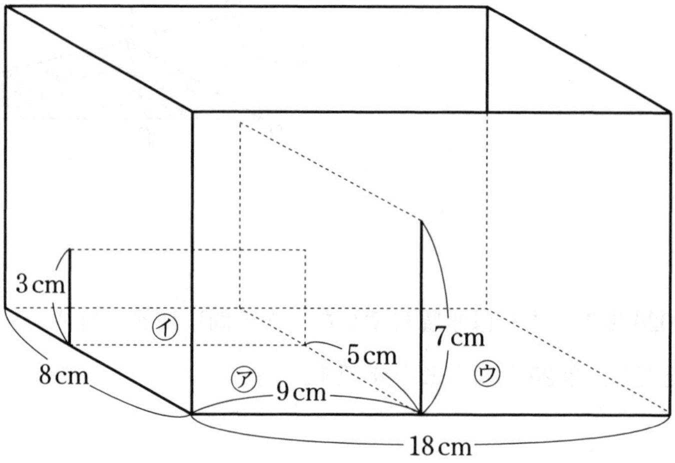

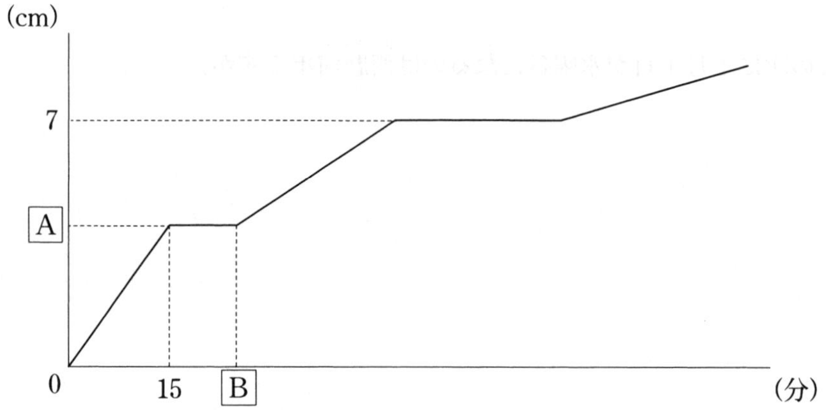

【社　会】〈第１回試験〉（理科と合わせて60分）〈満点：50点〉

（注意）定規，コンパス，分度器，計算機などを使用してはいけません。

1　次の各問いに答えなさい。

問１　次の（ア）～（エ）の各文章中の下線部①～④の中から，**誤っている**ものを一つずつ選び，番号で答えなさい。

（ア）　北海道の道庁所在地は①札幌市である。①札幌市の東側には②石狩平野が広がり，③石狩川が平野の中を流れている。②石狩平野での④ぶどうの生産量は47都道府県の中で日本一である。

（イ）　三重県の県庁所在地は①大津市である。南部には②尾鷲市が位置しており，降水量は日本国内でも非常に多い。三重県の東部には③志摩半島が位置し，この半島の地形は④リアス（式）海岸である。

（ウ）　秋田県の県庁所在地は①秋田市である。県の中央部には②猪苗代湖が存在する。西部に位置する③八郎潟は稲作を行うために干拓されたところである。青森県との県境にある④白神山地のブナ林は世界自然遺産に指定されている。

（エ）　宮崎県の県庁所在地は①宮崎市であり，①宮崎市は②宮崎平野の中に位置している。この県は③太平洋に面しており，沿岸を④親潮が流れている。

問２　下の図は，日本の漁業種類別生産量の推移を示したものです。図について述べた下の文章のうち，内容が**誤っている**ものを次の中から一つ選び，記号で答えなさい。

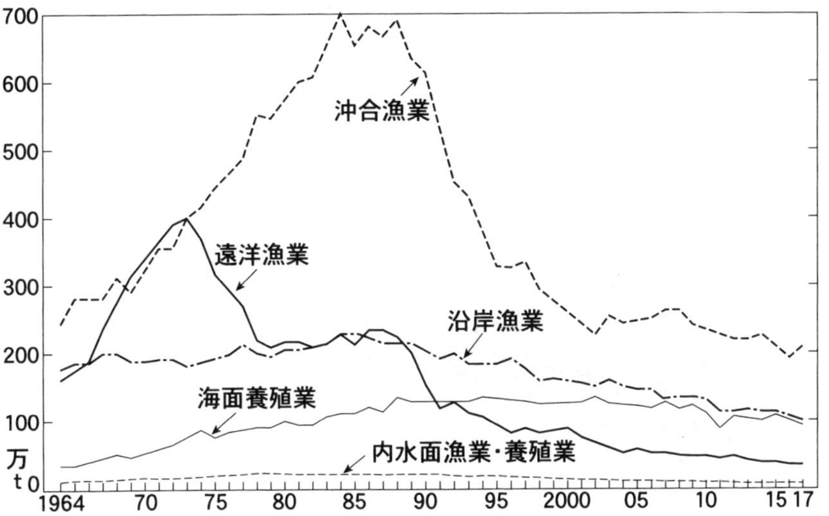

出典：日本国勢図会 2019/20

図　漁業種類別生産量の推移

（ア）　1970年，日本の漁業の中心は遠洋漁業と沖合漁業であった。

（イ）　1973年に起きた世界恐慌をきっかけに燃料費が高騰《こうとう》し，遠洋漁業の衰退がはじまった。

（ウ）　漁業資源の乱獲や環境の変化によって日本近海の魚が少なくなり，1990年代以降は沖合漁業の漁獲量が減少していった。

（エ）　近年は限りある漁業資源を守るため，養殖業が続けられている。

問３　近年，日本列島で豪雨による被害が多くみられます。この被害をもたらす原因のうち，次の文章で説明される適切な語句を漢字五文字で答えなさい。

次々と発生する発達した雨雲（積乱雲）が列をなすことで，数時間にわたってほぼ同じ場所を通過または停滞することで作り出される，線状に伸びた強い降水をともなう雨域。

問４　下に挙げた農作物のうち，生産量１位（2017年）の都道府県を示したものとして**誤っている**ものを次の中から一つ選び，記号で答えなさい。

（ア）　みかん　－　和歌山県　　　（イ）　さくらんぼ　－　山形県

（ウ）　いちご　－　栃木県　　　　（エ）　りんご　　－　長野県

問５　日本は火山大国であり，火山の噴火による被害が多くみられます。下の図に ア ～ エ で示したもののうち，2019年11月に噴火した薩摩硫黄島を示したものを，次の中から一つ選び，記号で答えなさい。

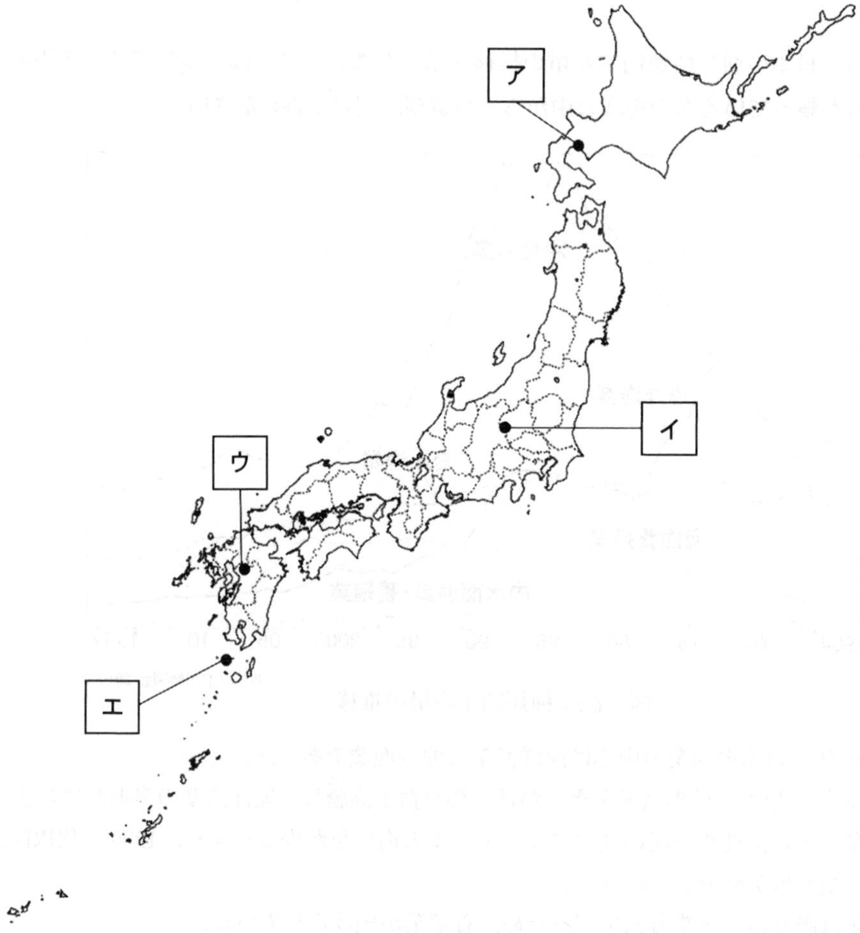

2　次の年表を見て，下の各問いに答えなさい。

1874年	①民撰議院設立の建白書が政府に提出される。板垣退助らが立志社を結成する。
1877年	西郷隆盛を指導者として鹿児島の士族が政府に反対する②事件をおこす。
1880年	国会期成同盟が結成される。
1881年	③政府が10年後に国会を開設すると発表する。
1885年	内閣制度ができる。
1889年	④大日本帝国憲法が発布される。
1890年	⑤第１回帝国議会が開かれる。

問１　年表中の下線部①によって，板垣退助らが中心となっておこした運動を何といいますか。漢字で答えなさい。

問２　年表中の下線部②の「事件」は，中央政府の政治に反対する士族の反乱の中で最大のものになりましたが，この事件を何といいますか。答えなさい。

問３　年表中の下線部③によって，板垣退助は政治に民衆の意見を取り入れるため政党をつくりますが，この政党を何といいますか。答えなさい。

問４　次の各文は年表中の下線部④の内容を書き改めたものです。空欄に共通する言葉を答えなさい。

第１条	日本は永久に続く同じ家系の□が治める。
第３条	□は神のように尊いものである。
第４条	□は国の元首であり，国や国民を治める権限をもつ。
第11条	□は，陸海軍を統率する。
第13条	□は宣戦や講和をしたり，条約を結んだりする権限をもつ。

問５　年表中の下線部⑤の「帝国議会」の衆議院は国民から選挙で議員を選びましたが，その選挙権について，次の文章の空欄にあてはまる数字を入れなさい。

> 選挙権をもつのは，直接国税15円以上を納める満□才以上の男子で，女子には選挙権はなかった。

3 次の文章を読んで，下の各問いに答えなさい。

今年は東京でオリンピックが開催されます。東日本大震災からの復興を発信することも重要な意味をもっています。東京での開催は2回目となり，①1964年の前回大会は②高度経済成長の最中で，敗戦後の焼け野原からの復興を世界に向けてアピールしました。オリンピックの東京開催は，実は③1940年に一度決定されていましたが，前年にヨーロッパで始まった（　④　）の影響で中止となっていました。この時も⑤関東大震災からの復興をアピールする目的もあったとされています。

ちなみに本校の卒業生からは，これまでに11人がオリンピック選手として出場する活躍をみせています。

問1　下線部①の出来事として正しいものを一つ選び，記号で答えなさい。

（ア）　日米安全保障条約が調印された。
（イ）　日中共同声明が調印された。
（ウ）　東京・名古屋間に東名高速道路が開通した。
（エ）　東京・新大阪間に東海道新幹線が開通した。

問2　下線部②について内容が正しいものを一つ選び，記号で答えなさい。

（ア）　朝鮮戦争による特需の結果，日本の工業生産額はアメリカに次いで第2位となった。
（イ）　経済企画庁の『経済白書』は1955年を，「もはや戦後ではない」と評した。
（ウ）　佐藤栄作内閣のもとで所得倍増計画がかかげられ，経済が急成長した。
（エ）　ベトナム戦争が長期化した影響で，石油危機が起こった。

問3　下線部③の出来事として正しいものを一つ選び，記号で答えなさい。

（ア）　日独伊三国同盟が成立した。
（イ）　日本は国際連盟を脱退した。
（ウ）　国家総動員法が制定された。
（エ）　日ソ中立条約が結ばれた。

問4　空欄④にあてはまる出来事を答えなさい。

問5　下線部⑤に関連して，関東大震災からオリンピック中止までの出来事を一つ選び，記号で答えなさい。

（ア）　関税自主権の回復に成功して，日本は条約改正を達成した。
（イ）　中国に対して日本は二十一か条の要求をつきつけ，要求の大部分を認めさせた。
（ウ）　護憲運動の結果政党内閣が成立して，加藤高明内閣のもとで普通選挙法が成立した。
（エ）　資本主義諸国と社会主義諸国が激しく対立して，冷戦が始まった。

4　次の年表は令和元年（平成 31 年）の出来事を表しています。下の各問いに答えなさい。

1 月 22 日	安倍晋三首相が①ロシアを訪問する。
1 月 28 日	②第 198 回通常国会が召集される。
2 月 1 日	日本・（　A　）経済連携協定が発効する。
4 月 1 日	③5 月 1 日以降の新元号が決定される。
5 月 1 日	④元号が「令和」と改元される。
7 月 21 日	⑤第 25 回参議院議員通常選挙がおこなわれる。
10月 1 日	⑥消費税の税率が 8 ％から 10 ％に変更される。

問 1　下線部①について，このときの会談を行ったロシア大統領を次の中から一人選び，記号で答えなさい。

（ア）メルケル　（イ）トルドー　（ウ）マクロン　（エ）プーチン

問 2　下線部②について，国会の仕事として正しいものを次の中から一つ選び，記号で答えなさい。

（ア）最高裁判所長官を任命する。　（イ）外国と条約を締結する。
（ウ）国の予算を承認する。　（エ）天皇の国事行為に助言を与える。

問 3　下線部③が決定された「内閣総理大臣とその他の大臣による会議」を答えなさい。

問 4　下線部④に関連して退位した前天皇は，この日からどのような立場になりましたか。漢字二文字で答えなさい。

問５　下の旗は表中の（　Ａ　）のものです。（　Ａ　）は外交・安全保障の政策と通貨の統合を目的として結成された地域共同体であり，（　Ａ　）は2012年にノーベル平和賞も受賞しました。この地域共同体の略称をアルファベットで答えなさい。

問６　下線部⑤に関連して，参議院の議員定数として正しいものを次の中から一つ選び，記号で答えなさい。

（ア）　512名　　（イ）　480名　　（ウ）　365名　　（エ）　242名

問７　下線部⑥のように「国や地方公共団体に納める人」と「負担する人」が異なる税金のことを何といいますか。答えなさい。

【理　科】〈第１回試験〉（社会と合わせて60分）〈満点：50点〉

（注意）定規，コンパス，分度器，計算機などを使用してはいけません。

1　　次の各問いに答えなさい。

〔Ⅰ〕 たかし君は，電流と磁界の関係を調べるために，導線と厚紙，および方位磁針を用いて**図1，3，4，5**を作りました。ただし，磁針の針はSNとします。

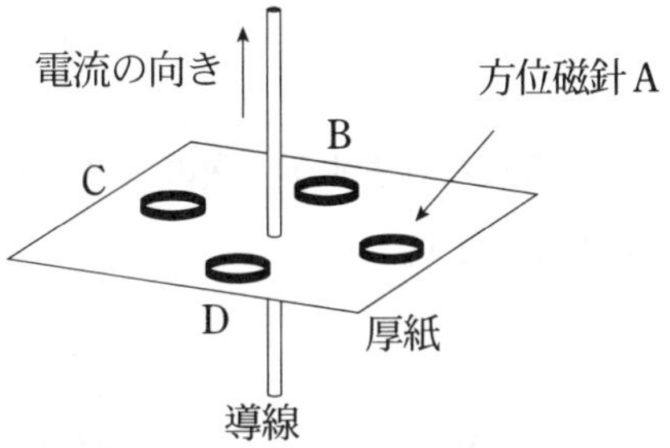

図１

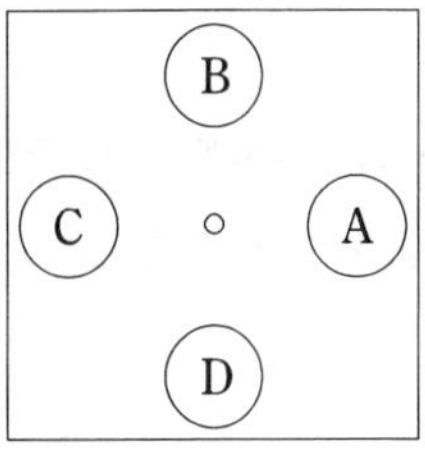

図２　**図１**を上から見たもの

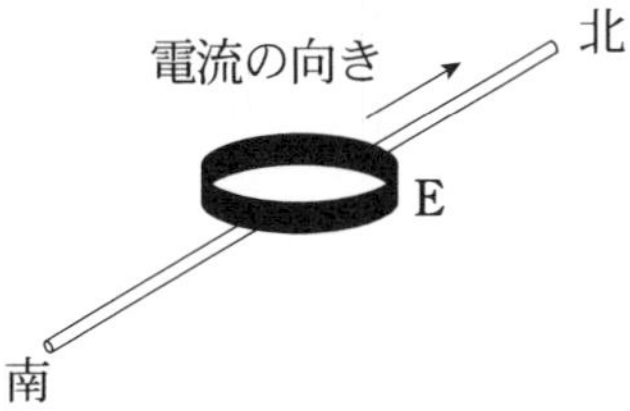

図３

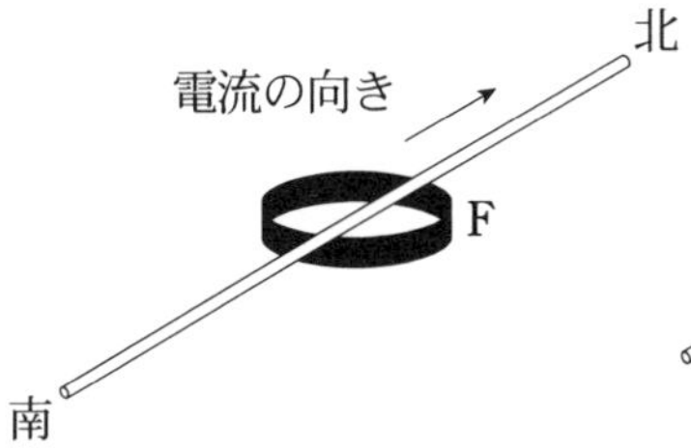

図４

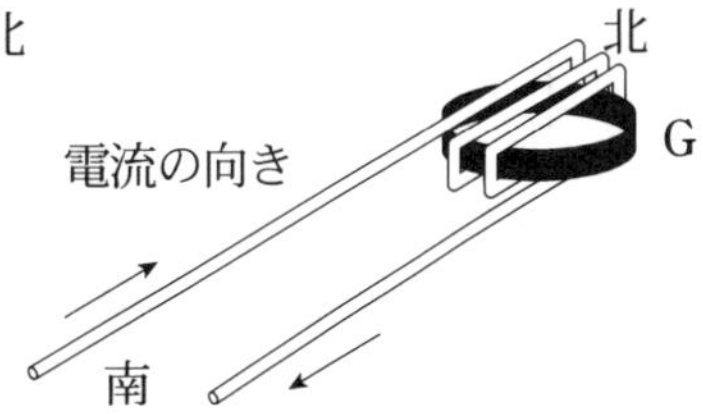

図５

問１　**図２**において，方位磁針Aはどのようになりますか。次の（ア）～（エ）から１つ選び，記号で答えなさい。

（ア）　（イ）　（ウ）　（エ）

問２　**図３**において，方位磁針Eを上から見ると，どのようになりますか。次の（ア）～（エ）から１つ選び，記号で答えなさい。ただし，上向きを北とします。

（ア）　（イ）　（ウ）　（エ）

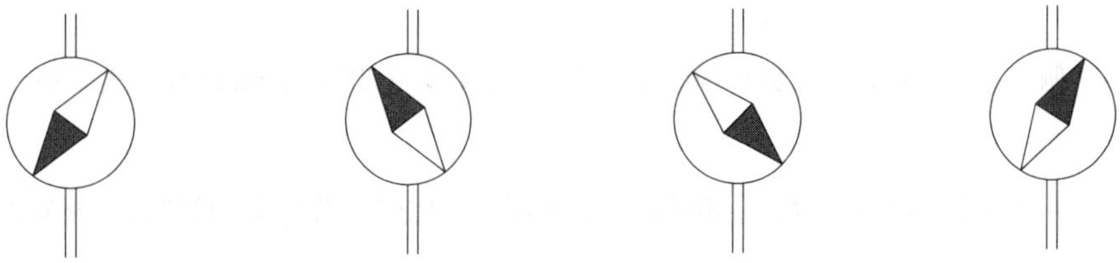

問3　**図4**において，方位磁針Fを上から見ると，どのようになりますか。次の（ア）～（エ）から1つ選び，記号で答えなさい。ただし，上向きを北とします。

（ア）　（イ）　（ウ）　（エ）

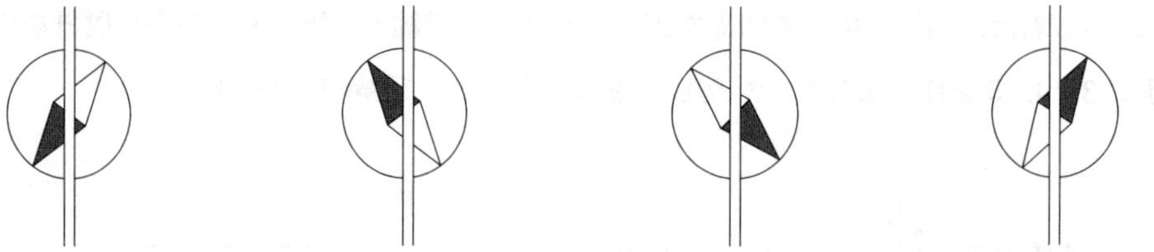

問4　**図5**において，方位磁針Gを上から見ると，どのようになりますか。次の（ア）～（エ）から1つ選び，記号で答えなさい。ただし，上向きを北とします。

（ア）　（イ）　（ウ）　（エ）

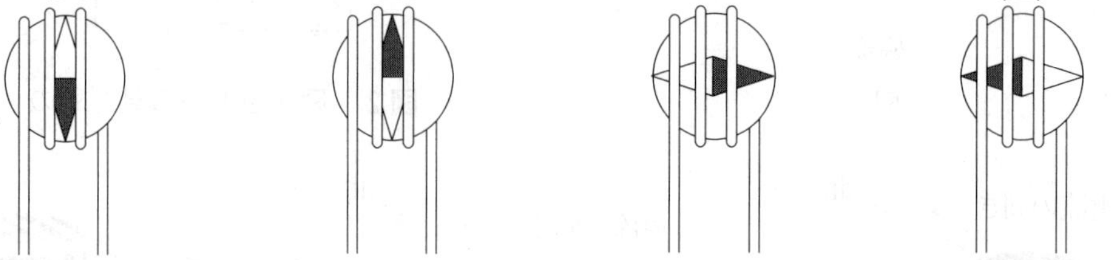

〔Ⅱ〕　次に，たかし君は電磁石の性質を調べるため，**図6**のような装置を作りました。この装置は，台の上にばねをつなげた鉄球と，電池と中に鉄しんを入れたコイルおよび豆電球を用いた回路からできています。この回路の電池を1個，または直列に2個つなげたときに，ばねののびと鉄しんに巻かれたコイルの巻き数の関係を調べたところ，**図7**のようになりました。

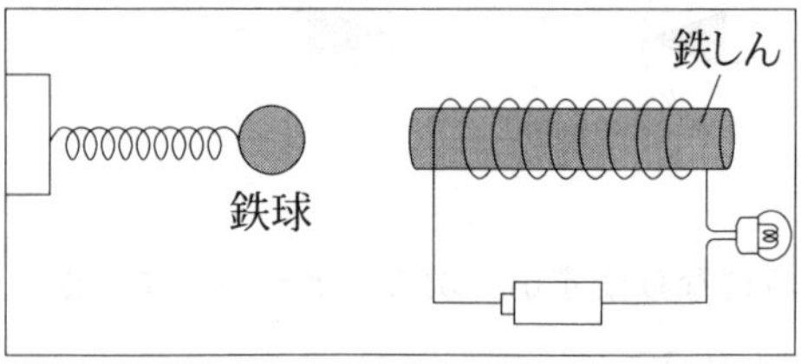

図6

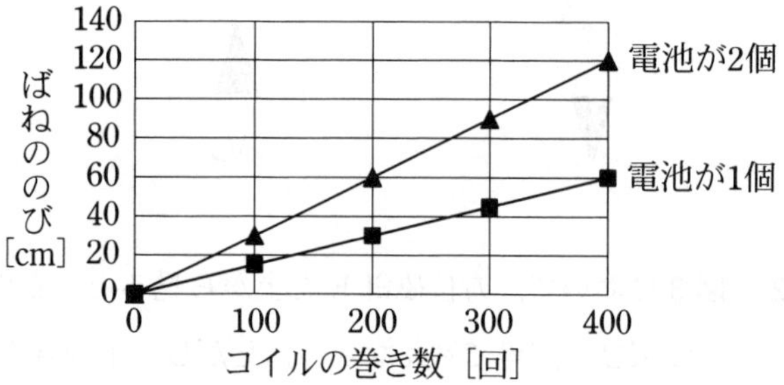

図7

問5　電池が1個で，コイルの巻き数が500回 のとき，ばねののびは何 cm になりますか。

問6　電池を直列に2個つなげた場合，電池が1個の場合と比べて磁力は何倍になりますか。

2 もののの燃え方について，次の各問いに答えなさい。

問１ ろうそくのほのおは，外側から外えん，内えん，えん心という３つの部分に分かれています。外えんの温度と見え方の組み合わせとしてもっとも適切なものはどれですか。次の（ア）～（カ）から１つ選び，記号で答えなさい。

記号	外えんの温度	外えんの見え方
（ア）	約 900～1400℃	色がうすくて見えにくい
（イ）	約 900～1400℃	明るくかがやいて見える
（ウ）	約 500～1200℃	色がうすくて見えにくい
（エ）	約 500～1200℃	明るくかがやいて見える
（オ）	約 200～900℃	色がうすくて見えにくい
（カ）	約 200～900℃	明るくかがやいて見える

問２ ろうそくを燃やし続ける方法を調べるため，火のついたろうそく，底を切り取った集気びん，土台のねん土，アルミニウムの板を用意し，下の図の（ア）～（エ）のように置きました。（ア）と（イ）は土台のねん土にすき間を作り，（ウ）と（エ）は土台のねん土にすき間がないようにしました。しばらく観察すると，ろうそくの火が消えてしまうのは（ア）～（エ）のどれですか。あてはまるものを**すべて選び**，記号で答えなさい。

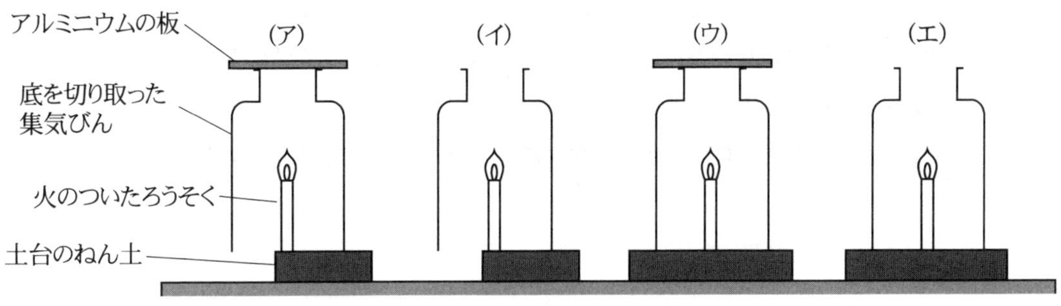

問３　次の図は，集気びんの中でろうそくを燃やす前の空気と，燃やした後の空気を閉じこめたようすを模式的に表したものです。図の ○ にあたる気体の名前を答えなさい。ただし，図の○，●，▲ は空気にふくまれる気体の成分を表しています。また，発生した水蒸気はすべて液体になるものとします。

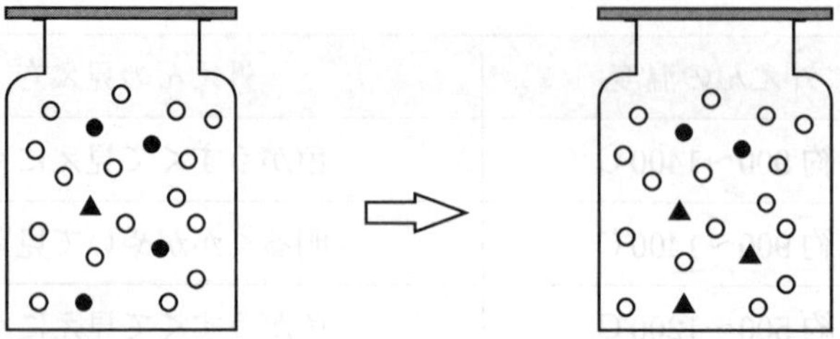

ろうそくを燃やす前　　ろうそくを燃やした後

問４　**問３**の図の ○ にあたる気体は，私たちの身の回りで使われています。この気体の使われ方として正しいものはどれですか。次の（ア）～（エ）から１つ選び，記号で答えなさい。

（ア）　自動車の燃料

（イ）　家庭用ガスコンロの燃料

（ウ）　バルーンや飛行船を飛ばすための気体

（エ）　食品を新せんに保つための気体

問５　**問３**の図において，ろうそくを燃やした後に増えている気体があります。この気体の名前を答えなさい。また，この気体を確認する方法とその結果として，正しいものはどれですか。次の（ア）～（エ）から１つ選び，記号で答えなさい。

（ア）　この気体にマッチの火を近づけると，ポンと音を立てて燃える。

（イ）　この気体に火のついた線香を近づけると，線香の火がはげしく燃える。

（ウ）　この気体を石灰水に入れると，石灰水が白くにごる。

（エ）　この気体をとかした水に，赤色リトマス紙をつけると，青色に変化する。

3 日本の天気について，次の各問いに答えなさい。

問１ 日本付近では，天気はどのように移り変わりますか。次の（ア）～（エ）から１つ選び，記号で答えなさい。

（ア） 西から東へ　（イ） 東から西へ　（ウ） 南から北へ　（エ） 北から南へ

問２ 問１のように天気が移り変わる原因となる風の名前を答えなさい。

問３ 暖気と寒気がぶつかり合うところでは，両方の空気のかたまりは混じり合わずに境目ができます。この境の面を前線面といいます。前線面の図としてもっとも適切なものを，次の（ア）～（エ）から１つ選び，記号で答えなさい。

（ア）

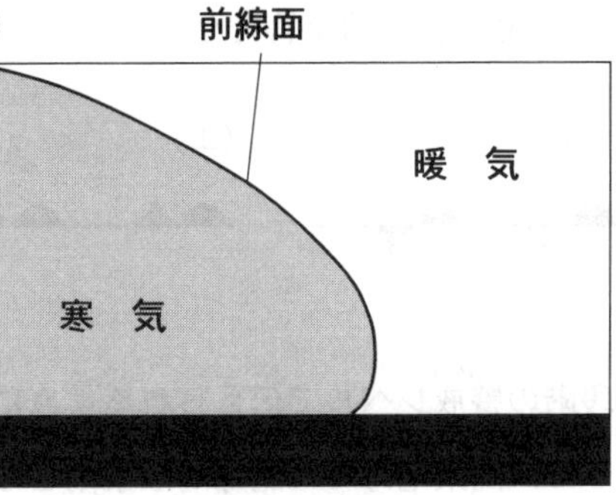

（イ）

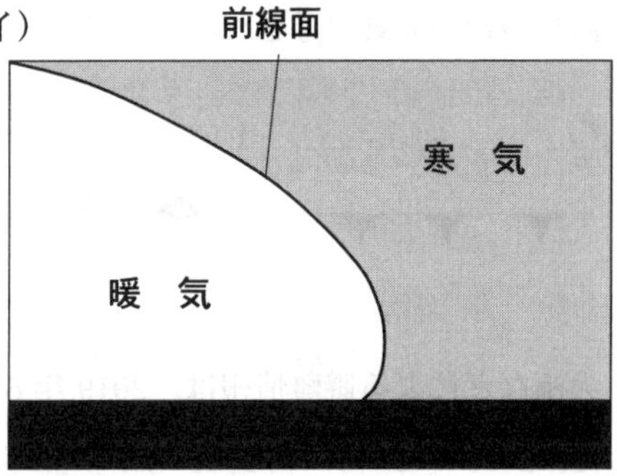

（ウ）

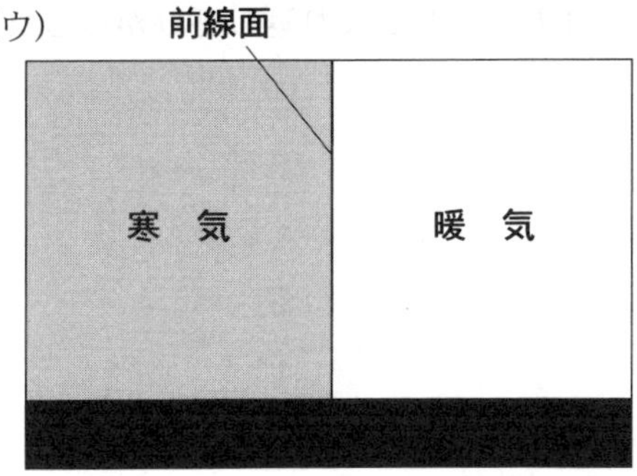

（エ）

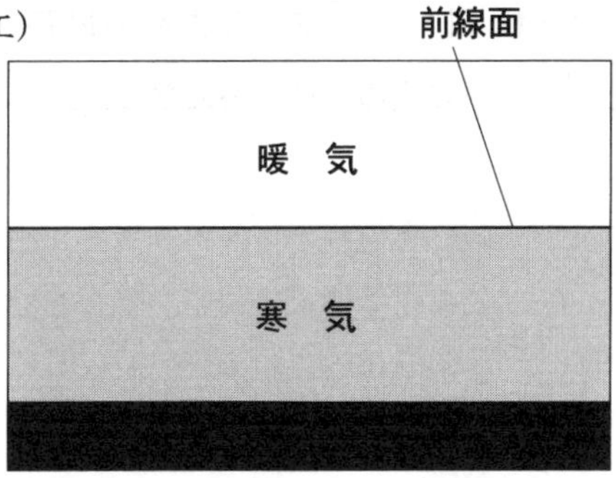

問４　前線面と地表が交わるところを前線といいます。前線には寒冷前線，温暖前線，停たい前線，閉そく前線の４つの種類があります。前線について，（１）～（３）の問いに答えなさい。

（１）　寒冷前線が通過するときの特ちょうとしてあてはまるものを，次の（ア）～（カ）から**３つ選び**，記号で答えなさい。

（ア）　強い雨が降るが，短時間でやむ。
（イ）　おだやかな雨が，長時間降る。
（ウ）　前線が通過すると，気温が上がる。
（エ）　前線が通過すると，気温が下がる。
（オ）　前線が通過すると，風が南寄りから北寄りに変わる。
（カ）　前線が通過すると，風が北寄りから南寄りに変わる。

（２）　６月から７月頃《ごろ》に日本付近に前線が停たいします。この停たい前線の名前を答えなさい。

（３）　温暖前線の天気記号を，次の（ア）～（エ）から１つ選び，記号で答えなさい。

（ア）　　（イ）　　（ウ）　　（エ）

問５　大雨などによる避難《ひなん》情報は，2019年６月より５段階の警戒《けいかい》レベルで伝えられるようになりました。2019年10月，台風19号が伊豆半島に上陸して，関東地方でも記録的な豪雨《ごうう》となり，河川の氾濫《はんらん》や土砂災害など，じん大な被害《ひがい》が生じました。このときの避難情報は警戒レベル５が発令され，「□を守るための最善の行動をとりましょう」とくり返し呼びかけられました。□に入る言葉を答えなさい。

4　文章を読んで，次の各問いに答えなさい。

やすし君は，小学校の校庭にアゲハチョウが飛んでいるのを見つけ，追いかけました。やすし君は，「花のみつを吸いに花だんに行くのかな？」と考えていましたが，アゲハチョウは花だんではなくミカンの木に近づき，羽ばたきながら前あしでミカンの葉にふれていました。翌日，ミカンの葉を調べてみると，アゲハチョウの卵が産みつけられていました。

問１　図かんで調べると，校庭で見たアゲハチョウはナミアゲハという種類で，ミカンのなかまの葉に産卵することがわかりました。このように，チョウは決まった植物の葉に産卵します。その理由としてもっとも適切なものを，次の（ア）～（エ）から１つ選び，記号で答えなさい。

（ア）　チョウの種類によって，幼虫の食べる植物の葉が決まっているから。
（イ）　チョウの種類によって，産卵しやすい葉の形が決まっているから。
（ウ）　チョウの種類によって，飛ぶ高さが決まっているから。
（エ）　チョウの種類によって，成虫になる季節が決まっているから。

問２　ナミアゲハがどのようにしてミカンの葉を見分けているかを調べるために，大きめの飼育ケース，ミカンの葉，キャベツの葉，下図のような①～④の紙，ナミアゲハのメスを準備して，次のような実験を行いました。（１）～（３）の問いに答えなさい。

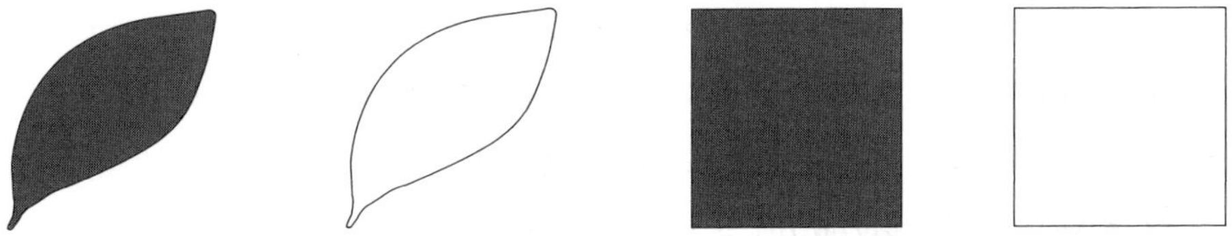

①
形と大きさがミカンの葉と同じ緑色の紙

②
形と大きさがミカンの葉と同じ白色の紙

③
正方形に切った緑色の紙

④
正方形に切った白色の紙

実験１：ミカンの葉とキャベツの葉を入れた飼育ケースにナミアゲハのメスを放すと，羽ばたきながら前あしでそれぞれの葉にふれていましたが，ミカンの葉にだけ産卵しました。

実験２：①～④の紙を入れた飼育ケースにナミアゲハのメスを放すと，羽ばたきながら前あしでそれぞれの紙にふれていましたが，どの紙にも産卵しませんでした。

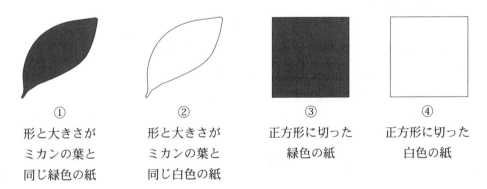

実験３：きり吹きで少し湿《しめ》らせた①～④の紙を入れた飼育ケースにナミアゲハのメスを放すと，羽ばたきながら前あしでそれぞれの紙にふれていましたが，どの紙にも産卵しませんでした。

実験４：ミカンの葉をこすりつけた①～④の紙を入れた飼育ケースに，ナミアゲハのメスを放すと，羽ばたきながら前あしでそれぞれの紙にふれ，すべての紙に産卵しました。

実験５：キャベツの葉をこすりつけた①～④の紙を入れた飼育ケースに，ナミアゲハのメスを放すと，羽ばたきながら前あしでそれぞれの紙にふれていましたが，どの紙にも産卵しませんでした。

（１） 実験１で確認できることとして，もっとも適切なものを，次の（ア）～（オ）から１つ選び，記号で答えなさい。

（ア） ナミアゲハは，飼育ケース内の温度が高いと産卵する。

（イ） ナミアゲハは，飼育ケース内では産卵しない。

（ウ） ナミアゲハは，飼育ケース内に入れた葉の枚数が多いほど産卵する。

（エ） ナミアゲハは，飼育ケース内だとミカンの葉だけでなくキャベツの葉にも産卵する。

（オ） ナミアゲハは，飼育ケース内でもミカンの葉にだけ産卵する。

（２） 実験２～５の結果からわかることとして，もっとも適切なものを，次の（ア）～（オ）から１つ選び，記号で答えなさい。

（ア） ナミアゲハのメスは，葉の形でミカンの葉を見分けている。

（イ） ナミアゲハのメスは，葉の色でミカンの葉を見分けている。

（ウ） ナミアゲハのメスは，葉の湿り気でミカンの葉を見分けている。

（エ） ナミアゲハのメスは，葉の成分でミカンの葉を見分けている。

（オ） ナミアゲハのメスは，ナミアゲハのオスに教えてもらってミカンの葉を見分けている。

（３） 前あしがなくなってしまったナミアゲハのメスと，触覚《しょっかく》がなくなってしまったナミアゲハのメスで実験２～５を行いました。その結果，前あしがなくなってしまったナミアゲハのメスはすべての実験で産卵しませんでしたが，触覚がなくなってしまったナミアゲハのメスは実験４でのみ産卵しました。このことから，ナミアゲハのメスはからだのどの部分を使ってミカンの葉を見分けていると考えられますか。

問３　数日後に校庭のミカンの木を見に行くと，卵からふ化したナミアゲハの１令幼虫がいました。観察を続けると，やがて３回だっ皮をして４令幼虫になりました。図かんで調べると，幼虫の時期は５令までで，５令幼虫がだっ皮するとさなぎになると書いてありました。ナミアゲハの４令幼虫の図としてもっとも適切なものを，次の（ア）～（エ）から１つ選び，記号で答えなさい。

（ア）

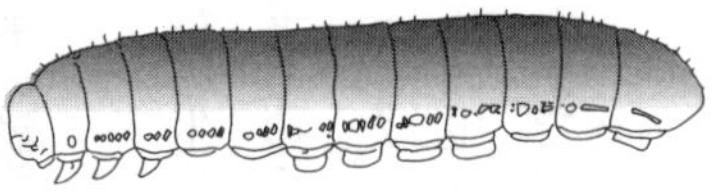

（イ）

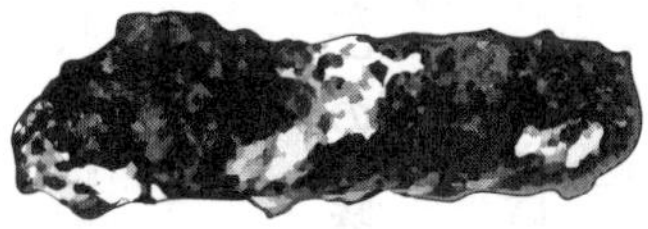

（ウ）

（エ）

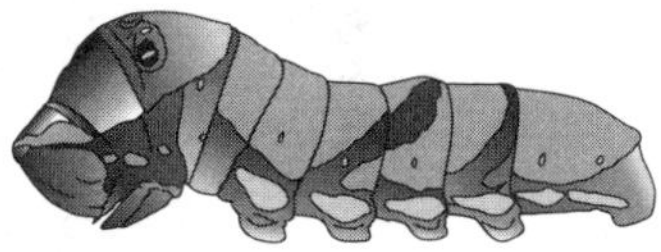

問４　ナミアゲハの幼虫はさなぎとなり，やがて羽化して成虫となりました。ナミアゲハと同じように成長するこん虫を，次の（ア）～（オ）から**２つ選び**，記号で答えなさい。

（ア）　アリ　　（イ）　セミ　　（ウ）　カブトムシ　　（エ）　ダンゴムシ　　（オ）　カマキリ

問５　ナミアゲハを見かける季節は春から秋で，冬になるとまったく見かけなくなります。冬は気温が下がるので，こん虫もあまり活動しなくなるからです。ナミアゲハの冬ごしについてもっとも適切なものを，次の（ア）～（エ）から１つ選び，記号で答えなさい。

（ア）　卵で冬をこす。　　　　　（イ）　幼虫で冬をこす。

（ウ）　さなぎで冬をこす。　　　（エ）　成虫で冬をこす。

問５　――線⑤「はっとした」とありますが、「オレ」はどんなことに気がついたのですか。その説明として最もふさわしいものを、次から選びなさい。

ア　体育の長距離走で、上位の生徒と差がついたのは自分が練習していなかったためであるのに、練習量を言い訳にしている自分の情けなさに気がついた。

イ　体育の長距離走で、上位の生徒にどうしても追いつけない現実をふがいなく思い、今まで取り組んでいなかった練習の大切さに気がついた。

ウ　体育の長距離走で、日ごろから毎日部活動で走っている生徒と一緒に先頭を走ることができた自分に、やればできるのだと気がついた。

エ　体育の長距離走で、追いつきたくても追いつけない日々の練習の差を目の当たりにし、実は走ることがきらいになっていることに気がついた。

問６　――線⑥「きびすを返した」の意味として、最もふさわしいものを、次から選びなさい。

ア　応援《おうえん》をした　　イ　うなずいた

ウ　引き返した　　エ　思い返した

問７　――線⑦「そうやってできるようになった」とありますが、どうすることでできるようになったのですか。説明しなさい。

問８　本文の表現の説明として最もふさわしいものを、次から選びなさい。

ア　擬音語《ぎおんご》を多くつかうことで、「オレ」の悩みが言葉にならないものであることを表現している。

イ　「オレ」や「陽菜」の思っていることを、会話の間に細かく描《えが》くことで緊張感を持たせている。

ウ　「オレ」の視点からのみ物語を語ることで、自己中心的な「オレ」の性格が表されている。

エ　回想シーンを入れることにより、読者が「オレ」の気持ちを理解しやすくなっている。

問１　――線①「がんばれ、がんばれよ、そんなふうに言われている気がした」とありますが、「オレ」は神輿を担ぐことに対してどのように思っていますか。説明しなさい。

問２　――線②「あわててまつり半纏を靴箱のなかにつっこむ」とありますが、なぜそのようにしたのですか。その理由としてもっともふさわしいものを、次から選びなさい。

ア　陽菜にこれ以上怒られないようにするため。
イ　陽菜がはしゃいでしまい、じゃまになるため。
ウ　陽菜に期待させ、がっかりさせるのが怖いため。
エ　陽菜にだまってプレゼントしようとしていたため。

問３　――線③「あっ……」とありますが、このときの「オレ」の心情として最もふさわしいものを、次から選びなさい。

ア　陽菜が大人ぶった口の利《き》き方をすることにいらだち、大声を出したことに、後悔《こうかい》している。
イ　自分の精神的な弱さや余裕《よゆう》のなさのために、陽菜に感情的に接してしまい、後悔している。
ウ　陽菜の幼い行動を途中でさえぎり、相手をしてやれなかったことを、後悔している。
エ　年上への口の利き方について陽菜を優しく注意すべきところを、強くしかってしまい、後悔している。

問４　――線④「どんと畳にこぶしをふるう」とありますが、なぜ「こぶしをふる」ったのですか。その理由として最もふさわしいものを、次から選びなさい。

ア　夢に出てきた「とうちゃん」の言葉を頭からふりはらうことで、神輿を担ぐ決意を強くしたいから。
イ　「とうちゃん」や陽菜とした約束は守らなければならないと、自分のことを精神的に強く追い込んでいるから。
ウ　いらだちを不用意にぶつけてしまった陽菜に対して情けなく思い、心から謝ることを決心しているから。
エ　一度神輿を担ぐと決めたのに、また悩んでしまったことを反省し、再び神輿を担ぐ気持ちを固めようとしているから。

いる。

　男の子が地面をトンと蹴《け》る。

　ふっ。思わずふきだしそうになった。ちっとも、もうちょっとなんかじゃない。

　けど、お父さんは「ホントあとちょいだ」なんて言っている。男の子も顔を赤くしながら、コクコクうなずいて、また鉄棒をにぎる。

　オレはそっと⑥きびすを返した。

　　――あきらめなけりゃ、できるんだよ。たいがいのことはさ。

　そう言って笑うとうちゃんの顔を思い出した。

　とうちゃんはいつだって、どんなことだって、「できるさ」と言ってオレの背中を押《お》した。ああしろとか、こうしろとか、そういうことはなにも言わなかったけど、気がつくととうちゃんがいて、オレを見ていた。

　泳ぐことも、補助なし自転車にのることも、二重跳《にじゅうと》びも、高く高く打ちあがったボールをキャッチすることも。ガキのころはぜん⑦ぶそうやってできるようになった。大きくなれば、できることはどんどん増えていくんだと思っていた。けど、現実は学年があがればあがっただけ、できないことが増えていく。あきらめることが増えていく。

　五年の球技大会もそうだった。クラスのチームでピッチャーに選ばれた。だけど、あっちゃんのほうがコントロールがよくって、大会の三日前に交代させられた。あっちゃんのコントロールがいいことは、オレにだってわかっていた。けど、スピードならオレのほうが速い。だから、毎日毎日、ひとりでも、雨が降っても、練習をした。だけど……。

　悔《くや》しくて、腹がたって、自分がみじめで。最初からあっちゃんに決まっていれば、こんな思いをすることなんてなかったのに。オレ、かっこうつけて、「あっちゃん頼《たの》むー」なんて笑いながら言ったんだ。

　がんばったって、無駄《むだ》なこともあるんだ。

　しがみつくよりあきらめたほうがラクだということを知って、興味のないフリをすることがうまくなった。

　神輿だって。

　いまでも不安でしかたがない。でも、とうちゃんとの約束を守れないことのほうが、ずっと、イヤだ。

　すーっと金色の朝日がさす。空を見あげて目を細めた。

（『空へ』いとうみく）

＊江口さん…「とうちゃん」の神輿仲間。

＊半纏…和風の着衣の一種。羽織に似た、丈の短い上着。

あのころは、いつも走っていた。あそびでも、学校の登下校でも。そんなオレのことをとうちゃんは「まぐろみたいだな」って笑った。

まぐろは眠っているときでも、泳ぎ続けるのだという。

中学になってからは、体育の時間くらいしか走らなくなった。いつもいっしょにあそんでいたヤツらは、部活だとか、塾《じゅく》だとか、なにやかや忙《いそが》しくなったし、オレも学童クラブに陽菜を迎《むか》えにいって、そのまま家に帰る。たまにあそぶことがあっても、あのころのように駆《か》けまわってあそぶことはほとんどなかった。

スピードをあげてみる。ボーボーと耳もとで風がなって、のどが張りつくようにヒリヒリする。息があがる。足が異様《いよう》に重い。

このくらいでへばってたまるかよ。

先週の体育の時間にやった長距《ちょうきょ》離《り》走《そう》を思い出して、唇《くちびる》を噛《か》んだ。

あのとき、途中《とちゅう》まではサッカー部のふたりといっしょに先頭を走ってた。けど、ラスト二〇〇メートルのところでふたりがスパートをかけると、ついていけなかった。追いつこうと足を動かすけれど、思うように動かない。気ばかり急《せ》いて、あせってじれて、気づくとアゴがあがっていた。

何人もにぬかされて、結局、一年の男子四十三人中十一番だった。

上位六位までに入ったヤツの名前が廊下《ろうか》に張り出された。全員、サッカー部と野球部だった。

だよな。毎日毎日、夏の暑い日もあいつらはトレーニングをして走りこんできたんだ。オレだって、オレだって同じようにやっていれば……。

気づかないうちに、奥歯《おくば》を噛みしめている自分に気づいて、⑤はっとした。

みっともねえっ。

やっていれば、なんて。やらなかったことがすべてじゃないか。やっていれば同じくらい走れたなんて、そんなことを言う資格なんて、一ミリだってない。

わかってんだろっ……。

スピードをすこし落とす。あせるな。自分のリズムで、二度息をはき、二度すう。自分の息づかいにだけ耳をかたむける。

土手を駆けおりて、また住宅地に入る。東へ東へと進んでいくと小さな公園がある。ここまで約三十分、足をゆるめて息を整えながらなかへ入った。

「よーし、いいぞいいぞ！」

屈伸《くっしん》をしていると、キリンの形をしたすべり台のむこうから声が聞こえた。

「おっしいなー、もうすこしだ、できるできる」

のぞいてみると、陽菜と同じ一年生くらいの男の子が鉄棒にしがみついていた。

「もうちょっとだなぁー」

父親らしき男の人が、そのすぐ横で大げさなくらいに残念がってそっと陽菜を見ると、陽菜は目を赤くして、オレを見ていた。にらんでいるようにも、おびえているようにも、ただ、驚《おどろ》いているようにも見える。

「陽菜……」

オレが口を開くと、今度ははっきりと、ぎっとにらんで、トイレのなかに駆《か》けこんだ。

小さく息をついて、畳《たたみ》の上に寝転《ねころ》がる。

最悪だ。

自分の不安を、自信のなさを、あせりを、陽菜にあたってしまった。

やっぱりムリ、かな。やめたほうがいいんじゃないか？　途中《とちゅう》で投げ出してしまうくらいなら、最初からやらないほうがマシなんじゃないか？

三日も考えて、迷って決めたのに、すぐにラクなほう、ラクなほうへと引っ張られる。

そんなんじゃダメだって、そう言いたくてとうちゃん、夢に出てきたのかもしれない。

とうちゃんの仲間に、情けないところなんて見せられない。見せたくない。

けど、もし今年担がなかったら。来年は出るかわからない……。

④どんと畳にこぶしをふるう。

決めたんだ。自分で決めたんだ。なのに、なんでうじうじしてんだよ。

がばっと起きあがる。

視線を感じてトイレのほうを見ると、細く開いていたドアが、ぱたんと閉まった。

ふっと笑った。

「陽菜、出てこいよ。ごめん、どなったりして。にいちゃんが悪かった」

……。

「にいちゃんさ、神輿担ぐんだぞ、今度のまつり」

かちゃっと鍵《かぎ》を開ける音がして、静かにドアが開いた。

陽菜が顔を出した。

タッタッタッタッタッタッ

住宅街をぬけて川沿いの土手に出る。

神輿を担ぐと決めた日から、毎朝一時間ほど走りこんでいる。

まつりまで、あと二週間。付け焼き刃のトレーニングなんか意味がないことくらい、わかっている。それでも、なにもしないではいられない。しなかったことを、言い訳にしたくない。

走ることは昔から好きだった。小学生のときは毎年運動会でリレーの選手に選ばれていたし、冬のマラソン大会では四年のときからかならず先頭集団のなかに入っていた。

トレーニングだと思って走ったことなんて一度もなかったけど、

三　次の文章を読んで、後の問いに答えなさい。

境内を出たところで、*江口《えぐち》さんから手わたされたまつり*半纏《ばんてん》に目をやった。とうちゃんと同じ半纏だ。

ぱんっと半纏を広げて袖《そで》をとおし、肩《かた》にあるコブを得意そうに見せるとうちゃんの姿《すがた》が目に浮《う》かぶ。

神輿《みこし》コブだ。

「痛《いた》くないの？」と、聞いたことがある。とうちゃんはオレの頭に手を置いて、勲章《くんしょう》みたいなもんだと笑った。

あんなに強くて大きなとうちゃんの肩にコブをつくるくらい、きついんだ。神輿を担《かつ》ぐって。

オレに、いまのオレに本当にできるんだろうか。もし、最後まで担げなかったら……。

とんっ！

背中から太鼓《たいこ》の音が聞こえた。腹の奥《おく》にズンと響《ひび》く。江口さんの音だ。

①がんばれ、がんばれよ、そんなふうに言われている気がした。

「ただいま」

アパートのドアを開けると、「おにーちゃん！」と部屋のなかから、陽菜《ひな》の怒《おこ》ったような声が聞こえてきた。②あわててまつり半纏を靴箱《くつばこ》のなかにつっこむ。

「どこに行ってたの！」

「ちょっとな、ほらじゃま、どけよ」

腰《こし》に手をあてて立っている陽菜を乱暴に押《お》しのけて、部屋に入った。

まつり半纏を借りにいくことを黙《だま》っていたことに、思わず靴箱に隠《かく》したことに、うしろめたさを感じていた。

でも、あれを見たら、陽菜はきっと「とうちゃんのといっしょだ」とはしゃぐだろう。うれしそうにはしゃいで、まつりの日がくるのを待ちこがれて、とうちゃんみたいだね！と、まっすぐにオレを見るだろう。

それを受けとめる自信なんてない。期待されたくない、期待されて、それを裏切るのが怖《こわ》い。

オレ、とうちゃんと同じなんて、できっこないよ。

冷蔵庫から牛乳を取り出して胃袋《いぶくろ》に流しこんだ。

「あ！　コップにいれなきゃいけないんだ！」

陽菜が口うるさく、なんだかんだと言ってくる。

「おにいちゃん、うがいもしてない！　手も洗ってない！」

うるさいな、うるさい……。

「かあちゃんに言いつけちゃうからね」

うるさい、うるさい、うるさい。

「いーけないんだ」

「③うるさい！」

あっ……。

陽菜の動きがぴたっと止まった。

どなってしまった。

無性にイライラして、おさえられなかった。

問3 [1]・[2] に入る語の組み合わせとして最もふさわしいものを、次から選びなさい。

ア 1 しかし　2 つまり
イ 1 なぜなら　2 しかし
ウ 1 つまり　2 たとえば
エ 1 たとえば　2 なぜなら

問4 ――線③「スサノオノミコトは鼻から生まれています」とありますが、なぜ「鼻」から生まれたのですか。その理由を、本文中から十字以内で書きぬきなさい。

問5 [A] に入る「過去から現在までと、あらゆるすべての所」という意味の四字熟語として最もふさわしいものを、次から選びなさい。

ア 東西南北　イ 古今東西
ウ 前代未聞　エ 老若男女

問6 ――線④「私は驚くとともに、感動を覚えました」とありますが、なぜですか。「古代」と「現代」という二つの言葉を使って、その理由を説明しなさい。

問7 [B] にあてはまる語句として最もふさわしいものを、次から選びなさい。

ア なつかしい時間　イ 美しい愛情
ウ すばらしい場所　エ たくましい山々

問8 本文の内容として最もふさわしいものを、次から選びなさい。

ア 人間の体全体に対する認識が、植物の生長過程に対する認識と非常に似ている。
イ 植物の生長過程と部分の役割のすべてを、人間の顔に置きかえて考えることができる。
ウ 人間の顔の各器官に対する古代人の認識が、植物と共通する部分が多いことが証明された。
エ 植物と人間の顔における発音が似ている各器官では、それぞれの器官の働きや認識が共通している。

と顔を出した」「顔を貸せ」というのも、「顔」で体全体を表わしています。

「かお」は、体から独立した、別個の生命体だったのです。

(『ひらがなでよめばわかる日本語』中西進)

＊プロセス…手順。方法。

＊摩擦音…唇《くちびる》・歯・舌《した》などを狭《せば》めたすき間に、呼気《こき》をこするように通して出す音。

＊戯れ歌…滑稽《こっけい》味のある和歌。滑稽とは、おもしろおかしく、たくみに言いなすこと。

問１　――線①「体の部分部分」とありますが、体の部分に関する慣用句と意味の組み合わせとしてふさわしくないものを、次から選びなさい。

ア　額を集める…顔を近づけて相談する。

イ　鼻が高い…ほこらしく思う。

ウ　耳が痛い…自分の弱点を言われ、聞くのがつらい。

エ　目を丸くする…喜びのため、目を大きく見ひらく。

問２　――線②「目は『芽が出る』の『芽』」とありますが、なぜ「目」と「芽」が同じ音なのですか。その理由として最もふさわしいものを、次から選びなさい。

ア　「目」は人体において、ものを認識する第一の器官であり、「芽」も植物において、一番最初の生長段階であるから。

イ　「目」は人体器官の中で、最も活動的な部分であり、「芽」も植物器官の中で、最も生命力があふれている部分だから。

ウ　「目」は人間の器官の中で、すべてに優先されるものであり、「芽」も植物器官の中で同様に優先されるものだから。

エ　「目」は人間の感覚機能において、多くの情報を得るものであり、「芽」も植物において、外部を認識するものだから。

うちの女房《にょうぼう》の額に生えた、双六盤《すごろくばん》の牡牛《おうし》の鞍《くら》の上の腫《は》れもの、とうたう。「ひたひ」とは「ひたい」の古語で、額のことです。つまり、おでこを「ひたい」といったのですが、ここは「ぬか」ともいいます。

深く頭を下げて拝礼《はいれい》することを「ぬかずく（古語は「ぬかづく」）」というとおり、「ぬか」とは「おでこ」のこと。

では、「おでこ」には、すでに「ぬか」というよび名があるのに、なぜ、あらためて「ひたい」というのかというと、この部分こそ、ものに対しても人に対しても、真《ま》っ直《す》ぐに向き合う場所だと考えられたからです。

「ひたい」の「ひた」に漢字をあてれば「直」。まっすぐな道を「ひたみち」といいますが、「ひたすら」とか「ひたむき」とか、そういうのが「ひた（直）」です。つまり、相手に向き合うのは、手でも体でもなく、「ひたい」でした。

それほど「ひたい」というのは重要なところです。「ひたい」の内側にあるのは大脳の前頭葉。前頭葉は意思や感情、知能などの働きをつかさどる、人間にとって最も重要な部分です。

古代人は人体解剖《かいぼう》をしたわけでもないのに、身体構造に対する認識から「ひたひ（ひたい）」ということばを誕生させたのだと思いついた時、④私は驚《おどろ》くとともに、感動を覚えました。

鼻の両側にある、この「ほほ（頬）」ですが、「ほ」は「秀《ひい》でる」という意味で、「いなほ（稲穂《いなほ》）」の「ほ」と同じです。つまり膨《ふく》らんでいるからこそ「ほほ」とよばれるので、ぺしゃんこであってはいけないんですね。

「秀でる」という意味の「ほ」を実感するのが、『古事記』の次の歌です。

倭《やまと》は　国のまほろば　たたなづく　青垣《あをかき》　山隠《ごも》れる　倭《やまと》し　美《うるは》し

（大和《やまと》は、国の中でも最もすばらしいところ。重なり合う青い垣根《かきね》の山々にこもっている、この大和は何と美しいのだろう……）

東征《とうせい》の果て、三重村《みえのむら》（現在の三重県四日市市采女《うねめ》町のあたり）にたどり着いたヤマトタケルが、能煩野《のぼの》で故郷を偲《しの》んでうたう歌。このあと間もなくしてヤマトタケルは死んでしまいます。

この「まほろば」は、美称《びしょう》の「ま」＋秀でるの「ほ」＋愛称《あいしょう》の「ろ」＋接尾《せつび》語の「ば」で、B をいいます。「まほろば」「ほほ（頬）」「いなほ（稲穂）」の「ほ」は、すべてすぐれたものをいう「秀《ほ》」なのです。

さて、古代人は、どうやら「芽（目）」を出したり「花（鼻）」を咲かせたりしながら「実（耳）」をつけていく「かお（顔・貌《かお》）」を、体とは別のものとして考えていたようです。そのとおり「かお」とは、現われる形といった内容をもつことばです。植物の朝顔・夕顔は、朝夕に咲き出すし、「どの顔さげていくんだ」「ちょっそして岬《みさき》の突端《とったん》のことを「はな」ともいいますね。すべて同じです。いろいろと探してみましょう。たとえば「はなからバカにしている」と怒《おこ》ったり、「しょっぱな」「上がりばな」「(下駄《げた》の)はなお」といったり……。

漢字では「鼻」「花」「端」と、さまざまに書き分けますが、まずどう発音するのかを考えることが大切です。私たちはつい、どういう漢字を書くのかを気にしがちです。民俗《みんぞく》学者の柳田国男《やなぎたくにお》(一八七五―一九六二)は、「どんな字を書くの」と尋《たず》ねることを、「どんな字病」と名づけ、警告しました。

また以上のことは神話からもわかります。太陽の神様や月の神様が目から誕生するのに対し、③スサノオノミコトは鼻から生まれています。

七一二年頃に成立した日本最古の歴史書『古事記』には、次のようにあります。

左の御目《みめ》を洗ひたまふ時に成りませる神の名は、天照大御神《あまてらすおほみかみ》。
次に右の御目を洗ひたまふ時に成りませる神の名は、月読命《つくよみのみこと》。
次に御鼻《みはな》を洗ひたまふ時に成りませる神の名は、建速須佐之男《たけはやすさのを》命《みこと》。

スサノオノミコトは暴力の神様で、腕力《わんりょく》だとか身体的な強さだとか、そういう生命力の象徴《しょうちょう》だからこそ、目ではなく呼吸器官の鼻から生まれます。この暴力的な神様につけられた「スサノオノミコト」(スサの男神)という名前自体、その猛々《たけだけ》しさを示しています。なぜなら、サ行音は*摩擦《まさつ》音ですね。ことに「す」で始まる古いことばには、激しい動作を表わすものが多い。「すさまじ(凄《すさ》まじい)の古語)」「すごむ(凄《すご》む)」などもそうです。どの言語もそうですが、日本語も音のもつ語感から離《はな》れられないのです。そういうことに注意して日本語を見ていくと、さまざまな発見があるでしょう。

それにしても鼻という器官は、顔のなかでもとくに動物的で、グロテスクな感じを与えますね。やけに目立つし、忘れられなくなるような存在でもある。そこで、鼻学という学問分野が成立するほどさまざまな考察があるし、[A]の文芸作品にも、たびたび登場します。ゴーゴリの『鼻』や芥川龍之介《あくたがわりゅうのすけ》の『鼻』など、鼻をテーマにする作家も大勢いる。それはやはり、鼻が肉体的な生命と直結する器官だからでしょう。

〔中略〕

ひたい　ほほ　かお

八世紀に成立した『万葉集』に、おもしろい*戯《ざ》れ歌《うた》があります。

吾妹子《わぎもこ》が　ひたひに生《お》ふる　双六《すぐろく》の　牡《ことひ》の牛《うし》の　鞍《くら》の上の瘡《かさ》

二　次の文章を読んで、後の問いに答えなさい。（出題の都合上、本文の一部を変えています。）

め　みみ　はな

最初に、人間の体の話から入りましょう。私たちの、①体の部分部分には、どうしてこのような名前が付いているのでしょうか。

顔には、目があって鼻がありますが、なぜ、目を「め」、鼻を「はな」、耳を「みみ」というのか。さらに歯を「は」、頬《ほほ》を「ほほ」、額を「ひたい」とよぶのはどうしてでしょうか。

「め」「はな」「みみ」と、ひらがなでよくよく見てみると、身近にある、何かと似ていることがわかります。植物です。芽、花、実、すべてがある。②目は「芽が出る」の「芽」、鼻は「花が咲《さ》く」の「花」と同じ音。では耳はどうかというと、「実がなる」の「実」が二つくっついている。そういえば、耳は二つありますね。それから「歯」は「葉」と同じ音でしょう。

[1]、顔の中になぜか、植物の生長過程あるいは部分の名前が入っている。これはおもしろい偶然《ぐうぜん》の一致《いっち》だと思ってきたのですが、どうも偶然ではなく、根拠《こんきょ》のあることだと思うようになりました。

まず、目はものを認識する器官ですね。そして耳は情報を受容する器官です。[2]、蛇《へび》が人間に毒を吹《ふ》きかける時、狙《ねら》うのは耳ではなくて目です。目をつぶせば、勝負に勝てるからです。

視覚・聴覚《ちょうかく》・触覚《しょっかく》など、生き物の感覚機能はたくさんありますが、その第一は視覚です。視覚から得る情報は、感覚器官全体の過半数に達するといいます。私たちは、まず目で見ることからものを認識します。つまり、目で見ることは最も基本の動作であり、最後に耳で受容することによって、認識の＊プロセスが完結するのです。

目が認識の基本であり、耳が認識の完了《かんりょう》であることは、賢《かしこ》いという意味の「聡明《そうめい》」ということばがあることからもわかります。

また、「きく」が「聞く」と同時に「利《き》く」であることからも、耳の重要性が知られるでしょう。腕《うで》が「きく」ことと、耳で「きく」こととは、そうした同じような能力を表わしています。それは、「お聞きになる」ということばの古語「きこしめす」が、「支配する。受容する」という意味をもっていることからも、類推できます。

このように考えていくと、植物のいちばん最初の生長段階である芽の発音が、目にネーミングされていてもおかしくはない。まず芽（目）があって、花（鼻）が咲く。そして、末端《まったん》の「は」、つまり「端《は》」に葉（歯）が出て、成熟した存在である実（耳）で完結するというプロセスを考えると、どうして目を「め」というのか、耳を「みみ」というのか、よくわかると思います。

ところで鼻というのは、顔の真ん中に突《つ》き出ていて、呼吸をつかさどる重要な器官です。人間は呼吸することで生きているわけですから、鼻は、生命活動のなかでは最も優先的な、命の根源、いわば「トップ」の存在です。

そういうものが「はな」。植物の枝先に咲くのも「はな（花）」。

二〇二〇年度 日本大学豊山中学校

【国 語】〈第一回試験〉（五〇分）〈満点：一〇〇点〉

（注意）答えを書くときには、「、」や「。」やかぎかっこなども一字と数えます。

一 次の問いに答えなさい。

問１ ――線部を漢字に直しなさい。ただし、送りがなの必要なものは、それもふくめて書きなさい。

① 世界イサンに登録された。
② ステキな中学生になれそうですね。
③ 自分のアヤマリに気がつき、青くなった。

問２ ――線部の読みを、ひらがなで答えなさい。

① 遠くから列車の汽笛が聞こえる。
② 七夕の夜に、天の川を見上げる。
③ 木の枝が弓なりに反る。

問３ 次の漢字の中から、他の漢字と部首が異なるものを選び、記号で答えなさい。

ア 秋　イ 利　ウ 種　エ 科

問４ 次の熟語と意味の組み合わせの中から、まちがっているものを選びなさい。

ア 割愛…余裕《よゆう》がないため、文章や演説などの一部を省略すること。
イ 英断…すぐれた判断をして、思い切りよく物事を決めること。
ウ 息災…休む間もなく、次から次へと災いに見舞《みま》われてしまうこと。
エ 閉口…どうにもならなかったり、手に負えなかったりして困ること。

問５ 次の動物の中から、「十二支」にふくまれないものを選び、記号で答えなさい。

ア 蛇《へび》　イ 虎《とら》　ウ 鹿　エ 鼠《ねずみ》

問６ 次の言葉と同じ種類のものを、後から選び、記号で答えなさい。

「走る」

ア 美しい　イ 大切だ　ウ これ　エ 思う

2020年度

日本大学豊山中学校　▶解説と解答

算　数　＜第１回試験＞（50分）＜満点：100点＞

解　答

[1] (1)　20.5　(2)　$4\frac{113}{210}$　(3)　$6\frac{3}{5}$　(4)　325　(5)　39　[2] (1)　15本　(2)　29　(3)　60ページ　(4)　16通り　(5)　時速12km　[3] (1)　40度　(2)　266.24cm^2　[4] (1)　１：３　(2)　4.5cm　(3)　240cm^2　[5] (1)　月曜日　(2)　2025年　[6] (1)　３　(2)　９cm^3　(3)　24　(4)　176分後

解　説

[1] 四則計算，計算のくふう

(1)　$11-9\div2+4\times3+2=11-4.5+12+2=20.5$

(2)　$2-\frac{1}{3}+\frac{5}{2}+\frac{4}{7}-\frac{1}{5}=2-\frac{70}{210}+2\frac{105}{210}+\frac{120}{210}-\frac{42}{210}=4\frac{113}{210}$

(3)　$4\times\left(\frac{2}{5}+\frac{3}{4}-\frac{1}{2}\right)+4=4\times\left(\frac{8}{20}+\frac{15}{20}-\frac{10}{20}\right)+4=4\times\frac{13}{20}+4=2\frac{3}{5}+4=6\frac{3}{5}$

(4)　$19+20+21+22+23+24+25+26+27+28+29+30+31=(19+31)\times13\div2=325$

(5)　$2\times78+11\times39-14\times39=2\times2\times39+11\times39-14\times39=4\times39+11\times39-14\times39=(4+11-14)\times39=1\times39=39$

[2] 立体図形の構成，和差算，差集め算，場合の数，速さ

(1)　右の図１のように，五角柱には，底面の五角形にそれぞれ辺が５本ずつと，側面に辺が５本あるから，合計で，５×３＝15(本)の辺がある。

図１

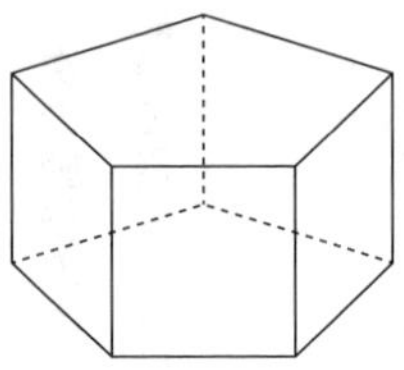

図２

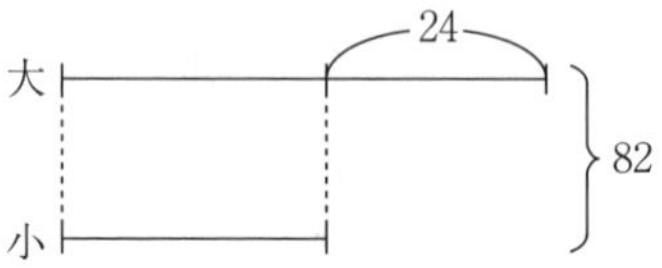

(2)　大小２つの数の大きさを線分図で表すと，右の図２のようになる。図２から，小さいほうの数は，(82－24)÷２＝29とわかる。

(3)　予定より多くかかった３日で，12×３＝36(ページ)読んだから，予定の日数で１日に30ページずつ読むのと，１日に12ページずつ読むのとでは，36ページの差ができることになる。１日では，30－12＝18(ページ)の差ができるから，36÷18＝２より，２日で読む予定だったことがわかる。よって，この本は全部で，30×２＝60(ページ)ある。

〔ほかの解き方〕　１日に30ページずつ読むのと，１日に12ページずつ読むのとで，かかる日数の比は，12：30＝２：５である。この比の差の，５－２＝３が３日にあたるから，30ページずつ読むと２日かかることがわかる。よって，30×２＝60(ページ)と求めることもできる。

(4)　出た目の合計が５になるような目の組み合わせは，{5}，{1，4}，{2，3}，{1，1，3}，

{1，2，2}，{1，1，1，2}，{1，1，1，1，1}の7通りがある。それぞれの目の出方は，{5}は1通り，{1，4}は2通り，{2，3}も2通り，{1，1，3}は3通り，{1，2，2}も3通り，{1，1，1，2}は4通り，{1，1，1，1，1}は1通りあるから，目の出方は全部で，1＋2＋2＋3＋3＋4＋1＝16(通り)ある。

(5)　行きには，40÷10＝4(時間)，帰りには，40÷15＝$2\frac{2}{3}$(時間)，往復で，4＋$2\frac{2}{3}$＝$6\frac{2}{3}$(時間)かかるので，平均の速さは，時速，40×2÷$6\frac{2}{3}$＝12(km)となる。

3　角度，表面積

(1)　問題文中の図の角の大きさについて，○○＋80＝××という式が成り立つから，(○○＋80)÷2＝××÷2より，○＋40＝×とわかる。同様に，○＋㋐＝×という式も成り立つ。よって，㋐の大きさは40度とわかる。

(2)　問題文中の立体の表面は，一辺6cmの正方形が4つ，一辺6cmの正方形から半径2cmの円をくりぬいた面が2つ，半径2cm，高さ6cmの円柱の側面からなる。よって，この立体の表面積は，6×6×4＋(6×6－2×2×3.14)×2＋2×2×3.14×6＝144＋72－8×3.14＋24×3.14＝216＋16×3.14＝216＋50.24＝266.24(cm^2)である。

4　平面図形―辺の比と面積の比，相似

(1)　三角形ABEと三角形CDEの相似より，BE：EDの比は，AB：CDの比と等しいから，BE：ED＝6：18＝1：3である。

(2)　三角形BEFと三角形BDCの相似より，EF：DC＝BE：BD＝1：(1＋3)＝1：4である。よって，辺EFの長さは，18×$\frac{1}{4}$＝4.5(cm)となる。

(3)　(1)より，三角形EBCと三角形BCDの面積の比は，1：(1＋3)＝1：4である。したがって，三角形BCDの面積は，60×$\frac{4}{1}$＝240(cm^2)と求められる。

5　日暦《にちれき》算

(1)　2020年はうるう年なので，2月は29日までである。1月は31日，3月も31日までであるから，4月6日は，1月1日の，31＋29＋31＋6－1＝96(日後)，つまり，96÷7＝13あまり5より，13週と5日後となる。よって，1月1日は水曜日だから，4月6日は水曜日の5日後の月曜日である。

(2)　うるう年でなく，2月29日をふくまない1年後は365日後だから，365÷7＝52あまり1より，曜日は1つ進む。うるう年で，2月29日をふくむ1年後は366日後だから，366÷7＝52あまり2より，曜日は2つ進む。よって，2020年以降の1月1日の曜日を調べると，2021年が金曜日，2022年が土曜日，2023年が日曜日，2024年が月曜日，2025年が水曜日，…より，2020年の次に1月1日が水曜日になるのは2025年とわかる。

6　グラフ―水の深さと体積

(1)　問題文中のグラフで，水を㋐の部分に入れ始めてから15分後に水の高さが変わらなくなっている。これは，水が㋐と㋑の間の板をこえて，㋑の方に流れこんだためと考えられる。よって，Aには，㋐と㋑の間にある板の高さの3があてはまる。

(2)　㋐の部分に3cmの高さまで水が入るのに15分かかっているので，水は1分間で，5×9×3÷15＝9(cm^3)ずつ入っている。

(3)　㋐と㋑の部分に3cmの高さまで水が入るのに，8×9×3÷9＝24(分)かかるから，Bには

24があてはまる。

(4) 水の高さが11cmになると，水の体積は，$8\times18\times11=1584$(cm^3)となる。よって，水の高さが11cmになるのは，水を入れ始めてから，$1584\div9=176$(分後)となる。

社 会 ＜第１回試験＞（理科と合わせて60分）＜満点：50点＞

解 答

1 **問１** (ア) ④　(イ) ①　(ウ) ②　(エ) ④　**問２** (イ)　**問３** 線状降水帯　**問４** (エ)　**問５** エ　**2** **問１** 自由民権運動　**問２** 西南戦争　**問３** 自由党　**問４** 天皇　**問５** 25　**3** **問１** (エ)　**問２** (イ)　**問３** (ア)　**問４** 第二次世界大戦　**問５** (ウ)　**4** **問１** (エ)　**問２** (ウ)　**問３** 閣議　**問４** 上皇　**問５** EU　**問６** (エ)　**問７** 間接税

解 説

1 日本の地形や産業，自然災害についての問題

問１ (ア) ぶどうの生産量は山梨県が全国第１位で，以下，長野県，山形県が続く。統計資料は『日本国勢図会』2019／20年版による(以下同じ)。　(イ) 大津市は滋賀県の県庁所在地で，三重県の県庁所在地は津市である。　(ウ) 猪苗代《いなわしろ》湖は福島県の中央部にある湖で，秋田県にある湖としては，中東部の田沢湖(最大水深423mは日本最深)や，北東部で青森県にまたがる十和田湖が知られる。　(エ) 宮崎県沿岸の太平洋側には，南から北へと暖流の黒潮(日本海流)が流れている。親潮(千島海流)は，日本列島北部の太平洋側を北から南へと流れる寒流である。

問２ 世界恐慌《きょうこう》は，1929年にアメリカのニューヨークで起こった株価の大暴落をきっかけとして始まった世界的な不景気のことなので，(イ)が誤っている。1973年に起こったのは石油危機(オイルショック)で，これによって原油の価格が値上がりし，漁船の燃料代も高くなった。このことが，遠洋漁業が衰退《すいたい》する原因の一つとなった。

問３ 近年，日本各地で，同じ地域に次々と積乱雲が発生して線状に連なり，長時間にわたって強い雨が降ることがある。この線状の積乱雲の集合体を線状降水帯といい，豪雨《ごうう》をもたらして大きな被害を出すことが多い。

問４ りんごの生産量は青森県が全国の生産量の約60％を占《し》めており全国第１位，長野県はこれにつぐ第２位となっている。

問５ 薩摩《さつま》は鹿児島県の旧国名で，薩摩硫黄《いおう》島は鹿児島県の西部にのびる薩摩半島の南沖合に位置している。なお，アは有珠《うす》山(北海道)，イは浅間山(群馬県・長野県)，ウは阿蘇《あそ》山(熊本県)。

2 明治時代の政治についての問題

問１ 1874年，板垣退助らは藩閥《はんばつ》政治を批判し，国会を開いて国民を政治に参加させることなどを要求して，民撰議院設立の建白書を政府に提出した。これをきっかけとして自由民権運動がさかんになり，この運動の高まりをおさえきれなくなった政府は1881年に10年後の国会開設を約束した。

問２ 西郷隆盛は板垣退助らとともに「征韓《せいかん》論」(武力を用いてでも朝鮮を開国させようという考え方)を主張したが敗れた。西郷は明治政府を去って故郷の鹿児島に帰っていたが，1877年，鹿児島の不平士族におし立てられる形で西南戦争を起こした。西南戦争は士族の反乱の中では最大のものであったが，徴兵《ちょうへい》令によって組織された近代装備の明治政府軍に敗れ，西郷は自害した。

問３　1881年，明治政府が10年後の国会開設を国民に約束すると，同年，板垣退助は国会開設に備え，フランス流の政治をめざして自由党を結成した。

問４　1889年２月11日に発布された大日本帝国憲法では，天皇が国の元首とされ，神聖であって侵《おか》してはならない絶対的な存在とされた。国政においては，政治のあり方を決める主権や軍を指揮する権利，外交に関する権利など，天皇に大きな権限があたえられた。

問５　1890年に第１回衆議院議員総選挙が行われたさいの選挙権は，直接国税15円以上を納める満25歳以上の男子に限られていたため，有権者は全国民のわずか1.1％に過ぎなかった。

3　大正～昭和時代の政治や社会，外交についての問題

問１　1964年10月10日，アジアで初めてとなる東京オリンピックが開幕し，これに先がけて同年10月１日，東海道新幹線が開業した。東海道新幹線は東京―新大阪間を４時間(翌年には３時間10分)で結び，「夢の超特急」といわれた。なお，(ア)は1951年，(イ)は1972年，(ウ)は1969年のできごと。

問２　(ア)　朝鮮戦争は1950年に始まり，1953年に休戦した。これによって日本は特需《とくじゅ》景気という好景気をむかえたが，これは高度経済成長が始まるよりも前のことである。なお，1968年には日本のGNP(国民総生産)がアメリカについで第２位となった。　(イ)　1956年の経済白書は1955年の日本経済を，「もはや戦後ではない」と表現した。よって，正しい。　(ウ)　所得倍増計画をかかげたのは，1960年に成立した池田勇人《はやと》内閣である。　(エ)　1973年の石油危機(オイルショック)のきっかけとなったのは，第四次中東戦争である。

問３　1940年，日本はドイツ・イタリアと日独伊三国(軍事)同盟を結び，東南アジア方面への進出を本格化させた。この結果，アメリカ・イギリスとの対立を深め，1941年には太平洋戦争が始まった。なお，(イ)は1933年，(ウ)は1938年，(エ)は1941年のできごと。

問４　1939年，ドイツが隣国のポーランドに侵攻《しんこう》し，これに対してイギリスとフランスが宣戦布告したことで，第二次世界大戦が始まった。なお，1940年に予定されていた東京オリンピックが中止されたのは，1937年に始まった日中戦争の影響で，代わりにフィンランドで開催《かいさい》される予定だったヘルシンキオリンピックも，第二次世界大戦が始まったために中止された。

問５　関東大震災が発生したのは1923年のことで，オリンピック中止の年は本文中に「1940年」とある。関東大震災の翌年にあたる1924年，第二次護憲運動の結果，憲政会・立憲政友会・革新倶楽《くら》部《ぶ》からなる護憲三派が選挙で大勝し，政党内閣である加藤高明内閣が成立した。翌25年，加藤内閣は満25歳以上の男子による普通選挙法を成立させた。なお，(ア)は1911年，(イ)は1915年，(エ)は第二次世界大戦が終結した1945年以降のできごと。

4　2019年のできごとを題材とした政治や経済，国際社会についての問題

問１　2019年１月22日，安倍晋三首相がロシアの首都モスクワを訪れ，ロシアのプーチン大統領と日露首脳会談を行った。なお，(ア)のメルケルはドイツの首相，(イ)のトルドーはカナダの首相，(ウ)のマクロンはフランスの大統領である(いずれも2019年時点)。

問２　国会の仕事には，内閣が作成した予算の承認や法律の制定，条約の承認，憲法改正の発議，内閣総理大臣の指名などがある。よって，(ウ)が正しい。なお，(ア)は天皇の国事行為，(イ)と(エ)は内閣の仕事。

問３　閣議は，政治の方針を決定するため，内閣総理大臣とその他の国務大臣によって行われる会議で，内閣総理大臣が議長となり，決議は全員一致を原則とする。

問４　天皇や皇族について定めた法律である皇室典範《てんぱん》には，生前退位についての規定がなかった。そこで，平成時代の天皇の退位については，2017年に「天皇の退位等に関する皇室典範特例法」が制定され，退位した天皇の称号を「上皇」とすることが定められた。

問５　EU(ヨーロッパ連合)は，ヨーロッパの国々が外交・安全保障の政策と通貨の統合をめざして1993年に創設した地域共同体で，1999年には共通通貨のユーロが導入された。2012年には，ヨーロッパの平和と調和に貢献《こうけん》したことなどが評価され，ノーベル平和賞を受賞した。2019年，日本とEUの間の経済連携《れんけい》協定(EPA)が発効し，関税の撤廃《てっぱい》・削減《さくげん》などが推進されることとなった。

問６　2018年に公職選挙法が改正され，参議院議員の定数がそれまでの242名から６名増えて248名とされた。参議院議員は３年ごとに定数の半数が改選されるので，2019年の選挙と2022年の選挙でそれぞれ３名ずつ増やされることになる。

問７　税を納める人と負担する人が異なる税を間接税という。消費税の場合，税を負担するのは商品やサービスを購入した消費者だが，国や地方公共団体に納めるのは，商品を売った小売店などである。なお，税を負担する人と納める人が同じ税は直接税とよばれ，所得税などがこれにあたる。

理　科　＜第１回試験＞（社会と合わせて60分）＜満点：50点＞

解　答

1　**問１**　(イ)　**問２**　(エ)　**問３**　(イ)　**問４**　(エ)　**問５**　75cm　**問６**　２倍　2　**問１**　(ア)　**問２**　(ア)，(ウ)　**問３**　ちっ素　**問４**　(エ)　**問５**　**名前**…二酸化炭素　**確認方法**…ウ　3　**問１**　(ア)　**問２**　へん西風(ジェット気流)　**問３**　(ア)　**問４**　(1)　(ア)，(エ)，(オ)　(2)　梅雨前線　(3)　(イ)　**問５**　命　4　**問１**　(ア)　**問２**　(1)　(オ)　(2)　(エ)　(3)　前あし　**問３**　(イ)　**問４**　(ア)，(ウ)　**問５**　(ウ)

解　説

1　電流による磁界についての問題

問１　導線に電流を流すと，その導線のまわりには，電流の流れる方向に向かって時計回りの磁界(いくつもの磁力線のたば)が発生する。図１を電流の向きと逆方向から見た図２においては，中央にある導線の断面のまわりに反時計回りの磁界ができているため，方位磁針ＡのＮ極が(イ)のように上を向くと考えられる。

問２　電流が北に向かって流れる導線のまわりには，問１と同じような磁界ができているため，その導線の上に置いた方位磁針ＥのＮ極は東の方に少し動かされて，(エ)のようになると考えられる。

問３　北に向かって電流が流れる導線の下に方位磁針を置くと，北を向いていたＮ極を少し西に動かそうとする磁界が発生しているため，方位磁針Ｆは(イ)のようになると考えられる。

問４　図５のように，方位磁針のまわりを導線で巻き，その導線に電流を流すと，上側にある３本の導線を北に向かって流れる電流による磁界のため，方位磁針ＧのＮ極は図４よりも大きく西を向こうとする。また，下側にある３本の導線を南に向かって流れる電流による磁界のため，方位磁針

GのN極がさらに西へと動かされる。したがって，方位磁針Gは(エ)のようになると考えられる。

問5　図7のグラフを見ると，電池が1個でコイルの巻き数が400回のときは，ばねののびが60cmとなっていることがわかる。コイルの巻き数を2倍，3倍…とすると，ばねののびも2倍，3倍…となっている(これを正比例の関係という)ことから，コイルの巻き数を400回の1.25倍にあたる500回にすると，ばねののびも1.25倍になり，$60\times1.25=75$(cm)と求められる。

問6　図7のグラフにおいて，コイルの巻き数を400回にしたとき，電池1個のときはばねののびが60cmで，電池2個のときはばねののびが120cmとなっていることがわかる。したがって，電池を直列に2個つなげたときの磁力は，電池1個のときの2倍となっているといえる。

2　ものの燃え方と空気についての問題

問1　ろうそくのほのおは，外側から順に外えん，内えん，えん心とよばれる3つの部分に分かれている。この中で外えんでは，気体となったろうが燃えるのに必要な酸素が十分にあるため，完全燃焼していて，温度は約900～1400℃になっている。また，完全燃焼してすすがほとんど発生しないので，色はうすくて見えにくい。

問2　ろうそくのほのおによってあたためられた空気は，ぼう張してまわりの空気より軽くなるため，ほのおのまわりには下から上に向かう気流ができる。しかし，(ア)や(ウ)のように集気びんのふたが閉まった状態だと，この気流がさまたげられてしまう。この場合，燃えるのに必要な酸素がほのおに届きにくくなるため，短時間でろうそくの火が消えてしまう。

問3　空気の成分の粒《つぶ》が21個ある中で，その大部分をしめる16個がちっ素である。ちっ素はものが燃える反応にかかわらない気体なので，ろうそくを燃やす前と後とで，その数は変わらない。

問4　ちっ素は酸素と比べて他の物質と反応することがほとんどない気体なので，食品の袋《ふくろ》に入れて，食品を新せんに保つのに利用されることがある。

問5　ろうが燃えるとき，空気中の酸素が使われて二酸化炭素が発生する。この二酸化炭素が石灰水と反応すると，水にとけにくい炭酸カルシウムが新たにできるため，石灰水は白くにごる。

3　日本の天気と前線についての問題

問1，問2　日本の上空高さ10km付近では，西から東へ向けてへん西風(ジェット気流)という強い風がふいている。このため，日本の上空にある雲は西から東へと移動することが多く，天気も同じように西から順に変化することが多い。たとえば，西の空に雲がなく夕焼けがきれいに見られるときは，次の日が晴れることが多い。

問3　あたたかい空気(暖気)があるところに，冷たくて重い空気(寒気)がぶつかると，寒気が暖気の下にもぐりこむように入りこみ，(ア)のような境目(前線面)ができる。

問4　(1)　あたたかい空気に冷たい空気がぶつかると，問3の(ア)のような前線面ができる。これを寒冷前線とよんでいる。寒冷前線の前線面は切り立っていて，空気中にふくまれていた水蒸気が冷やされてできる雲が，上空の高いところまで発達する。このようにしてできた雲は激しい雨を短時間もたらし，寒冷前線が通過したあとは風が南寄りから北寄りに変わって，気温が下がることが多い。　(2)　6月下旬ごろから7月にかけて，小笠原《おがさわら》気団からのあたたかくしめった空気と，オホーツク海気団からの冷たくしめった空気がぶつかり合い，日本付近に長雨をもたらす停たい前線ができる。この時期にできる停たい前線を梅雨《ばいう》前線とよんでいる。夏になると，小笠原気団の勢力がさらに強まり北にのびるため，南の地域から順に梅雨《つゆ》明けしていく。　(3)　(ア)は寒冷前線，(イ)は温暖前線，(ウ)は停たい前線，(エ)は閉そく前線をそれぞれ表す天気記号である。

問５　大雨などによる警戒レベルには５段階あり，レベル１で最新情報に注意，レベル２で避難方法を確認，レベル３で高齢《こうれい》者などは避難《ひなん》，レベル４で全員避難，レベル５で各自が命を守るための行動をとることが求められる。

4　ナミアゲハの生態についての問題

問１　ナミアゲハの幼虫は，ユズやカラタチといったミカンのなかまの葉を食べる。一方でモンシロチョウの幼虫は，ダイコンやキャベツといったアブラナのなかまの葉を食べる。このように，チョウのメスは，幼虫が食べる葉に合わせて産卵する。

問２　(1)　実験１では，飼育ケースに入れたミカンの葉にだけ産卵したことから，(オ)の文が正しいといえる。　(2)　実験２～５では，ミカンの葉をこすりつけたときだけ産卵したことから，ナミアゲハのメスは産卵する葉を，形や色，湿《しめ》り気などで判別しているのではなく，葉にふくまれる成分によって判別していることがわかる。　(3)　前あしがなくなってしまったナミアゲハのメスは産卵せず，触角《しょっかく》がなくなってしまったメスはミカンの葉の成分がついた紙に産卵したことから，ナミアゲハのメスは前あしを使ってミカンの葉を判別していると考えられる。

問３　ナミアゲハの幼虫は，だっ皮をくり返して３～４令幼虫になると，ハチに寄生されたり，鳥に食べられたりすることが多いため，(イ)のように自分を鳥のふんのように見せて，自分の体を守っている。５令幼虫になると，(エ)のような緑色のすがたになる。

問４　ダンゴムシはこん虫ではない。また，セミとカマキリはさなぎの時期がない。

問５　ナミアゲハは，１年の間に卵→幼虫→さなぎ→成虫というサイクルを２～３回くり返す。あたたかい時期は１週間ほどでさなぎから成虫になるが，寒い冬の時期にさなぎになったものは，羽化して成虫にならずに，さなぎの状態のままで冬をこす。

国　語　＜第１回試験＞（50分）＜満点：100点＞

解　答

一　問１　下記を参照のこと。　問２　①　きてき　②　たなばた　③　そ(る)　問３　イ　問４　ウ　問５　ウ　問６　エ　二　問１　エ　問２　ア　問３　ウ　問４　生命力の象徴だから　問５　イ　問６　(例)　現代ではひたいが人間にとって最も重要な部分だとわかっているが，古代人は人体解剖をしたわけでもないのに，身体構造に対する認識からひたいが重要なところだと知り，ことばを誕生させていたから。　問７　ウ　問８　エ　三　問１　(例)　神輿を最後まで担ぐ自信がなく，とうちゃんと同じようにできっこないと考えていて，期待されたくないと思っている。　問２　ウ　問３　イ　問４　エ　問５　ア　問６　ウ　問７　(例)　とうちゃんにはげまされ，あきらめずに練習すること。　問８　エ

●漢字の書き取り

一　問１　①　遺産　②　素敵　③　誤り

解　説

一　漢字の書き取りと読み，漢字の部首，ことばの知識，品詞の識別

問１　①「世界遺産」は，人類共通の財産として未来の人たちに引き継《つ》いでいくべき文化財や自然環境《かんきょう》などのこと。　②　優《すぐ》れていて心をひきつけられるようす。　③　音読みは「ゴ」で，「正誤」などの熟語がある。

問２　①　蒸気の力によって音を出す笛。列車の合図などに用いる。　②「七夕」を「たなばた」と読むのは熟字訓としての読み。　③　音読みは「ハン」「タン」「ホン」で，「反対」「反物」「謀反《むほん》」などの熟語がある。

問３「利」の部首は「刂」の部分で，りっとう。「秋」「種」「科」の部首は「禾」の部分で，のぎへん。

問４「息災《そくさい》」は，病気をしないで健康なこと。

問５　鹿《しか》がちがう。なお，十二支は，子《ね》(ねずみ)，丑《うし》，寅《とら》，卯《う》(うさぎ)，辰《たつ》(竜《りゅう》)，巳《み》(へび)，午《うま》，未《ひつじ》，申《さる》，酉《とり》(にわとり)，戌《いぬ》(いぬ)，亥《い》(いのしし)の総称《そうしょう》。

問６「走る」と「思う」は，動作や存在などを表す品詞の動詞。「美しい」は，事物のようすや状態を表し，言い切りの形が「い」で終わる形容詞。「大切だ」は，事物のようすや状態を表し，言い切りの形が「だ」で終わる形容動詞。「これ」は，主語になることのできる品詞で，物事や場所や人などを指し示す代名詞。

二　**出典は中西進《なかにしすすむ》の『ひらがなでよめばわかる日本語』による。**人間の体の部分をひらがなにしてみると，名前の由来がわかったりさまざまな発見があったりする。

問１「目を丸くする」は，驚《おどろ》いて目を見張るようす。

問２　文章を読み進めていくと，人間は「まず目で見ることからものを認識《にんしき》」するので，人間にとって「目で見ることは最も基本の動作」といえる。一方，植物の場合は，芽が「最初の生長段階」である。よって，いちばん初めという共通点がある。

問３　１　前では，目と鼻と耳をそれぞれ「め」「はな」「みみ」とひらがなで表記してみると，植物の「芽」，「花」，そして「実」が二つくっついたもの，歯は「葉」と同じ音であると述べている。後では，「顔の中になぜか，植物の生長過程あるいは部分の名前が入っている」と述べている。よって，前に述べた内容を，“要するに”とまとめて言いかえる時に用いる「つまり」があてはまる。

２　前では，目が「ものを認識する器官」であり，耳が「情報を受容する器官」であると述べている。後では，「蛇《へび》が人間に毒を吹《ふ》きかける時，狙《ねら》うのは耳ではなくて目」とある。よって，具体的な例をあげる時に用いる「たとえば」が入る。

問４　鼻は「呼吸をつかさどる重要な器官」であり，「命の根源」だとある。一方，スサノオノミコトは「暴力の神様」であり，身体的な強さが際立《きわだ》つ「生命力の象徴《しょうちょう》だから」こそ，「目ではなく呼吸器官の鼻から生まれ」てきたと書かれている。

問５「古今東西《ここんとうざい》」が合う。なお，「東西南北」は，東と西と南と北の全ての方位のこと。「前代未聞」は，これまでに聞いたこともないような変わったこと。「老若男女《ろうにゃくなんにょ》」は，老人や若者や男性や女性など全ての人のこと。

問６　直前の部分で説明されている。人体解剖《じんたいかいぼう》の可能な現代では，ひたいの内側に，「人間にとって最も重要な部分」である「大脳の前頭葉」があるとわかっているが，古代人は現代のような医学的な知識がないのに，ひたいが人間にとって重要な部分であると知った。人間の身体構造を認識し，「ひたい」ということばを誕生させた古代人の知恵《ちえ》に，筆者は驚きや感動を覚えたのである。

問７　古事記に収められている歌の現代語訳では，「国のまほろば」の部分は，「国の中でも最もすばらしいところ」と訳されている。美しいものにつける「ま」，秀《ひい》でるという意味の「ほ」，愛称の「ろ」，接尾《せつび》語の「ば」を組み合わせると，「すばらしいところ」という意味になる。

問８　文章前半でみたように，人間の顔には植物の器官と発音が似ているところがあり，それぞれに対応する器官のはたらきや認識が共通しているので，エが合う。

三　**出典はいとうみくの『空へ』による。**神輿《みこし》を担《かつ》ぐことを決めた「オレ」が，不安や自信のなさに悩《なや》まされながらも，自分をはげましてくれたとうちゃんとの約束を果たそうと，思いを新たにする。

問１　まつり半纏《ばんてん》を手にした「オレ」は，「肩《かた》にあるコブを得意そうに見せるとうちゃんの姿」を思い出し，「いまのオレに本当にできるんだろうか。もし，最後まで担げなかったら……」と不安で自信をなくしている。また，まつり半纏を見て，妹の陽菜《ひな》が「とうちゃんのといっしょだ」とうれしそうにはしゃぐ姿を想像すると，受け止める自信がなく，同じようにできると「期待されたくない」し，期待を「裏切るのが怖《こわ》い」と感じている。「とうちゃんと同じなんて，できっこないよ」と感じているのである。

問２　問１でみたように，陽菜がその半纏を見てうれしそうにはしゃぎ，まつりの日がくるのを待ちこがれる姿を想像し，その期待を「裏切るのが怖い」と思ったので，まつり半纏をかくしたのである。

問３　「オレ」は，「うるさい！」とどなって陽菜の動きが止まった瞬間《しゅんかん》に，神輿を担げるかどうかということについての「自分の不安」や「自信のなさ」や「あせり」のために，「陽菜にあたってしまった」ということに気づいた。そして，「無性《むしょう》にイライラ」したことで陽菜を傷つけたことを後悔《こうかい》したのである。

問４　「オレ」は，三日も考えて神輿を担ぐと決めたはずなのに，不安や自信のなさに悩まされ，「ラクなほうへ」と逃《に》げようとしていた自分のことを反省した。そして「もし今年担がなかったら。来年は出るかわからない」と思い，「自分で決めたんだ。なのに，なんでうじうじしてんだよ」と決意を固めようとしたので，畳《たたみ》をこぶしでたたき，がばっと起きあがったと考えられる。

問５　直後に「みっともねえっ」とあることに着目する。小学生のときの「オレ」は，運動会でリレーの選手に選ばれたり，マラソン大会で先頭集団に入ったりしていたが，先週の体育の時間にやった長距離《ちょうきょり》走では，思うように走れず，順位もよくなかった。速かったサッカー部と野球部の生徒たちのように自分もトレーニングをしていればと思ったが，全ての原因は「やらなかった」自分自身にあるということに気づいた。それで，「やっていれば同じくらい走れた」などと考えた自分を反省したのである。

問６　「きびす」は，足のかかとのこと。「きびすを返す」は，“引き返す”という意味。

問７　泳ぐことや自転車にのること，二重跳《と》びや，高いボールをキャッチすることが，どのようにしてできるようになったのかを，前の部分からとらえる。「オレ」は，鉄棒の練習をする男の子をはげます父親を見て，「あきらめなけりゃ，できるんだよ」と言いながら笑うとうちゃんの顔を思い出した。とうちゃんは，「いつだって，どんなことだって，『できるさ』と言って」自分をはげましてくれた。とうちゃんにはげまされ，あきらめずに練習したおかげで，できるようになったのである。

問８　小学生時代には走るのが速かったことや五年の球技大会のときの思い出など，ところどころに入れられた回想シーンにより，現在の「オレ」の不安な気持ちや精神的な弱さ，さらにはがんばろうという決意を新たにするまでの経《けい》緯《い》など，心情の変化が読者に伝わるようになっている。

Memo

出題ベスト10シリーズ

①国語読解ベスト10

②漢字合格の2790題

③計算合格の820題

④図形問題ベスト10

■過去の入試問題から出題例の多い問題を選んで編集・構成。受験関係者の間でも好評です！

有名中学入試問題集

●男子校編

●女子校編

■中学入試の全容をさぐる!!
■首都圏の中学を中心に、全国有名中学の最新入試問題を収録!!

※表紙は昨年度のものです。

算数の過去問25年分

■筑波大学附属駒場
■麻布
■開成

○名門３校に絶対合格したいという気持ちに応えるため過去問実績No.1の声の教育社が出した答えです。

都立中高一貫校 適性検査問題集

■都立一貫校と同じ検査形式で学べる！

●自己採点のしにくい作文には「採点ガイド」を掲載。
●保護者向けのページも充実。
●私立中学の適性検査型・思考力試験対策にもおすすめ！

2025年度用
中学スーパー過去問

■編集人 声の教育社・編集部
■発行所 株式会社 声の教育社
〒162-0814 東京都新宿区新小川町8-15
☎03-5261-5061㈹ FAX03-5261-5062
https://www.koenokyoikusha.co.jp

※本書の内容についての一切の責任は当社にあります。内容・解説・解答・その他は当社ホームページよりお問い合わせ下さい。

カコを追いかけ
ミライをつかめ
「今の説明、もう一回」を何度でも
web過去問
ストリーミング配信による入試問題の解説動画
もっと古いカコモンないの？
カコ過去問
「さらにカコの」過去問をHPに掲載（DL）
声の教育社
詳しくはこちらから

ストリーミング配信による入試問題の解説動画

2025年度用web過去問　ラインナップ

■ 男子・女子・共学（全動画）見放題
36,080円（税込）

■ 男子・共学 見放題
29,480円（税込）

■ 女子・共学 見放題
28,490円（税込）

● 中学受験「声教web過去問（過去問プラス・過去問ライブ）」（算数・社会・理科・国語）

3〜5年間 **24校**

過去問プラス

麻布中学校	桜蔭中学校	開成中学校	慶應義塾中等部	渋谷教育学園渋谷中学校
女子学院中学校	筑波大学附属駒場中学校	豊島岡女子学園中学校	広尾学園中学校	三田国際学園中学校
早稲田中学校	浅野中学校	慶應義塾普通部	聖光学院中学校	市川中学校
渋谷教育学園幕張中学校	栄東中学校			

過去問ライブ

栄光学園中学校	サレジオ学院中学校	中央大学附属横浜中学校	桐蔭学園中等教育学校	東京都市大学付属中学校
フェリス女学院中学校	法政大学第二中学校			

● 中学受験「オンライン過去問塾」（算数・社会・理科）

3〜5年間 **50校以上**

東京	青山学院中等部	東京	国学院大学久我山中学校	東京	明治大学付属明治中学校	千葉	芝浦工業大学柏中学校	埼玉	栄東中学校
	麻布中学校		渋谷教育学園渋谷中学校		早稲田中学校		渋谷教育学園幕張中学校		淑徳与野中学校
	跡見学園中学校		城北中学校		都立中高一貫校 共同作成問題		昭和学院秀英中学校		西武学園文理中学校
	江戸川女子中学校		女子学院中学校		都立大泉高校附属中学校		専修大学松戸中学校		獨協埼玉中学校
	桜蔭中学校		巣鴨中学校		都立白鷗高校附属中学校		東邦大学付属東邦中学校		立教新座中学校
	鷗友学園女子中学校		桐朋中学校		都立両国高校附属中学校		千葉日本大学第一中学校	茨城	江戸川学園取手中学校
	大妻中学校		豊島岡女子学園中学校	神奈川	神奈川大学附属中学校		東海大学付属浦安中等部		土浦日本大学中等教育学校
	海城中学校		日本大学第三中学校		桐光学園中学校		麗澤中学校		茗渓学園中学校
	開成中学校		雙葉中学校		県立相模原・平塚中等教育学校		県立千葉・東葛飾中学校		
	開智日本橋中学校		本郷中学校		市立南高校附属中学校		市立稲毛国際中等教育学校		
	吉祥女子中学校		三輪田学園中学校	千葉	市川中学校	埼玉	浦和明の星女子中学校		
	共立女子中学校		武蔵中学校		国府台女子学院中学部		開智中学校		

web過去問 Q&A

過去問が動画化！
声の教育社の編集者や中高受験のプロ講師など、
過去問を知りつくしたスタッフが動画で解説します。

Q どこで購入できますか？
A 声の教育社のHPでお買い求めいただけます。

Q 受講にあたり、テキストは必要ですか？
A 基本的には過去問題集がお手元にあることを前提としたコンテンツとなっております。

Q 全問解説ですか？
A 「オンライン過去問塾」シリーズは基本的に全問解説ですが、国語の解説はございません。「声教web過去問」シリーズは合格のカギとなる問題をピックアップして解説するもので、全問解説ではございません。なお、「声教web過去問」と「オンライン過去問塾」のいずれでも取り上げられている学校がありますが、授業は別の講師によるもので、同一のコンテンツではございません。

Q 動画はいつまで視聴できますか？
A ご購入年度２月末までご視聴いただけます。
複数年視聴するためには年度が変わるたびに購入が必要となります。

よくある解答用紙のご質問

01

実物のサイズにできない

拡大率にしたがってコピーすると，「解答欄」が実物大になります。配点などを含むため，用紙は実物よりも大きくなることがあります。

02

A3用紙に収まらない

拡大率164％以上の解答用紙は実物のサイズ（「出題傾向＆対策」をご覧ください）が大きいために，Ａ３に収まらない場合があります。

03

拡大率が書かれていない

複数ページにわたる解答用紙は，いずれかのページに拡大率を記載しています。どこにも表記がない場合は，正確な拡大率が不明です。

04

１ページに２つある

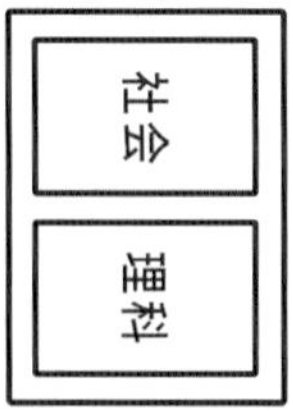

１ページに２つ解答用紙が掲載されている場合は，正確な拡大率が不明です。ほかの試験回の同じ教科をご参考になさってください。

【別冊】入試問題解答用紙編

解答用紙は本体からていねいに抜きとり、別冊としてご使用ください。

※　実際の解答欄の大きさで練習するには、指定の倍率で拡大コピーしてください。なお、ページの上下に小社作成の見出しや配点を記載しているため、コピー後の用紙サイズが実物の解答用紙と異なる場合があります。

●入試結果表

年度	回	項目	国語	算数	社会	理科	2科合計	4科合計	2科合格	4科合格
2024	第１回	配点(満点)	100	100	50	50		300		最高点
		合格者平均点	53.3	63.4	33.5	32.0		182.2		237
		受験者平均点	43.9	47.4	28.7	25.8		145.8		最低点
		キミの得点								165
	第２回	配点(満点)	100	100			200		最高点	
		合格者平均点	66.4	59.2			125.6		155	
		受験者平均点	53.8	38.1			91.9		最低点	
		キミの得点							114	
	第３回	配点(満点)	100	100	50	50		300		最高点
		合格者平均点	55.9	50.3	32.6	33.0		171.8		208
		受験者平均点	43.0	33.7	26.5	26.0		129.2		最低点
		キミの得点								160
2023	第１回	配点(満点)	100	100	50	50		300		最高点
		合格者平均点	70.2	83.8	30.3	41.9		226.2		258
		受験者平均点	58.4	67.3	27.3	38.0		191.0		最低点
		キミの得点								218
	第３回	配点(満点)	100	100	50	50		300		最高点
		合格者平均点	78.3	70.7	36.5	40.2		225.7		276
		受験者平均点	64.2	53.7	28.3	34.6		180.8		最低点
		キミの得点								218
2022	第１回	配点(満点)	100	100	50	50		300		最高点
		合格者平均点	69.1	70.7	35.0	42.4		217.2		272
		受験者平均点	56.0	50.3	28.6	35.7		170.6		最低点
		キミの得点								203
	第３回	配点(満点)	100	100	50	50		300		最高点
		合格者平均点	85.4	76.1	33.3	38.8		233.6		288
		受験者平均点	68.7	52.0	29.0	31.5		181.2		最低点
		キミの得点								227
2021	第１回	配点(満点)	100	100	50	50		300		最高点
		合格者平均点	69.4	65.5	37.6	35.4		207.9		248
		受験者平均点	54.9	46.3	30.1	27.3		158.6		最低点
		キミの得点								190
	第３回	配点(満点)	100	100	50	50		300		最高点
		合格者平均点	74.4	75.1	41.9	34.6		226.0		258
		受験者平均点	59.5	45.8	34.7	25.4		165.4		最低点
		キミの得点								216
2020	第１回	配点(満点)	100	100	50	50		300		最高点
		合格者平均点	69.7	73.1	32.1	30.3		205.2		272
		受験者平均点	57.2	53.7	28.2	25.7		164.8		最低点
		キミの得点								198

※　表中のデータは学校公表のものです。ただし、２科合計・４科合計は各教科の平均点を合計したものなので、目安としてご覧ください。

２０２４年度　　日本大学豊山中学校

算数解答用紙　第１回

番号		氏名	

評点	／100

1

(1)	(2)	(3)
(4)	**(5)**	

2

(1)	(2)	(3)
→ →		台
(4)	**(5)**	
円	個	

3

(1)	(2)	(3)
度	cm	cm^3

4

(1)	(2)
	段目　側　番目

5

(1)	(2)	(3)
分後		

6

(1)	(2)	(3)
cm	cm	cm^3

（注）この解答用紙は実物を縮小してあります。Ｂ５→Ａ４（115%）に拡大コピーすると、ほぼ実物大の解答欄になります。

〔算　数〕100点(学校配点)

1　各６点×５　2　各５点×５＜(1)は完答＞　3　(1)，(2)　各５点×２　(3)　４点　4　(1)　５点　(2)　４点　5　(1)，(2)　各４点×２　(3)　３点　6　(1)，(2)　各４点×２　(3)　３点

２０２４年度　日本大学豊山中学校

社会解答用紙　第１回

番号		氏名		評点	／50

1

問１

問２	問３	
	X	Y

問４	問５	問６	問７

2

問１	問２	問３	問４	問５

問６	問７	問８	問９	問10
				月　日

3

問１	問２	問３	問４

問５	問６	問７	問８

（注）この解答用紙は実物を縮小してあります。Ｂ５→Ａ４（115%）に拡大コピーすると、ほぼ実物大の解答欄になります。

〔社　会〕50点（学校配点）

1　問１，問２　各２点×２　問３　各１点×２　問４～問７　各２点×４　2，3　各２点×18

２０２４年度　日本大学豊山中学校

理科解答用紙　第１回

番号		氏名		評点	／50

1

問 1			
問 2	秒	問 3	X　　Y
問 4	秒	問 5	cm

2

問 1	A	B	
問 2			
問 3	%	問 4	℃
問 5	食塩　g	ホウ酸　g	砂　g

3

問 1	X	Y			
問 2		問 3		問 4	
問 5		問 6		問 7	

4

問 1					
問 2		問 3		問 4	
問 5		問 6		問 7	

（注）この解答用紙は実物を縮小してあります。Ｂ５→Ａ４（115%）に拡大コピーすると、ほぼ実物大の解答欄になります。

〔理　科〕50点(学校配点)

1 問１　各１点×３　問２　２点　問３　３点＜完答＞　問４，問５　各２点×２　2 問１　各１点×２　問２，問３　各２点×２＜問２は完答＞　問４，問５　各３点×２＜問５は完答＞　3 問１　各１点×２　問２～問６　各２点×５＜問４，問６は完答＞　問７　１点　4 問１　２点　問２　１点　問３～問７　各２点×５

２０２４年度　日本大学豊山中学校

国語解答用紙　第一回

番号		氏名		評点	／100

一

問1　①　②　③　④

問2　①　②　③　④　う

問3

問4

二

問1

問2

問3

問4

問5　詩人は　　から。

問6

問7

問8

三

問1

問2

問3

問4

問5

問6

問7

問8

（注）この解答用紙は実物を縮小してあります。Ｂ５→Ａ３（163%）に拡大コピーすると、ほぼ実物大の解答欄になります。

〔国　語〕100点（学校配点）

一　各２点×10　二　問１　６点　問２　５点　問３　４点　問４　３点　問５　８点　問６　３点　問７　５点　問８　６点　三　問１　５点　問２　７点　問３～問５　各４点×３　問６　３点　問７　８点　問８　５点

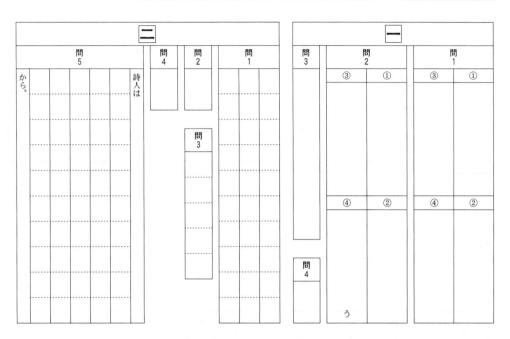

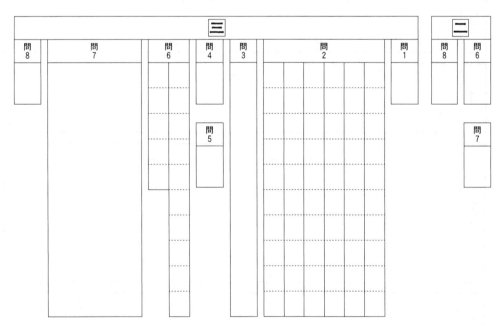

２０２４年度　日本大学豊山中学校

算数解答用紙　第２回

番号		氏名		評点	／100

1

(1)	(2)	(3)

(4)	(5)

2

(1)	(2)	(3)
m^2	%	枚

(4)	(5)
月　日　曜日	分後

3

(1)	(2)	(3)
度	cm^2	cm^2

4

(1)	(2)	(3)
cm	cm^2	cm

5

(1)	(2)
(3)	
㋐　㋑	

6

(1)	(2)	(3)
:	m	m

（注）この解答用紙は実物を縮小してあります。Ｂ５→Ａ４（115％）に拡大コピーすると、ほぼ実物大の解答欄になります。

〔算　数〕100点（学校配点）

1　(1)～(4)　各６点×４　(5)　５点　2　(1)　６点　(2)～(4)　各５点×３　(5)　６点　3　(1)，(2)　各３点×２　(3)　４点　4　(1)　５点　(2)　４点　(3)　３点　5　(1)　５点　(2)，(3)　各３点×２　6　(1)　５点　(2)，(3)　各３点×２

２０２４年度　日本大学豊山中学校

国語解答用紙　第二回

番号		氏名		評点	／100

一

問1　①　②　③　④

問2　①　②　③ う　④ る

問3

問4

二

問1　a　b

問2

問3　問4　問5　問6　問7　問8

三

問1　問2 a b　問3　問4　問5　問6　問7　問8

（注）この解答用紙は実物を縮小してあります。Ｂ５→Ａ３（163％）に拡大コピーすると、ほぼ実物大の解答欄になります。

〔国　語〕100点（学校配点）

一　各２点×10　二　問１　各２点×２　問２　７点　問３　４点　問４　５点　問５　３点　問６　４点　問７　８点　問８　５点　三　問１　３点　問２　各２点×２　問３　５点　問４　８点　問５　５点　問６　３点　問７　７点　問８　５点

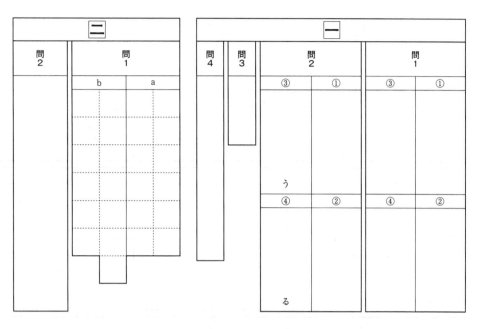

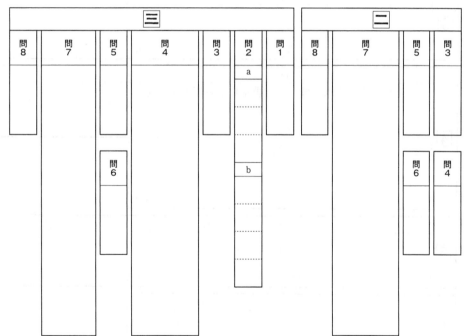

2024年度　　日本大学豊山中学校

算数解答用紙　第3回

番号		氏名		評点	／100

1

(1)	(2)	(3)

(4)	(5)
	1 □ 2 □ 3 □ 4

2

(1)	(2)	(3)
	回転	円

(4)	(5)

3

(1)	(2)	(3)
度	cm	cm^2

4

(1)	(2)
水そうに入れる水の量　：　排水口から出る水の量	秒後

(3)
分　秒後

5

(1)	(2)	(3)
cm^2	cm^2	cm^3

6

(1)	(2)
本目	

（注）この解答用紙は実物を縮小してあります。Ｂ５→Ａ４（115%）に拡大コピーすると、ほぼ実物大の解答欄になります。

〔算　数〕100点(学校配点)

1　各６点×５　2　(1)　５点　(2)，(3)　各６点×２　(4)　５点　(5)　６点　3　(1)，(2)　各５点×２　(3)　４点　4　(1)　４点　(2)，(3)　各３点×２　5　(1)　５点　(2)，(3)　各３点×２　6　(1)　４点　(2)　３点

２０２４年度　日本大学豊山中学校

社会解答用紙　第３回

番号		氏名		評点	／50

1

問１	問２	
	(1)　市	(2)

問３	問４	問５	問６	問７

2

問１	問２	問３	問４	問５

問６

問７	問８	問９	問10	問11

3

問１	問２	問３	問４	問５

問６	問７

（注）この解答用紙は実物を縮小してあります。Ｂ５→Ａ４(115%)に拡大コピーすると、ほぼ実物大の解答欄になります。

〔社　会〕50点(学校配点)

1　各２点×８　2　問１～問３　各２点×３　問４　１点　問５～問10　各２点×６　問11　１点　3　各２点×７

２０２４年度　日本大学豊山中学校

理科解答用紙　第３回

番号		氏名		評点	／50

1

問１					
問２		問３		問４	
問５		問６	cm		

2

問１		問２	
問３		問４	
問５	%	問６	

3

問１		問２	
問３		問４	
問５		問６	

4

問１		問２	
問３		問４	
問５	%	問６	℃
問７			

(注) この解答用紙は実物を縮小してあります。Ｂ５→Ａ４(115%)に拡大コピーすると、ほぼ実物大の解答欄になります。

〔理　科〕50点(学校配点)

1　各２点×６＜問４は完答＞　2　問１～問５　各２点×５＜問１，問２は完答＞　問６　３点　3　各２点×６　4　問１　２点　問２　１点　問３～問７　各２点×５＜問４は完答＞

2024年度　日本大学豊山中学校

国語解答用紙　第三回

番号		氏名		評点	／100

一

問1　①　②　③　④

問2　①　②　③　④って

問3　誤　正

問4

二

問1　問2　問3　問4　問5　問6

問7　問8

三

問1　問2　問3　問4　問5　問6　問7　問8

（注）この解答用紙は実物を縮小してあります。Ｂ５→Ａ３(163%)に拡大コピーすると、ほぼ実物大の解答欄になります。

〔国　語〕100点(学校配点)

一　各２点×10<問３は完答>　二　問１　５点　問２　６点　問３～問５　各４点×３　問６　５点　問７　７点　問８　５点　三　問１　５点　問２　６点　問３　５点　問４　４点　問５　６点　問６　４点　問７，問８　各５点×２

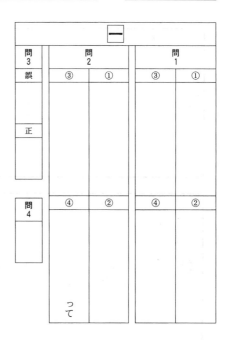

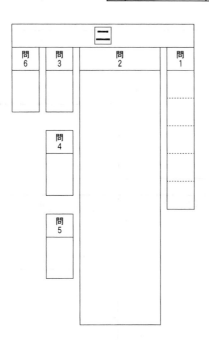

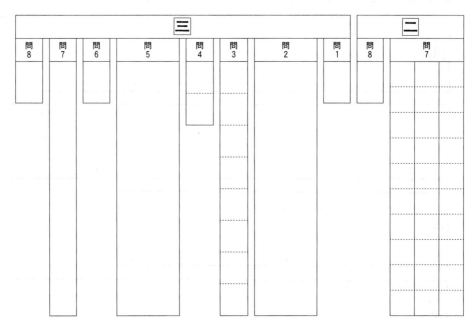

２０２３年度　日本大学豊山中学校

算数解答用紙　第１回

番号		氏名		評点	／100

	(1)	(2)	(3)
1			
	(4)	(5)	

	(1)	(2)	(3)
2		才	km
	(4)	(5)	
	%	曜日	

	(1)	(2)	(3)
3	度	cm^3	cm^2

	(1)	(2)	(3)
4	毎分　L	分後	毎分　L

	(1)	(2)
5	cm^2	cm^2

	(1)	(2)	(3)
6	cm^3		個

（注）この解答用紙は実物を縮小してあります。Ｂ５→Ａ４（115％）に拡大コピーすると、ほぼ実物大の解答欄になります。

〔算　数〕100点（学校配点）

1　各４点×５　2～6　各５点×16

2023年度　　日本大学豊山中学校

社会解答用紙　第１回

番号		氏名		評点	／50

1

問1	問2

問3
→ →

問4	問5	問6	問7

問8

2

問1	問2	問3	問4	問5	問6	問7

問8	問9	問10	問11

3

問1	問2	問3	問4	問5

問6	
(A)	(B)

（注）この解答用紙は実物を縮小してあります。Ｂ５→Ａ４(115%)に拡大コピーすると、ほぼ実物大の解答欄になります。

〔社　会〕50点(学校配点)

1　各２点×8＜問３は完答＞　2　問１～問３　各２点×３　問４　１点　問５，問６　各２点×２　問７　１点　問８～問11　各２点×４　3　各２点×７

２０２３年度　日本大学豊山中学校

理科解答用紙　第１回

番号		氏名		評点	／50

1

問１		問２	A			
問２	B		C			
問３		問４	D		問５	

2

問１		問２	g			
問３	①		②		問４	
問５						

3

問１	A		問２	B			
問３	C		問４	D		問５	
問６							

4

問１		問２		問３	D	
問４		問５	E		問６	秒

（注）この解答用紙は実物を縮小してあります。Ｂ５→Ａ４（115%）に拡大コピーすると、ほぼ実物大の解答欄になります。

〔理　科〕50点（学校配点）

1～4　各２点×25＜2の問５は完答＞

二〇二三年度　日本大学豊山中学校

国語解答用紙　第一回

番号		氏名		評点	／100

一

問1 ①　②　③

問2 ①　②　③ める

問3

問4

問5

問6

二

問1

問2

問3

問4

問5 はじめ　終わり

問6

問7

三

問1 年生

問2

問3

問4

問5

問6

問7

問8

（注）この解答用紙は実物を縮小してあります。Ｂ５→Ａ３（163％）に拡大コピーすると、ほぼ実物大の解答欄になります。

〔国　語〕100点（学校配点）

一　各２点×10　二　問１　４点　問２，問３　各７点×２　問４　２点　問５　６点　問６　８点　問７　６点　三　問１　２点　問２　４点　問３　２点　問４　８点　問５〜問８　各６点×４

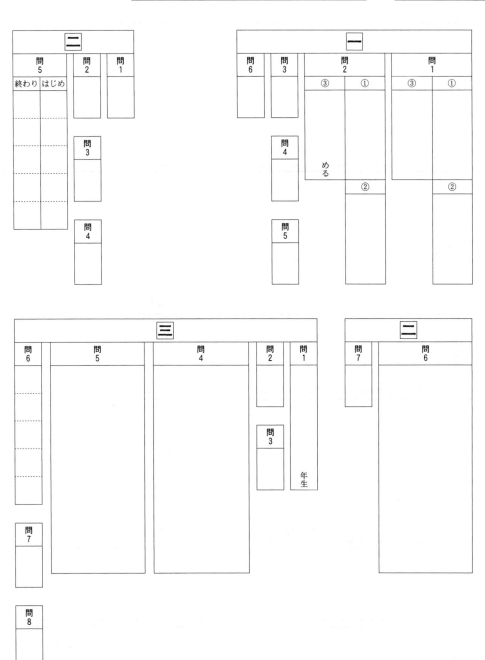

２０２３年度　日本大学豊山中学校

算数解答用紙　第３回

番号		氏名		評点	／100

1

(1)	(2)	(3)

(4)	(5)

2

(1)	(2)	(3)
円	円	個

(4)	(5)
通り	曜日

3

(1)	(2)	(3)
度	cm^2	cm^2

4

(1)

(2)	(3)
上から　　段目の左から　　番目	

5

(1)	(2)	(3)
時速　　km	km	km

6

(1)	(2)	(3)
BE　　cm，AE　　cm	cm	cm

（注）この解答用紙は実物を縮小してあります。Ｂ５→Ａ４（115%）に拡大コピーすると、ほぼ実物大の解答欄になります。

〔算　数〕100点(学校配点)

1，2　各５点×10　3〜5　各４点×９＜4の(2)は完答＞　6　(1)　６点＜完答＞　(2)，(3)　各４点×２

２０２３年度　日本大学豊山中学校

社会解答用紙　第３回

番号		氏名		評点	／50

1

問 1		問 2
(1)	(2)	

問 3	
(1)	(2)
(3)	

問 4

2

問 1	問 2	問 3	問 4	問 5	問 6	問 7

問 8	問 9	問10	問11

3

問 1	問 2	問 3

問 4	問 5	問 6	問 7	問 8

（注）この解答用紙は実物を縮小してあります。Ｂ５→Ａ４(115%)に拡大コピーすると、ほぼ実物大の解答欄になります。

〔社　会〕50点(学校配点)

1 各２点×7　2 問１～問６　各２点×6　問７　１点　問８，問９　各２点×2　問10　１点　問11　２点　3 各２点×8

２０２３年度　　日本大学豊山中学校

理科解答用紙　第３回

番号		氏名		評点	／50

1

問 1	g	問 2	cm	問 3	g
問 4	cm	問 5	g	問 6	cm

2

問 1	A		B		
問 2					
問 3		問 4			

3

問 1	①		問 2	②		問 3	A	
問 4	③			問 5	④			
問 6								

4

問 1	A		問 2	B	
問 3	①		②		
問 4	③		④		

（注）この解答用紙は実物を縮小してあります。Ｂ５→Ａ４（115%）に拡大コピーすると、ほぼ実物大の解答欄になります。

〔理　科〕50点（学校配点）

1～4　各２点×25

二〇二三年度　日本大学豊山中学校

国語解答用紙　第三回

番号		氏名		評点	／100

一

問1　①　②　③

問2　①　②　③（　　いで）

問3

問4

問5

問6

二

問1

問2

問3

問4

問5

問6

問7

三

問1

問2

問3

問4

問5

問6

問7

（注）この解答用紙は実物を縮小してあります。Ｂ５→Ｂ４（141％）に拡大コピーすると、ほぼ実物大の解答欄になります。

〔国　語〕100点(学校配点)

一　各２点×10　二　問１　７点　問２　４点　問３，問４　各５点×２　問５　４点　問６　８点　問７　７点　三　問１　７点　問２　３点　問３　２点　問４　８点　問５　６点　問６　８点　問７　６点

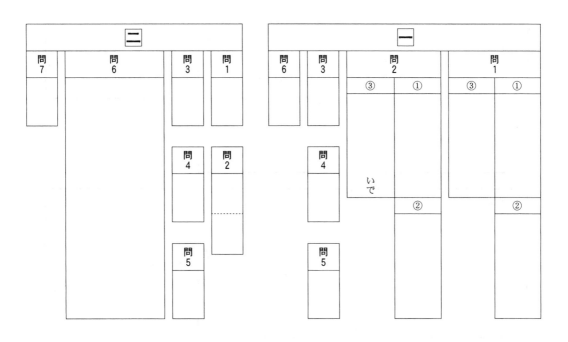

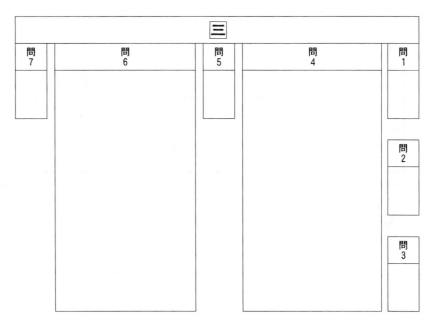

２０２２年度　日本大学豊山中学校

算数解答用紙　第１回

番号		氏名		評点	／100

1	(1)	(2)	(3)
	(4)	(5)	

2	(1)	(2)	(3)
	本	個	
	(4)	(5)	
	曜日	日	

3	(1)	(2)	(3)
	cm^2	度	cm^2

4	(1)						(2)	(3)
	2段目	通り	3段目	通り	4段目	通り	通り	通り

5	(1)	(2)	(3)
	：　：　：	毎秒　cm	cm^2

6	(1)	(2)	(3)
	cm^3		

（注）この解答用紙は実物を縮小してあります。Ｂ５→Ａ４（115％）に拡大コピーすると，ほぼ実物大の解答欄になります。

〔算　数〕100点（学校配点）

1　各４点×５　2，3　各５点×８　4　(1)　各２点×３　(2)，(3)　各４点×２　5　(1)　５点　(2)，(3)　各４点×２　6　(1)　５点　(2)，(3)　各４点×２

２０２２年度　日本大学豊山中学校

社会解答用紙　第１回

番号		氏名		評点	／50

1

問１	問２	問３	問４	問５

問６	問７	問８

問９

問10	問11

2

問１	問２	問３	問４	問５	問６

問７	問８	問９

3

問１	問２

問３	問４	問５	問６	問７

（注）この解答用紙は実物を縮小してあります。Ｂ５→Ａ４（115%）に拡大コピーすると、ほぼ実物大の解答欄になります。

〔社　会〕50点（学校配点）

1　問１　２点　問２　１点　問３～問５　各２点×３　問６　１点　問７～問９　各２点×３　問10，問11　各１点×２　2，3　各２点×16

２０２２年度　日本大学豊山中学校

理科解答用紙　第１回

番号		氏名		評点	／50

1

問１	つなぎ			
問２	(エ) アンペア		(オ)	アンペア
問３	(ア) ボルト		(イ)	ボルト
問４	オーム	問５	ボルト	

2

問１		問２	性
問３		問４	
問５		問６	

3

問１		問２		問３	
問４		問５			

4

問１	①		②		③	
問２		問３				
問４		問５				

（注）この解答用紙は実物を縮小してあります。Ｂ５→Ａ４(115%)に拡大コピーすると、ほぼ実物大の解答欄になります。

〔理　科〕50点(学校配点)

1　各２点×7　2　問１　３点　問２～問６　各２点×5　3　各２点×5　4　問１　３点<完答>　問２，問３　各２点×2　問４，問５　各３点×2

二〇二二年度　日本大学豊山中学校

国語解答用紙　第一回

番号		氏名		評点	/100

一

問1	①		②		③	
問2	①		②		③	

問3　問4　問5

問6

二

問1　問2　問3

問4　問5

問6

問7

三

問1	A		B	

問2

問3　問4　問5

問6　問7

（注）この解答用紙は実物を縮小してあります。Ｂ５→Ａ３（163％）に拡大コピーすると、ほぼ実物大の解答欄になります。

〔国　語〕100点（学校配点）

一　各２点×10　二　問１，問２　各５点×２　問３　６点　問４，問５　各５点×２　問６　８点　問７　６点　三　問１　各２点×２　問２　８点　問３，問４　各５点×２　問５～問７　各６点×３

２０２２年度　日本大学豊山中学校

算数解答用紙　第３回

番号		氏名		評点	／100

1

(1)	(2)	(3)

(4)	(5)

2

(1)	(2)	(3)
人	才	

(4)	(5)
分後	度

3

(1)	(2)	(3)
度	cm^2	倍

4

(1)	(2)
頭以下	日目

5

(1)	(2)	(3)

6

(1)	(2)
cm^3	cm^3

（注）この解答用紙は実物を縮小してあります。Ｂ５→Ａ４（115％）に拡大コピーすると、ほぼ実物大の解答欄になります。

〔算　数〕100点（学校配点）

1　(1)～(3)　各４点×３　(4)，(5)　各５点×２　2　各５点×５　3　各６点×３　4　(1)　６点　(2)　４点　5　各５点×３　6　(1)　６点　(2)　４点

2022年度　　日本大学豊山中学校

社会解答用紙　第３回

番号		氏名		評点	／50

1

問1	問2	問3

問4	問5	問6

問7	問8

2

問1	問2	問3

問4	問5

問6

問7	問8	問9	問10	問11

3

問1	問2	問3	問4	問5

問6	問7	問8

（注）この解答用紙は実物を縮小してあります。Ｂ５→Ａ４（115%）に拡大コピーすると、ほぼ実物大の解答欄になります。

〔社　会〕50点（学校配点）

1　問1～問7　各2点×7　問8　1点　2　問1　1点　問2～問9　各2点×8　問10　1点　問11　2点　3　問1～問4　各2点×4　問5　1点　問6～問8　各2点×3

2022年度　日本大学豊山中学校

理科解答用紙　第3回

番号		氏名		評点	／50

1

問1		問2			
問3	(ア)		(イ)		
問4	cm	問5	cm		

2

問1	%				
問2	食塩	g	水	g	
問3	%	問4	g		
問5	g				

3

問1		問2	
問3		問4	
問5		問6	

4

問1	年	問2		問3	
問4		問5			
問6		問7			

（注）この解答用紙は実物を縮小してあります。Ｂ５→Ａ４(115%)に拡大コピーすると、ほぼ実物大の解答欄になります。

〔理　科〕50点(学校配点)

1　各2点×6　2　問1　2点　問2　各1点×2　問3～問5　各2点×3　3　各2点×6　4　問1　3点　問2～問5　各2点×4　問6　3点　問7　2点

二〇二二年度　日本大学豊山中学校

国語解答用紙　第三回

番号　氏名　評点　/100

一

問1　①　②　③

問2　①　②　③　やす

問3　問4　問5

問6

二

問1　問2　問3

問4

問5　問6　問7

三

問1　問2

問3

問4

問5　問6　問7　問8

（注）この解答用紙は実物を縮小してあります。B5→A3(163%)に拡大コピーすると、ほぼ実物大の解答欄になります。

〔国　語〕100点(学校配点)

一　各2点×10　二　問1，問2　各6点×2　問3　4点　問4〜問7　各6点×4　三　問1　5点　問2　4点　問3　5点　問4　8点　問5，問6　各4点×2　問7，問8　各5点×2

２０２１年度　日本大学豊山中学校

算数解答用紙　第１回

番号		氏名		評点	／100

	(1)	(2)
1		
	(3)	(4)
	(5)	

	(1)	(2)
2		
	(3)	(4)
	(5)	

	(1)	(2)
3	cm	度

	(1)	(2)
4	毎分　　m	分　　秒後
	(3)	
	分　　秒後	

	(1)	(2)
5	個	
	(3)	
	番目	

	(1)	(2)
6	cm^3	cm^3

（注）この解答用紙は実物を縮小してあります。Ｂ５→Ａ４(115%)に拡大コピーすると、ほぼ実物大の解答欄になります。

〔算　数〕100点(学校配点)

1～6　各５点×20

２０２１年度　日本大学豊山中学校

社会解答用紙　第１回

番号		氏名		評点	／50

1

問 1	問 2	問 3	問 4	問 5
現象				

問 6	問 7	問 8

2

問 1

問 2	問 3	問 4	問 5

3

問 1	問 2

問 3	問 4	問 5

4

問 1	問 2	問 3	問 4	問 5	問 6

問 7

(注) この解答用紙は実物大です。

〔社　会〕50点(学校配点)

1～4　各２点×25

２０２１年度　日本大学豊山中学校

理科解答用紙　第１回

番号		氏名		評点	／50

1

問 1		問 2		問 3	
問 4		問 5		問 6	

2

問 1		問 2	
問 3	g	問 4	cm^3
問 5			

3

問 1	器官①		器官②
問 2		問 3	
問 4			
問 5		問 6	

4

問 1		問 2	
問 3		問 4	
問 5		問 6	
問 7			

（注）この解答用紙は実物を縮小してあります。Ｂ５→Ａ４(115%)に拡大コピーすると、ほぼ実物大の解答欄になります。

〔理　科〕50点(学校配点)

1～4　各２点×25<3の問４，4の問７は完答>

二〇二一年度　日本大学豊山中学校

国語解答用紙　第一回

番号　　氏名　　評点　/100

一

問1 ①　②　③

問2 ①　②　③　ける

問3　問4　問5　問6

二

問1

問2　問3

問4

問5　問6　問7

三

問1　問2　問3　問4

問5　問6

問7

問8

(注) この解答用紙は実物を縮小してあります。B5→A3(163%)に拡大コピーすると、ほぼ実物大の解答欄になります。

〔国　語〕100点(学校配点)

一 各2点×10　二 問1　8点　問2　4点　問3　5点　問4　8点　問5～問7　各5点×3　三 問1　5点　問2，問3　各4点×2<問3は完答>　問4，問5　各5点×2　問6　4点　問7　8点　問8　5点

2021年度　日本大学豊山中学校

算数解答用紙　第3回

番号		氏名		評点	／100

1	(1)	(2)
	(3)	(4)
	(5)	

2	(1)	(2)
	cm	人
	(3)	(4)
	秒	
	(5)	
	通り	

3	(1)	(2)
	度	cm^3

4	(1)	(2)
	cm	cm
	(3)	
	cm^2	

5	(1)	(2)
		円

6	(1)	(2)
	：	：

（注）この解答用紙は実物を縮小してあります。Ｂ５→Ａ４(115%)に拡大コピーすると、ほぼ実物大の解答欄になります。

〔算　数〕100点(学校配点)

1　各６点×５　2～6　各５点×14

２０２１年度　　日本大学豊山中学校

社会解答用紙　第３回

番号		氏名		評点	／50

1

問 1	
（1）	（2）

問 2	問 3	問 4	問 5	問 6

2

問 1	問 2	問 3	問 4

問 5

3

問 1	問 2	問 3

問 4	問 5

4

問 1	問 2	問 3	問 4

問 5	問 6	問 7	問 8

（注）この解答用紙は実物大です。

〔社　会〕50点(学校配点)

1～4　各２点×25

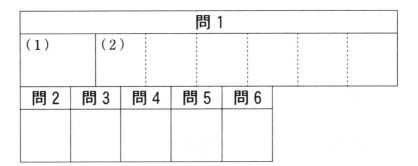

２０２１年度　　日本大学豊山中学校

理科解答用紙　第３回

番号		氏名		評点	／50

1

問 1					
問 2		問 3		問 4	
問 5		問 6			

2

問 1		問 2	
問 3		問 4	
問 5		問 6	

3

問 1		問 2	
問 3	g	問 4	%
問 5	g / cm^3	問 6	

4

問 1		問 2	
問 3		問 4	
問 5		問 6	

（注）この解答用紙は実物大です。

〔理　科〕50点(学校配点)

1, 2　各２点×12　3　問１～問３　各２点×３　問４，問５　各３点×２　問６　２点　4　各２点×６

<問１，問６は完答>

二〇二二年度　日本大学豊山中学校

国語解答用紙　第三回

番号　　氏名　　評点　／100

一

問1　①　②　③

問2　①　②　③　らす

問3

問4

問5　①　②

二

問1

問2

問3

問4　～

問5

問6

問7

三

問1

問2

問3

問4

問5　10　20

問6

問7

（注）この解答用紙は実物を縮小してあります。B５→A３（163%）に拡大コピーすると、ほぼ実物大の解答欄になります。

〔国　語〕100点(学校配点)

一　各２点×10　二　問１～問４　各５点×４　問５　８点　問６，問７　各６点×２　三　問１，問２　各５点×２　問３　８点　問４　５点　問５　６点　問６　５点　問７　６点

2020年度　日本大学豊山中学校

算数解答用紙　第1回

番号		氏名		評点	／100

1	(1)	(2)
	(3)	(4)
	(5)	

2	(1)	(2)
	本	
	(3)	(4)
	ページ	通り
	(5)	
	時速　km	

3	(1)	(2)
	度	cm^2

4	(1)	(2)
	BE：ED＝　：	cm
	(3)	
	cm^2	

5	(1)	(2)
	曜日	年

6	(1)	(2)
		cm^3
	(3)	(4)
		分後

（注）この解答用紙は実物を縮小してあります。Ａ４用紙に106％拡大コピーすると、ほぼ実物大で使用できます。（タイトルと配点表は含みません）

〔算　数〕100点（学校配点）

1, 2　各５点×10　3, 4　各４点×５　5, 6　各５点×６

２０２０年度　日本大学豊山中学校

社会解答用紙　第１回

番号		氏名		評点	／50

1

問１				問２
(ア)	(イ)	(ウ)	(エ)	

問３	問４	問５

2

問１	問２

問３	問４	問５

3

問１	問２	問３	問４	問５

4

問１	問２	問３	問４

問５	問６	問７

（注）この解答用紙は実物大です。

〔社　会〕50点(学校配点)

1～4　各２点×25

２０２０年度　　日本大学豊山中学校

理科解答用紙　第１回

番号		氏名		評点	／50

1

問１		問２		問３		問４	
問５	cm	問６	倍				

2

問１		問２	
問３		問４	
問５	名前	確認方法	

3

問１		問２		問３	
問４	(1)				
	(2)		(3)		
問５					

4

問１						
問２	(1)		(2)		(3)	
問３		問４		問５		

（注）この解答用紙は実物を縮小してあります。Ｂ４用紙に120%拡大コピーすると、ほぼ実物大で使用できます。（タイトルと配点表は含みません）

〔理　科〕50点（学校配点）

[1]　各２点×６　[2]　問１～問４　各２点×４＜問２は完答＞　問５　各１点×２　[3], [4]　各２点×14＜[3]の問４の(1), [4]の問４は完答＞

二〇二〇年度　日本大学豊山中学校

国語解答用紙　第一回

番号		氏名		評点	/100

一

	①	②	③
問1			
問2			る

問3	問4	問5	問6

二

問1	問2	問3

問4										

問5

問6

問7	問8

三

問1

問2	問3	問4	問5	問6

問7

問8

（注）この解答用紙は実物を縮小してあります。A3用紙に147%拡大コピーすると、ほぼ実物大で使用できます。（タイトルと配点表は含みません）

〔国　語〕100点(学校配点)

一　各2点×10　二　問1　4点　問2～問4　各5点×3　問5　4点　問6　8点　問7　4点　問8　5点　三　問1　8点　問2, 問3　各4点×2　問4, 問5　各5点×2　問6　4点　問7　6点　問8　4点

Memo

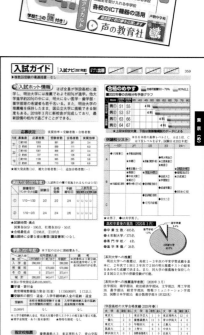

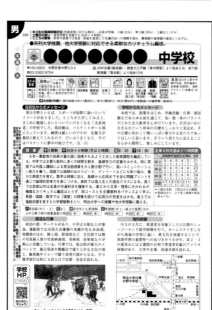